2025年

第1辑

总第77辑

Nomocracy Forum

法治论坛

广州市法学会　编

法律出版社
LAW PRESS · CHINA
北京

图书在版编目（CIP）数据

法治论坛．2025 年．第 1 辑：总第 77 辑 / 广州市法学会编．-- 北京：法律出版社，2025．-- ISBN 978 - 7 - 5244 - 0618 - 1

Ⅰ．D90 - 55

中国国家版本馆 CIP 数据核字第 2025SP1769 号

法治论坛(2025 年第 1 辑·总第 77 辑)
FAZHI LUNTAN (2025 NIAN DI-1 JI · ZONG DI-77 JI)

广州市法学会　编

策划编辑 蒋　橙
责任编辑 蒋　橙
装帧设计 鲍龙卉

出版发行 法律出版社
编辑统筹 法律应用出版分社
责任校对 朱海波
责任印制 刘晓伟
经　　销 新华书店

开本 710 毫米×1000 毫米　1/16
印张 23.75　**字数** 386 千
版本 2025 年 8 月第 1 版
印次 2025 年 8 月第 1 次印刷
印刷 北京盛通印刷股份有限公司

地址：北京市丰台区莲花池西里 7 号(100073)
网址：www.lawpress.com.cn
投稿邮箱：info@lawpress.com.cn
举报盗版邮箱：jbwq@lawpress.com.cn

销售电话：010 - 83938349
客服电话：010 - 83938350
咨询电话：010 - 63939796

书号：ISBN 978 - 7 - 5244 - 0618 - 1　　**定价**：88.00 元

法治论坛

Nomocracy Forum

目录

CONTENTS

涉外法治

生态法治

实务研究

案例分析

涉外法治

"一带一路"倡议下提升我国涉外司法国际公信力之路径

——以判决域外可执行性评估指标为视角

王雅菡　曾二秀*

【内容提要】 在国际民商事争议解决中，一国法院判决在域外的可执行性是促进当事人选择和信任一国法院的重要因素，也是评价一国涉外司法国际公信力的重要指标。在民商事司法协助领域，条约机制尚不全面，我国法院判决往往由于互惠保障不足、判决终局性存疑、缺席判决中公告送达不适当等而难以在域外得到承认和执行。随着"一带一路"倡议的深入推进和我国立法的完善，我国在承认域外判决时可适当弱化互惠的功能；完善涉外民商事审判的再审制度；注重公告送达的适当性；加强多边合作，提高我国法院判决的域外执行率，在国际民商事争议解决中提升我国涉外司法的国际公信力。

【关键词】 涉外司法国际公信力　判决终局性　公告送达

近年来，我国在外国民商事判决的承认和执行上取得了两个突破性进展：一是在司法实践中互惠原则的适用标准放宽；二是随着2023年《中华人民共和国民事诉讼法》（以下简称《民事诉讼法》）涉外编的修正，我国涉外民事诉讼程序的立法也得到了相应的完善。虽然我国法院的判决越来越多地被外国法院承认和执行，但也存在被外国法院拒绝承认和执行的情形。

如何在国际民事诉讼程序的主权性与当事人便利性之间进行平衡，是关乎我国国际民事诉讼程序公正与高效的重要问题，[1] 也是提升我国涉外司法国际

* 王雅菡——河南大学法学院讲师，主要研究领域：国际私法、国际民事诉讼法；曾二秀——华南师范大学法学院教授，主要研究领域：国际私法、海商法、破产法。

1　何其生：《大国司法理念与中国国际民事诉讼制度的发展》，载《中国社会科学》2017年第5期。

公信力的重要因素。判决在域外的承认和执行,作为国际民事诉讼程序的最后一步也是最为关键的一步,对于便利当事人的重要性不言而喻。在国际民商事纠纷解决中,充分发挥我国法院涉外审判职能,确保我国法院判决在域外得到承认和执行,不仅能够增强我国争议解决制度的国际竞争力,也能够促进我国涉外司法国际公信力的提升。[2]

一、判决域外可执行性对涉外司法国际公信力之意义

对于司法公信力的内涵,我国学者虽从不同角度进行了界定,但都强调司法公信力是社会公众对一国司法制度是否公正的感知。有学者认为,“司法公信力是指司法过程和裁判结果得到民众充分信赖、认同和尊重,体现了司法的权威和尊严,同时也体现了社会公众对司法的信仰和信任。”[3] 还有学者强调司法公信力是社会公众对司法的集合性判断与评价,而非个别人或少数人作出的判断和评价。[4] 从广义上看,司法公信力不仅体现在国内司法维度,同时也体现在涉外司法维度。[5] 在“一带一路”倡议推进过程中,则更需要在涉外司法审判中提升我国涉外司法的国际公信力,提高我国争议解决的国际竞争力,进而推动我国涉外法治体系的不断完善。

涉外司法国际公信力包括两层含义:第一,基于上述司法公信力的概念延伸,涉外司法国际公信力更加强调国际社会对某一国家涉外司法体系的信任程度。具体表现为外国当事人是否愿意到本国法院进行诉讼、本国的诉讼环境是否方便外国当事人诉讼以及诉讼的成本问题。第二,涉外司法国际公信力还体现在一个国家的涉外判决或裁决在国际范围内的受认可程度,即本国法院判决在外国的司法机构能否最终被承认和执行。判决的既判力是法律权威、司法权威的集中体现,构成了司法公信力的权威依据。[6] 司法解决纠纷的非终局性会

2 有学者指出,评价一国国际民商事司法公信力的标准应当包括效率、成本、质量以及判决的可执行性等评估指标。参见张芯萍:《我国国际民商事司法公信力:指标构建与实证评估》,载黄进、肖永平、刘仁山主编:《中国国际私法与比较法年刊》(2021年第29卷),法律出版社2022年版,第302页。

3 崔永东:《司法公信力建设的多重维度》,载《政法论丛》2022年第2期。

4 胡铭:《司法公信力的理性解释与建构》,载《中国社会科学》2015年第4期。

5 张春良:《论“一带一路”视域下中国涉外司法公信力铸造之道——以最高人民法院为中心的考察》,载《四川大学学报》(哲学社会科学版)2022年第5期。

6 王国龙:《判决的既判力与司法公信力》,载《法学论坛》2016年第4期。

削弱司法权威性，从而削弱司法公信力。

因此，在我国涉外司法国际公信力提升进程中，将判决的可执行性作为评估指标之一具有合理性。从当事人的需求来看，出于经济方面的考量，更倾向于选择效率高、成本低、质量好、判决可执行的民商事司法系统。[7] 特别是判决最终能否得到承认与执行，是影响当事人选择一国国际民商事司法系统的重要因素。[8] 对我国而言，如果我国法院判决能够在域外得到广泛的承认和执行，也会在一定程度上鼓励当事人选择到我国法院进行诉讼，体现出当事人对我国司法机构的信任，从而提升我国涉外民商事纠纷解决机制的国际竞争力以及涉外司法的国际公信力。

2023 年《民事诉讼法》涉外编的修正，为当事人选择我国法院处理涉外民商事纠纷提供了更大的自由。除被告住所地这一管辖依据外，《民事诉讼法》第 276 条规定，对身份关系以外的涉外民事诉讼，合同签订地、合同履行地、诉讼标的物所在地、可供扣押财产所在地、侵权行为地、代表机构住所地法院可以行使管辖权；此外，如果涉外纠纷与我国存在“适当联系”，我国法院也可以行使管辖权。“适当联系”因素进一步扩大了我国法院对涉外案件的管辖权，为原告一方选择我国法院解决争议提供了更多的法律依据。另外，新增的第 277 条对涉外民事纠纷当事人书面协议选择我国法院管辖放弃了任何“联系”的限制，意味着涉外民事纠纷即使与中国没有任何联系，当事人也可以协议选择我国法院管辖，据此我国法院可进行协议管辖。

上述新规定给当事人协议选择我国法院诉讼提供了更大的空间，从而鼓励当事人选择到我国法院诉讼。但是，如果我国法院的判决在域外难以得到承认和执行，而外国法院判决在我国法院又能够得到承认和执行，从当事人的角度来看，选择外国法院进行诉讼而到我国法院申请承认和执行的“性价比”更高。由此则会降低当事人选择到我国法院诉讼的概率，不利于提高我国法院涉外司法的国际影响力。因此，只有我国法院在涉外司法审判中注重司法程序问题，确保我国法院判决能够被外国法院承认和执行，才能在国际民商事诉讼中更具有国际竞争力。

---

7 张芯萍：《我国国际民商事司法公信力：指标构建与实证评估》，载黄进、肖永平、刘仁山主编：《中国国际私法与比较法年刊》（2021 年第 29 卷），法律出版社 2022 年版，第 302 页。

8 张芯萍：《我国国际民商事司法公信力：指标构建与实证评估》，载黄进、肖永平、刘仁山主编：《中国国际私法与比较法年刊》（2021 年第 29 卷），法律出版社 2022 年版，第 308 页。

二、我国法院判决的域外可执行性分析

本文统计了自1994年至2024年外国法院受理的请求承认我国法院判决的案件共45宗,其中29宗为承认案例,16宗为拒绝承认案例[9](见表1)。从外国法院承认或拒绝我国法院判决的现状来看,普通法系国家对我国法院判决域外可执行性的影响较大,大陆法系国家则相对较小,且对我国法院判决域外可执行性的主要影响因素也有较大差异。

(一)外国法院承认和执行我国法院判决的依据

近年来外国法院对我国法院判决的承认和执行呈增长态势,且多数国家与我国之间并无有关民商事判决承认和执行的条约。在29个承认我国法院判决的案例中,普通法系国家占据了较大比例(共24个,占比82.76%)。普通法系国家对我国法院判决的承认和执行,依据普通法的程序,主要对判决中的正当程序、国际管辖权、是否违背自然正义、是否为固定金额的金钱判决、是否存在滥用诉讼程序等方面进行审查。[10]

在大陆法系国家中,德国(1例)、[11]韩国(2例)[12]和以色列(1例)[13]法院主要基于法律互惠的判断依据,以存在互惠的保证或存在互惠的潜在可能性承认了我国法院判决。荷兰法院在受理承认和执行我国法院判决的请求时,根据《荷兰民事诉讼法》(Dutch Code of Civil Procedure)第431条,"除本法第985条至第994条的规定外,外国法院的判决不能在荷兰得到执行。有关案件可以在荷兰法院审理和重新起诉"。但1924年荷兰最高法院在一项裁定中确立了四

---

9 本文数据主要来源于外国法院官方网站、外国学者以及实务工作者的研究成果、China Justice Observer(CJO)网站、Westlaw数据库、Lexis数据库。

10 王雅菡:《中国与澳大利亚民商事判决承认和执行的实践与改进》,载《国际法研究》2019年第6期。

11 Urteil des Kammergerichts Berlin vom 18.05.2006, Aktenzeichen 20 Sch 13/04.

12 涉及的两例韩国法院判决为:Decision of Nov. 5 1999, 99 *Ga Hap* 26523 (Seoul District Court)及Cited in Sung Hoon Lee, *Foreign Judgment Recognition and Enforcement System of Korea*, 6(3) Journal of Korean Law 134 (2006); Lee Won June v. Park Kyun Geun,大邱高法 2019.7.12.宣告 2018 나23101 判决。转引自苏晓凌:《2019年韩国法院承认中国法院判决的一个案例》,载微信公众号"谈法评史"2020年6月12日,https://mp.weixin.qq.com/s/RdtzRpRVPOfl4Q3vDEcazQ。

13 刘国林:《开创先例,以色列法院首次承认和执行中国民商事判决案》,载《中国律师》2018年第10期。

个承认外国法院判决的条件,被请求的荷兰法院据此作为审查中国法院判决的依据,在审查中国法院的判决符合国际管辖权的要求、程序正当、不违反公共政策以及没有相冲突的判决后,裁定承认和执行中国法院判决(见表1)。[14]

表1 外国法院承认和执行我国法院判决的情况(1994~2024年)

序号	国家或地区	承认我国	拒绝我国	是否有条约依据
1	日本	0	2	否
2	德国	1	1	否
3	越南	0	1	是
4	英国	2	0	否
5	澳大利亚	6	3	否
6	美国	7	3	否
7	韩国	2	0	是
8	荷兰	1	0	否
9	以色列	1	0	否
10	新加坡	1	0	否
11	新西兰	3	0	否
12	加拿大	4	5	否
13	英属维尔京群岛	1	0	否
14	马来西亚	0	1	否
	合计数量	29	16	

(二)外国法院拒绝承认和执行我国法院判决的理由

截至2024年10月,本文统计的外国法院拒绝承认和执行的我国民商事判

14 See Mathijs H. Ten Wolde, *Recognition and Enforcement of Chinese Money Judgments in Civil and Commercial Matters in the Netherlands*: *Law and Practice*, 21 Chinese Yearbook of Private International Law and Comparative Law 125 (2017).

决(不包括离婚判决)共16例。其中日本和德国(共3例)[15]的拒绝是以不存在互惠的保证为由,5例以程序不正当为由,[16]1例以公共政策为由,[17]1例以缺乏属人管辖权为由,[18]1例以提交材料不符合规定为由[19]。其余5例均涉及加拿大法院,主要原因在于所涉的判决终局性问题、欺诈问题,以及公共政策和自然正义问题,需要对案件事实和中国相关法律进行进一步评估,法院认为不能采用简易判决(summary judgment)进行因而被拒绝,但当事人可以继续进入诉讼程序。[20]

可见,普通法系国家法院对我国法院判决的审查条件更为复杂,不仅要满足普通法机制下承认外国法院判决的条件,即积极要件,还不能存在被请求国法院可拒绝承认和执行的事由,即消极要件。[21] 并且,在普通法系国家法院拒绝承认我国法院判决的判例中,判决终局性问题和公告送达不适当导致的程序性抗辩是最为常见的事由。对于拒绝承认我国法院判决的大陆法系国家,其法律

---

15 日本大阪法院以及东京高等法院2例:Osaka High Court, Judgment, April 9, 2003; H. J (1841) 111[2004], 48 The Japanese Annual International Law 171 (2005); Tokyo District Court, 20 March 2015, Westlaw Japan (Ref No 2015WLJPCA03208001)。德国法院1例:Die Gegenseitigkeit der Anerkennung wechselseitiger Gerichtsentscheidungen zwischen Deutschland und der Volksrepublik China ist nicht verbürgt, Urteil vom 16.04.2021 – 5 O 249/19.

16 澳大利亚维多利亚省最高法院2例:Xu, Jixin v Wang, Wei [2019] VSC 269; Yin v Wu [2023] VSCA 130;澳大利亚南威尔士高等法院1例:Zhou v Jing [2023] NSWSC 214;美国得克萨斯州西区法院1例:Ningbo FTZ Sanbang v. Frost National Bank, USDC No. 5:08 – CV – 585 (W. D. Tex. July 18, 2008), aff'd, 338 Fed. Appx. 415 (5th Cir. 2009);美国纽约州纽约县高等法院1例:Shanghai Yongrun Inv. Mgt. Co., Ltd. v Kashi Galaxy Venture Capital Co., Ltd., 2021 NY Slip Op 31459 (U).

17 越南法院:No. 252/2017/KDTM-PT. Cited in Guodong Du & Meng Yu, *Vietnamese Court Refuses to Recognize Chinese Judgment for the First Time*, China Justice Observer (11 February 2023), https://www.chinajusticeobserver.com/a/vietnamese-court-refuses-to-recognize-chinese-judgment-for-the-first-time.

18 美国加州中部地区法院:Folex Golf Industries v. O-Ta Precision Industries Co., D. C. No. 2:09 – cv – 02248 – R-CW (C. D. Cal.), 603 Fed., App'x 576 (9th Cir. 2015).

19 马来西亚法院:Mah Sau Cheong v. Wee Len, OS No. WA – 24NCvC – 800 – 03/2022.

20 See David Woodfield, Peter Zhang and Xin Jiang, *Enforcing Chinese Judgments In Canada: When, How Long, And Why (Not)?*, Mondaq (28 November 2022), https://www.mondaq.com/Article/1255008.

21 基于中国和澳大利亚判决承认和执行的实践来看,澳大利亚承认我国法院判决的审查条件包括:(1)外国法院行使的管辖权必须是澳大利亚法院所认可的;(2)外国判决必须是终局性判决;(3)针对的必须是相同的当事人;(4)如果是对人判决,则必须是一项确定性的债务判决。拒绝的理由主要有以下五个:(1)执行外国判决会违背澳大利亚的公共政策,包括通过不正当手段获得的判决,如胁迫或不正当影响;(2)外国判决是当事人或外国法院以欺诈的方式获得的(包括衡平法中的欺诈);(3)外国判决是刑事判决或税务事项的判决;(4)执行该判决会违反自然正义;(5)滥用诉讼程序。

中所要求的条件与我国所要求的条件基本上无实质性差异,除越南法院外,拒绝我国法院判决的理由主要是互惠保证的要件未能满足。

三、影响我国法院判决域外可执行性的因素

从外国法院对我国法院判决承认和执行的情况来看,影响我国法院判决域外可执行性的主要因素有三个:一是缺乏条约和互惠保障;二是判决终局性存疑;三是缺席判决中采用的公告送达方式不恰当。

(一)条约和互惠保障不足

首先,在我国与普通法国家之间存在判决承认和执行需求的情况下,目前还缺乏条约的保障。虽然我国法院判决需要在普通法系国家得到承认和执行,但除新加坡外,我国尚未与普通法系国家缔结双边的民商事司法协助条约,[22]与新加坡缔结的双边民商事司法协助条约也不涵盖判决的承认和执行问题。

其次,综合表1数据分析,缺乏互惠的保证是我国和成文法系国家之间难以相互承认和执行判决的主要障碍。日本和德国是采用法律互惠的典型国家,其拒绝我国法院判决的主要理由都是不存在互惠的保证。在中日之间,由于我国法院在1994年五味晃申请承认、执行外国法院判决案[23]中以两国之间不存在互惠关系为由拒绝了日本法院的判决,日本法院此后也以不存在互惠关系为由拒绝承认我国法院的判决。[24]

在我国和德国之间,德国萨尔布吕肯地区法院(the Saarbrücken Regional Court)在2021年的裁定中指出,对于中德两国间判决的相互承认问题,无论在权利还是实践方面,都无法保证互惠,从而拒绝承认我国法院的判决。尽管武

22 截至2024年10月,与我国签订有关民事或商事司法协助条约的国家有39个:波兰、蒙古、罗马尼亚、俄罗斯、土耳其、乌克兰、白俄罗斯、哈萨克斯坦、埃及、希腊、塞浦路斯、吉尔吉斯、塔吉克斯坦、乌兹别克斯坦、越南、老挝、立陶宛、朝鲜、古巴、法国、意大利、西班牙、保加利亚、泰国、匈牙利、摩洛哥、新加坡、突尼斯、阿根廷、韩国、阿拉伯联合酋长国、科威特、巴西、阿尔及利亚、秘鲁、波黑、埃塞尔比亚、伊朗、比利时。与我国缔结双边司法协助协定的国家,除新加坡外均属成文法系国家。

23 五味晃申请承认、执行外国法院判决案,载《中华人民共和国最高人民法院公报》1996年第1期。

24 日本法院以不存在互惠保障为由拒绝我国法院判决的案例有两个:(1)大阪法院拒绝我国山东省青岛市中级人民法院的判决:Osaka High Court, Judgment, April 9, 2003; H. J (1841) 111[2004], 48 The Japanese Annual International Law 171 (2005);(2)东京高等法院裁定的夏淑琴案:Tokyo District Court, 20 March 2015, Westlaw Japan (Ref No 2015WLJPCA03208001)。

汉市中级人民法院在2013年基于互惠承认了德国法院的破产判决,[25]但德国法院认为该案只是个例,不足以表明两国在司法实践层面存在互惠的保证。在2006年柏林上诉法院承认中国法院的判决后,并没有更多的德国法院判决在中国法院得到承认和执行。此外,根据中国《民事诉讼法》(2017年)第281条和第282条的规定,在缺乏条约的情况下,中国的法律规定无法保证德国法院的判决在中国得到承认和执行,因此中德之间的互惠无法得到保障。[26]

需进一步说明的是,我国此前立法中缺乏有关外国法院判决承认和执行的具体条件也是法律互惠要件无法满足的潜在因素。在2023年《民事诉讼法》涉外编修正之前,我国关于外国法院判决承认和执行的立法规定简单而笼统。司法实践中,事实互惠曾占据主要地位,即主要以判决作出国是否存在承认和执行我国法院判决的先例为标准,如不存在这样的先例则认定两国没有互惠关系;反之亦然。采用法律互惠的国家主要以判决作出国有关承认和执行外国法院判决的条件为依据,比较两国在有关条件上是否存在实质性差异,进而判断本国法院的判决今后在相似情形下能否被判决作出国所承认和执行。如果存在这样的可能性,则认定为满足互惠的保证。在我国此前的立法和实践中,主要强调条约关系和互惠关系,难以判断所涉外国法院判决今后在我国得到承认和执行的可能性,在条件对等性的衡量上也缺乏具体依据,因此也难以符合外国所要求的互惠保证。

(二)判决终局性要件难以满足

基于我国法院判决域外可执行性的分析,加拿大法院拒绝承认我国法院判决的数量占将近1/3。根据加拿大学者的统计,在加拿大各省法院受理的请求执行中国法院判决的裁定中,61%的中国法院判决被拒绝承认或执行,主要原因在于中国法院判决的终局性和自然正义辩护的证据不足或存在争议。[27]

---

25 湖北省武汉市中级人民法院民事裁定书,(2012)鄂武汉中民商外初字第00016号。

26 LG Saarbrücken, Urteil vom 16.04.2021 – 5 O 249/19, openJur 2021, 20535. Cited in Guodong Du and Meng Yu, *Germany Refuses to Enforce a Chinese Judgment in* 2021, China Justice Observer (23 January 2022), https://www.chinajusticeobserver.com/a/germany-refuses-to-enforce-a-chinese-judgment-in-2021.

27 See David Woodfield, Peter Zhang and Xin Jiang, *Enforcing Chinese Judgments In Canada: When, How Long, And Why (Not)?*, Mondaq (28 November 2022), https://www.mondaq.com/Article/1255008.

例如，在许某诉杨某案（Xu v Yang）[28]中，加拿大不列颠哥伦比亚省高级法院在审理简易判决的申请时，以不具备终局性为由拒绝承认中国法院的判决，因为缺乏有关判决在中国的法律效力的专家证据。法院指出，如果原告在庭审中提出有关中国法律的专家证据，初审法官可以下令执行判决。同样，在杨某诉孔某案（Yang v Kong）[29]中，由于没有足够证据证明判决的终局性，法院拒绝承认该案的简易判决。加拿大法院还在证据方面做了大量工作，其中包括：中国法律体系的结构、各级法院之间的互动关系、中国检察官的角色，以及某项上诉对中国判决的影响。

根据多数国家的理论和实践，一个外国判决是否具有终局性，通常应依据判决作出国的法律来进行判断。[30] 当在加拿大、澳大利亚、新加坡等国法院申请承认我国法院的判决时，被请求的外国法院往往也依据我国有关法律规定来判断我国法院判决是否具有终局性。根据我国《民事诉讼法》第 209 条至第 211 条的规定，法院和当事人均可启动再审程序，且法律规定了 13 种当事人可申请再审的情形；此外，根据《民事诉讼法》第 219 条至第 221 条的规定，检察院也可以启动检察监督再审。因此，如果案件出现再审或检察院抗诉后再审的情形，就会使我国法院判决的终局性问题受到挑战。

在杨某诉孔某案中，申请人杨某请求加拿大法院承认和执行的是青岛市中级人民法院（以下简称青岛中院）于 2019 年作出的有关借贷纠纷的判决，[31]该纠纷由青岛市市南区人民法院于 2018 年 6 月首次作出一审判决，2019 年原告上诉至青岛中院，二审判决作出并生效后，双方不服又提出再审。山东省高级人民法院于 2019 年 6 月 5 日裁定驳回再审申请。但在 2019 年 6 月 24 日，孔某又向山东省淄博市张店区人民法院（以下简称张店法院）提起民间借贷纠纷诉讼，并于 2020 年 3 月上诉至淄博市中级人民法院（以下简称淄博中院），但被该法院驳回。2021 年 4 月 29 日，杨某向加拿大不列颠哥伦比亚省高级法院申请承认和执行青岛中院于 2019 年作出的民事判决书。在加拿大法院，孔某表示她已就青岛中院的判决向青岛市人民检察院提出抗诉。孔某还解释了张店法

---

28 Xu v Yang, 2018 BCSC 393.

29 Yang v Kong, 2021 BCSC 809.

30 王吉文：《判决终局性：外国判决承认和执行上一道难以逾越的坎》，载《云南大学学报法学版》2011 年第 4 期。

31 山东省青岛市中级人民法院民事判决书，（2018）鲁 02 民终 9523 号。

院和淄博中院的案件情况，并表示她已就淄博中院的判决向山东省高级人民法院申请再审。

青岛中院和淄博中院的诉讼使加拿大法官感到迷惑，法官指出，“没有证据说明中国法律体系的结构或各级法院之间的相互关系，也没有证据说明检察院的潜在作用或权力。本案没有证据表明在淄博中院进行上诉的案件是否已经解决，以及任何此类判决对青岛中院判决的影响。基于证据中的这些漏洞——我认为这些漏洞使我无法找到必要的事实来裁决这些问题——我得出结论，我无法对此事项进行裁决，而且试图这样做也是不公正的。”[32]

对此，有学者指出，如果我国的再审程序易被启动且审查条件不够严格，会消减判决的确定性，一方当事人可以从诉讼或纠纷解决策略的角度启动再审程序，那么我国法院的判决就难以符合普通法系国家要求的“确定性要件”。[33]

（三）公告送达不适当导致的程序性抗辩

在外国法院拒绝承认我国法院判决的事由中，公告送达不适当导致的程序性抗辩是最为常见的拒绝事由。对于我国法院作出的缺席判决，由于公告送达不适当而导致被拒绝承认的理由有：正当程序要件不能满足、不符合属人管辖要求以及违背自然正义。在 2019 年许某诉王某案（Xu v Wang）[34]中，由于中国法院未对被告王某进行适当送达，澳大利亚维多利亚省高等法院拒绝承认宁波市中级人民法院作出的判决。在该案中，澳大利亚法官认为，“依据中国《民事诉讼法》第 92 条的规定，允许公告送达，但要在无法知晓受送达人在何处或其他送达方式不可行时才采用。本案显然并不存在这样的情形，原告许某是知道如何联系王某的，在本院的诉讼因此得以落实并有效推进。因此，至少在送达阶段，违背了对王某的自然正义。送达没有依据中国《民事诉讼法》适当做出，导致王某似乎直到 2017 年 1 月才获悉有针对他的诉讼。”[35]

同样在 2023 年尹某与吴某案（Yin v Wu）中，澳大利亚维多利亚省高等上诉法院撤销了一项由高等法院助理法官作出的执行中国法院判决的裁定，理由是程序不公正，原判决债务人的自然正义没有得到保障。[36] 原审宁波市鄞州区

---

32 Yang v Kong, 2021 BCSC 809, para. 21.

33 张文亮：《论外国判决承认与执行中的“确定性要件”》，载《武大国际法评论》2022 年第 2 期。

34 Xu v Wang [2019] VSC 269.

35 Xu v Wang [2019] VSC 269, para. 107 (a) – (b).

36 Yin v Wu [2023] VSCA 130.

人民法院(以下简称鄞州法院)作出了支持原告吴某的缺席判决。鄞州法院在对被告尹某(居住在澳大利亚的中国公民)进行送达时,首先委托杭州市人民法院按照尹某居民身份证上登记的地址向其送达起诉书的副本,由于尹某长期在外,导致本次送达未成功。随后,鄞州法院又对尹某进行了公告送达。但在维多利亚省高等上诉法院的法官看来,原告吴某在中国法院起诉时,完全能够通过其他方式将诉讼程序通知被告,比如 Twitter、WhatsApp 和 Telegram,因为双方在此前合同交易时也是通过这些方式进行联系的。在这种情况下,吴某是否告知中国法院可通过这些替代性方式使被告知晓诉讼程序的情况?法官指出,在考虑是否保障自然正义时,现代法院在评估域外送达的方式是否充分时也应与时俱进。[37]

在福莱士高尔夫工业有限公司诉 O-Ta 精密工业有限公司案(Folex Golf Industries, Inc. v. O-Ta Precision Industries Co., Ltd.)[38]中,美国加州中部地区法院认为,由于缺乏对被告的适当送达,案件不满足属人管辖的要求。法院在其裁定中指出,“本案的记录显示,诉讼文书在中国第一次送达尝试中并未现场送达给福莱士公司,而在加利福尼亚州根据《关于向国外送达民事或商事司法文书和司法外文书的公约》的规定尝试送达时,文书也未送达。此后便采用了公告送达的方式,尽管在某些情况下公告送达是适当的,但在本案中,记录显示并未按照加利福尼亚州的法律规定进行公告送达,更重要的是,也未按照中国法律的规定进行公告送达。基于本案记录中的专家证据,根据中国法的有关规定,采用公告送达必须同时在中国和国外进行公告。该记录并未显示在国外进行公告,同时记录中也没有显示不可能亲自送达(personal service)。因此,根据加利福尼亚州的法律规定,构成拒绝承认外国法院判决的要件。”[39]

以上案件的共同之处在于中国法院作出的是缺席判决,且都采用了公告送达的方式,但由于被请求法院认为我国法院在进行公告送达时没有注重“穷尽其他送达方式”这一重要的前提条件,从而认为公告送达的适用条件和程序不适当,因而未能满足其所要求的承认和执行外国法院判决的程序性要件。对

37 Yin v Wu [2023] VSCA 130, para. 107 – 109.

38 Folex Golf Industries v. O-Ta Precision Industries Co., D. C. No. 2:09 – cv – 02248 – R-CW (C. D. Cal.), 603 Fed., App'x 576 (9th Cir. 2015).

39 Folex Golf Industries v. O-Ta Precision Industries Co., D. C. No. 2:09 – cv – 02248 – R-CW (C. D. Cal.), 603 Fed., App'x 576 (9th Cir. 2015), pp. 3 – 4.

此,我国也有学者指出,“送达是否适当”是影响被告出庭抗辩的一个关键性因素,进而可能影响到是否缺席判决,而对于送达抗辩的适用来说,“送达是否适当”会因程序上的根本缺陷而造成外国法院对判决的不予承认与执行。[40]

四、我国判决域外可执行性指标的完善

通过判决域外可执行性指标的完善,可进一步提升我国涉外司法的国际公信力。在域内层面,侧重于根据 2023 年《民事诉讼法》规定的条件对外国法院判决进行审查,适当弱化互惠的功能;在判决终局性方面完善我国涉外民商事审判的再审制度;在采用公告送达时注重实际操作的合理性。在域外层面,加强国际多边条约的谈判,推动条约的缔结和批准工作,从而促进我国法院判决在全球范围内的承认和执行。

(一)明确判决承认和执行的条件并弱化互惠的功能

对于有互惠要求的国家而言,互惠要件未能满足是影响我国法院判决可执行性的主要因素。原因主要在于我国有关外国法院判决承认和执行的规则不够完善,从而导致外国法院无法从法律条件上判断其判决在我国得到承认和执行的可能性。而我国此前所采用的事实互惠又会使对方国家法院认为其判决今后可能无法在我国得到承认和执行,从而以不存在互惠为由拒绝我国法院判决。

近年来,我国法院对互惠进行了适用标准的转变,依据 2021 年最高人民法院发布的《全国法院涉外商事海事审判工作座谈会会议纪要》,我国法院开启了互惠认定标准的多元化尝试,并确立了法律互惠的认定标准。[41] 这在 2020 年以后的几个代表性案例中有所体现。[42]

---

40 张文亮:《外国判决承认与执行语境下“送达抗辩”研究》,载《当代法学》2019 年第 2 期。

41 2021 年《全国法院涉外商事海事审判工作座谈会会议纪要》第 44 条规定:“人民法院在审理申请承认和执行外国法院判决、裁定案件时,有下列情形之一的,可以认定存在互惠关系:(1)根据该法院所在国的法律,人民法院作出的民商事判决可以得到该国法院的承认和执行;(2)我国与该法院所在国达成了互惠的谅解或者共识;(3)该法院所在国通过外交途径对我国作出互惠承诺或者我国通过外交途径对该法院所在国作出互惠承诺,且没有证据证明该法院所在国曾以不存在互惠关系为由拒绝承认和执行人民法院作出的判决、裁定。人民法院对于是否存在互惠关系应当逐案审查确定。”

42 参见上海市第一中级人民法院民事裁定书,(2019)沪 01 协外认 17 号;上海市第一中级人民法院(2019)民事裁定书,沪 01 协外认 22 号;上海海事法院民事裁定书,(2018)沪 72 协外认 1 号;北京市第一中级人民法院民事裁定书,(2022)京 01 破申 786 号;上海市第三中级人民法院民事裁定书,(2021)沪 03 协外认 1 号。

在立法层面,2023 年《民事诉讼法》涉外编的修正在很大程度上弥补了我国立法中承认和执行外国法院判决的不足,新增的第 301 条[43]对判决作出国法院是否对案件享有管辖权进行判断的标准作出了规定,即间接管辖权。新增的第 300 条对应予拒绝承认和执行外国法院判决的条件进行了规定,[44]且契合有关判决承认和执行的国际条约、我国签订的双边司法协助条约以及相关司法解释的有关规定。[45] 因此,对于采用法律互惠的国家,就可基于立法规定中的条件来判断其判决今后在我国法院得到承认和执行的可能性,并以此为依据衡量互惠条件的对等性,对比两国间有关判决承认和执行的条件是否存在实质性差异。

我国立法的完善也对法院提出了更高的要求。我国法院在认定满足互惠的要件后,还要依据《民事诉讼法》第 300 条和第 301 条的规定审查外国法院判决是否存在承认和执行的消极要件。[46] 今后,我国法院在审判中可侧重承认和执行条件的审查,弱化互惠的功能。一方面,将互惠关系限定于个案之中,在互惠要求不能满足的情况下,仅认定"本案不满足互惠的要件",从而避免其他外国法院以国家间不存在互惠关系为借口拒绝承认和执行我国法院的判决;另一方面,对于互惠的认定采用更为宽松的标准,对于国家和当事人利益不会产生实质影响的判决,应尽可能认定其满足互惠的要件。

(二)完善我国涉外民商事审判的再审制度

判决缺乏终局性是影响我国法院判决可执行性的因素之一。我国的再审

43 《民事诉讼法》(2023 年修正)第 301 条:"有下列情形之一的,人民法院应当认定该外国法院对案件无管辖权:(一)外国法院依照其法律对案件没有管辖权,或者虽然依照其法律有管辖权但与案件所涉纠纷无适当联系;(二)违反本法对专属管辖的规定;(三)违反当事人排他性选择法院管辖的协议。"

44 《民事诉讼法》(2023 年修正)第 300 条:"对申请或者请求承认和执行的外国法院作出的发生法律效力的判决、裁定,人民法院经审查,有下列情形之一的,裁定不予承认和执行:(一)依据本法第三百零一条的规定,外国法院对案件无管辖权;(二)被申请人未得到合法传唤或者虽经合法传唤但未获得合理的陈述、辩论机会,或者无诉讼行为能力的当事人未得到适当代理;(三)判决、裁定是通过欺诈方式取得;(四)人民法院已对同一纠纷作出判决、裁定,或者已经承认第三国法院对同一纠纷作出的判决、裁定;(五)违反中华人民共和国法律的基本原则或者损害国家主权、安全、社会公共利益。"

45 参见最高人民法院民事审判第四庭编著:《〈全国法院涉外商事海事审判工作座谈会会议纪要〉理解与适用》,人民法院出版社 2023 年版,第 318 页。

46 参见最高人民法院民事审判第四庭编著:《〈全国法院涉外商事海事审判工作座谈会会议纪要〉理解与适用》,人民法院出版社 2023 年版,第 318 页。

程序易被启动，因而往往被普通法系国家认为不具备确定性的要件。[47] 据统计，近年来我国民商事再审案件的数量已成为最高人民法院和各高级人民法院审理案件中占比最多的案件。[48] 外国法院往往要对请求执行的我国法院判决是否具有终局性进行审查，如果在我国法院审理的涉外民商事案件能够轻易地启动再审程序，则会影响到我国法院判决的确定性和终局性。虽然我国的民事再审程序历经数次修订后，在理念、制度、规则层面都取得了长足的进步，但还缺乏相应的实施细则。[49] 此外，对于所有类型的案件适用同样的再审制度，在一定程度上违背了民事纷争的程序设置应与案件类型相适应的原理。[50]

为进一步加强我国涉外民商事判决的既判力，使我国法院判决能够进一步满足外国法院审查中的"判决终局性"要件，可进一步完善我国涉外民事诉讼的再审制度，全面实行当事人申请再审制。基于《民事诉讼法》对当事人申请再审时间的限制，[51]民事诉讼再审制度对判决终局性的影响将大幅度降低，从而促进我国法院判决在域外得到承认和执行。

（三）注重公告送达的适当性及程序正当性

从外国法院对我国法院判决的承认和执行情况来看，我国法院判决最终能被承认和执行的关键在于司法程序上的无瑕疵。[52] 在各国有关承认和执行外国判决的立法与实践中，"送达抗辩"往往是最为显著的一项拒绝承认和执行的理由，而送达作为判决作出国诉讼程序的关键环节，也成为被请求国审查外国判决的核心因素。[53] 送达抗辩主要针对缺席审判案件判决的承认和执行。在前述案例中，针对我国法院作出的缺席判决，外国法院均指出我国法院公告送达的方式缺乏适当性。对此，我国在今后的实践中应注重采用公告送达的条件和程序。

---

47 参见张文亮：《论外国判决承认与执行中的"确定性要件"》，载《武大国际法评论》2022年第2期。

48 范怡倩：《论民事再审之案件允许态势及制度完善》，载《法学论坛》2023年第6期。

49 范怡倩：《论民事再审之案件允许态势及制度完善》，载《法学论坛》2023年第6期。

50 乔雄兵：《论外国法院判决承认与执行中的终局性问题》，载《武大国际法评论》2017年第1期。

51 《民事诉讼法》(2023年修正)第216条："当事人申请再审，应当在判决、裁定发生法律效力后六个月内提出；有本法第二百一十一条第一项、第三项、第十二项、第十三项规定情形的，自知道或者应当知道之日起六个月内提出。"

52 乔雄兵：《论外国法院判决承认与执行中的终局性问题》，载《武大国际法评论》2017年第1期。

53 张文亮：《外国判决承认与执行语境下"送达抗辩"研究》，载《当代法学》2019年第2期。

根据《民事诉讼法》的规定,公告送达应在不能用规定所列举的方式送达的情况下采用,也即应穷尽其他送达方式。依据《民事诉讼法》第 283 条的规定,穷尽列举的 10 种送达方式仍不能送达的才能采用公告送达。因此,判决书中应有不能送达的说明和相应的证据材料。此外,《民事诉讼法》中关于公告送达的规定,只涉及公告送达适用的条件和公告的时间,缺乏对公告范围的规定。为保证判决在域外的执行,将来的送达公告也应在原告所知道的被告可能所在地范围内做出。

此外,对于一些到美国法院申请承认的中国法院判决,被申请人往往试图请求美国法院认定中国法院诉讼程序不公正。例如,在上海雍润投资管理有限公司诉喀什星河创业投资有限公司、徐某某案(Shanghai Yongrun Inv. Mgt. Co., Ltd. v Kashi Galaxy Venture Capital Co., Ltd.)[54]中,美国纽约州最高法院就支持了被申请人的主张,理由是“该判决是在一种不提供公正法庭或不提供符合正当法律程序要求的程序制度下作出的”,从而认定中国诉讼制度整体上是不公正的。幸好,纽约州最高法院上诉法庭于 2022 年 3 月一致推翻了该裁决,否定了中国诉讼制度整体上不公正的观点,并要求应当审查每个具体案件实际采取的诉讼程序是否公正。[55]

对此,如果涉及我国法院判决今后要在域外申请承认和执行的情形,除前述问题外,还应更加注重程序正当问题,从而使我国法院判决更有可能在被请求国得到承认与执行。

(四)加强国家间民商事判决承认和执行的多边合作

我国于 2017 年 9 月 12 日签署了 2005 年《选择法院协议公约》,这无疑是我国在外国判决承认和执行国际合作中迈出的重要一步。这一公约如果能够获得批准并对我国生效,将在一定程度上弥补我国现行民商事司法协助机制的不足,并为中国在民商事判决承认和执行领域开展对外合作提供新的法律基础。[56] 2023 年修订的《民事诉讼法》建构了新的涉外合意管辖机制,能够促进越

54 Shanghai Yongrun Inv. Mgt. Co., Ltd. v Kashi Galaxy Venture Capital Co., Ltd., 2021 NY Slip Op 31459 (U).

55 杜国栋:《中国判决在美国执行指南》,载搜狐网 2023 年 9 月 26 日,https://www.sohu.com/a/723598208_121622815。

56 《中国签署〈选择法院协议公约〉》,载微信公众号“中国国际法前沿”2017 年 9 月 12 日,http://mp.weixin.qq.com/s/Y6fRUj1ZxMnxcfAl0fX4Iw。

来越多的当事人选择来我国法院进行诉讼,但如果我国法院的判决无法在更广泛的范围内得到承认和执行,也会使我国立法改革的成果打折扣,因而我国应在对国内立法和司法进行完善的同时,加快推进《选择法院协议公约》的批准工作。

此外,2019 年《承认与执行外国法院民商事判决公约》(以下简称《海牙判决公约》)作为第一部全球性多边的外国民商事法院判决承认和执行国际公约,[57]可以促进判决在国家间的相互流通,使跨境诉讼胜诉方能以可预见的、高效的方式维护权利,并且还将便利以规则为基础的多边贸易和投资,更好地管理交易和诉讼风险,使弱势方获得更好、更低成本和更有效的司法救济。[58]

加入公约能够在判决终局性、间接管辖等方面弥补我国现有立法和实践中的不足,对于缔约国之间判决的承认和执行也无须再考虑互惠的要件,从而能够促进我国法院判决在域外被承认和执行。

例如,《选择法院协议公约》第 8 条第 4 款以及《海牙判决公约》第 4 条第 3 款都规定,如果判决在原审国是复审的对象,或者申请一般性复审的时限未过,可以推迟或者拒绝承认或者执行。拒绝并不妨碍此后申请承认或者执行该判决。如我国加入上述公约,基于以上规定能够保障和创造有利于我国法院判决在外国法院得到承认和执行的环境,从而减少由于终局性存疑而被外国法院直接拒绝的情形。

因此,从效率、成本、便利当事人等方面来看,加入公约能够促进我国在民商事判决承认和执行领域的多边合作,提高我国法院判决在域外的执行率,从而建立效率高、成本低、判决可执行的国际民商事司法体系,进一步确保我国涉外司法公信力的稳步提升。

五、结　　语

在"一带一路"倡议的推进中,提升我国涉外司法国际公信力,增强我国国际民商事争议解决机制的国际竞争力,能更好地为"一带一路"发展提供司法服

57　徐国建:《被攻克的最后堡垒:2019 年〈海牙判决公约〉所涉关键问题评析》,载《上海政法学院学报》2020 年第 2 期。

58　孙劲、吴琼:《论中国对海牙〈承认与执行外国民商事判决公约〉谈判的贡献》,载黄进、肖永平、刘仁山主编:《中国国际私法与比较法年刊》(2020 年第 26 卷),法律出版社 2021 年版,第 25 页。

务和法治保障。我国法院判决在域外的可执行性作为提升我国涉外司法国际公信力的重要指标之一,需要在我国立法完善的同时有所跟进。在域内维度,基于 2023 年《民事诉讼法》对我国涉外民商事程序规则的完善,可进一步弱化互惠的功能,确保我国法院判决能够在同样有互惠要求的国家获得承认和执行,同时改进我国涉外民商事审判的再审制度,注重公告送达的适当性及程序正当性,更好地促进我国法院判决在域外得到承认和执行。在域外维度,继续加强国际多边合作,在积极参与国际条约制定的同时,推进后续条约的签署和批准工作,鼓励外国当事人选择在我国法院诉讼,增强我国国际民商事争议解决机制的竞争力,从而以判决域外可执行性评估指标的提升为切入点,逐步提升我国法院在涉外民商事审判领域的国际司法公信力。

国际礼让原则下禁诉令制度的反思与建构

黄　鑫*

【内容提要】 禁诉令是一项在国际法上颇具争议的制度，它通过限制当事人在外国诉讼的权利，防止国际平行诉讼的发生及外国诉讼对本国诉讼的不当干扰，间接影响外国法院的司法管辖权。国际礼让是禁诉令签发中的关键因素，既构成禁诉令签发的否定性要件，对禁诉令滥用形成牵制，又在一定程度上赋予禁诉令以合法性基础。只有处理好与国际礼让的关系，禁诉令制度根基才稳固。事实上，国际礼让是建立在国家主权原则之上的一项法律原则，本质上是国家对自身权力的主动让渡，因此礼让不是必需的；国家为谋求国际协作基础上的互利共赢，礼让又值得提倡，但应当建立在对等、互惠及本国公共秩序基础上。我国应当建立独立、完整的禁诉令制度，并且秉持审慎和谦抑的态度，在国际礼让原则基础上准确适用禁诉令，通过明确标准防止禁诉令滥用。

【关键词】 禁诉令　国际礼让　平行诉讼　管辖权冲突　滥用

一、问题的提出

2022年2月，欧盟常驻WTO代表团就中国禁诉令提出磋商请求，认为中国自2020年8月以来至少在五起涉及知识产权案件中采取的禁诉令违反了世界贸易组织《与贸易有关的知识产权协定》相关规定，[1]这些裁定“禁止专利持有人通过在非中国法院启动、继续或执行法律程序的结果，在其他司法管辖区

---

* 黄鑫——上海财经大学国际法博士研究生、上海市高级人民法院海事及海商审判庭副庭长，三级高级法官。

1　分别涉及最高人民法院在华为与康文森案，武汉市中级人民法院在小米与交互数字案、三星与爱立信案，深圳市中级人民法院在中兴通讯与康文森案、OPPO与夏普案中作出的裁定。

主张其权利,并且在侵权案件中通过每日处罚来执行"。随后,美国、日本和加拿大等国也请求加入磋商。目前争端已进入专家组程序。[2] 早在2021年4月,美国贸易代表办公室发布的《2021特别301报告》就对中国法院自2020年8月以来发布的禁诉令给予高度关注。[3]

欧美同时对我国法院发布的相关裁定予以高度关注甚至采取法律措施,足见这类裁定的重要性、敏感性。从形式看,上述裁定属于我国《民事诉讼法》规定的行为保全范畴,[4]但从内容上看,具有禁诉令(anti-suit injunction)的性质。通常,禁诉令通过本国法院的裁决,限制当事人在外国诉讼的权利,防止国际平行诉讼的发生及外国诉讼对本国诉讼的不当干扰。一些大陆法系国家认为,禁诉令间接影响了外国法院的司法管辖权,对他国司法主权构成不当干涉。因此,法院在签发禁诉令时需要充分论证正当性,特别会大段论述禁诉令与国际礼让的要求是否冲突。[5] 在"华为与康文森一案"的裁定中,最高人民法院一再强调采取裁定措施符合国际礼让,并论证其合理性。[6] 事实上,禁诉令始终无法绕开国际礼让,多数国家在签发禁诉令时均会考虑国际礼让。那么,禁诉令与国际礼让究竟存在怎样的内在关系,国际礼让又是如何影响禁诉令签发,这对当下中国禁诉令制度的构建又会产生怎样的影响,均是本文重点论述的问题。

二、国际管辖权冲突与禁诉令功能

禁诉令是一项在国际上颇具争议的制度,是指一国法院对系属该国法院管

2 China-Enforcement of Intellectual Property Rights, Request for Consultations by the European Union, WTO Doc. WT/DS611/1 (18 February 2022). Request for Information Pursuant to Article 63.3 of the TRIPS Agreement, Communication from the European Union to China, WTO Doc. IP/C/W/682 (6 July 2021). 载世界贸易组织官网,https://www.wto.org/english/tratop_e/dispu_e/cases_e/ds611_e.htm。

3 Office of the United States Trade Representative: 2021 Special 301 Report, p.47-48, https://ustr.gov/issue-areas/intellectual-property/special-301/2021-special-301-review.

4 《中华人民共和国民事诉讼法》第103条第1款规定:人民法院对于可能因当事人一方的行为或者其他原因,使判决难以执行或者造成当事人其他损害的案件,根据对方当事人的申请,可以裁定对其财产进行保全、责令其作出一定行为或者禁止其作出一定行为;当事人没有提出申请的,人民法院在必要时也可以裁定采取保全措施。

5 在美国,国际礼让又可以区分为立法礼让、行政礼让和司法礼让,分别是立法机关、行政机关和司法机关在行使职权时所体现的对外国的尊重和对本国法域外适用的自我限制。但在大多数国家,在与禁诉令关系的论述上,使用国际礼让较普遍。因此,本文通篇采用国际礼让这一术语。

6 最高人民法院民事裁定书,(2019)最高法知民终732、733、734号之一、之二。

辖的当事人发出的,阻止其在外国法院提起或继续进行已提起的,与在该国法院未决诉讼相同或相似诉讼的限制性命令。[7] 禁诉令源于英美法系国家,最初是英国衡平法院用来限制诉讼当事人在英国普通法院获得违反衡平法原则的判决所使用的工具。[8] 主要解决英国国内的平行诉讼问题,之后逐步扩展到国际诉讼和仲裁领域。广义上的禁诉令还包括反禁诉令(anti-anti suit injunction)、禁执令(anti-enforcement injunction)、禁止仲裁令(anti-arbitration injunction)等。[9] 内容上,不仅包括禁止当事人在外国提起诉讼、仲裁、申请禁令、执行等,还包括要求当事人撤回在外国已经开始的诉讼、仲裁、禁令及执行申请等。当前,随着国际知识产权领域标准必要专利诉讼的兴起,禁诉令不仅在美国、英国等英美法系国家流行,德国、法国等传统上排斥禁诉令的大陆法系国家也开始积极适用反禁诉令。[10]

在英美法系国家,禁诉令运用于股权纠纷、破产纠纷等一般民商案件中,在海事诉讼和知识产权诉讼领域更加集中和引人关注。究其原因,禁诉令与国际管辖权积极冲突,特别是国际平行诉讼密切相关。本质上讲,各国根据本国法律确定跨国案件的管辖权,是国家主权原则在司法领域的集中体现,也是造成国际管辖权冲突的根源所在。由于各国对同一案件或相关案件的管辖权存在交叉,当事人往往从自身利益角度考虑,选择对自己有利的法院诉讼,或者在不同司法辖区同时发起诉讼,国际平行诉讼因此产生。基于不同法律,不同国家可能会作出不同甚至矛盾的处理结果,不仅浪费诉讼资源,也造成不同结果的难以协调。国际平行诉讼的弊端显而易见。目前,解决国际管辖权冲突,特别是国际管辖权积极冲突和国际平行诉讼的模式主要有两种:

一是国际条约方式。以欧盟的“最先受理法院”模式最具代表性。在欧盟等具有超主权司法协调机制的区域,根据区域司法条约的规定,跨国诉讼一般由最先受理案件的法院管辖,后受理案件的法院应主动暂停诉讼或放弃管辖权。从 1968 年《关于民商事案件管辖权及判决执行公约》(《布鲁塞尔公约》)到 2000 年《关于民商事管辖权及判决的承认与执行的第 44/2001 号条例》(《布

---

7 欧福永:《国际民事诉讼中的禁诉令》,北京大学出版社 2007 年版,第 11 页。

8 Thomas Raphael, The Anti-Suit Injunction (2nd Edition), Oxford University Press, (2019), p. 37.

9 反禁诉令主要针对他国禁诉令,与禁诉令构成直接对抗关系;禁执令针对当事人在他国申请执行判决的行为;禁止仲裁令是禁止在他国仲裁。

10 张怀印:《德国标准必要专利诉讼中的反禁诉令制度及其启示》,载《知识产权》2023 年第 6 期。

鲁塞尔条例Ⅰ》),再到2012年《布鲁塞尔条例Ⅰ(重订)》,基本延续了这一思路。这是解决国际管辖权冲突的理想模式,但依赖于能够形成跨国家的协议。因各国都有基于自己利益的考量,实际上非常困难。目前,海牙国际私法会议在这方面有一定成效,如2005年《选择法院协议公约》,核心内容是尊重当事人之间关于排他性选择法院协议的效力,由被选择法院来行使管辖权,其他法院放弃管辖权。这在一定程度上可以解决国际管辖权积极冲突的部分问题,但范围还相当有限。后续,海牙国际私法会议的管辖权项目试图进一步解决这一问题。

二是国内法方式。以英美法系"不方便法院+禁诉令"模式最为典型。在多数英美法系国家,针对国际管辖权冲突,往往通过本国立法规定"不方便法院原则+禁诉令制度"来解决。不方便法院原则,即法院在受理某一涉外民事案件时,发现在本国法院受理该案对法院与当事人都不方便时,又存在另一国法院可作为受理此案的替代法院,法院便以本国法院是不方便法院为由,拒绝行使管辖权,以避免平行诉讼发生的原则。[11] 通常认为,不方便法院原则与禁诉令是一枚硬币的两面:一国认为本国法院是不方便法院,以不方便法院原则向他国让渡管辖权;反之,认为他国是不方便法院,则通过禁诉令限制当事人在他国诉讼,积极行使本国管辖权。从实际情况看,由于不方便法院原则是本国主动让渡管辖权,并无争议;禁诉令是积极争取管辖权,在一定程度上间接限制了外国法院的管辖权,故而争议较大。

总体上看,在尚无管辖权冲突国际协调机制的现实环境下,"不方便法院+禁诉令"模式虽不是解决国际管辖权冲突的最优解,却是必要解,可以在一定程度上限制国际平行诉讼发生以及他国诉讼对本国诉讼的不当影响。

三、国际礼让在禁诉令中的角色与功能

国际礼让是禁诉令签发中无法绕开的话题。实际上,禁诉令与国际礼让是相辅相成的。实践中,英美法系国家逐渐形成了禁诉令签发的"三要件"分析框架:前提条件是国内外诉讼构成国际平行诉讼;实质要件是外国诉讼对本国诉讼构成严重干扰;否定要件是在国际礼让可容忍的范围内。

所谓否定要件,即根据国际礼让的要求,法院在考虑是否签发禁诉令时预

11　李双元、欧福永主编:《国际私法》(第五版),北京大学出版社2018年版,第367页。

先推定不得签发,只有满足极其严格的条件,即在国际礼让允许的例外情况下,才能违反预先推定签发禁诉令。国际礼让不断质疑和拷问签发禁诉令的所有条件是否充分和完备。[12] 基于禁诉令对他国司法管辖权的实质性影响,轻率使用会招致他国报复,甚至影响两国关系,因此需要由国际礼让来夯实禁诉令的正当性基础,限制其使用,缓和其攻击性。实践中,由于国际礼让本身的模糊性,如何判断禁诉令签发是否超出国际礼让的范围,存在较大争议。如最高人民法院在华为与康文森一案的裁定中,阐述了"案件受理时间先后、案件管辖适当与否、对域外法院审理和裁判的影响是否适度"的判断标准。[13] 在欧美国家司法实践中,基于国际礼让的要求,法院需要进行利益权衡,只有当收益远大于成本时,法院才适宜签发禁诉令。[14] 各国正努力以案件类型化的方式来引导法院的判断。如在违反仲裁协议或选择法院协议的情形下,对当事人意思自治的保护被视为高于对他国司法权造成的间接侵害,符合国际礼让的要求。同时,以国际礼让为否定性要件,要求禁诉令的签发尽量以缓和的方式,以减缓禁诉令的严厉程度和使用频率,使禁诉令保持在国际礼让允许的范围内。如禁诉令指向的外国诉讼尽可能具体、明确,不笼统地限制当事人在外国提起或可能提起的任何诉讼。理论上,国际礼让起到限制禁诉令的重要作用,但各国司法表现不同。

在英国,法院不仅可以对在英国有财产或住所的当事人签发禁诉令,只要与英国有实际联系或者有英国保护的利益,法院都可以签发禁诉令。英国重视国际礼让,在 Star Reefers Pool Inc v. JFC Group Co. Ltd 案中[15],英国法院将国际礼让确定为自由裁量阶段的必要考量因素。[16] 但在禁诉令的签发中如何具体考量国际礼让因素,并不十分明确。多数情况下,法院在其判决中暗示考虑了国际礼让因素,但往往还是发布禁诉令。[17] 在 Airbus Industrie GIE v. Patel 案中,英国法院的表述为"礼让要求法院只在与争端有联系或有利益的情况下才可以

---

12 宋晓:《涉外标准必要专利纠纷禁诉令的司法方法》,载《法学》2021年第11期。

13 最高人民法院民事裁定书,最高人民法院(2019)最高法知民终732、733、734号之一。

14 宋晓:《涉外标准必要专利纠纷禁诉令的司法方法》,载《法学》2021年第11期。

15 Star Reefers Pool Inc v. JFC Group Co. Ltd [2012] EWCA Civ 14.

16 Richard Fentiman, *Anti-suit Injunctions-Comity Redux?* The Cambridge Law Journal, Vol. 71, Issue 2, July 2012, pp. 273 – 275.

17 Cameron Fentiman, *Choice of Law and Anti-suit Injunction: Relocating Comity*, International & Comparative Law Quarterly, Vol. 62, Issue 3, July 2013, p. 713.

介入”。[18] 只要法院认为英国与争议本身有足够的联系或者案件有足以保护的利益,英国法院签发禁诉令就符合国际礼让的要求。因此,英国法院采取的是在个案中的自由裁量环节考虑国际礼让的做法。[19]

在美国,法院支持和否定禁诉令签发的案例均有不少,态度可分为宽松标准和严格标准。采严格标准的法院,仅在其他司法辖区的平行诉讼会影响美国法院行使司法管辖权,或者威胁美国国内重要政策,且确信禁诉令所保护的国内利益超过对国际礼让的考虑时才会签发禁诉令。采宽松标准的法院,允许为了避免当事人在其他司法辖区进行重复诉讼,或其他司法辖区法院作出不一致的裁判结果而颁发禁诉令。两者赋予国际礼让因素的重要性显然不同,严格标准更重视国际礼让,需要综合考虑全部因素后判断在国际礼让的允许范围内,才能签发禁诉令。在 M/S Bremen v. Zapata Off-Shore Co. 一案中[20],美国法院基于国际礼让的否定性判断,从不得签发禁诉令的预设立场出发,只有足够的权衡因素能够推翻这一推定,才得以签发禁诉令。

在欧盟,传统上反对在成员国之间签发禁诉令。从《布鲁塞尔公约》到《布鲁塞尔条例 I》),再到《布鲁塞尔条例 I(重订)》,均认为在缔约国间发布禁诉令,有违公约或条例强调互信的初衷。在 Turner v. Grovit 案中,欧盟法院指出:欧盟成员国之间的互信至关重要,英国法院签发的禁诉令实质上损害了成员国之间的互信,不符合公约规定。[21] 在 Allianz v. West Tankers Inc. 案中,欧盟法院进一步认为,即使在当事人之间存在仲裁协议,成员国法院也不得以此为由签发限制当事人在另一成员国诉讼的禁诉令。这种强调缔约国之间互信的要求,本质上是国际礼让要求的体现。

德国长期以来坚持了欧盟关于对英美法系国家颁发的禁诉令不接受的态度。但近年来,在标准必要专利纠纷中,德国法院对签发反禁诉令持积极态度。2019 年,德国慕尼黑第一地区法院在 Nokia v. Continental 案中首次签发反禁诉令,责令 Continental 确保其关联公司撤回美国的禁诉令,理由是防止 Nokia 的

---

18 Airbus Industrie GIE v. Patel [1998] 2 WLR 686.

19 Damien Geradin, Dimitrios Katsifis, *The Use and Abuse of Anti-suit Injunctions in SEP Litigation: Is There a Way Forward?*, GRUR International, Vol. 71, Issue 7, July 2022, p. 605.

20 M/S Bremen v. Zapata Off-Shore Co. 407 U. S. 1(1972).

21 Case C - 159/02 Turner v. Grovit [2004] ECR I - 3565.

财产权受到美国禁诉令的直接和非法威胁。[22] 德国法院甚至在 IP Bridge v. Huawei 案中批准了针对华为的具有预防功能的“先发制人型”反禁诉令。[23] 德国法院没有明确国际礼让因素在反禁诉令签发中的作用,其不愿签发可能干预外国司法管辖权的禁诉令的行为,即国际礼让要求的体现。法国的情况相类似。

可见,英美法系更强调国际礼让的重要性,但内涵相对模糊,自由裁量空间很大。大陆法系国家多从国家主权原则理解国际礼让,不签发禁诉令是国际礼让的具体体现,但基于对等原则,可以抛开国际礼让签发反禁诉令。[24]

四、关于国际礼让的再认识

国际礼让最先由荷兰法学家优利克·胡伯提出,主要解决“在国家主权原则下,外国法律为什么可以在本国适用”的问题。胡伯认为这是出于国际礼让。通常,国际礼让是指认可外国法律、判决在本国境内的效力,只要这种认可不损害本国主权和利益。国际礼上既包括本国对外国法律和判决的认可,也包括本国主动限制国内法的域外适用以尊重他国主权利益。[25]

关于国际礼让的性质,一直以来众说纷纭:(1)道德或礼貌说。认为国际礼让仅是对他国司法的尊重,[26]或者仅是国家之间交往的道德要求和善意考虑。[27]作为道德或礼貌,礼让的内涵比较模糊,有赖自由裁量。(2)义务说。认为胡伯将礼让定义为国家的“默示同意”,非“默示善意”,同意带有承诺的意思,具有

---

22 Nokia v. Continental, District Court of Munich, Order dated 30 July 2019, Case-No. 21 O 9512/19; Nokia v. Continental, High District Court of Munich, Decision dated 12 December 2019, Case-No. 6 U 5042/19.

23 IP Bridge v. Huawei, District Court of Munich, judgement dated 24 June 2021, Case-No. 7 O 36/21.

24 杜焕芳、段鑫睿:《跨国禁诉令中国际礼让的角色和适用》,载《中国高校社会科学》2023 年第 4 期。

25 William S. Dodge, *International Comity in International Law*, 115 Columbia Law Review 2071 (2015).

26 Andrew S. Bell, Forum Shopping and Venue in Transnational Litigation, Oxford University Press, 2003, p. 235.

27 李双元主编:《国际私法》,武汉大学出版社 2001 年版,第 112 页。

约束力。因此礼让不是任意性规则,各国应当基于礼让承认他国法律的效力。[28] (3)新规范空间说。认为礼让不是一个完全的法律义务,也不是一个单纯的礼遇。礼让的概念引起一个位于两端之间的半阴影,一端是绝对的义务,另一端是遵从给予源于主权行为的单纯礼遇。正是由于这个光影之间非同寻常的半阴影,一个新的空间占据了先前被忽略的区分约束力的义务与单纯礼遇的领域。[29] (4)法律原则说。认为国际礼让既非国际法的强制性义务,也非出于礼节或善意的国际道德,而是对外关系法的基本原则,包括承认和尊重外国的主权行为,也包括对自己的主权行为进行自我限制。[30]

上述观点中,法律原则说是目前的通说。礼让是一套原则或价值观,而不是一条强硬的规则,需要与其他原则或价值观进行权衡。[31] 它反映了不同国家、法律制度和法院之间的相互尊重。[32] 当某个领域在国际礼让指导下形成了具体规则,具体规则就替代了相对抽象模糊的原则,国际礼让也就退居幕后。若某个对外关系法领域尚未形成清晰的规则,则国际礼让依然发挥作用,成为法官行使自由裁量权时不可或缺的指导原则。[33] 在禁诉令问题上,国际礼让属于尚未形成具体规则的对外关系法原则,依然发挥着重要作用。在著名的 Hilton v. Guyot 案中,美国最高法院明确阐释:在法律意义上,礼让既不是一种绝对的义务,也不是一种单纯的礼貌和善意,它是一个国家在其领土内对另一个国家的立法、行政和司法行为的承认,同时适当考虑国际义务和便利,以及其本国公民或受其保护的其他人的权利。[34] 围绕国际礼让作为一项法律原则,有以下几点值得充分关注:

1. 礼让不是必需的,是国家主权的主动放弃或让渡,是国家自由意志的体现。国际礼让原则源于对国家主权原则的补充,基础是国家主权独立和平等。

28 朱张茜:《国际礼让原则在国家数据主权冲突中的适用》,华东政法大学 2020 年硕士学位论文,第 22 页。

29 [美]帕德罗·J. 马丁内兹-弗拉加著,李庆明译:《国际司法程序中礼让的新作用》,中国社会科学出版社 2011 年版,第 9 页。

30 William S. Dodge, *International Comity in American Law*, 115 Columbia Law Review 2071 (2015).

31 张卫平:《我国禁诉令的建构与实施》,载《中国法律评论》2022 年第 2 期。

32 杜焕芳、段鑫睿:《跨国禁诉令中国际礼让的角色和适用》,载《中国高校社会科学》2023 年第 4 期。

33 宋晓:《涉外标准必要专利纠纷禁诉令的司法方法》,载《法学》2021 年第 11 期。

34 Hilton v. Guyot, 159 U. S. 113(1895).

内国基于礼让考虑,认可外国法律、判决的效力或者主动限制国内法的域外适用,均是内国对自身主权的主动放弃或让渡。国际礼让不是一种义务,因此礼让不是必需的。无论在国际法上还是在国内法上,国际礼让都不构成国家的义务或责任。内国承认外国法的域内效力或者主动限制国内法的域外效力,体现的是对外国的尊重和谦让。因此,国家有礼让或者不礼让的自由。

2. 基于互利共赢的考虑,国际礼让原则在一定限度和范围内又值得提倡。任何国家都有扩张自身管辖权的冲动。内国之所以礼让,本质上是基于利益的考虑。内国完全可以否定外国法律的域内效力,但会遭到其他国家的对等报复。同样,内国不顾国际礼让原则,盲目扩张国内法的域外效力,也会遭到外国的抵制。绝对的国家主权原则存在弊端,不利于跨国贸易和国际合作。国家之间对彼此利益的认可和维护,会带来更多合作与机遇,促进对外交往和经济繁荣。因此,国际礼让原则值得提倡。

3. 基于国家主权平等原则,国际礼让原则应当建立在对等和互惠的基础之上。国际法强调对等和互惠。对等是国家之间给对方以平等的待遇。一国对于他国国民或组织的权利加以限制时,他国也相应地限制该国国民或组织的权利。互惠是一国给予他国及其国民的优惠和利益,以他国给予本国及其国民优惠和利益为前提。互惠和对等是一个问题的两个角度。由于国家之间主权平等,如果外国给本国法律或判决以礼让或限制,本国应对其给予同等礼让或限制。

4. 国际礼让原则不得与本国公共秩序相冲突。国际私法上的公共秩序,是指如果本国适用外国法的结果或者提供司法协助,与本国的重大利益、基本政策、基本道德观念或法律的基本原则相抵触,则可以拒绝或者排除适用该外国法,或者拒绝提供司法协助的一种保留制度。[35] 公共秩序保留已被各国立法和实践普遍接受。本国在赋予外国法以域内效力或限制国内法的域外效力时,不能逾越本国公共秩序的底线。一旦适用外国法或承认外国判决会违反本国的公共秩序,本国应当放弃国际礼让,直接适用本国法律或拒绝司法协助。

五、国际礼让原则对禁诉令的限制与支持

禁诉令与国际礼让原则之间具有辩证关系,禁诉令造成不同国家司法管辖

---

35 李双元、欧福永主编:《国际私法》(第五版),北京大学出版社2018年版,第139~140页。

权的紧张和冲突,国际礼让原则则体现一国管辖权的谦抑和自我约束。在这对矛盾体中,国际礼让原则限制了禁诉令的滥用,在一定程度上缓和了对禁诉令合法性的质疑。

(一)国际礼让原则与禁诉令的关系辨析

其一,禁诉令并非对国际礼让原则的一味违反,相反,尊重国际礼让原则为重要基础和主要限制。禁诉令与国际礼让原则既相互对立和冲突,又相互统一和依存。在形式上,禁诉令是对国际礼让原则的背离,但系有“特殊理由”的背离。禁诉令的正当性基础是困扰其正常实施的最大障碍。任何国家在签发禁诉令时都不是随心所欲的,其中国际礼让原则居于核心位置,在一定程度上赋予了禁诉令以正当性基础。国际礼让原则通过规范禁诉令的签发事项、适用情形、审查标准及例外情况等,最大限度地减少禁诉令的滥用,减少国家之间因禁诉令引发的冲突,实际上促进了禁诉令的合理运用。

其二,禁诉令具有主体普适性的特点,要从一国解决国际平行诉讼的整体法律“工具箱”来判断是否符合国际礼让原则。禁诉令制度一旦建立,各国主体均可在该国法院申请运用,一般不存在差别对待问题。实践中,联想、华为等中国企业也曾多次在英美法院寻求禁诉令救济。因此,从当事人利益保护的角度看,一国是否建立禁诉令制度,主要影响当事人能否选择该国来寻求禁诉令救济,不受当事人所在国籍的影响。通常,建有禁诉令的国家采取的是“不方便法院+禁诉令”模式。禁诉令是一国法院扩张管辖权,不方便法院原则是一国法院放弃管辖权。从一国应对平行诉讼的法律“工具箱”来看,相对于禁诉令,不方便法院原则体现了应有的国际礼让。

其三,合理权衡国际礼让原则,以禁诉令保障当事人合法权益和国家利益是现实需要。当前,全球主要国家在科技领域的竞争十分激烈,尤其在标准必要专利上,各国均在抢占科技制高点。其中,争夺这类案件的司法管辖权是焦点所在。近年来,我国企业在知识产权领域频繁遭遇外国法院禁诉令,基于禁诉令的威慑,当事人往往撤回在中国的诉讼,使我国的司法管辖落空。可见,禁诉令的缺位,使一国缺少应对外国禁诉令的必要反制手段。为此,德国、法国等传统上反对禁诉令的大陆法系国家也开始在标准必要专利诉讼领域积极运用反禁诉令。基于维护国家利益的现实考虑,通过国际礼让原则平衡好禁诉令适用中的具体利益冲突,有限度地扩张本国法律和判决的域外效力,是现实而又紧迫的需要,不必拘泥于对国际礼让原则的片面认识而过度自我限制。

其四,作为禁诉令的限制性原则,国际礼让原则是建立在对等、互惠和本国公共秩序之上的。国际礼让原则是国家基于自身利益考虑的主权让渡,不是单方面的和无条件的,需要考虑对等、互惠以及本国公共秩序等重要因素。对等体现在:他国对本国发布禁诉令的,本国也可以对等发布禁诉令或反禁诉令;互惠体现在:他国对本国礼让、未针对本国发布过禁诉令或未建立禁诉令制度的,本国对他国也应当积极礼让,尽量避免针对该国签发禁诉令。但基于公共秩序的考虑,即使他国对本国予以礼让,本国也可以颁发禁诉令。

其五,应推行国际礼让原则以谋求互利共赢,不得滥用禁诉令。一国有礼让或不礼让的自由,但礼让通常能促进本国利益,有助于促进国际贸易的繁荣和国际合作的开展。过度扩张本国管辖权,会遭到外国的报复和反制,使当事人陷入两难境地,无法增进双方的共同利益。基于现实考虑,在禁诉令上应当保持谦抑和审慎,防止禁诉令滥用。可借鉴英美法系国家的通常做法:当仅涉及双方当事人之间的私权利,一般不认为违背国际礼让原则,可以签发禁诉令;但涉及各国公法领域时,一般不颁发禁诉令,避免对他国造成不合理干预。当然,应当尽量避免发布宽泛地禁止当事人在世界任何地方主张权利的禁诉令。

(二)国际礼让原则在禁诉令签发中的类型化

禁诉令容易引发国与国之间的关系紧张。通过国际礼让原则来限制禁诉令的滥用是国际通行方式,但由于国际礼让原则的模糊性,使具体操作上具有较大不确定性。将国际礼让原则在禁诉令签发中的运用进行类型化概括,以指导审判实践,是克服国际礼让原则模糊性和缺乏可操作性的可行方法。

一是基于意思自治签发禁诉令,防止违背排他性管辖协议或仲裁协议的诉讼行为。如双方约定发生纠纷专属于某一法院或仲裁机构管辖,当一方违反约定向外国法院起诉时,法院可以签发禁诉令。英国法院认为,只要证明一方已启动的外国诉讼程序违反了有效的排他性英国法院管辖条款或英国仲裁条款,法院即可签发禁诉令。这种禁诉令基于当事人的意思自治,对外国司法的干预较小,容易被他国接受。实质上是认为相对于国际礼让原则,应优先考虑意思自治。

二是基于公共政策签发禁诉令,保护本国法院的管辖权不受外国诉讼干扰。当外国诉讼违反本国公共政策时,本国法院担心外国诉讼的目的及可能产生的诉讼效果将干扰本国已确立的司法管辖权,本国法院可以通过签发禁诉令来限制外国即将进行或正在发生的诉讼。如俄罗斯规定本国法院对涉俄罗斯制裁案件有专属管辖权,即使争端解决方式另有约定,极有可能面临俄罗斯法院的禁止仲裁令。莫斯科仲裁法院在俄罗斯 PJSC Rosnet 石油公司与英国石油公司一案中作出禁令,禁止英国石油公司继续进行在新加坡国际仲裁中心的仲裁程序。[36] 因此,本国公共政策优先于国际礼让原则,是可以签发禁诉令的一种情况。

三是基于对等原则签发反禁诉令,以对抗和抵消他国禁诉令的效力。反禁诉令是禁诉令中的特殊类型。在外国已经签发或者可能签发针对本国法院的禁诉令时,基于防御目的,本国法院可以签发反禁诉令,针锋相对地抵御外国禁诉令的进攻。基于对等原则签发防御性质的反禁诉令,视为在国际礼让原则可以容忍的范围内,一般不会引发其他国家的合法性质疑及对抗。德国和法国等大陆法系国家近年来在标准必要专利纠纷中经常签发这种反禁诉令,以保护本国的司法管辖权。

四是基于自然法院等便利性因素签发禁诉令,避免造成重复诉讼、拖延、不便、判决竞赛和裁决不一致等风险。20 世纪 80 年代中期以前,如果英国法院认为自己审理案件更方便,外国法院是不方便法院,就可以签发国际禁诉令,只要这样不剥夺原告在外国的诉讼优势即可。英国法院在法国国家航空工业公司诉李巨益案[37]中认为要同时考虑案件的自然法院,即与诉讼有最真实和实质联系的法院。只要英国法院确认其与案件有足够的利害关系或实质联系,就可以证明英国法院对外国法院诉讼行为的间接干预是合理的。美国、加拿大也有类似情形,认为法院可以签发禁诉令以解决国际平行诉讼造成的重复诉讼、拖延、不便、判决竞赛和裁决不一致等风险。

六、国际礼让原则下我国禁诉令制度的构建

我国具有禁诉令性质的裁定最早出现在海事诉讼领域,以海事强制令形式

---

36 采安仲裁团队:《俄罗斯案例:莫斯科仲裁法院对新加坡国际仲裁中心作出禁止仲裁令》,载微信公众号“采安仲裁”2023 年 12 月 26 日,https://mp. weixin. qq. com/s/mQGu7xPEcqQD4cfLcLYIyA。

37 See Société Nationale Industrielle Aerospatiale v Lee Kui Jak [1987] AC 871 (PC).

出现。[38] 自2020年以来,在知识产权标准必要专利诉讼中又以行为保全的形式出现。这些裁定吸收了英美法系国家的一些成熟经验,完全是正当和合法的:我国法院在禁诉令签发上的自主性,完全符合国家主权原则的国际法基本原理,又充分考虑了"案件受理时间先后、案件管辖适当与否、对域外法院审理和裁判的影响是否适度"这三个国际礼让因素,更不违反世界贸易组织《与贸易有关的知识产权协定》相关规定。[39] 当然,也存在一些值得关注的问题。如以行为保全或海事强制令替代禁诉令,存在功能上的先天不足。这三个因素在启动条件、针对行为、签发法院、适用领域和程序等方面均有不同。[40] 再如,对禁诉令的适用范围、审查标准等没有明确标准,存在滥用或不准确适用的可能。

(一)我国禁诉令发展之辩

当前,在发展禁诉令问题上,理论和实务界存在一定争议。2023年我国《民事诉讼法》涉外编修订时,曾一度将独立的禁诉令制度纳入其中,后因争论较大未能最终入法。概括起来有四种观点:观点一,反对说。认为我国不应当建立禁诉令制度。主要理由是禁诉令的实际运用效果与减少滥诉、降低诉讼成本、提高司法效率的初衷背道而驰,以反禁诉令对抗禁诉令也不能真正解决当前跨司法辖区标准必要专利平行诉讼之间存在的矛盾。[41] 观点二,区际禁诉令说。认为我国应当首先在涉港等区际平行诉讼中发展禁诉令,待条件成熟后再扩大禁诉令范围。主要理由是鉴于我国的司法传统和环境,引入禁诉令应分阶段、分领域实施。由于我国香港特别行政区法院秉持英美法传统,既适用禁诉令又不排斥他国禁诉令,故涉港民商事平行诉讼是一块很好的试验田。[42] 观点三,反禁诉令说。认为鉴于禁诉令所具有的侵犯外国司法管辖权的特性,我国仅需建

---

38 如2012年青岛海事法院作出裁定,责令被申请人立即解除在澳大利亚对申请人船舶的扣押,今后也不得对申请人的任何财产行使扣押或其他妨碍措施。2017年,武汉海事法院作出裁定,责令被请求人立即向香港特别行政区高等法院申请撤回禁诉令。

39 孙益武:《〈TRIPS协定〉下的禁诉令措施——欧盟诉中国知识产权执法措施案探讨》,载《武大国际法评论》2022年第4期。

40 张先砉、殷越:《知识产权国际竞争背景下禁诉令制度探索与构建》,载《法律适用》2021年第4期。

41 赵启杉:《跨司法辖区标准必要专利平行诉讼中的禁诉令与反禁诉令问题研究》,载微信公众号"知产财经"2020年5月13日,https://mp.weixin.qq.com/s/JGs8u25P6Yli2vrVi9q67w。

42 彭奕:《我国内地适用禁诉令制度探析》,载《武汉大学学报》(哲学社会科学版)2012年第5期。

立以反制为主要目的的反禁诉令制度。[43] 观点四，完整禁诉令说。认为针对目前世界多数国家管辖权不断扩张的趋势，我国有必要在涉外民事诉讼中建立包括禁诉令和反禁诉令在内的完整、独立的禁诉令制度，并有限度地予以使用，以维护我国的重要公共利益及防范司法权被过度侵蚀。[44]

笔者认为，无论从我国所面临的复杂国际形势，还是既有的国内外实践看，我国都有必要尽快建立包含积极进攻和被动防御两种功能的独立禁诉令制度。其一，禁诉令在解决国际平行诉讼及境外诉讼对本国诉讼的不当干扰中具有实际效果。禁诉令对当事人的影响和威慑是真实的，大多数禁诉令颁布后，当事人或者履行禁诉令，或者和解结案，实际上起到了抑制国际平行诉讼的效果。况且，要另起炉灶地形成全球管辖权协调机制谈何容易，建立禁诉令制度可以立即发挥效果、解决问题。其二，在区际平行诉讼中适用禁诉令没有合法性基础。无论是英国还是美国，禁诉令都从解决国内平行诉讼起步，但目前这些国家针对本国国内诉讼基本不再使用禁诉令。随着我国各区域在经贸、司法等领域的合作逐步加深，我国区际管辖权冲突应当从“一国”角度予以协调解决，不适宜采取国与国之间的禁诉令方式。其三，反禁诉令是一种被动的防御工具，防御功能远大于反制功能，在我国相对严峻的外部环境及科技领域屡屡被“掐脖子”的现状看，在禁诉令上自我局限完全没有必要。德国、法国等国“先发制人型”反禁诉令的出现，一定程度上反映了传统反禁诉令的局限性。因此，从完善我国对外斗争法律“工具箱”的角度，建立国际礼让原则下的独立禁诉令制度，在防御外国法院积极扩张管辖权的同时，在涉及我国科技创新、产业发展等核心利益时发起必要而谨慎的进攻，是完全正当和合理的。

（二）我国禁诉令制度的具体安排

1. 实质性要求：审核标准

实践中，对于签发禁诉令考虑的因素较复杂。在华为公司与康文森公司一案中，最高人民法院主要考虑了五方面因素：域外法院判决的执行对中国诉讼的影响；采取行为保全措施是否确属必要；对双方相关利益的合理权衡；采取行

43 伊鲁：《论中国反禁诉令制度的构建》，载《中国海商法研究》2020 年 6 月第 2 期；郑珠玲：《海事平行诉讼/仲裁中禁诉令的司法实践及解决方案——兼评内地法院反禁诉令第一案》，载《北京仲裁》第 110 辑。

44 沈红雨：《我国法的域外适用法律体系构建与涉外民商事诉讼管辖权制度的改革——兼论不方便法院原则和禁诉令机制的构建》，载《中国应用法学》2020 年第 5 期。

为保全措施是否会损害公共利益；国际礼让因素的考量。[45] 上述考量脱胎于行为保全，又有禁诉令需要考虑的特色因素，体现为“国际礼让因素的考量”。[46] 结合英美法系国家考虑的禁诉令签发的门槛要件、实质要件和否定要件，建议在我国未来的禁诉令审核条件的设置中主要考虑：

其一，外国诉讼与本国诉讼是否构成国际平行诉讼。既要考虑是否属于国际平行诉讼中的对抗诉讼或重复诉讼，也要考虑是否构成关联诉讼。对此，可以从诉讼主体和诉讼标的两方面来判断，不宜把平行诉讼的范围限制过窄。核心是要从两个案件的实质性联系来判断。

其二，国外诉讼对本国诉讼的实质性影响。要考虑外国诉讼或执行是否可能阻碍本国案件的审理或者造成本国裁判难以执行，是否有意阻碍本国法院诉讼程序的进行，构成压迫性、困扰性诉讼，是否导致本国法院审理、裁判的延误、不方便以及当事人诉讼成本的显著上升等。

其三，对禁诉令所涉双方的利益进行合理权衡。主要衡量不签发禁诉令对申请人造成的损害和签发禁诉令对被申请人造成的损害。只有当前者的损害远大于后者时，签发禁诉令才是合理的，反之亦然。有时还要权衡双方当事人背后隐藏的国家利益或者产业发展利益。

其四，签发禁诉令是否确属必要。禁诉令属于一国对外斗争法律“工具箱”中的“重型武器”，轻易不能使用。是否确属必要，主要考察是否属于紧急情况或没有其他替代方式，不颁发禁诉令是否会对申请人造成难以弥补的损害，或者造成本国案件的裁决将来难以执行。只有确有必要且没有其他可替代方式时，签发禁诉令才是合理的。

其五，禁诉令的签发是否会损害我国的公共秩序。公共秩序保留，是各国的通例。签发禁诉令不能以牺牲我国公共秩序为代价，与公共秩序冲突时，我国法院不能签发禁诉令。公共秩序一般是指涉及我国的核心价值观、基本公共政策、社会公共利益以及普遍性的道德准则等。

其六，国际礼让原则的考量。从实质性要素看，可以考虑以下因素：国际平行诉讼双方案件受理时间的先后；案件管辖适当与否，如外国法院是否为明显不合适法院；对外国法院审理和裁判的影响是否适度；是否可能影响两国外交

---

45 最高人民法院民事裁定书，(2019)最高法知民终732、733、734号之一、之二。

46 参见《最高人民法院关于审查知识产权纠纷行为保全案件适用法律若干问题的规定》。

关系;对等和互惠因素,如对方国家尚未建立禁诉令,或尚未针对我国签发过禁诉令,我国也不宜对当事人在该国诉讼签发禁诉令。从类型化角度考虑,可以是针对违背排他性管辖协议或仲裁协议签发禁诉令;为保护本国法院管辖权不受外国诉讼干扰签发禁诉令;基于对等原则签发反禁诉令;以及基于避免造成的重复诉讼、拖延、不便、判决竞赛和裁决不一致等签发禁诉令。

2. 程序性要求:流程安排

程序启动主体。禁诉令程序的启动主体是本国诉讼当事人。由于禁诉令本质上多属于私权利的争议,公权力的介入需要以当事人申请为前提。当事人没有申请时,法院不依职权主动签发禁诉令。除原、被告外,从与诉讼标的的关系看,应当赋予有独立请求权的第三人禁诉令申请权,无独立请求权的第三人一般不具有申请权。

提起方式与担保。在禁诉令申请的方式上,没有过多限制。从国际实践看,为避免签发禁诉令对另一方造成损失,法院通常要求申请人提供高额担保。担保金额一般是禁诉令可能对被申请人造成的实际损失,体现为补偿性。如在华为公司与康文森公司一案中,华为公司的禁诉令担保金额为 1970 万元,与康文森公司向德国法院提供 240 万欧元担保后即可获得临时执行的担保金额相匹配。[47] 如被申请人提供反担保,法院没有必须解除禁诉令的义务,因为禁诉令针对的是被申请人在外国的诉讼行为,这种行为的后果有时难以估量。

提出申请的时间。理论上讲,当事人可以在诉讼全过程向法院申请禁诉令。不受答辩期、举证期或法庭辩论结束的限制,也不局限于在一审或二审期间提出。但当事人申请禁诉令时间的早晚会在一定程度上影响申请的成功率,如泛美世界航空公司诉安德鲁案,平行诉讼尚未形成,法院认为申请过早。[48] 托普弗国际有限公司诉莫利诺·博斯基有限责任公司案,法院以外国诉讼推进过久、当事人申请过晚为由拒绝颁发禁诉令。[49]

举证责任。通常,禁诉令申请人应当承担相应的举证责任,包括双方关于排他性管辖协议或仲裁条款的约定、与诉讼有实质联系的便利性因素、可能造成的重复诉讼、拖延、不便、判决竞赛和裁决不一致等风险,以及可能影响的公

---

47 最高人民法院民事裁定书,(2019)最高法知民终 732、733、734 号之一、之二。

48 Pan American World Airways v. Andrew, [1992] SLT 268.

49 Toepfer International GmbH v. Molino Boschi Srl, [1996] 1 Lloyd's Rep 510.

共秩序等。在紧急情况下，应当允许不经被申请人举证和答辩，法院径行根据申请人单方面举证决定是否签发禁诉令。

裁判方式和责任形式。禁诉令属于程序性事务，在我国应当以裁定方式作出。禁诉令一旦作出，应当允许当事人申请复议。复议期间不影响禁诉令的执行。至于责任形式，必须是强有力甚至是远超当事人通常预期的制裁，目的在于对被申请人产生极大威慑，迫使其遵守禁诉令。在我国，法律应明确以巨额日罚金或者限制当事人人身权利（拘留等）等措施来保证禁诉令得到实施。

管辖法院和报核程序。由于禁诉令的重大性和敏感性，基于审慎和谦抑的考虑，应当由中级以上层级人民法院作出签发与否的裁定。同时，由于禁诉令可能会影响我国外交关系，应当建立禁诉令内部逐层报核机制，由最高人民法院总体把控签发与否，防止禁诉令滥用。

七、结　　语

禁诉令通过限制当事人在外国诉讼的权利，间接影响外国法院的司法管辖权，因此在国际法上具有一定争议。禁诉令与国际礼让原则是对立统一的关系，禁诉令一定程度上是对国际礼让原则的违背，国际礼让原则又赋予禁诉令以正当性基础并限制其滥用。在当前全球通讯领域抢占标准必要专利纠纷司法管辖权的形势下，建立我国独立的禁诉令制度显得尤为必要，既是我国积极应对他国禁诉令的重要反制手段，也是进一步扩大我国司法国际话语权的重要途径。在我国独立禁诉令制度的实际运用中，应当秉持审慎和谦抑的态度，在国际礼让原则的基础上积极而审慎地适用，防止禁诉令的滥用。

国际金融机构制裁的本质及应对

黄健昀*

【内容提要】 经济全球化带来了全球范围内跨国规制的急剧扩张，跨国法律规制通过正式或非正式的治理网络联系起来。针对资金使用过程中存在的欺诈和腐败行为，世界银行依据自身内部规则行使准司法裁量式的制裁。SWIFT系统中所进行的制裁则是基于自身在国际清算环节中的优势地位和行业标准，在金融机构间的信息收发、传递过程中加以实施。国际金融机构实施的制裁是组织所享有的非对称性权力和单方支配性关系，并非传统意义上的国际制裁。时空改变和活动重心变化能够引起组织制度和法律的变迁，却不能赋予国际金融机构制裁以合法性与正当性。国际金融机构制裁必须进一步接受组织章程根本精神和国际法基本原则的检验。

【关键词】 国际金融机构　国际金融制裁　国际反腐败　国际清算　法律变迁

很长一段时间内，国际金融机构并未获得实施国际金融制裁的任何授权。“二战”之前和战争期间的国际金融制裁是以冻结敌国在本国的资产为主。“二战”后伴随着美元霸权的崛起，美国频繁使用金融制裁实施对外战略、重塑全球竞争格局。美国的金融制裁手段包括冻结或取消被制裁国的双边援助款项或在国际金融机构融资的资格、切断美元获取能力和使用美元的渠道、禁止全球

---

* 黄健昀——中山大学法学院博士后，中山大学涉外法治研究院研究员，南方海洋科学与工程广东实验室（珠海）研究人员，主要研究领域：国际经济法、国际组织法。本文系国家社会科学基金重大研究专项“全球海洋治理的国家实践及其发展态势研究”（项目编号：20VHQ005）和南方海洋科学与工程广东省实验室（珠海）资助项目（项目批准号：SML2023SP222）阶段性研究成果。

金融服务机构与被制裁对象进行交易以及制裁对方国内银行体系等。[1] 其中影响力最大的制裁形态是“次级制裁”,即美国将那些与被制裁国进行经济往来的第三国的个人或实体列为制裁对象。[2] 全球金融一体化和互联网信息技术革新使金融制裁成为美国常态化的外交手段。美国凭借其金融霸权和美元霸权消除了阻碍实施金融制裁的各项因素。

美国国内金融制裁制度对其国际金融机构产生了示范效应。国际金融机构逐渐开始独立地以资金融通和信息流通为枢纽,以流入和流出的介质为媒介,实施金融制裁。资金流制裁以世界银行制裁机制为代表。美国主导着“二战”以来的国际金融秩序,并对“布雷顿森林体系”下形成的国际组织享有绝对控制权。世界银行集团在20世纪90年代建构起来的反腐败制裁机制及决策机构,便是在美国前司法部长汤姆·布格等人的倡议下设立。信息流制裁则以利用SWIFT[3] 制裁为代表。“9·11”事件发生后,美国将国际金融变为反恐战争的前线。资本具有全球流动的特性,单凭美国一家执法打击恐怖主义难以奏效。利用专业性的国际金融机构的治理网络可以无限放大美国的国家权力。凭借自身在国际政治的影响力和国际金融中的国家实力,美国逐步掌控了SWIFT等国际金融机构的主导权,利用组织资源开展国际金融制裁。

国际组织这一制度设计之初是基于各成员国的意志,为了解决单个成员无法解决的跨国性问题而存在。[4] 国际金融机构日渐远离最初定位,不断增加的国际金融制裁实践仍缺乏有效的法律约束。国际金融机构的权力来源似乎不单单是成员国的授权,而是源自更深层的组织性特征。有鉴于此,本文以基于资金流为代表的世界银行制裁和基于信息流为代表的利用SWIFT制裁为考察对象,审视国际金融机构制裁的制度设计、正当性与合法性基础以及深刻影响。本文旨在表明,由于国际组织内部发生了法律变迁,国际金融机构实施的制裁创设了一个独立的公共行政空间,无形中扩大了组织的规制权范围,成为实现精英主义治下目标愿景的工具,其本质不同于任何传统意义上的国际制裁。

---

1 徐以升、马鑫:《金融制裁:美国新型全球不对称权力》,中国经济出版社2015年版,第47~56页。

2 刘建伟:《美国次级经济制裁:发展趋势与常用对策》,载《国际经贸评论》2020年第3期。

3 即“环球银行间金融通信协会”(Society for Worldwide Interbank Financial Telecommunication),本文均以简称称呼该组织。

4 [美]巴里·E.卡特、艾伦·S.韦纳:《国际法》(上),冯洁菡译,商务印书馆2015年版,第178页。

一、两类国际金融机构制裁机制与制度运作

尽管国际金融机构的成立宗旨与活动领域不尽相同,但是它们在金融制裁活动中存在较大的相似性。国际金融机构总是围绕着某一类国际金融活动进行规制和调整,试图在行业内构建专业性的垂直监管体系。面对来自国际社会相同的挑战,国际金融机构与其他主体一道,成为全球事务的管理者和参与者。通过对某一领域国际金融活动所产生的影响力,国际金融机构将自身的价值和行动原则渗透进组织成员关系内部。以反腐败、反欺诈以及人权、环境、民主为核心的观念,随着实践的发展被纳入国际金融制裁的制度体系中。这一变化不仅深刻地影响国际金融机构的组织运作,也极大地影响着国际金融秩序。

(一)世界银行制裁:基于资金流所行使的裁量

世界银行[5]的制裁功能是随着业务的开展而逐渐发展起来的,并非自其诞生之时便存在。西欧重建任务完成后,世界银行的活动重点在于减少贫困,实现发展中国家的可持续发展。贫困国家由于缺少资金和技术的支持而无法完成基础设施建设。世界银行通过借款和资助一些重点项目来促进发展中国家和贫困国家的经济社会发展、造血能力增强及其经济转型。腐败问题的存在则使资金无法真正用于发展项目,无法到达真正需要资助的关键节点。腐败行为严重地阻碍了世界银行目标和宗旨的实现。而腐败行为和腐败问题通常发生于借款国国内,属于成员国主权范围内的事务。《国际复兴开发银行协定》制定之初便规定了银行不得干涉成员国内的政治事务,银行的决定也不受政治因素的影响。[6] 鉴于此,世界银行在很长的一段时间内将腐败问题视为政治问题,不会主动对其进行干预。

随着经济全球化的深入发展,世界银行开始注意到经济发展与成员国国内治理之间具有密切关联。世界银行要求借款国加强问责,建设起有利于经济发

5　广义上的"世界银行"包括五个机构,即国际复兴开发银行、国际开发协会、国际金融公司、多边投资担保机构和国际投资争端解决中心;中观意义上的"世界银行"仅包括国际复兴开发银行和国际开发协会;而狭义上的"世界银行"是指国际复兴开发银行。(参见廖凡:《国际金融法学的新发展》,中国社会科学出版社 2013 年版,第 250 页。)本文所指称的"世界银行制裁"是一个合成概念,特指国际复兴开发银行和国际开发协会联合实施的制裁。

6　朱杰进、向晨:《世界银行的反腐败标准及其对金砖银行制度建设的启示》,载《国际观察》2017 年第 4 期。

展的法律框架,同时促进信息公开和提升政府透明度。腐败是造成世界银行项目失败与经济发展困顿的重要原因。对腐败问题的整治由此被提交到世界银行的内部决策机构内进行讨论。自此以后,全面预防和打击反腐败作为一项基本原则,贯彻到世界银行借款条件、款项使用、项目建设和自身机构建设等各个方面。世界银行的制裁范围已经从项目中的工程、货物和服务的采购,扩展到几乎所有涉及世界银行资金使用的主体与行为之上。围绕欺诈和腐败行为建立起来的制裁机制,既是世界银行为了确保资金用途正确,实现既定目标的保障,也为了规范和指引今后项目开展过程中的资金使用和各方行为。

1998年"制裁委员会"的成立标志着世界银行反腐败制裁制度正式形成。设立之初,制裁委员会由五名世界银行员工组成,他们负责审查关于不当行为的指控,并向世界银行集团总裁提出是否制裁以及如何制裁的建议。[7] 2001年,世界银行又在制裁委员会之下成立"廉政局",专门行使反腐败和制裁事宜。世界银行制裁程序在2004年前后进行新一轮的完善和改革,新设立了"资格暂停与除名办公室",进一步更新和明确之前制裁委员会的职责,形成了两级制裁体系。在资格暂停与除名办公室正式开展调查之前,世界银行规定应首先由廉政局接受举报并启动案件调查程序。至此,一个由廉政局接收举报并初步调查、资格暂停与除名办公室初步决定是否发出制裁程序通知、制裁委员会审理被告人提出抗辩的世界银行制裁体系正式形成。制裁委员会对案件的审理是独立进行的,并不参考前一阶段调查所形成的结论。同时,制裁委员会采用重新审理、优势证据、归责于上和先例制度等程序规则,对是否制裁作出终局判决。[8]

世界银行制裁机制适用于所有世界银行投资和资助的项目在使用贷款资金过程中存在的腐败行为、欺诈行为、共谋行为、胁迫行为和妨碍行为,无论这些项目是全部使用还是部分使用世界银行的资金。[9] 制裁对象是那些与世界银行的贷款项目资金使用有关联的人。这些人可能是借款人、最终接受贷款的实体或个人、代理人或其他对资金使用产生影响的实体或个人。如被认定存在欺

---

7 See World Bank Group Sanctions Board Law Digest 2023, pp. 5 – 6.

8 张晓君、魏祥东:《世界银行集团反腐败制裁规则和"腐败行为"定义探析》,载刘志云主编:《国际关系与国际法学刊》(第10卷),厦门大学出版社2023年版,第175页。

9 See Guidelines On Preventing and Combating Fraud and Corruption in Projects Financed by IBRD Loans and IDA Credits and Grants, Section 7.

诈或腐败行为，同时考虑情节轻重，世界银行可以采取五种制裁措施：谴责信、除名、有条件不除名、有条件除名和退款/救济。[10] 受到制裁的对象永久或在一定期限内，其个人、公司或控制该公司的实体以及该公司控制的实体不能在世界银行资助项目中承接工程或提供货物服务。实践中，世界银行制裁针对的主体主要是那些境内银行金融机构、项目承包方和服务提供商。而从法律关系角度看，被制裁的对象并不直接与世界银行发生法律关系。[11] 它们大都是与借款人或项目承包方基于合同形成的法律关系。最终针对被制裁对象涉嫌腐败和欺诈的行为的处置，则需要世界银行通过政治或外交渠道要求借款国依据自身国内法予以处理。

从效果上看，20 世纪 90 年代正式建立的反腐败制裁机制，有效降低了世界银行重点援助项目资金使用中的欺诈、腐败和共谋问题。与之配套的《反腐败指南》和《制裁程序》，[12]规范了世界银行制裁决定的程序合法性，提高了世界银行制裁的强制性和威慑力。世界银行得以以银行贷款作为资源和杠杆，通过资金流发展起来的制裁强化自身价值取向。基于资金流实施制裁，世界银行日渐成为一个推动实现特定社会政策的公共机构。

世界银行将反腐败和反欺诈作为资助项目推进的重要关注点，在推动资金廉洁绿色使用方面已取得显著成效。此举不仅在世界银行内部产生重要影响，还引发其他国际和地区性的国际金融机构协同推进。欧洲复兴开发银行、欧洲区投资银行、亚洲开发银行、非洲开发银行、泛美开发银行以及国际货币基金组织与世界银行在 2006 年 4 月共同签署了《防止和打击欺诈与腐败的统一框架》。这七家金融机构不仅对禁止行为制裁的核心定义进行统一规定、采取相同的认定标准，还产生连带约束的效果。[13] 若涉嫌腐败项目的资金同时接受源自多家上述国际金融机构的资助，遭受一家机构制裁则将一并受到其他机构采取的连带措施。此外，世界银行与亚洲、非洲、欧洲和泛美等五家开发银行在 2010 年签订的《相互执行禁止决定的协议》还规定了交叉制裁制度，一方实施

---

10 See World Bank Sanction Procedures, Article IX, Section 9.01.

11 陈一峰：《世界银行反腐败制裁机制与全球治理》，载《国际法研究》2015 年第 6 期。

12 这两份文件的全称是《关于预防和打击国际复兴开发银行贷款和国际开发协会信贷和赠款资助项目中的欺诈和腐败行为的指南》、《银行程序：银行融资项目中的制裁程序与解决》。

13 See Uniform Framework for Preventing and Combating Fraud and Corruption.

的制裁在一定条件下同样也会为其他方所承认并执行。[14]

（二）利用 SWIFT 制裁：基于信息流的行政闭环

20世纪中后期以来，伴随着国际贸易的快速发展，银行业和金融服务中的国际结算需求不断增加。银行间支付信息传递的传统方式——邮政电报——已无法满足高效性和安全性的需要。商业银行间急需建立一套更加便捷、高效，安全的跨境银行间支付信息交换体系。来自15个国家的多家银行开始寻求跨境支付信息传输问题的解决办法，它们于1973年在比利时布鲁塞尔共同成立了行业性的国际合作组织——SWIFT。SWIFT是一个非营利性的国际银行间组织，也是一套国际资金交易的金融基础设施和金融报文系统。目前已经有两百多个国家的超过11,000家银行金融机构作为成员加入该组织。由于抓住了金融电文网络技术革命的机遇，进而能够率先占据国际跨境支付领域的制高点，[15]SWIFT逐渐巩固自身在全球跨境支付体系中的垄断地位。首先，SWIFT提供了统一的电文格式，是各国银行间信息交换的标准语言。其次，SWIFT为加入该系统的每一成员提供统一的身份标识（SWIFT Code）。最后，SWIFT还为各国银行提供跨境信息通信体系，成为电文传送和处理、信息数据存储与核查的基础设施，但不持有或管理客户的基金账户。

SWIFT系统涉及的国际清算是国际支付过程中的一个重要环节。国际收付、清算遵循着跨境支付的基本原理，即因交易而产生的货币债权转移。跨境支付可以分为交易、清算和结算三个环节。交易是指支付指令的产生、确认和发送；清算是在收付款人开户机构间交换支付指令、计算待结的债权债务；结算则是根据最终的清算数据进行会计处理，完成账户间的资金划拨，并且进行最终审核。[16]

一般来说，资金流的转移大致对应结算环节，信息流的转移则对应清算环节。实践中，资金流的清算与结算主要依靠各国国内建立起来的国际清算系统（如美国的CHIPS系统、中国的CIPS系统、欧盟的TARGET2系统）进行，同时依托各国国内清算系统（如美国的Fedwire系统、中国的CNAPS、欧盟的

---

14 See Agreement for Mutual Enforcement of Debarment Decisions.

15 李仁真、关蕴珈：《俄乌冲突下美欧利用SWIFT制裁俄罗斯的影响及其对中国的启示》，载《国际贸易》2022年第9期。

16 肖斐斐、彭博：《从原理看SWIFT：信息流是支付体系的关键》，载中信证券研究部网站，https://bigdata-s3.wmcloud.com/researchreport/2022-03/a2d215956c76f664196fcf0a2d09c3f9.pdf。

ERUO1)完成最终的资金结算。其中的信息传递和信息传输标准设计主要依靠SWIFT提供的基础设施来完成。SWIFT便是在国际清算环节建立起来的一个联通全球的封闭系统。SWIFT建立起庞大金融通信网络以及对跨国银行业清算的垄断地位,各国对其产生了高度的依赖性。与世界银行制裁不同,SWIFT并不直接处理资金流向,而是处理金融机构之间的信息收发和转送。因此SWIFT的制裁是基于信息流的权力运作,不涉及实质的资金转移。[17]

SWIFT设立的初衷是成为一个不受任何政治力量干预、为最广泛的国际金融机构提供专业网络通信服务的中立性组织。在实际运行中,受到美国霸权和地缘战略的影响、美元在国际货币金融体系中结构性权力的左右,SWIFT逐渐成为美国及其核心盟友实施金融制裁的工具。[18] 基于对国际清算的控制是SWIFT制裁的核心,一方面,如某一成员被剔除出SWIFT系统则意味着其无法完成清算和结算的信息交换;另一方面,SWIFT可以根据各国对该系统的依赖性和自身所掌握的交易信息,对全球资金交易动向进行监视。

"9·11"事件后,美国以国家安全和反洗钱的名义,根据《国际紧急经济权利法案》授权财政部海外资产控制办公室可以从SWIFT系统数据中调取与恐怖活动有关的金融交易信息。美国于是便可以根据SWIFT提供者目标国的代码获得所有国际收支信息,追溯每一笔款项的来往信息。美国还同时要求SWIFT停止对被列入制裁对象的实体个人或国家提供一切服务。利用SWIFT进行的制裁不对称地放大了美国(及其盟友)的国家权力。[19] 美国利用SWIFT实施金融制裁,能够实现对被制裁对象的精准打击。美国利用自身的经济实力和美元垄断性地位,间接实现对SWIFT的组织决策控制和影响。一旦应美国要求剔除目标国的会员资格、删除该国家国内金融机构的SWIFT Code,便能够切断全球其他金融机构与目标国国内金融机构的信息交易渠道。相应地,被制裁对象国内金融机构的跨境业务报文和跨国清算业务方面成本将会增加,甚至难以进行。

---

17 See Susan V. Scott and Markos Zachariadis, *The Society for Worldwide Interbank Financial Telecommunication (SWIFT): Cooperative Governance for Network Innovation, Standards, and Community*, Routledge, 2014, pp. 1-2.

18 巴曙松、闫昕、董月英:《人民币跨境支付系统与SWIFT的协同发展》,载《国际金融》2022年第8期。

19 翟大宇、许悦、赵丹阳:《专业性组织如何放大国家权力:美国利用SWIFT实施的金融制裁》,载《国际经济合作》2024年第2期。

美元的结构性权力、美元霸权以及美国在SWIFT中的强势地位和控制力,是SWIFT制裁效力的前提条件。而利用SWIFT进行制裁能够成功的关键因素有两点:第一,制裁对象在跨境支付中对美元的依赖程度及其在国际金融体系中的融入程度;第二,制裁对象自身的政治经济稳定性以及与美国及其盟友的利益关系。[20]

自2022年2月俄乌冲突爆发以来,SWIFT对部分俄罗斯国内银行的制裁引发各界关注。由于有关金融交易合法性的所有决定均通过处理这些交易的金融机构及其主管当局做出,SWIFT做出对俄罗斯国内银行制裁的决定遵守的是比利时的国内法及其确认的欧盟法规。欧盟理事会在冲突爆发后随即发布了2022/345和2022/879两份条例,要求SWIFT先后切断与10家俄罗斯国内银行的连接。[21] 与欧盟指令采取协同措施,美国在支付层面禁止美元跨境支付系统为被制裁的俄罗斯主体提供服务;在资金转移层面通过制裁俄罗斯央行限制俄罗斯支付体系的对外资金流动。美欧的联手制裁在短期内抬高了俄罗斯的行动成本、加剧了俄罗斯的金融困局,但却未能改变俄罗斯的外交政策并阻止军事行动继续进行。作为应对,俄罗斯正式启用早在2014年"克里米亚危机"后便成立并自主研发的金融信息传输系统(SPFS),加快与美元、欧元的脱钩以降低对SWIFT系统的依赖。此外,俄罗斯还宣布在能源和大宗商品领域贸易采取卢布结算,推动与主要贸易伙伴实现本币结算。

SWIFT得以实现制裁利用的是基于金融机构之间的信息收发转送所形成的闭环行政系统。作为专业性组织,SWIFT的制裁形式则是美国及其盟友通过自身的战略考量对被制裁国行使支配性权力。SWIFT系统以其基础设施属性及其设立的行业标准,确立了自身在国际金融领域的"公共物品"属性。而欧美等西方国家利用各方对SWIFT的依赖以及SWIFT所掌握的信息流所实施的金

---

20 陈放、苗晶良:《美国对俄罗斯跨境支付体系的制裁及其启示》,载《当代美国评论》2023年第4期。

21 See Council Regulation (EU) 2022/345 of 1 March 2022 Amending Regulation (EU) No 833/2014 Concerning Restrictive Measures in View of Russia's Actions Destabilising the Situation in Ukraine, EUR-Lex, March 2, 2022; also see Council Regulation (EU) 2022/879 of 3 June 2022 Amending Regulation (EU) No 833/2014 Concerning Restrictive Measures in View of Russia's Actions Destabilising the Situation in Ukraine, EUR-Lex, June 3, 2022.

融制裁，无异于“公器私用”。[22] 在国际清算这一特定领域内，专业性国际金融机构放大了国家的权力。这一行为不仅破坏了国际支付清算体系的公平性和安全性，还在很大程度上削弱了美元的信用体系，迫使各国思考如何“去美元化”。[23]

二、国际金融机构制裁的本质及非典型性特征

传统国际制裁是制裁方在特定领域针对被制裁方或特定目标所实施的、基于非经济目的但具有经济上强制支配性的特别措施。[24] 战争手段不再成为国家实现目的的唯一选择，采用制裁手段的优先性大大提升。原先通过战争可以达到的目的，如今通过制裁也同样能够达成。从适用措施层面而言，经济制裁是对国际经济活动的禁止或限制措施，涵盖了整个国际经济活动，包括货物贸易、服务贸易、国际金融、国际投资等，可具体表现为进出口禁止或限制、资产冻结或禁止交易、融资禁止或限制、投资禁止或限制、禁止旅行等。经济关系是各国关系的压舱石，是包括政治、外交、法律在内的其他关系的基础。对一国关键的经济领域、重要产业、核心技术部门实施制裁，如同扼住了该国的“咽喉”。

国际金融机构根据自身所控制的资金流与信息流，探索制定了一系列相对完备且行之有效的强制性制裁规范和程序。针对那些本机构所禁止的行为，国际金融机构将行为主体排除在自身的资金与信息构筑的关系网络之外。通过这些强制性制裁措施，国际金融机构旨在影响被制裁对象，使其改变当前行为，做出符合预期的举措和改变。虽然冠以“制裁”之名，国际金融机构采取的制裁措施在根本上不同于具有法律效力和强制执行力的联合国安理会制裁。[25] 安理会制裁是典型的多边制裁，本身就能够成为国际法。联合国的所有会员国都必须遵守并执行安理会决议，对被制裁国家实行严格的制裁措施。同时，国际金融机构制裁也不同于主权国家单方面做出的制裁决定。这些单边制裁的依据

22 李仁真、关蕴珈：《俄乌冲突下美欧利用 SWIFT 制裁俄罗斯的影响及其对中国的启示》，载《国际贸易》2022 年第 9 期。

23 例如，为了绕开美国过度扩张的金融制裁，法国、德国、英国在 2019 年联合建立了一个贸易结算支持机制（Instrument in Support of Trade Exchanges，INSTEX）帮助欧洲企业绕过美元与伊朗进行交易。

24 柳剑平、刘威：《美国对外经济制裁问题研究》，人民出版社 2009 年版，第 42 页。

25 王浩杰、宋艳蕊：《欧洲复兴开发银行制裁及应对举措研究》，载《开发性金融研究》2022 年第 5 期。

是该国的国内法。因此,国际金融机构制裁仅在使用金融手段的目的和影响效果上与传统国际制裁具有相似性。

国际金融机构制裁本质上属于机构内部所采取的强制性措施,并不具有外部性。世界银行制裁仅仅是针对其所资助项目相关参与方的限制性措施,针对的对象仅仅是涉及世界银行项目的参与方本身。制裁决定并不具备法律意义上的效力,也不会牵连到被制裁方所在国家及其政府官员,更不会引起主权豁免问题。利用SWIFT进行制裁虽然是以SWIFT董事会名义做出的,但背后最终的决定因素是美国及其盟友所发挥的巨大影响力。SWIFT制裁能够切断各国国内银行与被制裁国境内的金融机构的资金联系,使目标国家境内金融机构跨境业务报文成本大幅上升甚至难以进行。国际金融机构依据自身的内部规则对相关主体实施制裁,这一行为属于行业组织的内部规则和纪律约束。

综上所述,国际金融机构制裁由此呈现出三个"非典型性"特征。第一,国际金融机构与被制裁对象之间不存在直接关联,并不发生任何直接的法律关系。世界银行的反腐败制裁针对的是银行金融机构、项目承包方或服务提供商等私人实体。制裁依据是它们在世界银行资助投资项目的贷款资金使用中是否存在欺诈和腐败行为。这一过程体现的是组织与成员国国内私人之间的间接关系。利用SWIFT实施的制裁则是在信息传输层面将被制裁国的国内银行剔除出通行的全球结算系统之外。SWIFT和被制裁对象之间的联系是由组织机构所在地法律和欧盟法建构起来的联系。

第二,受国际金融机构制裁的对象通常无法实施对等的反制措施。这体现了国际金融机构制裁的不对称性,以及它们对组织资源的单方面依赖。国际金融机构制裁中仅存在组织单方面的决定性权力,制裁方和被制裁方的主体地位严重不平等。在世界银行制裁中,受世界银行除名制裁的实体无法再拥有参与世界银行项目的资格,无法对世界银行采取任何的反制手段。受制裁国国内金融机构对SWIFT存在高度依赖性,受SWIFT制裁意味着银行间信息传递渠道被切断,无法完成跨境支付。被制裁对象与国际金融机构的不平等地位和资源调动能力上的巨大差异,使得国际金融机构制裁仅仅是单方法律行为,受到制裁的相关主体只能配合国际金融机构的要求作出改变。

第三,国际金融机构制裁形成于一个专属空间、封闭体系之中。制裁依据并非国内法,也非国际法,也不存在被正当程序监督问责的可能。国际金融机构制裁早已脱离组织内部职权行使的范畴,而在主权国家管辖之外直接针对私人实体行使规制权。世界银行通过对贷款活动的廉洁性进行监督，能够对成员国国内政策和法律进行强有力的渗透，将腐败问题与国内经济发展问题相结合。SWIFT 则依赖自身强大的金融通信基础设施网络，在美国及其盟国的操纵下成为有效的制裁工具，对其他国家实行金融“核打击”。通过把控国际金融活动的不同环节，世界银行和 SWIFT 正在从传统的金融机构转变成为实施特定社会政策、维护某种价值的行政管理主体。[26]

国际金融机构制裁对被制裁对象及所在国家产生的影响十分巨大。一方面，世界银行针对资金流的制裁结果往往会对其他国家和地区的多边金融机构产生联动的巨大威慑，甚至会左右国际评级机构的评估，从而对制裁方及所在国家的可持续经营与发展能力造成损害；另一方面，SWIFT 所掌握的信息掌控着跨不同国家银行间的跨境支付信息，制裁决定的做出无疑能够切断被制裁国几乎全部的跨境支付，影响着银行所在国的金融安全和国内稳定。因此，对国际金融机构制裁的整体把握，既要对制裁行为进行源头追溯，还要对制裁实践进行理论规制。

三、法律变迁下国际金融机构制裁功能的获得

法律发生改变之前，通常会出现规范与现实之间暂时不一致的现象。由于规范与现实之间存在矛盾，某些成文法律规范失去了原有的意义，并且被具有新内容的法律规范所取代，这一情形称为法律变迁。法律变迁最早由宪法学者注意到，将发生在宪法学领域内的现象称为宪法变迁。[27] 在这一阶段内，宪法文本形式上没有变化，而现实上宪法规范的内涵发生了变化。宪法变迁本质上是应然的规范和实然的社会实际之间的一种紧张关系。法律变迁在法学领域内是一个普遍现象。由于法律的修改是民主制度周期性行使的产物，法律规范的稳定性和社会实际之间产生的缝隙在法律修改前不会自然弥合。这便为法律变迁的存在提供了生存空间。在现实和规范的缓冲领域内，法律变迁是在规则稳定性与规则弹性之间的一种平衡。正因如此，法律变迁并不会随着法律规范

26　陈一峰：《世界银行与全球管理主义——对世界银行〈环境与社会框架〉的思考》，载《北京大学学报》（哲学社会科学版）2016 年第 6 期。

27　［德］格奥尔格·耶利内克：《宪法修改与宪法变迁论》，柳建龙译，法律出版社 2012 年版，第 3 页。

的修改而消失，其存在时间有多长则与该法律修改的难度正相关。

修改法律或法律变迁都能导致国际法内容的变化。两者之间的显著区别是，法律修改是通过有意识的行为来实现法律条文的变更；法律变迁则是法律在没有意图、没有意识的情况下基于事态的变化发生了一种变更。[28] 法律变迁是一种无形的变化，国际法领域内的法律变迁业已发生但长期为人所忽视。在某一个国际法调整的领域内，国家的实践、时空和语境的变化以及习惯和惯性的发展，都可能引起国际法变迁。国际组织既是各国为了实现某些合作的制度安排，又是对前一阶段国际政治经济格局的制度反映。远离组织成立之时的时空背景，国际金融机构可能无法顺利适应不断变化的国际权力格局。[29]

国际金融领域的法律体系总体呈现出"前组织化"特征，即国际金融机构自身的大多数实体规则和程序规则停留在制度设计者创制的初始阶段，并未随组织发展而进一步推进。但是国际金融机构硬件（如制度、结构）和软件（如观念、认知）所发生的法律变迁，对组织系统内部和各类国际法主体均会产生影响。一方面，法律变迁是组织运行和处理日常事务过程中理念变化的凝聚。长期组织实践中形成的稳定、连贯且一致的做法，被赋予法律确信之后将成为组织今后遵守的惯行。另一方面，法律变迁是组织制度发展和机构改革正当性的来源。合法性权威、道义权威和专业权威都不依赖于成员授权。获得法律正当性背书是制度变迁得以进行的基础。在这一前提下，国际金融机构得以在新发展阶段内保持相对稳定的运行。国际金融机构的制裁功能便由此发展而来。

变迁并非任意和无条件的，其中蕴含着某些必然逻辑。一定的自治性和独立性推动法律变迁的实现，影响组织内部的法律秩序。许多组织刚开始建立时存在着一些维系民主的程序。但组织要达到既定目标，必须有其内在结构。组织成立初期，成员之间是平行的关系，很多制度被用来保证所有成员的充分参与。但当组织规模越来越大时就一定会产生分化，产生等级制度。民主制下，当组织的一般成员需要授权少部分人去处理组织事务时，组织就产生了这种等级结构。[30] 时间一长，组织内部不断分化、组织运作过程中便产生了很多中间环节。最后的结果是形成代表少数人利益的组织精英。精英和一般成员的想法

---

28 秦前红：《论宪法变迁》，载《中国法学》2001年第2期。

29 Kenneth W. Abbott and Duncan Snidal, *Why States Act through Formal International Organizations*, 42 Journal of Conflict Resolution 3 (1998).

30 周雪光：《组织社会学十讲》，中国社会科学文献出版社2003年版，第13页。

是不同的,因为精英追求的是个人利益。久而久之,组织机构被上层的精英垄断,导致组织的两极分化。存在一个独立于成员意志的独立机构是国际组织的核心特征。[31] 该机构在组织日常运作的过程中代表整个组织。主导这些机构运作背后的那群管理精英既影响着组织的行为和价值判断,还影响着国际社会及其未来。这些精英通过世界银行等全球性机构来制度化地推行和实施新的世界秩序。[32]

国际金融机构的法律变迁影响深远。世界银行和 SWIFT 在深度参与全球治理的过程中,自身擅长领域和调整方式由特殊性逐渐向普遍性、一般性转移。国际金融机构自身的独特性越来越少,与其他国际组织的共性日渐增加。这一转变不仅渗透进与其有业务往来关系的成员国国内法律和政策之中,在直接改造国际金融机构自身的法律体系的同时,还以某种方式重新塑造国际金融秩序。以世界银行和 SWIFT 为代表的国际金融机构,正在从纯粹从事贷款和清算业务的金融机构转变为实施特定政策的公共机构。

国际金融机构内的法律变迁一旦开始便无法停止下来。因而国际社会各方对此应该着力于如何规范引导变迁,并使之朝着维护国际法治和有效进行全球治理的方向发展。第一个方面,需要肯定国际金融机构变迁的积极意义。严格的组织章程修改程序并不能有效回应国际社会的现实。法律变迁的出现是以一种习惯法的方式反复进行组织实践,并由此产生法律确信。变迁使组织章程的条文更具生命力,故法律变迁是一种有效的规范补充。第二个方面,还需要看到法律的应然和社会的实然之间的区别。规范和现实之间发生紧张和冲突的情况往往是一个偶然存在。长期采取违反组织章程的组织实践并不利于法律秩序的稳定、组织章程的权威性和最高性。当组织章程规范的价值性远大于社会实际的必要性,法律变迁便失去了存在的价值和基础。[33] 此时国际金融机构应广泛动员和凝聚成员的共识,积极促成组织章程的修改,使之与社会现实相契合。第三个方面,既然适当的法律变迁是必要的,不当的法律变迁则需要规避。国际金融机构法律变迁的正当性要通过其他途径加以限制,即国际金

31 Jacob Katz Gogan, Ian Hurd and Ian Johnstone, *The Oxford Handbook of International Organizations*, Oxford University Press 2016, p. 4.

32 Jonathan Murphy, *The World Bank and Global Managerialism*, Routledge, 2007, pp. 1 – 28.

33 王锴:《宪法变迁:一个事实与规范之间的概念》,载《北京航空航天大学学报》(社会科学版)2011 年第 3 期。

融机构变迁必须在成员新一轮授权基础上，接受组织章程核心精神、国际法基本原则的检验。

四、国际金融机构制裁的法律规制及中国应对

制裁是制裁方根据自身法律对特定目标所实施的、基于非经济目的但具有经济上强制支配性和工具政策性的特别措施。经济联系是各国之间紧密交流的纽带。国际贸易和金融等活动把各国市场紧密地结合起来，伴随经济全球化的演进趋势，贸易体制、货币和金融体制早已高度交织在一起。这一前提为制裁得以通过经济方式精准实施奠定了基础。对国际法语境中的制裁，既可以将其理解成一种进攻性工具，还可以理解成一种防御性措施。国际金融机构在制裁法律关系中扮演的角色主要是实施者，既具有制裁规则制定权和解释权，又享有规则的裁量权和执行权。国际金融机构制裁的正当性不等于国际金融制裁自始具有合法性。由于国际金融机构制裁具有一定的正当性，其是否合法需要基于具体规则来判断，这反过来又需要存在相应的裁判机制。

国际金融机构制裁的基本上还停留在无法可依的灰色地带。是否将制裁非法化取决于组织成员。国际组织与国家是相互塑造的关系。就国际组织框架内的规则制定而言，国家既是立法者，也是守法者，还是裁判者。国家的这种特征决定了国家不会放弃捍卫自己利益的手段和权利。就此而言，通过国际金融机构对其他主体采取制裁措施，理论上是正当的。但国际金融机构独立作出制裁决定是否具有正当性与合法性，则需要回到组织章程等一般国际法的判断之上。国际法既然是国家之约，就会有利益博弈、时代局限性和不完备性。现有国际法规则未必能解决所有问题，国际组织的相关措施也未必违反国际法。国际法既是规则，也是制度，还是过程。规范国际金融机构制裁相关国际规则的创制属于未来式，规则的内容取决于国际社会的合意与共识。具体方式可以是外交大会的多边方式，可以是双边或诸边逐步过渡到多边的方式，也可能是经过不同国家的不断博弈经由国家实践形成的习惯方式。

国际金融机构制裁实施的过程中，跨国经营企业法人是最大的利益受害者。无论依据什么标准界定企业的国籍，法人所在国基于属地管辖原则直接支配、控制其境内企业，企业遵循所在国的法律是国际通行做法。而受到来自国际金融机构的管辖则超出了法人所应承担的义务。国际金融机构依据资金流

和信息流试图控制境外投资企业，使相关企业陷入了困境。面对来自国家和组织的矛盾的、冲突的甚至对抗的法律要求，企业可能处于不能兼顾的两难之中。一些企业可能被迫放弃在某些地域中的经营。企业对相互冲突的法律要求带来的两种风险或损害进行取舍，两害相权取其轻。制裁的目的正是使被制裁国及其实体遭受损害从而改变其政策。

为应对外国制裁和保护跨国经营者，自中美贸易冲突以来，中国相继制定了《反外国制裁法》《对外贸易法》《出口管制法》《不可靠实体清单》《阻断外国法律与措施不当域外适用办法》等多部法律规范，基本形成了以“反制”为原则的对外经贸制裁法律制度。尽管如此，我国这些多层级、零散的法律法规中，尚未有专门涉及和针对国际金融机构制裁的内容规定。随着融入全球经贸活动的程度日渐加深，中国企业和个人在世界银行制裁“黑名单”中的比例呈现出上升趋势。[34] 而全球地缘政治格局变化和中美竞争加剧的客观现实，让中国国内金融机构受到来自 SWIFT 制裁威胁的概率显著提高。国际金融机构制裁的不对称性和单方支配性，与我国不设防的国内反制体系之间出现的真空亟待填补。[35] 在国际金融机构制裁审查程序愈加严格的同时，国内各层级的法律法规和行业协会的监管准则需要对此类制裁保持密切关注，以构筑国际与国内法律体系的有效互动与衔接、弥补应对制裁措施的合法性瑕疵。

应对国际金融机构制裁风险，中国当前可以从两个方面着手推进：一方面，中国需要在自身加入的国际金融机构中推动实现组织的高度自律。法律变迁让国际金融机构获得了制裁权限。国际金融机构在全球行政空间内可以直接对特定的机构或个人行使行政或（准）司法权。国际金融机构的这种不断自我赋权、自我生成、自我实施的全球管理体制，一定程度上超越了成员的授权范围，甚至是排除了主权国家的干预。规范权力行使的范围边界、约束权力的恣意任性，要从组织和成员两个角度完成相应的制度构建。国际金融机构的全体成员要在组织运行一段时间后适时调整总结前一阶段的得失，并将相关做法及时更新同步到组织章程之中。成员通过组织章程可以有效约束国际金融机构

34　黄岩、王瑶：《黑名单机制：世界银行制裁与中国企业的合规管理》，载《中国投资》2021 年第 21、22 期。

35　我国《反外国制裁法》第 13 条兜底规定了有关法律、法规和规章可以对与危害我国主权、安全和发展利益的行为采取必要的反制措施。但是如何实施此类反制、是否可以针对国际金融机构制裁实施反制，依旧付之阙如并有待补充完善。

不断强化自身价值的倾向,避免组织内部精英主义倾向与大众的现实需求脱节,有效引导组织朝着良性有序的方向变迁。为防止国际金融机构将过多的价值纳入自身政策实施过程当中,中国还应在国际社会呼吁加强国际组织责任落实,对其违法行为实施问责。[36] 针对制裁实施过程中的那些违反实体和程序正当性和原则性要求的做法,国际金融机构为此应该承担相应的国际法责任。

另一方面,中国还要在国内层面引导企业制定完备的动态合规体系。国内跨国经营者要在熟悉国际金融机构制裁政策及其流程认真研判的基础上,结合制裁实践案例,尽快为本企业制定完备的合规制度。[37] 中国出海企业参与了许多后发国家以向国际性银行借贷的方式发展基础设施建设工程。无论参与世界银行的项目还是其他区域性银行资助的任何项目,中国企业法人尤其需要在编制项目审查或投标文件的过程中,秉持较高的道德要求、透明和诚信度原则,严于律己。为此,中国首先要加大对外援助的力度,帮助后发国家提升经济造血能力,减少对国际资本的依赖并营造绿色廉洁的营商环境;其次还要探索如何降低对美元的货币依赖,加强双多边贸易金融合作、扩大货币互换规模、推动本币进行贸易结算。此外,加快建设金融强国和强化金融监管,对于化解我们面临的国际机构金融制裁风险具有重要意义。包括中国在内的少数国家开发的金融报文系统难以完全替代 SWIFT 系统,与相关国家和企业在清算环节减少对国际金融机构的组织资源依赖的同时,努力完善双边或区域性的国际清算网络等跨境支付基础设施建设。

五、结　　语

我们正面临的并不是一场范围狭小的变迁,几乎所有的法律制度都已经卷入其中。[38] 国际金融机构经由法律变迁而发展起来的制裁职能,构建起国际金融机构专属的行政空间。基于组织对国际金融活动资金流和信息流的控制,以

36　联合国国际法委员会在2000年开始着手制定,并于2009年一读通过的《国际组织责任条款草案》,规定了国际组织对国际不法行为的国际责任。国际组织的机关或代理人以其身份行事的行为被视为该组织的行为,由此造成的不法行为都要由该组织承担国际责任(排除情况除外)。See Draft Articles on the Responsibility of International Organizations, Articles 3, 6－7, 20－27 and 28.

37　黄岩、袁钰莹:《基于"义务—执行"分析框架的世界银行制裁机制与软法治理》,载《国际经济法学刊》2023年第3期。

38　[法]莱昂·狄骥:《公法的变迁》,郑戈译,辽海出版社、春风文艺出版社1999年版,第8页。

世界银行和 SWIFT 为代表的国际金融机构正以自身的认知重新塑造国际金融秩序,承担起管理某一方面国际社会公共事务的职责。这个过程中,国际金融机构通过实施制裁不仅对外宣告了自身对全球问题的认识,还从方法论的维度推动治理方案的变革。组织的自我赋权和成员的集体默认,让国际金融机构制裁处于国际法治的监管盲区。国际组织与成员国的关系这对核心矛盾始终处于运动、变化、发展之中。国际金融机构制裁产生的种种问题也需要在发展过程中解决。

欧盟《外国补贴条例》对我国的影响及应对措施

靳　羽*

【内容提要】 传统反补贴规则以境内补贴为规制对象，随着国际经贸格局的剧烈变化，外国补贴日益引起西方主要经济体的关注。欧盟出台的《外国补贴条例》为全球首部应对外国补贴扭曲内部市场问题的单行法，旨在弥补既有规范体系的监管漏洞、提升国际经贸领域话语权与影响力。《外国补贴条例》赋予欧盟以专门针对扭曲性外国补贴的审查与处置工具，随着不良示范效应的扩张蔓延，我国在西方主要经济体的投资环境面临着恶化风险。《外国补贴条例》违背反歧视原则，我国应鼓励被调查企业积极抗辩，并且应当对既有补贴政策进行梳理、规范，引导企业从强化国际竞争力上下功夫，降低对补贴的依赖程度，同时要变被动应对为主动参与，积极为国际经贸规则重构贡献"中国方案"。

【关键词】 欧盟　外国补贴　扭曲市场　"走出去"战略

一、问题的提出

根据以往的国际经贸惯例，补贴(subsidies)被认为是出口国政府或公共机构提供给境内企业的专向财政资助，对不在其管辖范围内的企业给予补贴往往是"不切实际的"。[1] 因此，作为WTO成员反补贴措施主要法律依据的《补贴与反补贴措施协定》(Agreement on Subsidies and Countervailing Measures，以下简称SCM协定)及《欧盟反补贴条例》等传统反补贴规则，均以境内补贴为规制对

---

* 靳羽——广东财经大学法学院讲师，法学博士，主要研究领域：公司法、合同法、证券法。本文为教育部人文社会科学研究青年基金项目"证券特别代表人诉讼激励机制研究"(23YJC820008)的阶段性研究成果。

1　Marc Benitah, *The WTO Law of Subsidies: A Comprehensive Approach*, Alphen aan den Rijn: Kluwer Law International B. V., 2019, p. 605.

象,比如,2024 年 7 月 4 日,欧盟委员会对进口自中国的电动汽车加征最高达 37.6% 的临时反补贴税,[2] 即属于反境内补贴措施。

然而,随着我国"走出去"战略以及"一带一路"倡议的稳步推进,我国企业对外直接投资快速增长,以欧美为代表的发达经济体近年持续对所谓的"外国补贴"(foreign subsidies)问题表达关切,[3] 以外国补贴造成扭曲市场环境、形成不公平竞争等负面后果为由,相继展开反外国补贴立法实践,并试图以此充当与新兴市场经济体进行博弈的工具。其中,欧盟的立法进度最为迅速,2020 年 6 月 17 日,欧盟委员会发布《应对外国补贴公平竞争环境影响白皮书》(以下简称《白皮书》),拟定初步立法方案;2021 年 5 月 5 日,欧盟委员会提出《关于扭曲欧盟内部市场的外国补贴条例草案》;2022 年 11 月 28 日,欧盟理事会正式通过《欧盟扭曲内部市场之外国补贴条例》(Regulation of the European Parliament and of the Council on Foreign Subsidies Distorting the Internal Market,以下简称《外国补贴条例》),并于 2023 年 1 月 12 日正式生效。据我国商务部的统计,截至 2024 年 6 月为止,欧盟委员会以"可能接受了扭曲内部市场的外国补贴"为由,共针对在欧中资企业发起 3 起深度调查、1 起主动调查、1 起突袭检查,此外还有数十起中资企业的投资并购项目可能受到影响。[4]

欧盟《外国补贴条例》是全球第一部关于外国补贴的独立法律规范,分析厘清其出台动因、主要内容以及对我国可能产生的影响,继而提出有针对性的对策建议,对于我国对外经贸关系的"行稳致远"以及我国企业的发展壮大无疑都具有极为重大的现实意义。

二、欧盟出台《外国补贴条例》的主要动因

根据《白皮书》的归纳,对欧盟境内企业产生影响的外国补贴主要有四种基本类型:一是提供低价商品或服务给欧盟境内企业的补贴;二是资助参与公共

2　魏文:《欧盟电动车临时关税将落地,多个欧洲车企和行业协会表示反对》,载《第一财经日报》2024 年 7 月 5 日,第 A8 版。

3　外国补贴又称跨境补贴(cross-border subsidies)、跨国补贴(transnational subsidies)或延伸补贴(extended subsidies)。

4　何吟、文简:《中国出手,对欧盟启动贸易投资壁垒调查》,载《环球时报》2024 年 7 月 11 日,第 3 版。

采购的补贴；三是资助并购欧盟境内企业的补贴；四是对投资行为的补贴。[5] 欧盟认为，现行多边、双边或单边贸易机制均无法有效处理以上类型的外国补贴，出台《外国补贴条例》的主要动因是弥补既有规范体系对外国补贴的监管漏洞，同时也有增强制度软实力、提升国际经贸话语权等方面的考虑。

（一）弥补 SCM 协定的监管漏洞

SCM 协定自 1995 年 WTO 成立时生效，专门用于规范其成员实施的补贴行为，但并未覆盖所有类型的补贴：首先，SCM 协定仅处理货物贸易补贴，不涉及服务贸易补贴。根据 WTO《服务贸易总协定》（General Agreement on Trade in Services，以下简称 GATS）第 15 条第 1 款的规定，对于服务贸易补贴可能产生的贸易扭曲效果，成员应通过谈判方式发展出必要的多边规范，以避免扭曲效果的最终发生，实际上只赋予成员以谈判磋商的义务，成员无权采取其他措施。服务贸易补贴问题曾于 1996 年被纳入 WTO 工作组 GATS 规则议程，但相关程序延宕至今毫无进展。[6] 其次，SCM 协定所界定的"补贴"不包括外国补贴。根据 SCM 协定第 1 条第 1 款（a）项，补贴是指"由在一成员领域内（within the territory）的政府或公共机构所提供的财务资助"，该条款虽未对接受财务资助的企业所处位置予以限制，但不能据此认为 SCM 协定能够直接适用于由一 WTO 成员提供、另一 WTO 成员领域内企业接受的补贴，理由有三：一是 SCM 协定第 2 条第 1 款和第 2 款明确规定，第 1 条所指称的补贴必须给予"授予机关管辖范围内"的企业或产业；二是 SCM 协定附件 4 脚注 63 强调，接受补贴的企业必须位于提供补贴成员领域之内；[7] 三是回顾 1982 年的 SCM 协定谈判历史，之所以将补贴提供者限定为"成员领域内"的政府或公共机构，是因为当时存在许多境外资金援助计划，如美国援助欧洲的"马歇尔计划"、世界银行为巴西提供贷款等。[8]

（二）弥补欧盟法的监管漏洞

欧盟委员会认为，既有的欧盟法无法全面、有效解决外国补贴造成的内部

5 European Commission, *White Paper on Levelling the Playing field as Regards Foreign Subsidies*, COM(2020) 253 final, Brussels, 17. 6. 2020, pp. 7 – 9.

6 冯迪凡：《欧盟〈外国政府补贴条例〉正式生效后，专家建议中企这样应对》，载《第一财经日报》2023 年 10 月 17 日，第 A05 版。

7 陈咏梅、刘佳奥：《欧盟反跨境补贴措施法律问题审思》，载《德国研究》2023 年第 3 期。

8 Gary N. Horlick, *An Annotated Explanation of Article 1 and 2 of the WTO Agreement on Subsidies and Countervailing Measures*, 26 Global Trade and Customs 298 (2013).

市场扭曲问题,特别当外国补贴用于支持外国企业在欧盟经营、并购欧盟企业、参与欧盟公共采购时,均存在监管漏洞:首先,欧盟竞争法的监管漏洞。欧盟竞争规范体系主要由反垄断、并购控制和国家救助等法律构成,而且均以欧盟成员国提供的补贴为规制对象,比如,专门用于并购控制的《欧盟并购条例》以统一市场内部的竞争结构为规制重点,不涉及外国补贴的内容,亦未赋予欧盟委员会或成员国政府以干预的权力;再如,《欧盟运作条约》第 107 条规定,原则上禁止成员国实施有利于特定企业或特定商品生产,进而影响成员国经济贸易活动的政府救助行为,除非这种救助行为不会显著恶化贸易条件以至于损害共同体利益。[9] 以上规定的立法目的是预防成员国政府运用公共财政资源扭曲市场,造成成员国之间的不公平竞争,从而将补贴提供者限定于成员国政府或公共机构,外国补贴不在其规制范围之内。其次,欧盟外资审查制度的监管漏洞。欧盟外资审查规范体系的核心是欧盟委员会于 2019 年 3 月 19 日通过的《欧盟外商投资审查条例》,该条例针对外资并购欧盟企业或重要资产,如重要基础设施、关键性科技企业以及原材料时,是否对国家安全及公共秩序构成负面影响,但其中并未涉及对资金来源的监督审查,同样无法适用于外国补贴监管。[10] 最后,欧盟公共采购制度的监管漏洞。《欧盟公共采购指令》为规范企业参与公共采购的基本法律准则,但对于投标方是否因接受外国补贴而提交较低报价的问题并未加以规定,亦未课以采购方调查外国补贴存在与否的义务。[11]

除以上动因之外,欧盟制定《外国补贴条例》亦有应对国际经济秩序以及地缘政治格局深刻变化方面的复杂考虑,特别是在中国经济日益崛起、中美经贸关系波诡云谲的大背景下,一方面反映出欧盟正试图以外国补贴问题作为提升国际经贸话语权以及国际战略地位的突破口;另一方面反映出欧盟经贸规则的某种导向性变化,追随美国实施单边主义和贸易保护主义的迹象亦不容忽视。

三、欧盟《外国补贴条例》的主要内容

《外国补贴条例》共有七章,第一章为一般规定,主要涵盖适用范围与对象、

---

9 孙天琦、陈江静:《危机期间欧美债务临时性全额担保机制》,载《中国金融》2021 年第 16 期。

10 European Commission, *White Paper on Levelling the Playing field as Regards Foreign Subsidies*, COM(2020) 253 final, Brussels, 17.6.2020, pp. 7 – 9.

11 陈瑶:《欧盟对外国补贴的规制》,载《国际商务研究》2023 年第 4 期。

特定名词释义、内部市场扭曲的认定标准等内容;第二章为外国补贴审查的一般规定以及依职权调查程序;第三章和第四章是关于欧盟企业并购以及参与公共采购的特别规定;第五章为一般程序性规定,主要包括各程序之间的关系、欧盟委员会决定的公告与通知义务、程序保障及保密义务等;第六章规定的是条例与其他法规之间的关系;第七章为通则,主要有欧盟委员会的决定程序及采取措施之可能性、授权条款、过渡性条款、生效日期等。

(一)“外国补贴”概念的界定

《外国补贴条例》第3条第1款规定,当第三国直接或间接为内部市场从事经营活动的企业提供财政资助,并且在法律或事实上,仅限于提供给单一或数家企业以及产业时,应视为存在外国补贴。据此,构成“外国补贴”须具备三项要件:一是补贴主体应为“第三国”。根据第3条第2款第2项的规定,补贴主体包括中央政府及其他各级政府机关、外国公共实体或任何私人实体,其中对后两者的认定较为复杂,一方面,须综合考量他们的性质、所在国法律及经济环境等因素;另一方面,它们的行为能够最终“归属于政府”。相较于WTO上诉机构以往对于“公共实体”所采取的“政府授权”认定标准,以及针对“私人实体”所采取的“政府指示或委托”认定标准而言,学术界普遍认为此举大幅降低了认定外国补贴成立的门槛。[12] 二是须提供“财政支持”。根据第3条第2款第1项的规定,所谓财政支持主要包括资金或责任的转移,如投资、赠与、贷款、贷款担保、财政奖励、经营亏损补偿、债务免除、债转股或重整等。三是须“授予企业以利益”。此要件与SCM协定的要求一致,意味着并不是所有的财政支持都构成补贴,而必须是使企业取得在通常市场条件下无法取得的利益,因而获得相对具有竞争优势地位的财政支持。[13]

(二)“扭曲内部市场”的认定标准

补贴为各国广泛运用的产业政策工具,并不具有天然的违法性,唯有当补贴造成扭曲市场竞争关系的负面影响时,方才具备处理的必要性与正当性。[14]因此,作为《外国补贴条例》规制对象的外国补贴,必须是能够提升企业在欧盟

---

12 张南薰:《欧盟之扭曲内部市场外国补贴规则之研究》,载《政大法学评论》2023年第6期。

13 李万强、张嘉兴:《欧盟新型补贴审查制度对我国的影响及应对措施》,载《国际经贸探索》2022年第3期。

14 Lang Andrew, *Heterodox Markets and Market Distortion in Global Trading System*, 22 International Economic Law Journal, 677(2019).

市场上的竞争地位，并且已经或有可能对市场竞争造成负面影响的那类补贴。对于是否构成“扭曲市场”的判断，《外国补贴条例》第 4 条第 1 款规定如下标准：一是补贴金额大小；二是补贴的性质；三是获补贴企业自身状况；四是获补贴企业在欧盟市场的经营状况；五是补贴的目的、附带条件、有无在补贴提供国内部市场运用等。鉴于以上判断标准过于抽象、不宜把握，《外国补贴条例》主要通过两种方式加以克服：第一，第 4 条第 2 款针对特定补贴金额予以豁免，亦即，对于授予单一企业的外国补贴，若持续三个会计年度的总金额不超过 400 万欧元，应视为不太可能（unlikely）扭曲欧盟内部市场；第二，第 5 条详尽列举五种最有可能（most likely）扭曲内部市场的外国补贴类型，一是为经营不善、即将倒闭的企业提供的补贴；二是为企业的债务或义务提供无金额及期限限制担保的补贴；三是不符合经合组织（OECD）出口授信协议规定的出口融资措施的补贴；四是为直接并购欧盟企业而提供的补贴；五是能够使竞标企业获得过低投标价格的补贴。凡属以上五种类型的外国补贴，欧盟委员会无须依据第 4 条第 1 款规定的标准进行判断评估，直接由作为调查对象的企业承担证明未造成扭曲市场效果的举证责任。[15]

（三）调查程序与申报义务

《外国补贴条例》规定了三种调查程序，分别是欧盟委员会依职权启动的一般调查程序、针对“经营者集中”（concentration between undertakings）以及公共采购启动的调查程序。其中，第一种调查程序为一般性程序规定，可适用于任何类型的扭曲性外国补贴，后两种程序是独立规定的特别程序，对于后两种特别程序未规定的事项，准用第一种调查程序的有关规定。

第一，一般调查程序。根据第 9 条至第 15 条的规定，欧盟委员会可以依据来源于成员国、自然人、法人或行业协会提供的信息启动调查，并有权要求受调查企业提供信息或在欧盟境内外展开实地调查，具体调查过程区分为“初步调查”以及依据初步调查结论进行的“深入调查”两个阶段，欧盟委员会应在深入调查程序启动后的 18 个月内作出处理决定。

第二，针对“经营者集中”的特别规定。这部分的内容规定于第 20 条至第 25 条：一是对“经营者集中”予以界定，是指因并购（merger）、收购（acquisition）

---

15 Victor Crochet and Zhou Wei huan, *The Anti-Circumvention Instrument: Another Roadblock on the Investment Development Path?*, CTEI Working Paper, 2023, p. 36.

或合资(joint venture)造成企业控制权持续性变动的情形;二是对满足特定条件的"经营者集中"案件,赋予事先申报义务,凡是并购方、被并购方或在欧盟境内设立的合资企业,总营业额达到5亿欧元以上,并且接受外国补贴的总金额在并购合约签订前、公开收购公告前或取得控制权前3年内超过5000万欧元的,应向欧盟委员会事先申报,收到申报信息后即启动调查程序,调查期间,并购、收购及合资合约不得履行;三是对具有扭曲市场效应的"经营者集中"行为予以处置,可以恢复原状的,责令解除合约,不能恢复原状的,欧盟委员会有权采取能够达到相同效果的其他替代措施。

第三,针对公共采购的特别规定。这部分内容规定于第28条至第32条:一是关于申报义务的门槛,凡是政府采购金额等于或大于2.5亿欧元,并且投标企业及其控制的附属企业在招标通知发布前3年内所取得的外国补贴金额超过400万欧元的,竞标企业以及主要供应商、承包商应进行申报,欧盟委员会应自收到申报信息之日起20日内完成初步调查、110日内完成深入调查;二是关于深入调查完成后的处置结果,如最终认定存在扭曲性外国补贴的,欧盟委员会应责令受调查企业作出足以除去扭曲效应的承诺,并依据承诺内容作出处置决定;如果认定受调查企业作出的承诺不足以除去扭曲效应的,欧盟委员会作出禁止该企业竞标的决定,采购方必须执行该决定;三是针对"经营者集中"和公共采购两种交易,第17条第1款专门对不履行事先申报义务,故意或过失不提供或提供虚假、不完整、误导性信息的企业,规定惩处措施,最高可处以企业上一年度营业总额1%的罚款。

(四)对扭曲内部市场外国补贴的处置

欧盟认为,企业经营属私法行为,因而即便调查后认定外国补贴具有市场扭曲效应,通常亦不应采取直接禁止或认定无效的处理方式。《外国补贴条例》通常要求企业采取补救措施或提出改正承诺。例如,该条例第7条第1款规定,为救济外国补贴所实际或可能造成的内部市场扭曲,欧盟委员会有权要求接受调查的企业采取补救措施;第7条第2款规定,在受调查企业提出的改正承诺能够有效救济内部市场扭曲效应的情况下,欧盟委员会应接受该承诺,并有权对其是否遵守承诺予以监督。对于"补救措施""改正承诺"的设定,第7条3款要求必须符合比例原则,以能够有效救济因外国补贴已造成或可能造成的内部市场扭曲为限,第7条第4款则列举了几种典型处置方式,比如,对于受调查企业已取得的基础设施,应公平、合理、不歧视地赋予其他企业以使用机会;

降低产能、市场占有率或暂时限制经营活动;限制特定投资行为;公开研发成果;针对特定资产撤资;取消并购计划;返还外国补贴等。若受调查企业不遵守欧盟委员会作出补救措施决定或其自身作出的改正承诺,根据第 17 条第 1 款的规定,最高可处以不超过企业上一年度营业总额 10% 的罚款。

(五)欧盟委员会的利益平衡裁量权

欧盟并非一概否定外国补贴,而是认为外国补贴是一把“双刃剑”,一方面可能产生扭曲欧盟内部市场的负面效应;另一方面则可能对部分成员国产生某些正面效应。因此,《外国补贴条例》第 6 条第 1 款专门规定“平衡测试”(balancing test)条款,赋予成员国以提出外国补贴具有正面效果信息的机会,作为欧盟委员会作出处理决定时的衡量因素。事实上,外国补贴不只是可能对部分成员国具有正面效应,亦可能对欧盟整体政策目标具有正面效应,如提升环境保护力度、增强社会福利供给、促进科技研发、供应商来源多元化等,因而《外国补贴条例》立法理由书专门强调,对于有助于欧盟公共政策目标的外国补贴,欧盟委员会同样应纳入考虑。[16] 如果欧盟委员会认定外国补贴确实对部分成员国或欧盟公共政策目标具有正面效应,并且该正面效应能够缓解甚至抵销扭曲市场的负面效应时,根据该条例第 6 条第 2 款的规定,没有必要作出要求被调查企业采取补救措施的决定。尽管“平衡测试”条款有其科学性,但可操作性却有所欠缺,适用过程中可能会引发利益衡量难题,比如,欧盟目前的成员国数量多达 27 个,各国经济发展水平参差不齐,利益诉求不可能完全一致,故可能出现某企业获取的外国补贴对部分成员国有利,对其他成员国不利的局面,此时如何进行权衡取舍显然相当困难。

四、欧盟《外国补贴条例》对我国的影响

自特朗普政府发起贸易摩擦以来,国际经贸领域的单边主义、保护主义明显抬头,以 WTO 为核心的多边贸易体制正遭遇前所未有的严峻挑战。欧洲近年经济发展持续低迷,内部保护主义日趋高涨,近年以所谓的“竞争中立”为名,

---

16　张南薰:《欧盟之扭曲内部市场外国补贴规则之研究》,载《政大法学评论》2023 年第 6 期。

对我国采取反倾销、反补贴措施多达 241 次,[17]成为继美国之后对我国采取“双反”措施最多的经济体,对我国钢铁、光伏等多个工业领域造成较大影响。《外国补贴条例》是欧盟为加强外资审查所推出的又一政策工具,但对中国影响明显,《白皮书》甚至直言不讳地表示,中国在欧投资和经营企业为重点规制对象,并特别强调要对中国设立的投资基金予以关注,[18]预计将对我国对欧投资产生重要影响。

(一)增加中国企业对欧投资风险

2016 年 12 月,我国入世议定书第 15 条正式到期,欧盟随即于 2017 年 12 月修改《反倾销基础条例》,将 WTO 成员的“非市场经济国家(地区)”名单予以删除,转而采用“扭曲市场”概念。自此之后,欧盟部分成员国屡屡以我国对欧投资存在政府补贴、存在扭曲市场嫌疑为由,要求加大对我国对欧投资的审查力度。《白皮书》专门列举数个典型案例予以说明,比如,中国化工集团收购倍耐力公司、中车株洲收购福斯罗机车、中广核与法国电力集团联合收购多家核能源企业的过程中,认定收购方曾先后获得国务院国资委提供的拨款以及国有金融机构提供的低息贷款等多种形式的补贴,强调这种补贴行为存在扭曲欧盟并购市场竞争环境的潜在可能性。《外国补贴条例》实际上就是对欧盟内部要求限制我国对欧投资呼声的法律回应,虽然欧盟一再宣称其对外国补贴的审查并不针对特定国家或经济领域,但学术界普遍认为我国将继外资安全审查、反垄断审查之后,遭遇新的投资贸易壁垒,[19]特别是在“走出去”和“一带一路”倡议加速推进,中央及地方出台一系列财政和金融支持政策的背景下,我国企业对欧投资可能面临成本大幅增加,能否通过审查前景晦暗不明等诸多不利局面。

从调查程序来看,欧盟委员会在初步调查的基础上,有权直接对存在外国补贴可能性的投资展开深入调查,却未规定事前磋商程序,受调查企业无法在深入调查程序启动前通过谈判寻求争议解决方法;从受调查企业的范围来看,

---

17 青木、任重:《中国车企回应欧盟反补贴调查,反对补贴调查,呼吁公平、开放的市场和贸易环境》,载《环球时报》2023 年 10 月 27 日,第 11 版。

18 European Commission, *White Paper on Levelling the Playing field as Regards Foreign Subsidies*, COM(2020) 253 final, Brussels, 17. 6. 2020, pp. 7 – 9.

19 李本、徐欢颜:《境外投资补贴的规制动因、审查框架与中国应对——以欧盟〈外国补贴条例草案〉为切入点》,载《国际贸易》2021 年第 11 期。

涉及范围非常广泛，基本涵盖欧盟内部市场的一般经营行为、企业并购以及公共采购领域，绝大多数的中国对欧投资可能都会被纳入审查之列；从执法标准设计来看，关于外国补贴定义的界定、扭曲市场认定标准的规定十分抽象与模糊，并且调查机关的自由裁量空间相当大，极易造成执法尺度宽严不一。以上问题一方面势必造成中国企业承受的成本大幅攀升，如为应对审查而增加的谈判成本、履行事先申报义务而增加的合规成本、陷入耗时长久的调查程序而增加的时间成本以及因错过最佳交易时机而蒙受的经济损失成本等；另一方面，即便能够承受以上成本，最终能否通过审查仍面临很大的不确定性，极有可能最后"竹篮打水一场空"。统计数据显示，随着欧盟 2016 年后逐步强化对外资的审查力度，我国对欧直接投资金额逐年下降，已经从 2017 年的 400 亿欧元大幅降低为 2022 年的 79 亿欧元，[20]《外国补贴条例》的出台恐进一步加剧下降趋势。

（二）不良示范效应的扩张蔓延

随着我国企业"走出去"战略和"一带一路"倡议的深入推进，我国对外贸易和投资规模屡创新高，连续多年保持全球货物贸易总额第一大国、对外直接投资流量第二大国的地位。[21] 对此，长期主导国际经贸秩序与规则制定的欧美等经济体，并未以积极、正面的姿态对待"中国崛起"，而是以各种手段对中国对外出口和投资进行打压，屡屡出现的"脱钩断链"威胁以及 WTO 上诉机构停摆等例证无不昭示，国际经贸秩序正在发生深刻变化，国际经贸规则正面临深度重构，并已成为大国博弈的重要领域。为此，自 2017 年以来，美国、欧盟、日本先后进行多次三边会谈并发表多达八份贸易部长联合声明，对以 SCM 协定为代表的国际反补贴规则无法有效处理外国补贴表达忧虑，表示要形成共同框架意见以指导国际反补贴规则的改革方向。此后，德国、法国、荷兰、波兰等联合提出旨在解决外国补贴扭曲欧盟内部市场问题的行动建议，欧盟理事会、欧洲议会予以回应，呼吁欧盟委员会考虑在欧盟竞争法当中增设监管工具的可

20　MERICS Reports, *EV Battery Investment Cushion Drop to Decade Low: Chinese FDI in Europe: 2022 Update*, May 2023, p. 3.

21　秦燕玲：《2023 年我国全行业对外直接投资逾 1 万亿元》，载《证券时报》2024 年 2 月 5 日，第 2 版。

行性。[22]

欧盟历来积极致力于提升其在国际经贸规则制定中的话语权,试图依托其庞大内部市场所形成的“布鲁塞尔效应”(Brussels Effect)重塑国际商业环境,将自身标准转换成全球标准,促成全球经贸规则核心部分的“欧洲化”。[23] 为此,欧盟一方面努力推动单边立法,迫使受调查企业只能向欧洲法院寻求救济,使WTO争端解决机制变相“空洞化”;另一方面则通过双边或多边合作模式对外输出立法立场,以形成共同应对外国补贴的合力。自《外国补贴条例》酝酿直至正式出台期间,美国、日本等国亦加速推进规则制定,其中尤以美国的立法动态最为引人关注。2020年美中经济与安全审查委员会向国会提交报告,建议启动对外国补贴进行审查的相关立法,国会随即通过《2021年美国创新与竞争法案》,指责中国政府对企业的补贴是一种“反竞争的经济和产业政策生态体系”,扭曲全球市场竞争,赋予中国企业以不公平的优势地位,并授权政府部门每年收集、公布特定中国企业名单。2022年9月,美国国会又通过《外国并购补贴披露法案》,将中国、俄罗斯、伊朗和朝鲜列为“受关注外国实体”,参与并购美国企业者必须履行事先申报义务,并重点披露有无获得补贴的有关信息。[24]

国际经贸格局正在发生近代以来最深刻的变化,西方主要经济体亦正在逐步放弃其长期倡导、推行的经贸和投资自由化政策,以反补贴名义实施贸易保护的趋势日益明显。《外国补贴条例》不仅标志着欧盟经贸政策的转向,其已经对其他西方经济体产生极强的示范效应,我国企业尤其是长期遭到质疑的国有企业在欧盟,乃至在西方主要经济体的投资环境预计将更为复杂。

五、应对欧盟《外国补贴条例》的对策建议

对于《外国补贴条例》对我国企业赴欧投资设置的新障碍,我国应主要从以下几个层面发力:一是以WTO贸易规则以及欧盟内部法为依据积极应诉,坚决维护我国企业的合法权益;二是应化挑战为机遇,将欧盟反外国补贴最新立法视作规范各类补贴行为、提升我国企业国际竞争力的契机;三是应化被动为主

---

22 European Parliament, *Report on competition policy-annual report* 2019. Committee Economic and Monetary Affairs, 2020, p. 78.

23 Anu Bradford, *The Brussels Effect*, 107 Northwestern University Law Review, 3(2012).

24 林平、魏昕:《欧盟外国补贴监管政策的动因、特征及影响》,载《财经问题研究》2023年第7期。

动,不断提升我国在国际经贸规则重构过程中的话语权。

（一）《外国补贴条例》合规性质疑

虽然欧盟一再声称,《外国补贴条例》并不违反其基于国际协定以及内部法其所应承担的各项义务,但无论从 WTO 贸易规则、欧盟内部法还是其对外签订的投资协定来看,其均存在诸多违法嫌疑:

第一,违反 WTO 体系下的最惠国待遇义务。最惠国待遇为 WTO 非歧视原则的重要体现,学术界普遍将违反最惠国待遇义务的歧视区分为法律上的歧视和事实上的歧视两类。[25] 尽管《外国补贴条例》一体适用于欧盟境内的所有外资企业,通常认为不构成法律上的歧视,但因法律概念的模糊性以及具体执法尺度的宽严不一,极有可能形成事实上的歧视。比如,欧盟对“外国补贴”的认定宽泛而模糊,甚至将中资企业涉及的退税项目认定为补贴,既违反 WTO 规则,亦与国际反补贴调查实践通行的退税项目认定相矛盾。[26] 再如,从前文援引的欧盟委员会依职权调查条款可以发现,调查程序的启动条件相当宽松,调查机关的自由裁量幅度亦非常大,极易因执法权滥用而造成事实上的歧视,进而违反最惠国待遇义务。事实上,欧盟近年执法实践的目标指向非常明显,突出表现为频繁地专门针对我国发起“双反”调查以及专门针对我国和俄罗斯发布市场扭曲报告,因而有充分理由怀疑欧盟未来的反外国补贴执法亦将以中资企业为主要对象,继而制造出更多事实上的歧视现象。

第二,违反国民待遇义务。国民待遇义务作为 WTO 反歧视原则的另一体现,早已被纳入欧盟与加拿大、越南等经济体缔结的自由贸易协定之中,因而其中的国民待遇条款理应成为要求欧盟遵守投资协定下国际义务的依据。[27]《外国补贴条例》以接受外国补贴的企业为适用对象,包括外资企业和欧盟企业两类,但投资方接受的补贴通常来自母国,欧盟企业接受外国补贴的可能性较低,设立于欧盟境内的外资企业为实质性适用对象。与此相对,欧盟企业接受的补贴主要来自欧盟成员国,根据《欧盟运作条约》的规定,对于欧盟企业接受成员国补贴,适用政府救助制度,与外资企业接受母国补贴所适用的《外国补贴条

---

25 WTO, *Canada-Certain Measures Affecting the Automotive Industry*, Report of the Appellate Body, WT/DS139/AB/R, 31 May 2000, para. 78.

26 索寒雪:《商务部指责欧盟不断挑起贸易争端》,载《中国经营报》2024 年 7 月 1 日,第 A2 版。

27 胡建国、陈禹锦:《欧盟〈外国补贴条例〉(草案)及其 WTO 合规性分析》,载《欧洲研究》2021 年第 5 期。

例》存在明显差异，可能造成对不同投资方的差别对待，[28]主要体现为两点，一是《外国补贴条例》要求外国投资方履行事先申报义务，但《欧盟运作条约》规定承担申报义务的主体则是成员国而非企业，必然造成内外资企业成本的显著差异；二是《欧盟运作条约》规定的豁免范围相当宽泛，从近年来的执法实践观察，约有75%以上的国家救助措施、65%以上的救助总额被豁免审查，但《外国补贴条例》规定的豁免范围则极其有限，仅有前文提及的几种类型而已，宽严差别显而易见。

第三，《外国补贴条例》与欧盟内部法存在许多差异，同样涉嫌违反国民待遇义务。以政府采购为例，《欧盟公共采购指令》规定，即便中标企业接受欧盟成员国补贴，无论合法与否，只要中标价格不属于异常低价，即不能以接受补贴为由否定中标资格。易言之，以上指令采取的是“异常低价”标准，而《外国补贴条例》采取的则是“扭曲市场”标准，认定标准的不同极易造成执法尺度的不同，进而形成事实上的区别对待。

总之，《外国补贴条例》存在诸多违反非歧视原则的嫌疑，极易在实际执行过程中形成事实上的区别对待。对于以上问题，一方面应充分利用“中欧经贸高层对话”、学术研讨会等各类平台或通过双边谈判，对有关条款提出异议，即便难以推动欧盟立刻修法，亦应尽量争取执法过程中的公平对待；另一方面，一旦我国企业遭遇外国补贴调查，应以《外国补贴条例》有关条款违反非歧视原则为主要抗辩武器，积极寻求法律救济。

（二）认真梳理并规范补贴政策

尽管《外国补贴条例》确实存在违反非歧视原则的嫌疑，但我国为“走出去”企业提供各种优惠政策支持亦毋庸讳言。目前，关于我国企业获得政府补贴的准确数据尚无权威统计，但可以根据上市公司获得补贴的数据，估算全部企业获取政府补贴的大概情况。统计资料显示，2014～2020年，上市公司获得的政府补贴总额从2014年的1273亿元上升至2020年的2839亿元，同期补贴总额占总利润的比重从4.7%上升至6.8%，再结合全部企业利润总额，可估算出同期全部企业补贴总额从5302亿元上升至7191亿元。[29] 该数据是对政府直

28　张南薰：《SCM协定第14条之适用及审查权限——从WTO对国营事业补贴行为之实务见解谈起》，载《东吴法律学报》2021年第2期。

29　林平、魏昕：《欧盟外国补贴监管政策的动因、特征及影响》，载《财经问题研究》2023年第7期。

接补贴额的粗略估算,被《外国补贴条例》纳入规制范围的外国补贴类型远多于此,因而这只是对我国企业获得补贴额的最保守估计,据此可推断我国对欧投资企业遭遇反外国补贴调查的可能性相当高。对此,一方面应引导我国企业积极应诉,除以前文提及的非歧视原则为抗辩武器之外,亦要勇于援用《外国补贴条例》当中的"平衡测试"条款,主张我国提供的补贴有助于欧盟特定政策目标的实现,比如,中资企业在欧盟投资的电动车项目显然对欧盟的减排、环保、可持续发展目标大有助益;另一方面亦应详尽梳理并规范既有补贴政策,并持续推进国有企业改革,具体建议如下:

首先,梳理既有补贴政策并进行风险预警提示。各级主管机关应全面掌握《外国补贴条例》的主要内容,对已出台的各类补贴政策进行认真梳理,从中筛查出重点风险行业以及本辖区内的重点企业,及时进行风险提示。同时,各级政府应尽量避免提供遭遇调查可能性较大的补贴类型,如直接促成企业并购的补贴、对濒临倒闭企业的补贴等,转而以欧盟许可范围为重点补贴领域。其次,积极推动补贴政策规范化。《外国补贴条例》以所谓的"竞争中立"为立法导向,旨在避免所有市场主体都能避免过度竞争优势或劣势的影响,[30]并为《全面与进步跨太平洋伙伴关系协定》(CPTPP)和《美国—墨西哥—加拿大协定》(USMCA)等一系列区域经贸协定采纳,进而呈现出向国际"硬法"演变的趋势。为此,国务院有必要立即组织开展关于补贴发放与审查的行政法规起草工作,统一规定发放补贴的主体、类型、标准、申报与批准程序等事项,尽量避免因"各自为政"而引发调查风险。最后,深入推进市场化导向的国有企业改革。我国国有企业产值占 GDP 的比重长期维持在 25% 左右的高位,因而频繁成为西方发起反补贴调查的主要对象。[31] 我国国企划分为公益性和竞争性两类,对于前者,政府提供补贴是为弥补经营成本,并且跨国投资经营比例较低,通常不会引发经贸纠纷,后者往往是引发纠纷的"重灾区"。对此,我们应根据党的二十大的要求,充分发挥市场对资源配置的决定性作用,进一步厘清政府与企业的关系,深入推进"政企分开、政资分开",不断改进监管理念与手段,持续完善公司治理机制,从砥砺"内功"上下功夫,有效降低企业对政府补贴的依赖程度。

---

30 OECD, *Competition Neutrality: Maintaining a Level Playing Field Between Public and Private Business*, OECD Publishing, 2012, p. 9.

31 周牧:《欧盟对国有企业补贴的定性和量化分析——论国家援助"市场经济经营者测试"等规则的适用》,载《欧洲研究》2022 年第 2 期。

(三)积极参与国际经贸规则重构进程

《外国补贴条例》以及CPTPP、USMCA等区域经贸协定都显示出西方经济体对外国补贴日趋严苛的监管立场,并且未来极有可能纳入WTO补贴谈判范围,以全球化和自由贸易为主线的国际经贸规则正处于剧烈变革的前夜,国际竞争正在从经济之争转向规则之争、制度之争。对此,我国已多次对产业补贴以及国有企业等议题的谈判展现出积极开放的态度,比如,2021年9月16日,中国正式提出加入CPTPP的申请,表明愿意接受CPTPP关于外国补贴规则约束的决心与诚意。再如,2021年11月4日,习近平主席在第四届进博会开幕式上强调,中国将以积极开放的态度参与产业补贴、国有企业等议题谈判,维护多边贸易体制国际规则制定的主渠道地位,维护全球产业链、供应链稳定。[32] 积极参与包括外国补贴在内的国际经贸规则重构,显然已经成为当前和今后一个时期的重大任务。

对此,我国要变被动应对为主动参与,坚定维护多边主义和自由贸易体系,勇于提出完善国际经贸规则的主张、倡议和方案,重点应从以下几个方面着手:其一,推动国际社会辩证认识补贴的作用。传统国际经贸规则建立在西方具有强大产业优势的基础之上,国际经贸领域长期存在的"补贴有害论"观念,本质上是一种无视发展中国家需求的偏见。比如,"一带一路"倡议下的优惠融资,确实有力改善了许多发展中国家的就业、税收以及基础设施水平,如不顾客观现实,一概认为此类融资具有市场扭曲效应,显然缺乏正当性和公平性。其二,认定外国补贴是否产生扭曲效应必须具有充分依据。当前,国际社会尚未对判定市场扭曲及其规模的标准与方法形成统一意见,有赖于WTO主要成员国密切合作,要在提高补贴透明度的基础上,组织各方专家对不同类型的补贴是否有扭曲效果以及扭曲程度等问题进行深入评估与分析,在形成相对一致、科学意见的基础上,再就具体规则展开正式谈判。其三,联合广大发展中国家形成博弈合力。尽管当前西方经济体已经或即将出台的单边规则以我国为主要适用对象,但随着新兴市场国家在全球贸易、投资和产业链中地位的逐步提升,它们同样会成为西方单边规则的受害者。因此,有必要联合各新兴市场国家以及"一带一路"共建国家共同发声,针对西方反外国补贴规则的公平性、执法程序

32　肖春飞等:《让开放的春风温暖世界——习近平主席第四届进博会主旨演讲传递开放合作强音》,载《人民日报》2021年11月5日,第1版。

的透明性以及权利救济不足等关键问题表达正义呼声，以期在未来新补贴规则的谈判过程中形成与西方博弈的合力。

六、结　　语

党的二十届三中全会通过《关于进一步全面深化改革，推进中国式现代化的决定》，提出“对外投资管理体制改革”的任务目标，强调要“完善促进和保障对外投资体制机制”，要“积极参与全球经济治理体系改革。”为此，我们在正视《外国补贴条例》对我国企业赴欧投资造成的新挑战，特别是蕴含其中的单边主义、保护主义立场的同时，也要将其视作完善我国对外投资管理体制的契机：一是要协助被调查企业勇于运用 WTO 规则、欧盟内部法及其对外签订的投资协定等法律武器积极应诉，不断积累应对反外国补贴调查的经验；二是要对标欧盟新规，就现有补贴政策进行梳理检讨，鼓励企业在“砥砺内功”、强化核心竞争力上下功夫；三是要善于运用各种双边、多边经贸对话平台，引导国际社会辩证认识补贴的作用，在弥合分歧、凝聚共识的同时，全面提升我国在国际经贸规则制定中的话语权。

我国境外直接投资的立法完善研究

杜　娟　蒋中麒*

【内容提要】 中国目前境外直接投资法制体系主要由各部委制定的部门规章和相关规范性文件构成，涵盖中国境外投资核准制度、外汇管理制度、国有资产境外投资监督管理制度、税收金融支持制度以及境外投资合规管理制度。然而当前规范境外投资的法律制度具有明显的复杂性，呈碎片化，并在境外投资的监管、促进与保护三个层面长期存在突出的制度性问题，主要涉及多头监管、合规监管、金融税收限制、海外承保能力等问题。因此，制定统一的对外投资法是规范和引导我国境外投资进一步蓬勃发展的共识，但根据国家未来五年立法规划，短期内中国境外直接投资领域可能仍将继续维持当前的法制模式，故而我国应在制度层面对当前境外投资法制体系积极采取改革措施推动立法完善。

【关键词】 境外直接投资　海外投资风险　企业合规　国有企业　对外投资法

一、问题的提出

中国境外投资自改革开放至今经历了从小到大、从弱到强、从区域到全球的发展过程。在这一国际投资实践中，中国实现了国家投资身份的历史性转换。在对外投资立法领域，中国目并还没有出台统一的对外投资法来规范和引

---

* 杜娟——西安交通大学法学院副教授，法学博士，硕士生导师，博士生合作导师，主要研究领域：国际投资法；蒋中麒——西安交通大学法学院助理研究员，主要研究领域：国际投资法。本文系2023年国家社科基金一般项目：全球武装冲突地区中国海外投资法律保护问题研究（项目编号：23BFX152）的阶段性研究成果。

导中国境外投资活动，而是出台了大量部门规章和相关规范性文件来管理和促进中国企业境外投资，这一立法模式已经规制中国境外直接投资长达四十多年，其内容涉及中国对境外投资的核准制度、外汇管理制度、国有企业境外投资监管制度、税收金融支持制度、境外投资合规管理等诸多方面，基本全面涵盖了境外投资的各个重要领域。然而，中国当前境外直接投资法律规范的法律位阶普遍较低，并且规范境外直接投资的法律制度具有明显的复杂性，呈现碎片化，客观上不利于中国境外投资者全面了解中国的境外投资法律体系，一定程度上也妨碍中国对境外直接投资的管理与服务。因此，制定统一的对外投资法的声音在近年不断涌现。

目前国内外较少有针对中国当前境外投资法律体系的全面研究，却有很多学者认为，中国境外投资法律制度是中国海外投资蓬勃发展的重要决定因素。[1]为此，本文将全面研究中国当前境外投资立法体系的监管逻辑、制度问题及其立法完善，不仅阐释中国境外投资法律制度的主要内容，而且将揭示中国在监管、促进与保护境外直接投资方面的法律制度变迁，更重要的是，本文将深入分析中国境外直接投资法制体系中长期存在的制度性问题，包括对中国海外投资者（尤其是国有企业境外投资）的多头监管问题、境外合规监管、对境外企业的税收金融支持以及海外投资保险等问题，并探讨中国未来对外投资法制体系的立法完善与发展方向。

二、中国境外直接投资的发展与动因

（一）中国境外投资的发展历程

我国吸引外国直接投资的水平早在 20 世纪 90 年代便已开始增长并初具规模。2001 年中国加入 WTO 后又迎来第二轮高速增长，我国随之成为世界主要资本输入国。但是，我国境外直接投资相较吸引外资来说起步较晚，早期投资规模一直有限，直至 21 世纪初境外直接投资才逐渐大幅增长并经历了三个

1　例如，Kai Liu, Jiayi Zhu, Badar Iqbal, Yating Hao, The effectiveness and externality of China's outward foreign direct investment policy, 1 *Digital Economy and Sustainable Development* 1(2023)；李富有等：《"一带一路"背景下健全促进对外投资政策和服务体系研究》，载《西安交通大学学报》（社会科学版）2023 年第 6 期；龚柏华、朱嘉程：《论中国企业境外投资立法基本原则》，载《社会科学》2022 年第 10 期。

发展阶段[2]:

第一阶段为 2003 年以前,又称为起步期。境外直接投资主要处于扩大进出口和利用外资的附属地位,主要分布在发展中国家和我国港澳特区。这一时期的境外投资在管理思路和投资方式上具有较强的探索性,国家对这一时期的境外投资管理也经历了由严格限制到适度放松的转变,实现了从无到有的跨越。

第二阶段为 2004 ~2016 年,又称为快速增长期。在内部,国家对境外投资采取鼓励支持和积极引导的政策,对境外投资的管理也呈现出逐步简化的趋势;在外部,中国加入 WTO,促使国内法律法规与 WTO 规则接轨,对外积极签订双边投资条约,不断加强与周边地区的经贸合作。这一时期境外投资主体和投资行业也逐渐多元,从“绿地投资”转变为跨国兼并、收购、参股等方式。

第三阶段为 2017 年至今,又称为调整波动期。这一时期我国境外投资出现两轮明显下降。[3] 第一轮是 2017 ~2019 年,随后 2021 ~2023 年又出现第二轮下跌,我国境外投资进入调整波动期。虽然近几年中国对外投资出现波动,但不论从对外投资存量还是对外投资流量来看,中国都已成为世界境外投资大国。[4]

(二)中国境外投资跨越式发展的内在动因

1. 政策动因

与经济利益驱动对外投资的模式不同,我国对外投资的驱动力主要依靠政府的一系列政策刺激。[5] 对外投资的发展从其根源也主要是由国内的政策因素

2 有学者根据中国对外投资政策的发展变化,将中国对外直接投资发展阶段划分为:“restricted”(1978 – 1999),“relaxed”(2000 – 2016) and “regulated”(2017 onwards) 三个阶段。参见 Bijun Wang, Kailin Gao, Forty Years Development of China's Outward Foreign Direct Investment: Retrospect and the Challenges Ahead, 27 (3) *China & World Economy* 1(2019): 1 – 24。

3 杨水清:《推进中国企业“走出去”促进对外投资稳健发展》,载《社科院专刊》2021 年 11 月 26 日,第 584 期。

4 UNCTAD, World Investment Report 2023, Chapter I, International Investment Trends, p. 3, https://unctad.org/system/files/official-document/wir2023_en.pdf.

5 Min Hua Chiang, Elsa Lafaye de Micheaux, China's outward foreign direct investment in Southeast Asia: Analyzing the Chinese state's strategies and potential influence, 64 (6) *Thunderbird International Business Review* 577 (2022):577 – 712.

和经济因素的共同影响与促进。[6] 我国对外投资发展背后的主要政策因素是中国从2000年开始实施"走出去"战略,鼓励中国企业对外投资,积极参与全球合作和国际竞争。在"走出去"战略持续推进的背景下,2013年中国又提出"一带一路"倡议,鼓励中国企业到"一带一路"沿线各国开展投资合作,"一带一路"倡议实施十余年来,取得的成绩是显著的。我国对"一带一路"沿线各国的投资规模稳定增加,2013年的对外投资流量只有126.3亿美元,而到2023年,对外投资流量就上升至318亿美元[7],在"一带一路"沿线各国的投资存量也累计达到了2168亿美元。[8]

2. 经济动因

我国对外投资的跨越式发展还取决于一系列经济因素:第一,中国加入WTO,促进了中国与世界经济的深度融合,为开展境外投资创造了更有利的条件。同时,在进行对外贸易的过程中,贸易顺差使中国短期内积累了庞大的外汇储备,成为中国开展对外投资的重要条件,因为实施对外投资的战略条件之一就是要有充足的外汇储备。[9] 第二,中国吸引外资取得的巨大成功也促进了对外投资的发展。外国直接投资通过资本的投入不仅直接促进了中国的经济发展,也通过生产力和技术外溢效应间接刺激了中国经济体的发展。[10] 同时,中国吸引外资取得的显著成果也激发了中国政府开展对外投资的信心与热情。[11] 第三,中国庞大的市场规模和持续增长的内需市场为中国企业"走出去"提供了强大的动力。我国国内市场规模庞大,消费潜力巨大,拥有完善的基础设施和健全的产业体系,为中国开展对外投资提供了良好的内部环境和软硬件条件。

6 Kai Liu, Jiayi Zhu, Badar Iqbal, Yating Hao, The effectiveness and externality of China's outward foreign direct investment policy, 10 *Digital Economy and Sustainable Development* 1(2023):1 – 21.

7 参见商务部"走出去"公共服务平台:2023年中国对"一带一路"共建国家投资合作情况, http://fec.mofcom.gov.cn/article/fwydyl/tjsj/202401/20240103469623.shtml。

8 参见《2022年中国对外投资合作发展报告》,商务部2023年4月12日发布;另参见2022年中国对"一带一路"沿线国家投资合作情况与2023年中国对"一带一路"共建国家投资合作情况,http://fec.mofcom.gov.cn/article/fwydyl/tjsj/。

9 Wenhua Shan and Norah Gallagher, *Chinese Investment Treaties: Policies and Practice*, Oxford University Press 2009, p.12.

10 Sheng Zhang, Protection of Foreign Investment in China: The Foreign Investment Law and the Changing Landscape, 23 (4) *European Business Organization Law Review* 1049 (2022):1049 – 1076.

11 Wei Tian, Miaojie Yu, China's Opening-up Policies: Achievements and Prospects, in Wei Tian, Miaojie Yu (eds.) *Outward Foreign Direct Investment of Chinese Enterprises*, Springer 2022, p.209.

另外,随着中国企业全球综合竞争力的不断增强,涌现了一批具有国际竞争力的跨国公司,这些企业在技术、管理、品牌建设等方面也已取得显著进步。

三、中国境外直接投资的监管框架与逻辑分析

中国境外投资的法律规范与政策措施为中国企业进行境外投资创造了制度条件,当前中国境外投资法律体系根据调整目的可以分为三大方面,即境外投资的监管制度、境外投资的促进制度和境外投资的保护制度,根据具体调整内容可包括:(1)境外投资核准制度;(2)境外投资外汇管理制度;(3)境外投资国有资产管理制度;(4)境外投资税收金融支持制度;(5)境外投资合规管理制度。

(一)境外投资核准与备案制度:审查模式的分层化与精细化

我国境外投资核准制度主要由商务部和国家发改委颁布的部门规章和规范性文件构成。[12] 其中确立了国家对境外投资的基本审查模式:以备案模式为主,以核准模式为辅。一方面,商务部是核准中国企业境外投资的主要机关,其对两类境外投资实行核准管理:一类是涉及"敏感国家和地区"的境外投资,另一类是涉及"敏感行业"的境外投资。[13] 对除此之外的其他境外投资实行备案管理。另外,商务部负责核准和备案的境外投资只涉及非金融类投资,而不涉及金融类投资。另一方面,国家发改委也负责中国企业境外投资的核准工作,不同的是,发改委主要负责从境外投资项目本身来审核境外投资的合法性与可行性,具体对中国境外企业直接或经由所控制的境外企业开展的敏感类项目实施核准管理,并且发改委实施监管的对象既包括金融类投资,也包括非金融类投资。

另外,我国境外投资核准制度规定了中国企业的一项重要义务,即向有关部门定期披露对外投资关键环节的有关信息,如月度信息、年度信息等;对外投资收购前期事项;对外投资在建工程项目的进展状况;对外投资存在的主要问

12　中国现行有效的对外投资核准制度主要包括:(1)2014年9月6日商务部发布的《境外投资管理办法》(3号令);(2)2018年1月18日商务部会同中国人民银行等共同制定发布的《对外投资备案(核准)报告暂行办法》(商合发〔2018〕24号);(3)2017年12月26日国家发改委发布的《企业境外投资管理办法》(11号令)。

13　参见《境外投资管理办法》(3号令)第6~8条。

题以及遵守当地法律法规、保护资源环境、保障员工合法权益、履行社会责任等。[14] 有关部门对重大资本投资项目、重大风险项目、严重违规项目等应进行重点监管。[15]

（二）境外投资外汇管理制度：从严格管制到优化便利

我国对境外投资的外汇管理一直较为严格，但随着我国外汇储备的增加，外汇管理部门从2000年后开始逐步放宽外汇来源审查。[16] 中国当前企业境外投资的外汇管理体系，主要由国务院于2008年修订的《外汇管理条例》和国家外汇管理局颁布的部门规章和规范性文件组成。[17]

近年来，我国境外投资外汇管理制度的主要变化体现在国家不断简化和优化境外投资外汇管理业务，这主要分为两个阶段：第一，自2015年起，国家外汇管理局对境外投资的外汇登记管理制度进一步简化和改进，并将外汇登记权限下放给银行，改由银行代替国家外汇管理局，并按照国家外汇管理局的相关规则和指引，直接审批办理在境外直接投资项下的外汇登记，以及境外投资资金或前期费用的汇出等事宜，而国家外汇管理局及其分支机构则通过商业银行对境外直接投资外汇登记进行间接监管。[18] 第二，为保障涉外业务发展，2020年，国家外汇管理局又决定进一步完善外汇业务管理内容，以提升跨境贸易投资便利化水平。总体而言，中国对境内企业境外投资外汇管理制度正在逐步简化，监管环境正在逐渐宽松，并朝着均衡管理的方向发展。

（三）境外投资国有资产监管制度：全流程与多层次管理

国有企业是我国境外投资的主要投资主体之一。由于国有企业境外投资较多涉及国家安全、核心技术保护、国有资产流失等问题，因而我国对国有资产的监管制度相对较多，主要涉及三个层面的制度：（1）国家对企业境外投资的一

---

14 参见《对外投资备案（核准）报告暂行办法》第3条、第12～13条。

15 参见《对外投资备案（核准）报告暂行办法》第18条。

16 余劲松：《国际投资法》（第六版），法律出版社2022年版，第162页。

17 国家外汇管理局制定颁布的现行有效的境外投资外汇管理制度主要包括：（1）2009年7月13日发布的《境内机构境外直接投资外汇管理规定》（汇发〔2009〕30号）；（2）2014年7月4日发布的《关于境内居民通过特殊目的公司境外投融资及返程投资外汇管理有关问题的通知》（汇发〔2014〕37号）；（3）2015年2月13日发布的《关于进一步简化和改进直接投资外汇管理政策的通知》（汇发〔2015〕13号）（部分失效）；（4）2019年3月15日发布的《跨国公司跨境资金集中运营管理规定》（汇发〔2019〕7号）；（5）2020年4月10日发布的《关于优化外汇管理支持涉外业务发展的通知》（汇发〔2020〕8号）。

18 余劲松：《国际投资法》（第六版），法律出版社2022年版，第163页。

般性监管制度;(2)国家对所有国有企业境外投资的监管制度;(3)国家专门针对中央企业境外投资的监管制度,具体涉及负面清单管理、财务管理、风险管理、全流程管理等。[19]

第一,负面清单管理。我国对国有企业境外投资的范围设置了"禁止类"和"特别监管类"两大类别,并对其进行分类监管,实行不同的监管规则。[20] 另外,2017年国家发改委与其他有关部门联合发布了引导境外投资方向的指导意见,其中对中国企业境外投资方向作出了进一步划分,按照"鼓励发展+负面清单"的方式确定了鼓励开展、限制开展、禁止开展三类境外投资项目,并实行分类监管。[21] 第二,财务管理。2017年,财政部针对国有企业境外投资出台了相关财务管理办法,要求在境外投资决策、经营、绩效评价等全过程开展财务管理工作,明显加强了国有企业境外投资的财务监管力度。第三,风险管理。要求国有企业在项目前期加强风险评估与风控预案制定,在项目中期进行风险监测、预警与处置,在项目后期预防和整合风险,并进行项目退出时点和退出方式的安排。国有企业在境外特殊重大投资项目中还需要开展其他特别的风险管理工作。[22] 第四,全流程管理。在事前审批方面,涉及境外收购、兼并上市公司以及重大境外出资行为的,国有企业应报国资委备案或核准,并对相关事项进行持续报告;[23]在事中监管方面,国资委将实施随机监督检查;[24]在事后管理方面,国有企业需每年向国资委汇报年度境外投资完成状况,国资委开展中央企业国际化经营年度评估,并规定对重要境外投资投资项目,国有企业应当开展常态化审计。[25]

---

19 中国现行有效的境外投资国有资产监督管理制度主要包括:(1)2011年6月14日国资委发布的《中央企业境外国有产权管理暂行办法》;(2)2012年4月20日国资委发布的《国家出资企业产权登记管理暂行办法》;(3)2017年1月7日国资委发布的《中央企业境外投资监督管理办法》;(4)2017年6月12日财政部发布的《国有企业境外投资财务管理办法》;(5)2020年11月20日国资委发布的《关于进一步加强中央企业境外国有产权管理有关事项的通知》(国资发产权规〔2020〕70号)。

20 参见《关于印发〈中央企业境外投资项目负面清单〉(2017年版)的通知》。

21 参见《关于进一步引导和规范境外投资方向指导意见》。

22 参见《中央企业境外投资监督管理办法》第24~28条。

23 参见《中央企业境外国有产权管理暂行办法》第6~15条;《中央企业境外投资监督管理办法》第11~15条。

24 参见《中央企业境外投资监督管理办法》第16~19条。

25 参见《中央企业境外投资监督管理办法》第20~23条。

（四）境外投资支持制度：税收优惠与融资扶持的双重驱动

国家税务总局和财政部在中国企业境外投资所得的征税事项上通过颁布规范性文件来实施相应的税收抵免制度，重点针对企业境外所得税额的抵免问题，从而避免双重征税。[26] 同时，经过相关指标确定的高新技术企业，其来自境外的所得可获得高新技术企业所得税的特别优惠。[27]

为促进中国企业投资国家鼓励的境外投资重点项目，国家发改委和中国进出口银行、国家开发银行等部门建立了专门的信贷支持机制：第一，中国进出口银行按照中国境外投资发展规划，在每年的出口信贷计划中设置一定规模的信贷资金专门用作扶持国家鼓励的境外投资重点项目；[28]第二，国家开发银行也会在每年的股本贷款规模中设置相应的贷款资金用以扶持国家鼓励的境外投资重点项目扩大资本金，提高融资能力。[29] 国家鼓励的境外投资重点项目的具体范围，在国家发改委和国家开发银行联合发布的政策文件中有具体规定。[30]

另外，在民营企业境外投资保障方面，国家发改委等13个部门联合出台了《关于鼓励和引导民营企业积极开展境外投资的实施意见》，该意见是我国首次出台的鼓励指导民营企业境外投资的综合性政策文件。[31] 国家税务总局制定了《"走出去"税收指引》，对"走出去"的中国企业有关税收政策和110个税收协定做了归纳梳理，对涉税问题作出了汇总，有助于中国企业可以较为便捷的获取税收政策信息，降低中国境外投资者"走出去"的税收风险。

（五）境外投资合规管理制度：从合规引导到制度化建设

在境外投资活动中，中国企业常常由于经验不足、观念差异等原因暴露出诸多问题，导致面临较高的境外合规风险。中国商务部、国家发改委、国资委等

---

26 中国现行有效的境外投资税收管理制度主要包括：（1）2009年12月25日财政部联合国家税务总局发布的《企业境外所得税收抵免有关问题的通知》（财税〔2009〕125号）（部分失效）；（2）2010年1月1日国家税务总局发布的《企业境外所得税收抵免操作指南》（部分失效）；（3）2011年5月31日财政部、国家税务总局发布的《关于高新技术企业境外所得适用税率及税收抵免问题的通知》（财税〔2011〕47号）；（4）2017年12月28日财政部、国家税务总局发布的《关于完善企业境外所得税收抵免政策问题的通知》（财税〔2017〕84号）。

27 参见《关于高新技术企业境外所得适用税率及税收抵免问题的通知》第1条。

28 参见《关于对国家鼓励的境外投资重点项目给予信贷支持政策的通知》第1条。

29 参见《关于进一步加强对境外投资重点项目融资支持有关问题的通知》第1条。

30 参见《关于对国家鼓励的境外投资重点项目给予信贷支持政策的通知》第2条。

31 该工作文件重点从强化宏观指导、健全政策支持、简化和规范境外投资管理、做好服务保障和风险防范、人员资产安全等5个方面提出了鼓励和指导民营企业进行境外投资的18条举措。

部门近年来在境外投资合规管理方面发布了若干规范性文件,为中国境外投资企业提高境外投资合规水平提供了指导。[32]

在境外投资环境保护领域,我国已出台了两部环保指南,为中国企业提供了环境保护合规引导。[33] 2017 年,国家发改委联合商务部、中国人民银行针对民营企业境外投资联合出台了规范性文件,指导民营企业在境外投资中要依法合诚信经营、认真承担社会责任、重视资源环境保护和做好境外投资的风险防范,并再次明确企业在境外投资中应遵循我国与东道国的法律法规,并遵守有关国际条约与国际惯例,坚决抵制商业贿赂,依法保护知识产权、资源环境,避免卷入别国内政。[34]

目前,最为全面的中国境外投资合规管理制度是 2018 年国家发改委联合外交部、商务部发布的《企业境外投资合规管理指引》,主要涉及以下内容:第一,规定了中国企业的合规要求和范围,涉及中国企业在境外投资、对外贸易与境外日常经营中的合规问题。[35] 第二,指出中国企业必须设置专门的合规管理部门和合规制度,定期对员工开展合规培训与合规考核,并建立合规信息举报和合规问责制度,使合规文化成为中国企业文化建设的重要内容。[36] 第三,中国企业可以采用委托法律顾问、梳理合规案例等方法动态掌握行业所涉国家(地区)政治、经济和法律环境的变动,适时制定处理对策,有效识别各种合规风险。[37]

另外,商务部每年还会定期更新发布《对外投资合作国别(地区)指南》,对全球 175 个国家和地区的经贸概况、投资环境、法规政策以及中国企业应注意

32 中国现行有效的境外投资合规管理制度主要包括:(1)2013 年 2 月 18 日商务部发布的《对外投资合作环境保护指南》(商合函〔2013〕74 号);(2)2015 年 4 月 13 日商务部发布的《进一步做好对外投资合作企业环境保护工作的通知》(商办合函〔2015〕129 号);(3)2017 年 5 月 23 日中央全面深化改革领导小组(现为中央全面深化改革委员会)第三十五次会议发布的《关于规范企业海外经营行为的若干意见》;(4)2017 年 12 月 6 日国家发改委、商务部、中国人民银行发布的《民营企业境外投资经营行为规范》(发改外资〔2017〕2050 号);(5)2018 年 11 月 2 日国资委发布的《中央企业合规管理指引(试行)》(国资发法规〔2018〕106 号);(6)2018 年 12 月 26 日国家发改委、外交部、商务部发布的《企业境外经营合规管理指引》(发改外资〔2018〕1916 号);(7)商务部每年更新发布的《对外投资合作国别(地区)指南》。

33 参见《对外投资合作环境保护指南》;《进一步做好对外投资合作企业环境保护工作的通知》。

34 参见《民营企业境外投资经营行为规范》第 2 ~4 条。

35 参见《企业境外经营合规管理指引》第 6 ~9 条。

36 参见《企业境外经营合规管理指引》第 16 ~21 条、第 29 条。

37 参见《企业境外经营合规管理指引》第 23 条。

的问题等信息进行研究汇总,指引和协助中国企业全面掌握有关国家(地区)投资法律及政策环境等信息,做好合规经营准备工作。[38]

四、中国境外投资的制度问题与立法完善

中国目前的境外投资法制体系的一般性问题主要为当前规制境外投资的机构众多,"多头监管"的问题明显,同时,目前的境外投资法律体系主要由商务部、国家发展改革委、财政部、国资委、外汇管理局等部门制定的部门规章及规范性文件构成,这些法律规范的立法层级普遍较低,且分布散乱,导致境外投资立法体系越来越庞杂,很多较早期的规章或规范性文件也已经历了多次的修改变更甚至废止,有些早期规范虽然目前仍然有效,但实践中能否继续适用却存在很大疑问。而中国境外投资法律体系中涉及的一些具体制度性问题及其立法完善则需从境外投资监管、促进与保护三大方面进行分析。

(一)境外投资监管问题与立法完善

中国对境外投资的监管制度较多,主要涉及对境外投资的核准管理、外汇监管、合规管理等监管制度,对这些范畴内的事项进行监管主要是出于国家主权、国家安全和公共利益的考虑。

1. 核准管理的"多头监管"问题及其优化路径

对境外投资进行核准管理,是审查资本流出的一道重要环节,可以有效防止境外投资流向我国法律禁止经营的行业,或我国签署的国际条约禁止投资的行业,或危害我国国家利益的行业等,以此引导企业有序进行境外投资。然而目前,我国境外投资核准面临的主要问题是"多头监管"问题,即商务部、国家发改委、国资委等都可以对中国企业境外投资进行核准,并且都有一套独立的审核机制,特别是商务部和发改委在审查内容上存在交叉和重复。在实践中,民营企业通常需要通过双重核准,即其投资项目要通过发改委的核准,同时也要经过商务部的核准;而中央企业对外投资"特别监管类"项目甚至需要上述所有部门的核准。显然,这种"多头监管"是不必要且不合理的,多重烦琐的审查程序不仅造成政府资源的耗费和效率降低,而且增加了中国企业境外投资的成

---

38 参见商务部"走出去"公共服务平台:《对外投资合作国别(地区)指南》,http://fec.mofcom.gov.cn/article/gbdqzn/index.shtml。

本,影响境外投资效率,不利于国家对境外投资实行统一管理。

我国境外投资“多头监管”问题主要是因为境外投资核准职能被同时赋予了商务部和国家发改委两个部门行使,为解决该问题,需要对这两个部门的境外投资核准职能进行重新调整。具体而言,我国可以考虑设立一个机构专门负责中国境外投资的核准,这是解决目前双重核准最可行的方式;或者可以考虑将商务部和国家发改委的两套核准制度合二为一,以便从根本上解决企业境外投资的双重核准问题;从相对角度来看,还可以将商务部和国家发改委的核准制度的权限范围进行明确区分,以避免两者之间在实践中可能出现的相互重叠问题,从而降低境外投资企业成本,提升境外投资效率。

2. 合规管理的挑战与完善措施

在境外投资合规管理方面,我国境外投资常被指责通过掠夺海外自然资源和忽视海外人权为代价等来追求发展,“中国环境威胁论”与“中国环境倾销论”等观点一时甚嚣尘上。[39] 境外投资造成的环境问题以及境外投资的其他合规问题已引起我国政府的高度重视。但是,我国境外投资合规管理规范的效力层级普遍不高,在确保境外投资企业遵守环境保护等合规义务方面的执行力不足,具体表现在:第一,相关合规规范并未对境外投资者设立具体的环境保护标准或提出具体合规要求,缺乏监管机制、惩罚机制及实施机制,实施过程中也缺少信息公开,公众无从得知中国境外投资者是否严格执行了境外投资合规管理规范。第二,我国境外投资合规管理制度只是为境外投资者提供了框架性的指引,以倡导和鼓励境外投资者遵守东道国法律、积极履行企业社会责任、重视资源环境保护、依法合规经营为主,相关合规义务均属于境外投资企业自觉遵守的范畴,缺乏相关问责制度。第三,我国环保立法主要包括《环境保护法》与《环境影响评价法》,但这两部法律均没有域外适用效力,不能适用于中国企业在境外的投资活动及其环保责任问题。

我国虽然已经对境外投资者提出了境外经营的合规要求,但未来还应规定相关行政主管部门的合规审批与合规监管义务,且合规监管不应仅限于投资者境外投资准入阶段,而是应该系统性地、连续性地实施监管和规制;在环境合规方面,未来中国应当考虑要求其境外投资者遵守多重环境标准,包括东道国标

39 E. g. US Department of State (2020) China’s Environmental Abuses Fact Sheet, 25 September 2020, https://2017 – 2021. state. gov/chinas-environmental-abuses-fact-sheet/.

准、母国标准和国际标准,并以较高者为准,以避免一些发展中国家为吸引外资而可能采取较低的环境保护标准或不执行其环保法规;在境外投资企业自身规范层面,其合规信息的披露义务与合规激励机制等制度均有待进一步完善,如同行政主管部门的合规监管义务,企业的合规信息披露义务也应覆盖企业境外投资活动全过程,企业遵守境外投资合规义务,尤其是境外投资环境合规也会导致企业额外的资金投入与成本增加,因此我国也应考虑建立境外投资合规激励机制,提高境外投资企业自觉合规经营的积极性,以便从政府监管、企业信息披露和政府激励三个维度提升中国境外投资合规管理效能。

（二）境外投资促进问题与立法完善

1. 境外投资税收制度的限制效应与优化建议

我国当前境外投资的税收支持政策主要针对境外投资企业实施税收抵免,避免双重征税,减少境外投资企业的税收负担。但境外投资税收抵免制度会对中国企业境外投资产生限制效应,主要表现为:一方面,现行抵免方式的限制效应显著。依据财政部和国家税务总局发布的通知,中国企业可选择的税收抵免方式只有两种,即分国不分项限额抵免方法和不分国不分项综合限额抵免方法[40],但规定企业一旦选择这两种税收抵免方式的任何一种,5 年内不可更换。因此,企业在 5 年内不得不遵守同一种税收抵免方式,这对境外投资企业的转型和发展可能会产生明显的束缚。[41] 另一方面,现行的境外所得抵免政策较为复杂。根据《企业所得税法》,母公司和子公司间的境外投资所得分配可以实行间接抵免。[42] 但是,要求其中的"控制"是直接或间接持股均不低于 20% 以上的情况[43],并且需是符合一定持股方式的三层外国企业。[44] 后来财政部和国家税务总局发布政策通知,将三层企业扩大至五层企业[45],其政策规定和实施的复杂性可见一斑。

在国内法层面,虽然中国早已出台了一些关于境外投资的税收优惠政策,税收抵免制度逐步完善,但与中国境外投资的快速发展规模相比,现有的税收

40 参见《关于完善企业境外所得税收抵免政策问题的通知》第 1 条。

41 龚柏华、朱嘉程:《论中国企业境外投资立法基本原则》,载《社会科学》2022 年第 10 期。

42 参见《中华人民共和国企业所得税法》第 24 条。

43 参见《企业境外所得税抵免操作指南》第 5 条。

44 参见《企业境外所得税抵免操作指南》第 6 条。

45 参见《关于完善企业境外所得税收抵免政策问题的通知》第 2 条。

优惠政策力度不足[46],间接抵免的情况下政策制定较为复杂,要求的持股比例较高,目前的抵免制度会对境外投资企业的税收问题产生较大束缚。因此,一方面,应考虑取消当前境外投资企业选择税收抵免的5年时间限制,以便使境外投资企业可以根据每年的投资经营状况和未来发展规划及时切换符合自身利益的税收抵免方式;另一方面,建议简化间接抵免的政策要求,降低间接抵免所要求的20%的持股比例。中国境外投资税收领域适用间接抵免规定的"直接或间接持股均不低于20%以上"的要求比一些主要资本输出国国际投资立法实践明显较高[47],也普遍高于中国对外缔结的双边税收协定中的有关条款。[48]

2.金融支持制度的局限性及其完善方向

在促进境外投资金融支持方面,当前的金融支持制度存在以下问题:第一,对境外投资的支持方式较为单一。我国主要采取的境外投资金融支持措施是为境外投资企业提供信用贷款和股本贷款。提供信用贷款主要由中国进出口银行负责实施[49],而股本贷款则主要由国家开发银行负责主持。[50] 这两种贷款审批流程均较为复杂,具体的贷款利率和优惠力度缺乏透明度,用于发放境外投资贷款的额度和比例也并不明确,我国境外投资金融支持机制较为单一。第二,境外投资金融支持制度对中小企业的支持力度不足,政策实施效果欠佳。我国当前境外投资金融支持政策更有利于大型企业或国有企业的境外投资。其中,中国进出口银行提供信用贷款通常倾向于实力较强的大型企业或一些大型境外投资项目;国家开发银行则主要针对大型国有资源型企业或业绩良好的大型企业。中小民营企业通常由于企业规模小、经营风险高,实践中较难获得理想的信贷支持。另外,一些地方商务主管部门虽然每年定期出台境外投资合作专项资金项目申报通知[51],给本地企业境外投资提供直接补助或融资补助等,

46 谢伟杰等:《"一带一路"倡议下我国企业境外投资等税收服务:政策梳理与绩效评价》,载《经济参考研究》2022年第3期。

47 参见余劲松:《国际投资法》(第六版),法律出版社2022年版,第1~2页。

48 例如,《中华人民共和国政府和柬埔寨王国政府对所得避免双重征税和防止逃避税的协定》第23条(消除双重征税方法)第1款第2项规定:从中国取得的所得是中国居民公司支付给柬埔寨居民的股息,并且该柬埔寨居民拥有支付股息公司股份不少于10%的,该项抵免应考虑支付该股息公司就该项所得缴纳的中国税收。

49 参见《关于对国家鼓励的境外投资重点项目给予信贷支持政策的通知》。

50 参见《进一步加强对境外投资重点项目融资支持有关问题的通知》。

51 例如,福建省商务厅、福建省财务厅《关于做好2024年对外投资合作专项资金申报工作的通知》(闽商务〔2024〕7号),福建省商务厅2024年1月11日发布。

但由于受制于地方专项资金限额,直接补助往往难以达到应有的支持力度以及形成可持续的金融支持效果。

中国在境外投资促进方面选择以发布政策通知的方式为境外投资提供金融支持,虽然政策措施相较立法而言具有更大的灵活性,但一旦政策措施没有相应连续性和相对稳定性,实践中可能也会使国内的对外投资企业无法准确把握国家的境外投资促进政策,从而进一步影响其对外投资的计划和部署。因此,应落实境外投资金融支持制度的实施效果,完善其公平性和导向性。虽然中国也发布了专门的政策文件积极鼓励民营企业开展对外投资活动[52],但是,一方面,以国家部委"实施意见"的形式发布政策文件显得效力不足;另一方面,这与国家鼓励的境外投资重点项目可获得的资金保障仍然存在较大差距。因此未来法规或政策完善应注重保障中小企业也可以平等地获得国家对境外投资的直接财政支持,为中小企业提供更充分的境外投资促进服务。[53]

(三)境外投资保护问题与立法完善

1. 海外投资保险机制的不足与改进方向

中国进出口信用保险公司(以下简称中信保)是我国唯一一家可以经营海外投资保险业务的机构,主要业务之一是为中国境外投资者因投资东道国的征收、汇兑限制、政治暴乱等政治风险造成的经济损失提供风险保障。但其对于境外投资保护的作用并不显著。第一,根据《中国企业全球化报告》,约有80%的受调查企业遭遇的政治风险属于中信保的承保范围,但只有9%的海外投资企业选择购买海外投资保险,且投保额远低于实际投资额。[54] 另外,根据中信保发布的《2023年度报告》,2023年中信保的总承保业务金额为9286.1亿美元,而海外投资保险的总承保金额为729.8亿美元,只占总承保金额的7.86%。[55] 2023年,中国对外直接投资流量约为1772.9亿美元[56],即2023年当年中国对外

52 参见中国国家发改委、外交部等13个部门于2012年6月29日联合印发的《关于鼓励和引导民营企业积极开展境外投资的实施意见》(发改外资〔2012〕1905号)。

53 龚柏华、朱嘉程:《论中国企业境外投资立法基本原则》,载《社会科学》2022年第10期。

54 全球化智库(CCG):《中国企业全球化报告(调查篇)》,社科文献出版社2020年版,第81~106页。

55 参见中国出口信用保险公司《2023年度报告》,https://www.sinosure.com.cn/images/xwzx/ndbd/2024/07/09/961D4764432B71CF10660C000F29D9F9.pdf,第24~25页。

56 参见《2023年中国对外直接投资统计公报》,2024年9月25日发布,http://images.mofcom.gov.cn/fec/202410/20241011091542769.pdf,第18页。

投资中只有约41.2%的海外投资获得了中信保的承保,并且这一比例在过去五年中一直不高(详见表1)。第二,保险合同中一般都会规定海外投资保险公司的代位权,但该代位权对于东道国政府并不具有拘束力,东道国政府并不是海外投资保险合同的相对方,如果需向东道国政府行使代位权,则需要通过投资者母国与东道国之间订立的双边投资条约来进行。[57] 我国对外签订的双边投资协定中大部分包括代位权条款[58],但现行的代位权条款规定得较为简单,中信保的保险合同规定和我国签订双边投资条约之间缺乏有效的衔接。

表1　2018~2023年中国出口信用保险公司海外投资承保概况

单位:亿美元,%

类别	2018年	2019年	2020年	2021年	2022年	2023年
中信保年度承保总额	6122.3	6097.9	7040.7	8301.7	8995.8	9286.1
中信保承保海外投资总额	581.3	613.3	625.6	661.2	702.6	729.8
中信保海外投资承保比例	9.49	10.06	8.89	7.96	7.81	7.86
中国海外投资流量	1430.4	1369.1	1537.1	1788.2	1631.2	1772.9
中国海外投资获保比例	40.6	44.8	40.7	36.9	43.1	41.2

资料来源:中信保2018~2023年度报告和商务部《2023年中国对外直接投资统计公报》中的相关数据综合整理。

因此,从总体角度而言,我国需要对海外投资保险问题作出正式立法,并对海外投资保险机构的保险适用范围、投保主体和适保对象等内容进行统一完善的规定。具体来看,我国国内法应考虑明确中信保作为享有海外投资保险代位求偿权的专门机构,以完成国内法与国际投资条约的衔接,如果缺乏国内法的明确授权和相关机制,那么中国签订的国际投资条约中的代位权条款可能由于未指明承保机构而落空。另外,在代位权问题上也应注意避免政府公共机构甚至中国政府成为代位求偿权的主体,因为如果政府主体成为代位权主体并向他国追偿,那么本来的投资者－国家间的投资争端问题就很可能上升为国家间的政治争端,从而使经济类的争端政治化,使简单的问题复杂化,实质上偏离了代

57　Rudolf Dolzer, *Christoph Schreuer*, *Principle of International Investment Law* (3rd *edition*), Oxford University Press 2022, p.331.

58　但仍有少数中国签订的BIT中不包含代位求偿权条款,如中国—哈萨克斯坦BIT、中国—土库曼斯坦BIT、中国—吉尔吉斯斯坦BIT、中国—白俄罗斯BIT等。

位权的本意。

2. 利用多边投资担保机制的挑战与合作机遇

对于中国境外投资者而言，除了中信保，还可以利用多边投资担保机构（MIGA），但 MIGA 仅承保投向发展中国家的直接投资，承保范围有限。根据 MIGA 发布的《2023 年年度报告》，自 1998 年以来，MIGA 已向 123 个发展中国家提供了超过 763 亿美元的投资担保，支持了 1000 多个投资项目[59]，但中国境外投资者得到 MIGA 承保的次数很有限。截至 2024 年 9 月，仅有 29 项中国海外投资项目获得了 MIGA 担保，大部分海外投资项目位于肯尼亚、孟加拉国、埃及、尼日利亚等发展中国家。[60]

因此，未来我国应强化与 MIGA 的海外投资保险合作，《MIGA 公约》中规定应与其成员国的投资保险机构进行合作，设法补充其业务，尤其是共保和再保险业务。[61] 具体实践中，MIGA 原则上也只向成员国的公共保险公司提供共保和再保险支持，而中国信保作为中国唯一的政策性投资保险机构，具有 MIGA 在共保和再保险业务领域的资格，未来我国可以推进中信保与 MIGA 的共保业务和再保险业务深度合作，对于政治风险较高的中国海外投资项目，在获得中信保的保险后，中信保可以积极申请与 MIGA 进行共同承保，或者承保后可向 MIGA 申请再保险担保，从而分散海外投资保险项目的风险，使 MIGA 成为中国海外投资保险机制的有益补充。

五、结　　语

中国境外直接投资法制体系的建设与完善是推动中国企业"走出去"的重要保障。在境外投资的监管、促进与保护等领域，中国目前的法律制度虽已形成较为完整的框架，但仍存在多头监管、制度碎片化、税收金融支持力度不足以及保险保障机制不完善等问题，这些问题在一定程度上制约了中国境外投资的效率和可持续发展。

---

59 MIGA annual report 2023, p. 30, 56, https://www.miga.org/sites/default/files/multilingual/2023-12/CHINESE_MIGA_Annual_Report_FY23.pdf.

60 MIGA, Projects, https://www.miga.org/projects.

61 MIGA Convention, art 19 - 20; Commentary on the Convention Establishing the Multilateral Investment Guarantee Agency, p. 15.

未来,中国境外直接投资法制体系的完善应在多个维度发力。一方面,通过简化和统一监管流程,优化核准制度,提升境外投资的制度执行力和效率;另一方面,应加强税收和金融政策支持,健全多边合作机制,为中小企业境外投资提供更公平、更可持续的制度保障。同时,境外投资保险机制的完善以及国际合作的深化将是化解政治风险、降低投资者损失的重要举措。通过政策与法律的双轮驱动,中国境外投资法制体系将更加规范化、系统化,为中国企业在复杂的国际环境中提供坚实的法律和政策支持。中国作为全球投资大国,应以更加开放的姿态和负责任的态度,推进境外投资法制的改革与创新,为国际社会贡献更多的"中国方案",为构建更加公平、包容和可持续的全球投资治理体系注入新的动力。

国际贸易调查中的商业秘密保护困境与中国因应

——以欧盟对华电动车反补贴案为切入点

王悦玥*

【内容提要】 WTO框架下的全球性多边经贸规则与区域性或双边自由贸易协定的知识产权规则之间的衔接不畅导致贸易调查中企业的商业秘密难以得到有效保护。当国际贸易调查被异化为窥伺我国企业商业秘密的工具时,不仅不利于企业维护其核心竞争力,更是对我国的知识产权安全造成了极大的威胁。对此,我国首先应当参与、主导商业秘密的国际协调;其次,构建完善的贸易调查中的商业秘密披露机制:以"利益平衡"为原则重构贸易调查中涉商业秘密的举证与抗辩机制,以比例原则与必要性原则为基础明确贸易调查中的商业秘密披露限度,并且以"一带一路"倡议与自由贸易协定为平台先行先试;再次,应进一步细化我国行政程序中的商业秘密保护制度;最后,公私法主体应互相配合维护我国知识产权安全,防范商业秘密被他国强制获取与披露。

【关键词】 贸易调查　商业秘密　知识产权安全　比例原则

2023年10月4日,欧盟委员会发布公告,决定依职权主动对中国电动载人汽车发起反补贴调查(以下简称欧盟电动车案)。2024年6月12日,欧盟委员会发布初裁披露,拟对进口自中国的电动汽车征收临时反补贴税。[1] 对此,我国商务部回应,"此次欧方反补贴调查中,对中国企业进行恐吓、胁迫施压,以认定惩罚性高额税率相威胁,要求提供过于宽泛的信息,很多涉及商业敏感信息和

---

* 王悦玥——南京航空航天大学人文与社会科学学院讲师,法学博士,主要研究领域:国际知识产权法。本文系上海市知识产权局课题"对接国际高标准经贸规则下的中国(上海)自由贸易试验区知识产权执法问题研究"(项目号:2024005)的阶段性研究成果。

1 See European Commission, *Case AS689 – New battery electric vehicles for passengers*, 12 June, 2024, at https://tron.trade.ec.europa.eu/investigations/case-view? caseId=2684.

企业核心秘密,窥探中国企业商业秘密和知识产权。”[2]

随着国际经贸往来中各国日渐重视知识产权的保护,无论是学术界还是实务界都将目光更多地集中于与国际贸易(尤其是涉及知识产权的贸易)相关的知识产权规则的制定,如探讨近年来成为热潮的自由贸易协定(FTA)的知识产权章节的内容、特征及其影响。从近年来影响较大的《全面与进步跨太平洋伙伴关系协定》(CPTPP)、《区域全面经济伙伴关系协定》(RCEP)等FTA的知识产权章节的内容上看,能够达成共识的是,发达国家通过FTA达成的知识产权规则的保护水平远远高于《与贸易有关的知识产权协议》(TRIPs),并且通过多边、双边FTA的较为严格的知识产权规则提升发展中国家的知识产权保护水平,为发展中国家的立法、司法与执法等带来挑战,发展中国家在履约时也承受着较重的义务。[3] 在商业秘密保护问题上,以美国为首的西方发达国家近年来频繁以保护其国内权利人的商业秘密甚至是以“国家安全”为由大肆抨击他国立法,发起“特别301调查”甚至制裁,以及在国内法、双边FTA中制定十分严格的商业秘密保护规则。最为典型的为2020年美国与我国签订的《中美第一阶段经贸协议》(《中美经贸协议》)中占据了较大篇幅且十分细致的“商业秘密与保密商务信息”条款,对我国的商业秘密保护提出了较多新要求。此外,美国于2023年1月颁布的《保护美国知识产权法案》虽名为“知识产权法案”,但其内容仅涉及商业秘密,可见其近年来对该问题的重视。

然而,此次欧盟对华电动车反补贴调查中向我国企业索取涉及商业秘密的信息的行为明显与发达国家向来坚持的“严格保护商业秘密”的立场相悖,体现出欧美在知识产权保护问题上的“双重标准”。正如有学者指出的,中国逐步掌握了全球汽车产业电气化和智能化转型话语权,对以美、日、欧为主的传统汽车产业格局产生了冲击,难免会遭遇各种形式的贸易保护主义。[4] 但是此次事件不仅反映了保护主义这一表面现象,更是揭露了长期被我们忽略的更深层次的

---

2 商务部新闻办公室:《商务部新闻发言人就近期有媒体称欧方担心中欧贸易摩擦升级或引发“贸易战”答记者问》,载中华人民共和国商务部官网2024年6月21日,https://m. mofcom. gov. cn/article/syxwfb/202406/20240603517824. shtml。

3 马忠法、王悦玥:《RCEP与CPTPP鼓励性知识产权条款与中国因应》,载《云南社会科学》2022年第4期;马忠法、王悦玥:《论RCEP知识产权条款与中国企业的应对》,载《知识产权》2021年第12期;张惠彬、王怀宾:《高标准自由贸易协定知识产权新规则与中国因应》,载《国际关系研究》2022年第2期。

4 巫细波、覃剑、陈智颖:《欧盟对中国电动汽车实施反补贴调查的影响及对策》,载《对外经贸实务》2024年第5期。

问题——在现行贸易救济规则与知识产权规则的框架下，应当如何保护遭遇贸易调查的企业的商业秘密？披露商业秘密的限度是否有国际标准？国际标准的缺失对于常常处于“被调查对象”位置的发展中国家而言有何不利影响以及如何应对？在保护主义频繁抬头，“逆全球化”现象屡见不鲜的当下，无论是出于维护公平、自由的国际贸易秩序，还是出于维护我国企业竞争优势，甚至是保障我国知识产权安全维护我国国家利益的立场，探讨上述问题都十分必要。

一、国际贸易调查中的商业秘密保护规则现状

（一）贸易救济规则：通过“非机密摘要”保护商业秘密

在普遍性国际条约层面，能够用以规制贸易调查程序的主要是世界贸易组织（WTO）框架下的多边经贸条约。以反补贴调查为例，开展反补贴调查依据的是 WTO 的《补贴与反补贴措施协议》（《反补贴协议》），该条约第 5 部分“反补贴措施”规定了反补贴调查的发起条件、调查应遵循的原则、证据的提交等内容。其中，第 12 条“证据”条款多次提及对涉案信息的保密要求，该条不仅多次使用“在遵守保护机密资料规定的同时”“考虑保护机密信息的需要”等类似表述，第 4 款还专门对信息的保密作出了较为详细的规定：任何本质上应保密的信息（例如，由于信息的披露会给其竞争者巨大的竞争优势，或由于信息的披露会给信息提供者带来严重不利影响），或由调查参加方在保密的基础上提供的信息，主管机关应在对方说明正当原因后，按机密信息处理。此类信息未经提供方特别允许不得披露。主管机关应要求提供机密信息的利害关系方提供此类信息的“非机密摘要”。这些摘要应足够详细，以便能够（使其他主体）合理了解以机密形式提交的信息的实质内容。在特殊情况下，此类成员或各方可表明此类信息无法形成摘要。在此类特殊情况下，必须提供一份关于为何不能提供摘要的原因的说明。如主管机关认为关于保密的请求缺乏正当理由，且如果信息提供者不愿披露信息，或不愿授权以概括或摘要的形式披露信息，则主管机关可不予考虑此类信息，除非主管机关可从适当的来源充分地证明此类信息是正确的。[5]

在 FTA 层面，近年来发达国家逐步将经贸规则的谈判场所转移至 FTA，影

5　参见《反补贴协议》第 12 条第 4 款。

响较大的FTA中均包含“贸易救济”章节和“知识产权章节”。首先，贸易救济章节中涵盖贸易救济条款，主要涉及反倾销和反垄断。例如，CPTPP的第6章B节、RCEP第7章第2节即为“反倾销与反补贴税”。CPTPP概述了相关条款与WTO条约的关系，并未对成员施加更多义务；在“机密信息处理”条款上，RCEP仅提及了反倾销调查的机密信息保护要求，在《反倾销协定》的基础上，重申了各方提供的“非机密摘要”应当足够详细；此外，该章节也规定，任何调查程序中，“缔约方的调查机关应当为每一调查和复审案件设立非机密案卷，其内容包括：属调查或复审记录一部分的所有非机密文件；在可行且不泄露机密信息的限度内，每一项调查或复审记录中所含机密信息的非机密摘要。”并且规定了调查或复审期间调查机关向利害关系方提供非机密案卷的方式。[6]《美墨加协议》(USMCA)则与CPTPP和RCEP不同，其贸易救济章节中用较大篇幅规定了机密信息的保护，除了正文中“反倾销和反补贴税事项的审查和争端解决”小节中涵盖的保密规定，例如，“在实施反倾销和反补贴税法时，宜给予合理的信息获取权……包括获取机密(商业专有)信息，但不包括高度敏感以至于泄露将给所有者带来重大和不可逆转损害的信息，也不包括根据一方国内法律必须保密的信息，应保护主管调查机关收到的机密(商业专有)信息，以确保除向主管调查机关确定的有资格的代表披露之外，不向其他人披露”；[7]该章的附录中专门规定了“与反倾销和反补贴税程序有关的做法”，指出各方“认识到提高反倾销和反补贴税程序的透明度以及确保各方有机会有意义地参与此类程序的重要性。”并且在涉及披露机密信息的条款中通过多个脚注指出，“缔约方应根据各自的法律保护信息的机密性。”[8]

通常情况下，各国(地区)均会将开展贸易调查的国际法依据转换为国内(地区)立法，并且结合自身实际，在不违反国际标准的情况下制定与贸易调查相关的规则。我国早在1994年就制定了《对外贸易法》，但是彼时我国还未加入关贸总协定(GATT)，《对外贸易法》的内容也与GATT的规则存在一定的差异，其中也并未包含专门的“对外贸易调查”章节，而是简单地规定“国务院规定

---

6 参见RCEP第7章第11条第3款、第4款。

7 参见USMCA第10.15条“Consultations”第3(d)(f)。

8 参见USMCA附录10–A“Practices Relating to Anti-dumping and Countervailing Duty Proceedings”。

的部门或机构”能够对开展贸易调查。[9] 我国于2001年入世之后，于2004年修订了《对外贸易法》，加入了“对外贸易调查”章节，[10]并且规定相关部门开展对外贸易调查时可采取的手段。[11] 在商业秘密的保护方面，我国早在1994年首次颁布《对外贸易法》时就已规定对提供给有关部门的文件及资料中的商业秘密进行保密。[12] 2004年修订该法时，还专门在对外贸易调查章节中新增了“有关部门及其工作人员对知悉的商业秘密负有保密义务”的规定。[13] 具体到反补贴调查上，我国于2001年颁布的《反补贴条例》中也已存在保护利害关系方、利害关系国（地区）政府提供的“保密资料”的规定，但是相关内容具有较强的原则性，仅规定了被调查主体应提供“非保密的资料概要”。[14] 上述规则均沿用至今。可见，我国立法基本上贯彻了WTO条约的保密原则，未对其具体化或作出创新。

本次欧盟电动车案中，欧盟委员会下发给我国出口企业以及其区域内的进口企业与其他生产商的调查问卷中也都涉及商业秘密问题。问卷开头均标注了“敏感版本”（Sensitive version）与公开征求意见版本（Version open for consultation），并且通过脚注指出：“根据《2016/1037号条例》第29条，委员会仅将标注‘敏感’的信息作为机密信息保护。”其中的《2016/1037号条例》基本复制了WTO《反补贴协议》中的保密条款，要求当事人提交涉密信息的足够详细的非机密摘要。[15] 在此基础上，欧盟进一步规定，“本条不排除欧盟当局披露一般信息（general information），特别是根据本条例做出的决定所依据的理由，或披露欧盟当局在诉讼中解释这些理由所必需的证据。此类披露应考虑有关各方的合法利益，即商业秘密或政府秘密不得泄露；[16]未经信息提供者的明确许可，委员会和成员国，包括双方的官员，都不得披露任何根据本条例要求进行保密处理的信息；委员会与成员国间的信息交换以及内部文件均不可泄露。[17] 根

9 参见《中华人民共和国对外贸易法（1994）》第29、30、31条。
10 参见《中华人民共和国对外贸易法（1994）》第37条。
11 参见《中华人民共和国对外贸易法（1994）》第38条。
12 参见《中华人民共和国对外贸易法（1994）》第14条。
13 参见《中华人民共和国对外贸易法（2004）》第39条。
14 参见《中华人民共和国反补贴条例（2001）》第21、22、23条。
15 参见欧盟《2016/1037号条例》第29条第1、2、3款。
16 参见欧盟《2016/1037号条例》第29条第4款。
17 参见欧盟《2016/1037号条例》第29条第5款。

据本条例获取的信息只能用于特定目的，但是不排除使用在一项调查中获得的信息，以便在同一程序中就相同的同类产品发起其他调查。”[18]2022 年 11 月，欧盟理事会批准《关于扭曲欧盟内部市场的外国政府补贴条例》（以下简称《外国补贴条例》），该条例的序言中指出，“欧委会公布决定时对机密信息和商业秘密进行保密的原则。[19] 接受调查的企业应有机会就欧委会拟作出决定的理由提交意见，因此有权查阅案件，但确保其申辩权的同时，保护商业秘密也至关重要。”[20]该条例的正文中规定了参与调查的人员的“职业秘密和保密义务”（obligations of professional secrecy）条款。这一条款首先重申了所获取的信息仅用于特定目的，其次要求“成员国、欧委会、其官员和在其监督下工作的其他人员应确保根据相关适用规则保护在适用本条例时获得的机密信息，不得披露他们根据本条例获得的属于职业保密义务的信息。”值得注意的是，序言部分还指出，“如果企业所标明的保密信息或商业秘密似乎不在职业保密义务的范围内，那么就应建立一种机制，使委员会有权决定此类信息的披露范围。”[21]由此可见，《外国补贴条例》中的保密规则主要用于约束参与调查的人员，防止其披露企业提交的商业秘密。

（二）知识产权规则：“行政程序中的商业秘密保护”条款

商业秘密必然属于机密信息的范畴。TRIPs 第 39 条首次在国际层面规定了商业秘密的最低保护标准，然而该条的重点在于为各国制定商业秘密相关立法提供指引。虽然该条约也要求成员在当事人寻求救济的过程中保护其机密信息，[22]并且要求司法机关在可保证保护机密信息的前提下命令当事人提供证据，但是相关规则仅适用于知识产权民事司法程序。从实施国际贸易调查的机构的特征上看，贸易调查是一种涉外具体行政行为。例如，我国实施贸易调查的主体为国务院对外贸易主管部门以及国务院其他有关部门；美国实施贸易调查的主体为美国贸易代表办公室（USTR）；欧盟则主要是由欧盟委员会承担贸易调查的职责。由此可见，贸易调查并非司法程序，因此 TRIPs 的相关规则并不适用于贸易调查中的商业秘密保护问题。

---

18 参见欧盟《2016/1037 号条例》第 29 条第 6 款。

19 参见欧盟《2016/1037 号条例》序言第 64 条。

20 参见欧盟《2016/1037 号条例》序言第 66 条。

21 参见欧盟《2016/1037 号条例》序言第 65 条。

22 参见 TRIPs 第 42 条。

在区域立法层面，为解决 TRIPs 商业秘密规则的缺陷导致的成员商业秘密立法、保护水平不一的问题，欧盟于 2016 年颁布《防止未披露专有技术和商业信息(商业秘密)被非法获取、使用和披露的指令》(以下简称《商业秘密指令》)，然而和 TRIPs 一样，该指令中仅涵盖了司法程序中的商业秘密保护规则。与 TRIPs 和欧盟《商业秘密指令》不同的是，高标准 FTA 知识产权章节中的商业秘密规则更加详细，保护水平也更高。相较于专利、商标等其他传统知识产权，近年来商业秘密条款在 FTA 中得到了前所未有的关注。USMCA 与《中美经贸协议》中都涵盖了其他条约未包含的“行政程序中的商业秘密保护规则”。根据 USMCA，在监管程序(regulatory proceedings)中，每一缔约方应禁止中央一级的政府官员在其公务范围外未经授权披露商业秘密，并且规定了“具有威慑性的处罚”，包含罚款、停职或终止雇佣以及监禁。[23] 在《中美经贸协议》中，除了中央一级的政府，地方政府也被纳入约束范围，除了各级行政机构及其工作人员，“其他机构”以及第三方专家或顾问也在行政程序(administrative proceedings)和监管程序中负有保密义务。在具体的保密程序上，《中美经贸协议》提出了一系列要求，包含控制能够向权利人提出提交商业秘密的要求的程序范围；控制有权接触商业秘密的人员范围；确保已提交信息的安全和保护；确保与提交方有竞争关系或与相关行政程序结果有利益关系的任何第三方专家、顾问接触不到此信息；建立信息披露的豁免程序，以及向第三方披露信息时允许权利人提出异议；对违法规定的责任人施加刑事、民事和行政处罚，包含罚金和停止与终止聘用，以及监禁。[24] 上述规则并非像 TRIPs 和欧盟《商业秘密指令》一样局限于知识产权民事司法程序，因此自然能够适用于贸易调查的行政程序，可以作为 WTO 框架下相关协议以及 FTA 贸易救济章节中的商业秘密保护规则的补充。

二、当前立法存在的问题：贸易救济规则和知识产权规则衔接不畅

WTO 框架下的贸易救济规则虽然为商业秘密提供了“非机密摘要”的保护

23 参见 USMCA 第 20.77 条。

24 参见《中美经贸协议》第 1.9 条。

方式,然而,企业采取这一方式时却难以规避两个前提条件:“正当理由”和“足够详细”。国际知识产权规则中虽然已开始重视行政程序中的商业秘密的保护,但是各国的立法以及保护水平同样存在较大差异,进而导致不同国家在上述两个要件的判定上存在差别。

(一)判定“属于商业秘密”进而认定“存在正当理由”的标准不一

贸易救济规则将机密信息分为“本质上为机密的信息”与“依照企业申请能够认定为机密的信息”。商业秘密应属于“本质上属于机密的信息”,然而,由于贸易救济规则并给出判定信息机密性的标准,更未定义商业秘密,因此涉及商业秘密的判定时,只能转向普遍性知识产权条约即TRIPs的标准,进而判定哪些信息属于商业秘密,哪些是“依企业申请能够认定为机密的信息”以及“非机密信息”。然而,TRIPs在商业秘密的定义上存在模糊性,也正是因为TRIPs的不足,FTA才在商业秘密规则的制定上有了更大的空间。但是在FTA层面,不同FTA在商业秘密的定义方面实际上也存在较大的区别,加入不同FTA的国家在认定商业秘密时必然会给出不同的结果。考察TRIPs、欧盟《商业秘密指令》、USMSA、CPTPP、RCEP与《中美经贸协议》中的商业秘密定义,由于商业秘密难以通过列举的方式进行定义,因此各条约都是通过概述其特征的方式定义商业秘密。从商业秘密的特征上看,各条约都将商业秘密概述为“秘密的,具有商业价值,且权利人采取了合理的保密措施进行控制的信息”。TRIPs、欧盟《商业秘密指令》以及RCEP(根据TRIPs保护商业秘密)的表述一致,即信息因具有秘密性,所以具有价值,[25]而USMCA则将“价值”明确为实际价值和潜在价值。[26] 此外,各项条约并未对“价值性”的判定标准作出规定,各国制定国内法时则具有较大的自由度,虽然这在一定程度上有助于保障条约的灵活性,使不同发展程度的国家能够自主选择适合国情的标准,但是如此规定必然导致同样的信息在不同的国家受不同保护的可能性大大提升。相较上述三个条约,CPTPP则并未直接对商业秘密进行明确的定义,而是指出商业秘密“至少包含”TRIPs所定义的商业秘密,可见根据该条约能够受到保护的信息的范畴实际上大于根据TRIPs能受到保护的信息的范畴。《中美经贸协议》的商业秘密小节的标题将商业秘密与“保密商务信息”并列,将后者纳入保护范畴,并且在

25　参见TRIPs第39条第2款;RCEP第56条;欧盟《商业秘密指令》第2条。

26　参见USMCA第20.72条。

注释中通过列举加上描述的方式定义了“保密商务信息”。[27] 保密商务信息的范畴远远大于商业秘密，是具有维护权利人竞争地位的商业价值的信息。

在本次欧盟电动车案中，我国企业收到的问卷材料中包含了判定信息是否机密的“一般规则附表”，该附表将要求企业提交的信息的性质分为“非机密”、“如有要求则保密”以及“本质上为机密”三种类型。[28] 其所载的“分销渠道、销售渠道、采购渠道、销售方式、生产流程、非上市公司的财务报表、财务审计账目”以及“进口商的详细联系方式”等信息根据《中美经贸协议》以及我国立法，能够直接被认定为“商业秘密及保密商务信息”，然而这些内容均未被欧盟委员会列入“本质上为机密信息”的范畴，而是被纳入“如企业请求则保密”之列。这样一来，调查方即可依据其自己的标准拒绝企业的保密申请，企业的商业秘密则有被不当披露的风险。例如，根据欧盟《2016/1037 号条例》，欧盟委员会可以公布其作出裁定的理由及相关证据，一旦其否定企业提交的信息为商业秘密，那么“商业秘密不得披露”的条款也将沦为摆设。也正如相关企业所反映的，“欧委会索取中国电动汽车及电池企业生产经营、发展规划、技术工艺、产品配方等方面的大量信息。比如，要求中国企业提供电池详细成分和配方，还要求企业提供电动汽车生产成本、所有电动汽车零部件和原材料逐笔采购信息、销售渠道和定价方式，以及在欧客户信息、供应链布局信息等。”[29]上述信息基本上都属于商业秘密和保密商务信息。总之，贸易救济规则中机密信息、商业秘密等定义方面的缺失以及知识产权国际规则中商业秘密的定义不明共同导致了贸易程序中判定商业秘密保护范畴时出现混乱，也为调查国“浑水摸鱼”提供了可乘之机。

（二）“足够详细”的披露要求使得企业进退两难

“足够详细的摘要”这一表述中，何为“足够详细”也并无定义。也就是说，

---

27 《中美经贸协议》指出，保密商务信息是涉及或与如下情况相关的信息：任何自然人或法人的商业秘密、流程、经营、作品风格或设备，或生产、商业交易，或物流、客户信息、库存，或收入、利润、损失或费用的金额或来源，或其他具备商业价值的信息，且披露上述信息可能对持有该信息的自然人或法人的竞争地位造成极大损害。

28 See European Commission, *Case AS689 – New battery electric vehicles for passengers-Questionnaire for the exporting producers*, 04 *October*, 2023, *at* https://tron. trade. ec. europa. eu/investigations/case-view? caseId = 2684.

29 环球时报：《中国车企控诉欧盟：借所谓“反补贴调查”之名，窥探中国技术内幕》，载环球网 2024 年 6 月 21 日，https://world. huanqiu. com/article/4II8EloJLOe。

对于涉密信息的披露限度并无具体的标准,判定相关信息是否适合以摘要进行概述的标准也都是由各国自行决定。若企业的披露不全面,则调查主体极有可能认为被调查方资料不完整、缺乏证据;若企业更为全面地披露,那么极有可能导致商业秘密的泄露。因此,虽然"非机密摘要"制度在某种程度上有助于参与调查的企业保护其商业秘密,但是关于商业秘密的披露限度、知悉商业秘密的人员的范围、具体程序中的商业秘密保护标准等规则的缺失大大提升了商业秘密权利人利益受损的风险。

(三)行政程序中的商业秘密保护规则难以约束调查机关不当获取商业秘密的行为

首先,保护水平较高的FTA即使关注到了行政程序中的商业秘密保护规则,但是实际上其内容仍不全面,基本上都是原则性规定。受制于缔约国的数量,其能够产生的影响力也不足。以我国为例,为履行《中美经贸协议》的义务,我国司法部于2020年8月出台《关于强化行政许可过程中商业秘密和保密商务信息保护的指导意见(征求意见稿)》[以下简称《指导意见(征求意见稿)》]并且提出了10条指导意见,分别涉及"保密范围界定""保密管理措施""保密义务和责任",对企业提交信息的披露限度、接触相关信息的人员范围方面作出了较为清晰的限制。虽然《指导意见(征求意见稿)》为行政许可程序中的商业秘密及保密商务信息的保护提供了重要的参考,一定程度上填补了相关立法空白,然而,正如其标题所阐明的,这一《指导意见(征求意见稿)》仅适用于行政许可领域,难以为对外贸易调查中的商业秘密保护作出指引。此外,时隔4年,该《指导意见》仍然为"征求意见稿",并不具有实际的法律效力。

其次,值得我们注意的是,知识产权规则中的行政程序商业秘密保护条款实际上只能起到防止调查机构在未经企业允许的情况下披露其商业秘密的行为,却不能阻止其不当获取我国企业的商业秘密的行为。再回到贸易救济规则,虽然欧盟《外国补贴条例》对调查机构及其官员的行为作出了约束,但同样仅是限制其披露已掌握的信息。可见,当前的立法中并未约束行政主体要求企业披露商业秘密的行为限度。此次欧盟电动车案中,欧盟委员会大幅扩张企业需提供的信息的范围的举动即反映了这一问题。

三、对我国的影响:贸易调查被异化为窥探我国企业商业秘密的工具

(一)我国企业的商业秘密难以获得良好的保护

国际标准的缺失使得主导贸易调查的一方在制定规则时缺乏约束,进而拥有更多话语权。与此相反,作为被调查一方的企业在承担较重举证责任的同时,其商业秘密却存在被不当披露的风险。

从欧盟委员会发给不同企业的问卷中有关保护信息机密性条款的表述来看,发给其境内企业的问卷中指出:"将在程序中充分尊重信息的保密性,因此,信息和证据可以在保密的基础上提供(如包含客户名单等在内的商业秘密),并且不会提供给任何其他利益相关方或除欧盟委员会贸易总局之外的任何行政部门。根据欧盟《2016/1037 号条例》,提供此类'敏感'信息的任何一方都必须提供该敏感信息的非机密摘要,并向其他各方开放供其查阅。此类摘要应足够详细,以便证明其作为'敏感'信息的合理实质。在特殊情况下,此类当事方可声明此类信息不适用于此类摘要。如果没有提供有意义的摘要,而且信息适用于摘要,则不理会其以'敏感'信息提交资料的申请。"欧盟委员会发给中国企业的问卷中则指出"在适当的情况下,某些信息以及证据可能可以'保密'的方式提供。敏感信息,即商业秘密等,将不会提供给任何其他利益相关方。"

与欧盟企业问卷相比,首先,中国企业问卷中的表述通过"在适当情况下"以及"可能"等限定词,限缩了企业以"商业秘密"为由不提供完整信息的可能性。其次,欧盟委员会不仅通过上文所提及的"一般规则附表"的形式直接认定了各类信息的性质,还在其中明确了中国企业必须提供摘要的情况以及摘要中需要包含的内容。[30] 基本上所有"依企业请求获得保护的商业秘密"以及部分"根据性质为商业秘密"的信息(尤其是有关产品描述和运营统计的信息)都需提供摘要,加重了企业保护其商业秘密的负担。换句话说,在判定信息机密性以及是否适用摘要的"一般规则"的约束下,不仅是根据我国法律属于商业秘密

---

30 See European Commission, *Case AS689 – New battery electric vehicles for passengers-Questionnaire for the exporting producers*, 04 *October*, 2023, *at* https://tron. trade. ec. europa. eu/investigations/case-view? caseId = 2684.

的信息在欧盟的程序中只有在企业请求保护的情况下才有可能获得商业秘密保护,企业以"不适用摘要"进行抗辩也极容易被驳回。相反,发放给欧盟企业的问卷中并不包含这一附表,也就是说,欧盟境内的生产商、进口商所填写的问卷,其提交信息时可由其自行决定是否为机密信息,其披露信息的程度、摘要内容等都能够由其自行把握,相关行政机关判定是否为机密信息以及是否适用摘要时的自由度也都更大。此外,我国企业的问卷中虽然明确了"商业秘密不会被提供给利益相关方",然而并未像其境内企业的问卷中那样说明"商业秘密也不会提供给任何行政部门"。也就是说,中国企业的商业秘密有可能向其他行政部门披露,且并不确定会向哪些行政部门披露。

可见,在无国际标准的情况下,启动贸易的一方能够仅依据其国内(区域)立法,在调查中拥有被调查的一方难以企及的话语权。

(二)威胁我国知识产权安全

国际标准的不完善导致涉外贸易调查中保护商业秘密的方式、水平以及前提条件不同,最终使调查方与被调查方企业的地位、承担的义务以及享有的利益均严重不平衡,不仅为占据优势的一方提供了滥用调查机制构建贸易壁垒的机会,还为其将贸易调查异化为窥探被调查企业的商业秘密进而危害我国知识产权安全提供了便利。

近年来,我国学术界已经关注到了知识产权安全这一新议题。有学者指出,在全球知识产权国际争端日趋复杂的外部环境与内部实施创新驱动发展的情境下,知识产权安全存在诸多不确定性,其安全风险激增、风险边界扩大,一般性的知识产权安全风险上升到国家层面的安全。[31] 以知识产权为工具的国家间竞争涉及整个知识产权发展链条,包括知识产权的创造、运用与保护三个环节。[32] 上述三个环节均与知识产权本身有关。然而,此次欧盟电动车案却揭示了他国在与知识产权本身完全无关的贸易调查中利用贸易救济规则和当前知识产权规则的漏洞"合理"且"合法"地获取我国企业知识产权的可能性。这种滥用贸易调查的行为无疑为我国的知识产权安全带来了严重的威胁。当前,越来越多的权利人通过商业秘密(技术秘密)保护其技术,而非通过具有公示性的

---

31 冉从敬、马丽娜、王少辉:《总体国家安全观视阈下知识产权安全:风险形构、治理困境及行动框架》,载《图书与情报》2022 年第 4 期。

32 朱雪忠、代志在:《总体国家安全观下的知识产权安全治理体系研究》,载《知识产权》2021 年第 8 期。

专利制度。因此,想要了解他国的优势技术以及相关产业的发展阶段,必然需要想方设法窥探商业秘密。这些商业秘密一旦泄露,我国企业的竞争优势则荡然无存。

总之,当原本以维护国际贸易秩序而构建的贸易调查制度被滥用,企业要么不提供其涉密信息,他国进而以我国企业“不配合调查”为由判定存在补贴、倾销,进而遭遇贸易壁垒或制裁;要么就是提供涉密信息,但是这无疑不利于企业维护其在该技术领域的优势。无论哪种情况都对调查国有百利而无一害,对于被调查国而言,则有百害而无一利。我国目前已有较多产业走在全球前列,此次涉案的电动车产业也是如此。可以认为,利用贸易调查设置贸易壁垒并在经贸往来的层面降低我国的竞争优势仅是外在的目的,更深层的目的则是获取我国优势产业的商业秘密,从根本上剥夺我国企业的技术优势。

四、中国应对策略

(一)主动参与、主导商业秘密的国际协调

通过上文的分析,可以认为,导致本就不完善的贸易救济规则无法保护被调查国及其企业商业秘密的首要原因就是作为前置条件的“商业秘密国际保护标准”的缺失。国际知识产权法律制度经过 140 多年的发展,技术领域的知识产权规则由“重专利保护”向“重技术秘密保护”转变,商业秘密保护注定是未来国际知识产权制度关注的重点。[33] 规则的缺失既是挑战,也是机遇。相较其他知识产权的国际协调起步较早,彼时我国不曾有机会参与规则的制定,无论是 19 世纪的《巴黎公约》《伯尔尼公约》还是 20 世纪末的 TRIPs,均在发达国家的主导下诞生,我国均是以“被动接受者”的身份加入上述条约,然而,商业秘密的国际协调从开始到现在仅仅过了 20 余年,目前的协调仍存在较多问题,对于我国而言则是一个重要的契机。

随着我国在知识产权全球治理领域的话语权的提升,从国际知识产权立法实践上看,我国近年来不仅积极参与 WIPO 框架下的知识产权国际交流与合作、与其他发展中国家和部分发达国家达成知识产权双边合作条约、备忘录,在 FTA 的知识产权章节谈判方面,我国也取得了瞩目的成果。因此,我国可将商

33　马忠法:《国际知识产权法律制度发展趋势及中国应对》,载《经贸法律评论》2024 年第 3 期。

业秘密的国际协调作为日后参与知识产权全球治理的重点内容，借助双多边合作、WIPO等国际组织的平台，在商业秘密的定义、定性、保护标准等问题上形成"中式模板"。这不仅是贯彻我国统筹国内法治与涉外法治目标的要求，也能够保障日益频繁的国际贸易调查更加公平公正；不仅能够防止各国因商业秘密定义、保护水平不同导致争端，更是能够防止部分国家利用商业秘密国际规则的漏洞在贸易调查中恶意收集、披露我国企业商业秘密，进而威胁我国知识产权安全。

（二）构建完善的国际贸易调查中的商业秘密披露机制

在商业秘密国际协调的基础上，贸易救济规则中的商业秘密条款也应当进一步细化，不仅应当防止商业秘密的不当披露，更应当防止商业秘密的不当获取，进而保障调查方与被调查方之间的利益平衡。在WTO面临困境的当下，FTA与"一带一路"倡议将为规则的创新提供良好的平台。

1.以"利益平衡"为原则重构贸易调查中涉商业秘密的举证与抗辩机制

与传统国际知识产权规则的制定背景一样，当前开展贸易调查、制定国内立法所依据的WTO框架下的经贸条约同样是由发达国家一手主导的。TRIPs协议十分关注盗版、假冒、专利侵权等问题，基本上是针对彼时国际贸易中发达国家的知识产权保护需求所设定的。同一时期的贸易救济规则也反映了这一特征，由于彼时的贸易调查均由发达国家对发展中国家发起，自然要维护发达国家在其中的优势地位，因而并未过多关注调查程序中被调查一方的商业秘密的保护问题。对此，应重构贸易调查中的商业秘密保护机制，进而促进调查国与被调查国双方的利益平衡。

其一，在举证责任方面，在调查国向被调查企业索取某些信息时，应由其论证相关信息不具有机密性，若无法证明其索要的信息不是商业秘密，则不应当强制企业提供相关信息；在企业请求保密进而要求调查国判定信息的机密性时，若调查国认为相关信息不属于商业秘密，则应由调查国证明根据企业提供的非机密摘要判定相关信息属于公知信息，而非要求企业通过进一步披露更多信息的方式证明其信息为商业秘密。这种举证责任倒置的方式已出现在《中美经贸协议》中，该条约指出："商业秘密权利人提供初步证据证明其已对其主张的商业秘密采取保密措施的情形下，举证责任或提供证据的责任转移至对方，以证明权利人确认的商业秘密为通常处理所涉信息范围内的人所普遍知道或容易获得,因而不是商业秘密。”[34]在国际贸易调查中援引这种举证责任倒置的机制能够较大程度上防止权利人的商业秘密被不当获取甚至披露。

其二,在抗辩理由方面,应当明确商业秘密属于机密信息进而属于披露例外,调查国强行要求企业进行披露时,企业可进行抗辩。商业秘密的定义、范围也应当在国际标准、各国立法与惯常做法的基础上确定,而非由调查国单方面确定何为“商业秘密”或“机密信息”以及制定摘要内容。

2. 以比例原则与必要性原则为基础明确贸易调查中的商业秘密披露限度

现代意义上的比例原则源于德国行政法,被称为公法的“帝王原则”;必要性原则是比例原则的子原则之一,它要求实现正当目的的手段具有必要性,对当事人造成的损害最小。[35] 对外贸易调查虽然具有涉外性,但是开展调查所依据的是国内法。因此,适用比例原则这一源自国内法场域的法律规范具有合法性与合理性;正因如此,调查机关应当依据比例原则和必要性原则确定其收集被调查企业的商业秘密的限度以及披露相关商业秘密的范围。当前在国际投资领域,比例原则是仲裁庭经常引用的审查标准之一,有的仲裁庭将比例原则视为公平公正原则的重要组成部分,或者将其作为是否违反非歧视原则的判断因素。[36] 贸易救济规则中的商业秘密保护条款的完善应明确调查国的权利限度,防止贸易救济规则遭到滥用。贸易调查实践中所要求的“非机密摘要”的“详细程度”的限度,同样应结合具体案件的实际情况,在比例原则和必要性原则的基础上,确定界限,防止过度披露。

3. 以“一带一路”倡议与 FTA 为平台先行先试

在完善规则的具体路径上,目前国际经贸规则正在区域层面和 WTO 多边层面进行重构。然而,由于各国生产力发展水平与竞争能力相差悬殊,各国利益诉求不同,WTO 成立以来发起的多哈回合谈判久拖不决。[37] 在 WTO 面临危机的情况下,转向双边、多边 FTA 的谈判场所,在 FTA 的谈判中对贸易救济规则的商业秘密条款进行创新,更具有可行性。FTA 之外,我国也可通过“一带一路”的平台,在开展“一带一路”框架下的商业秘密国际协调时将贸易救济规则

---

34 参见《中美经贸协议》第 1.5 条。

35 刘权:《论必要性原则的客观化》,载《中国法学》2016 年第 5 期。

36 何焰、谷放:《比例原则在国际投资仲裁中的适用反思:场域边界与规范张力》,载《武大国际法评论》2023 年第 2 期。

37 全毅:《国际经贸规则重构与 WTO 改革前景》,载《经济学家》2023 年第 1 期。

的商业秘密保护也纳入合作议题。截至 2024 年 6 月,已有 154 个国家参与"一带一路"倡议,大部分国家为发展中国家,其中较多国家和我国一样,在贸易调查中受到发达国家的不公平对待,因此也具有相同的诉求。

除了形成具有约束力的硬法,也可先以"备忘录""指引"等软法形式进一步重申贸易救济中的保护商业秘密的基本原则,并且对其进行具体化。还可以将其作为"鼓励性条款"纳入 FTA,待较多国家借鉴并且实践后,再在合适的时机下将其转变为具有约束力的硬法。

(三)细化我国行政程序中的商业秘密保护制度

在当前的国际知识产权治理领域,行政程序中的商业秘密保护问题仍然属于新议题。在参与制定国际法成本较高且在短时间内提升商业秘密保护标准并不现实的情况下,我国可先从国内法入手,从我国的现实情况出发,完善国内法规则。对我国而言,以美国为首的西方发达国家已开始通过 FTA 强化行政程序中的商业秘密保护要求。可见,完善行政程序中的商业秘密保护规则既是我国履行条约义务时不可忽略的内容,也将成为我国保障良好营商环境的重要一环。前文提及的司法部《指导意见(征求意见稿)》中的大部分内容都具有较高的参考价值,应在其基础上进行细化,改变我国当前相关规则散落于各部门法且仅具有宣示性的局面,形成专门的、系统的、完善的可适用于包括对外贸易调查在内的行政程序的商业秘密保护机制。首先,应明确行政程序中的商业秘密及保密商务信息的范围;其次,应遵循比例原则与必要性原则限定商业秘密的披露范围与程度;再次,应分类分级处理涉及商业秘密的信息;最后,完善其他第三方及政府机构共享商业秘密的保密机制,尤其是在贸易调查中,这一要求具有重要的现实意义。我国若制定出具有可操作性的立法,未来可以将其推广至"一带一路"以及 FTA 的平台,甚至能为我国开展更加广泛的商业秘密国际协调打下坚实的基础。

(四)公、私法主体互相配合维护我国知识产权安全

为应对日渐频繁的各类贸易调查,企业在此过程中应当严格保护作为核心竞争力的知识产权,尤其是一经披露就失去价值的商业秘密。企业在配合调查的同时,首先应当了解对方的国内立法,考察相关信息、资料依据其国内法是否属于商业秘密。若属于商业秘密,则应当积极提出商业秘密抗辩,拒绝披露;若相关信息基于国际惯例以及我国立法属于商业秘密,而对方国内法中未明确其为商业秘密,则应当提出异议,并且在不披露商业秘密的前提下,与对方行政机

关友好协商,尽可能争取对商业秘密的保护。在遭遇调查机关提出超出比例原则和必要性原则的信息获取要求,或者已提供的商业秘密遭遇不当披露时,企业应当积极维权,对相关者主体提起行政诉讼,同时向我国贸易主管部门以及相关组织寻求帮助。

在公法主体层面,虽然 WTO 的争端解决机制目前同样面临危机,但是为应对我国企业遭遇他国非法获取商业秘密进而威胁我国知识产权安全的情况,我国可适时提请 WTO 争端解决机构处理纠纷,引发国际层面对滥用贸易调查设置贸易壁垒以及滥用贸易调查获取他国商业秘密问题的关注。

五、结　　语

随着知识产权在国际贸易中的重要性日益增加,商业秘密成为企业核心竞争力的重要组成部分,在贸易保护主义频繁抬头的背景下,加强对商业秘密的保护显得尤为关键。以本次欧盟对华电动车反补贴案作为切入点,本文探讨了当前贸易调查中企业商业秘密的保护困境及不利影响,并提出了我国的应对策略。“一带一路”倡议已走过十年,如今正迈向新阶段,在国际层面既缺乏商业秘密的国际协调也缺乏贸易救济规则下的商业秘密保护条款的双重背景下,我国应把握契机,借助“一带一路”等平台积极参与和主导上述规则的制定,推动形成公平合理的商业秘密保护标准,同时完善国内立法,营造良好的营商环境,最终实现维护我国企业合法利益、保障我国知识产权安全统筹国内法治与涉外法治的目标,为知识产权全球治理贡献中国智慧和中国方案。

涉外金融法治的功能定位与体系构建

姚　辰*

【内容提要】 在涉外金融法治与“国际—国内”“离岸—在岸”的互动中，得以明确涉外金融法治的功能定位：一是扩大金融领域制度型开放；二是维护国家金融主权、安全与发展利益。应当以“统筹”和“试验”为基石，构建涉外金融法治体系。通过涉外金融地方立法确立金融领域的制度型开放体系，通过涉外金融商事习惯向国际金融市场提供“公共产品”。根据金融关系的涉外性及其同金融监管的联系程度，在涉外金融领域确立差异化的监管标准和原则。通过国际商事诉讼、国际商事仲裁与国际商事调解的功能互补与制度衔接，发挥涉外金融司法的“法官造法”功能，在国际金融中心、自由贸易试验区(港)等涉外经济区域打造新的法律中心。

【关键词】 涉外金融法治　统筹　试验　涉外金融立法　涉外金融监管　涉外金融司法

一、引　言

党的二十大报告指出：“加强重点领域、新兴领域、涉外领域立法，统筹推进国内法治和涉外法治，以良法促进发展、保障善治。”习近平总书记在主持二十届中央政治局第十次集体学习时强调：“建设同高质量发展、高水平开放要求相适应的涉外法治体系和能力，为中国式现代化行稳致远营造有利法治条件和外

---

* 姚辰——复旦大学法学院博士研究生，复旦大学中国金融法治研究院研究人员，主要研究领域：金融商法、涉外金融法治。本文系上海市政府立法研究基地课题“上海提升国际金融中心建设能级法治保障研究”的阶段性研究成果。

部环境。”[1] 涉外法治是一种介于国内法治和国际法治之间双向互动的法治形态。[2] 涉外金融法治是涉外法治中的重要内容。党的二十届三中全会审议通过的《中共中央关于进一步全面深化改革、推进中国式现代化的决定》,要求“制定金融法……推动金融高水平开放,稳慎扎实推进人民币国际化,发展人民币离岸市场。”加强涉外金融法治建设是推动金融高水平开放、推进人民币国际化、发展人民币离岸市场的重要保障。目前,涉外法治理论的研究尚未延伸至金融法治领域。本文将在涉外法治理论与金融法治理论融合的基础上,一方面通过涉外金融法治与“国际—国内”“离岸—在岸”金融法治的互动,明确涉外金融法治的功能定位;另一方面结合“加强涉外领域立法”和“制定金融法”的重要决策部署,通过涉外金融法治的体系构建来保障建设金融强国的目标。

二、涉外金融法治的功能定位

通常意义上的金融法治存在“国际—国内”金融法治与“离岸—在岸”金融法治的区分。涉外法治在金融法治领域的延伸使“国际—国内”“离岸—在岸”的传统法律秩序得以重塑,推动全球金融治理体系的变革。

(一)涉外金融法治与“国际—国内”金融法治

国际金融市场中不存在由国际条约维系的国际组织(如国际金融组织),[3] 传统“国际法—国内法”的二分思维在金融法领域无异于方枘圆凿。国际贸易法和国际货币法由正式的国际组织所制定,而国际金融法的来源是各国金融监管机构组成的“非正式监管网络”。金融监管机构不具有国际法意义上的主体地位,无权代表国家签订国际条约,监管机构间“非正式的协议”(如谅解备忘录)是其表达承诺的唯一形式。国际金融法通常由一系列国际金融监管的统一

1 《习近平在中共中央政治局第十次集体学习时强调 加强涉外法制建设 营造有利法治条件和外部环境》,载《人民日报》2023 年 11 月 29 日,第 1 版。

2 张龑:《涉外法治的概念与体系》,载《中国法学》2022 年第 2 期。

3 一国金融监管(金融法)同其货币政策、宏观经济政策以及中央银行的最后贷款人职责高度关联,应由主权国家而非国际组织来做决策,各国不可能将金融监管权移交给国际组织,而同时保留作为最后手段的最后贷款人以及纳税人资金监护人的职责。因此,在国际金融法领域不存在“国际金融组织”(World Financial Organization, WFO),国际金融监管体系主要由软法性质的机构所组成。

标准(Harmonization of Standards)所组成,[4] 虽然不具备国际法上的强制性,但是受到一系列声誉、制度和市场的约束。[5] 首先,议程设定者(二十国集团等)阐明国际金融监管的政策目标;其次,各成员国监管机构通过标准制定者(巴塞尔委员会等),以协商一致的方式制定国际标准和最佳做法;再次,各成员国通过其国内金融法治(金融监管、金融立法和金融司法)来执行该“立法产品”;最后,国际货币基金组织和世界银行等国际组织负责监测和评估各成员国遵守相关标准的实践做法。因此,国际金融法具有“非正式立法”的特征,即参与主体非正式、立法过程非正式与立法成果非正式,代表一种在各成员国金融监管合作基础上的“新的国际(法)秩序”(A New World Order)。[6]

作为国内金融法治的涉外一翼,涉外金融法治在国内金融法治和国际金融法治之间发挥桥梁和纽带的作用。[7] 涉外金融法治提供一个由国内金融法治指向国际金融法治的视角,而国际金融法治同样得以通过涉外金融法治的窗口投射到国内金融法治。第一,涉外金融法治将具有涉外金融因素(外国公司、外国资金、外国场所等)的国内法律予以整合,吸收借鉴国际金融监管的最佳标准和法治实践,从而增强国内金融市场的国际竞争力。第二,涉外金融法治将国内金融法治延伸至国家金融安全、海外金融利益等溢出国家边界的法律问题,防御和反制金融制裁和“长臂管辖”,维护国家的金融主权、安全和发展利益。第三,涉外金融法治为国际金融治理提供“公共产品”,国际金融法治在涉外金融法治的全球互动中得以重塑。通过涉外金融法治的“监管出口”,我国得以将本国的金融监管经验传递到涉外金融关系和国际金融治理之中,在应对有害税收竞争、洗钱和恐怖主义融资、国际金融稳定等全球性问题的同时,将本国的金融法、公司法转变为国际社会所认同的国际金融法和国际(上市)公司法。

---

4 统一标准是指采取共同实质性监管要求的协议,如《巴塞尔协议》中“资本充足率”的监管要求、《证券监管的目标和原则》中“保护投资者”“确保市场公平、高效和透明”和“降低系统性风险”的监管要求。国际金融监管统一标准的建立旨在限制跨国公司具有负外部性的商业(金融)行为以及特定司法管辖区金融监管的“逐底竞争”,从而维护国际金融体系的稳定性。

5 See Chris Brummer, *Soft Law and Global Financial System: Rule Making in the 21st Century*, Cambride University Press, 2015, p.5.

6 See Anne-Marie Slaughter, *A New World Order*, Princeton University Press, 2004, pp.15–18.

7 参见黄惠康:《准确把握“涉外法治”概念内涵 统筹推进国内法治和涉外法治》,载《武大国际法评论》2022年第1期。

（二）涉外金融法治与“离岸—在岸”金融法治

改革开放以来，在更好利用国际国内“两种资源”“两个市场”战略目标背景下，我国不断推动经济特区、自由贸易试验区（港）等涉外经济区域建设。[8] 推动金融高水平对外开放是涉外经济区域建设的重点任务。离岸金融在一个特殊的跨国空间中运作，是真正意义上或完全意义上的国际金融。[9] 国际资本的自由流动和跨国公司的全球布局，使全世界多数金融活动都发生在离岸金融中心。[10] 国际金融体系中的“离岸世界”是由不同的离岸金融中心所组成的复杂网络。在国际礼让、司法谦抑性等国际法原则的指引下，全球法律市场在“离岸世界”中得以构建。第一，国际礼让原则。各国通常相互承认主权范围内的管辖事项，特别是刑法、税收或者其他公法事项。第二，司法谦抑性原则。对于公司治理等私法事项，各国通常尊重当事人的意思自治，特别是当离岸司法辖区向跨国公司提供离岸公司法的章程范本。第三，全球法律市场。商人跨越公法与私法、组织法与契约法、国内法与国际法，在不同的司法辖区中寻找得以最大限度降低交易成本的商业模型和法律体系。

涉外金融法治面向全球法律市场“生产”最具国际竞争力的商事金融立法、监管标准和司法裁判，在离岸金融“法治试验”的基础上推动在岸金融法治改革，使离岸金融法治的金融开放目标和在岸金融法治的金融改革目标相互契合。第一，涉外金融法治通过金融领域国家事权的“分叉”构建一个国际资本得以自由流动的离岸金融体系，向跨国公司和国际投资者提供最具竞争力的商业模型和商事金融法治，吸引国际资本在中国境内的离岸金融中心聚集。[11] 第二，在离岸金融的场域，涉外金融法治得以开展较高标准的金融法治实践。[12] 离岸金融处于主权国家在岸金融体系之外，得以突破在岸金融法的一般性规定，确立非居民交易的差异化监管体系，在真实且风险可控的场景下试验金融商品。

---

8 参见彭岳：《统筹推进国内法治和涉外法治的制度创新——中国自由贸易区建设的经验与启示》，载《国际法研究》2022 年第 3 期。

9 参见韩龙：《金融法和国际金融法前沿问题》，清华大学出版社 2018 年版，第 343 页。

10 ［美］海尔・斯科特、［美］安娜・葛蓬：《国际金融：法律与监管（上）》，刘俊译，法律出版社 2015 年版，第 5 页。

11 参见姚辰：《离岸金融的范式转换与体系构建——从“避税天堂”到“法律新区”》，载《新金融》2024 年第 1 期。

12 参见蔡从燕：《统筹推进国内法治和涉外法治中的“统筹”问题》，载《武大国际法评论》2022 年第 4 期。

第三,涉外金融法治实现“离岸—在岸”金融市场的全面法治,以制度型开放为重点推进金融高水平对外开放。随着经济全球化的日益加深,一国的对外事务与对内事务犬牙交错,[13]“离岸—在岸”金融市场在资金和制度层面逐渐走向融合,得以通过离岸金融市场的涉外法治试验来推动在岸金融市场的法治改革,最终实现中国金融体系的整体对外全面开放。[14]

涉外金融法治的国家范式与全球范式具有融合性,[15]在同“国际—国内”“离岸—在岸”金融法治的互动中,得以明确涉外金融法治的功能定位:一是扩大金融领域制度型开放,面向全球法律市场“生产”最具国际竞争力的商事金融立法、监管标准和司法裁判,通过“监管出口”来推动国际金融治理体系改革;二是维护国家金融主权、安全与发展利益,防御和反制金融制裁和长臂管辖,实现“国际—国内”“离岸—在岸”金融市场的全面法治。

三、涉外金融法治的现实困境

(一)金融法中的涉外条款及其规范构造

目前,我国涉外金融法律体系主要由三个层次构成:一是《对外关系法》《外商投资法》《反外国制裁法》等涉外法治一般法,在涉外金融领域发挥引领作用;二是《商业银行法》《银行业监督管理法》《证券法》《保险法》《期货和衍生品法》等行业金融法中的涉外金融条款,《公司法》《数据安全法》《个人信息保护法》《反垄断法》等民商法、经济法中的涉外条款;三是《外资银行管理条例》《外资保险公司管理条例》等涉外金融领域的行政法规、部门规章和规范性文件。

涉外金融条款通常具备涉外金融行为、涉外金融效果、涉外法律程序与涉外法律责任的四项要件。根据“涉外金融行为”与“涉外金融效果”的两项要件,得以明确国内金融立法域外管辖的行为类型及其标准:其一,境外金融机构的境内金融行为。《公司法》第13章以专章的形式针对外国公司的分支机构作出一般性规定,明确外国公司在境内设立分支机构需经主管机关批准。《保险

13 蔡从燕:《中国崛起、对外关系法与法院的功能再造》,载《武汉大学学报》(哲学社会科学版)2018年第5期。

14 参见张春、蒋一乐、刘郭方:《中国资本账户开放和人民币国际化的新路径:境内人民币离岸金融体系建设》,载《国际经济评论》2022年第4期。

15 参见何志鹏:《涉外法治的国家范式与全球范式》,载《法商研究》2024年第2期。

法》第 80 条规定,外国保险机构在境内设立代表机构需经国务院保险监督管理机构批准。其二,境内金融机构的境外金融行为。根据《银行业监督管理法》第 2 条的规定,境内金融机构的境外金融行为以及经批准在境外设立的金融机构由国务院银行业监督管理机构实施监管。《商业银行法》第 45 条规定,商业银行到境外借款需要报经批准。《证券法》第 224 条要求,境内企业直接或间接到境外发行证券或将其证券在境外上市交易需要符合国务院的有关规定。其三,境外金融机构的境外金融行为,且会对境内金融市场或投资者权益产生(潜在)负面影响。《证券法》第 2 条明确了境外证券发行和交易的管辖条件:一是扰乱境内市场秩序;二是损害境内投资者的合法权益。《期货和衍生品法》第 119 条规定,境外期货产品基于境内期货价格挂钩结算需要符合国务院期货监督管理机构的规定。(如表 1 所示)

表 1　金融法中的涉外条款及其规范构造

涉外金融条款		涉外金融行为	涉外金融效果	涉外法律程序	涉外法律责任
银行	《银行业监督管理法》第 2 条	境内银行业金融机构的境外业务、由银行业监督管理机构批准在境外设立的金融机构	—	适用国内法的一般规定	适用国内法的一般规定
	《商业银行法》第 45 条 第 76 条	商业银行到境外借款	—	依照法律、行政法规的规定报经批准	责令改正、没收违法所得、罚款、责令停业整顿、吊销经营许可证
证券	《证券法》第 2 条	境外的证券发行和交易活动	扰乱境内市场秩序,损害境内投资者合法权益	适用国内法的一般规定	适用国内法的一般规定
	《证券法》第 224 条	直接或间接到境外发行证券或将其证券在境外上市交易	—	符合国务院的有关规定	符合国务院的有关规定

续表

涉外金融条款		涉外金融行为	涉外金融效果	涉外法律程序	涉外法律责任
保险	《保险法》第 80 条 第 175 条	外国保险机构在境内设立代表机构(不得从事经营活动)	—	经国务院保险监督管理机构批准	取缔、罚款;责令改正、没收违法所得、罚款、撤换首席代表、撤销代表机构
期货和衍生品	《期货和衍生品法》第 2 条	境外的期货交易和衍生品交易及相关活动	扰乱境内市场秩序,损害境内交易者合法权益	适用国内法的一般规定	适用国内法的一般规定
	《期货和衍生品法》第 119 条	境外期货交易场所上市的期货合约、期权合约和衍生品合约,以境内期货交易场所上市的合约价格进行挂钩结算的	—	符合国务院期货监督管理机构的规定	符合国务院期货监督管理机构的规定
	《期货和衍生品法》第 121 条 第 147 条	境外期货经营场所在境内设立代表机构(不得从事或变相从事任何经营活动)	—	向国务院期货监督管理机构备案	责令改正、警告、没收违法所得、罚款;警告、罚款

(二)涉外金融立法的类型及其缺陷

涉外法治立法一般存在积极建构型立法与消极防御型立法两种类型。[16] 国内金融立法中的涉外金融条款主要归属消极防御型涉外金融立法,而积极建构型涉外金融立法在我国的金融法律体系中付之阙如。

消极防御型立法主要关注国内金融立法的域外效力以及正当性等问题,契合涉外金融法治维护国家金融主权、安全与发展利益的功能定位。目前,涉外金融条款在标准、结构和功能上存在以下问题:第一,涉外金融条款的域外管辖

16 参见张龑:《涉外法治的概念与体系》,载《中国法学》2022 年第 2 期。

标准不明确且不统一。《证券法》的域外管辖标准具备“扰乱金融市场秩序”和“损害投资者权益”两种涉外金融效果，但其系不确定的法律概念而只能通过法官的自由裁量予以续造。《数据安全法》和《个人信息保护法》的域外管辖标准是“损害国家安全、公共利益或者公民、组织合法权益”，《银行业监督管理法（修订草案征求意见稿）》第47条在《证券法》的基础上新增“危害……国家主权、安全、发展利益”的表述，但二者均存在向涉外法治的一般条款逃逸的现象，给国内金融立法的域外适用带来不确定性。第二，涉外金融条款在“一般金融法”及其调整事项上的结构性缺失。《证券法》《银行业监督管理法》等行业金融法在本次修订中增加（或拟增加）涉外金融条款，但是在《中国人民银行法（修订草案征求意见稿）》和《金融稳定法（草案二次审议稿）》中仅有跨境监管合作的原则性表述，而我国尚未制定金融基础设施法、金融机构破产法等一般金融立法，因此在货币市场、外汇管理、金融稳定、跨境破产、金融市场基础设施等领域的域外管辖缺乏法律依据。第三，涉外金融条款中涉外法律程序与涉外法律责任的规范不足，难以实现涉外金融法治的防御功能。涉外金融条款在涉外法律程序与涉外法律责任要件上通常只有“适用本法”或“依法追究法律责任”的表述，一方面不能提供符合涉外金融法治目标的监管指引，另一方面没有明确转介相关行政法规、部门规章和规范性文件的具体标准。

积极建构型立法主要关注推动国际金融改革的立场、倡议和方案，通常以国际金融中心的法治建设为载体，契合涉外金融法治扩大金融领域制度型开放的功能定位。国际金融中心的建设系国家金融事权。中央金融工作会议要求“增强上海国际金融中心的竞争力和影响力。”国家金融事权具有立法、行政与司法三个维度，涵盖货币政策、金融监管、金融稳定、金融发展四项具体内容。[17]国家金融事权除在中央金融和地方金融之间纵向配置以外，同样得以在国内金融和涉外金融之间横向配置。目前，国际金融中心的法治建设尚未突破地方金融立法的基本定位，不足以保障金融商法的“生产”与“监管出口”。

（三）涉外金融监管的模式及其挑战

在推进金融高水平对外开放的背景下，在《证券法》第170条的立法基础上，通过《中国人民银行法（修订草案征求意见稿）》第52条、《银行业监督管理法（修订草案征求意见稿）》第8条、《金融稳定法（草案二次审议稿）》第29条

17　参见孟飞：《中央与地方金融事权的划分标准》，载《东方法学》2022年第6期。

等新增条款基本确立涉外金融监管的法律框架:一是明确由国务院金融监管机构主导的跨境监管合作是涉外金融监管的基本载体;二是确立以对等互惠原则为基础的信息共享机制,未经国务院金融监管机构同意或者法律、行政法规和部门规章另行规定,境外金融监管机构不得在境内直接调查取证,境内金融机构和相关主体不得向境外提供金融业务相关文件、资料和数据。

跨境监管合作存在双边合作、区域合作和全球合作等基本模式。双边合作是指金融监管机构根据国内金融法的授权,同其他国家或地区的金融监管机构签订谅解备忘录等意向性文件,在信息共享与跨境执法等领域加强监管合作。根据中国证监会官网所公布的《中国证监会与境外证券(期货)监管机构签署的备忘录一览表》,截至2022年12月,中国证监会同67个国家或地区的证券(期货)监管机构签署合作谅解备忘录。区域合作是指金融监管机构同特定经济区域内的国家或地区深化金融开放与监管合作,促进区域金融市场一体化,防范金融风险的跨境传递。例如,中国与"一带一路"沿线国家的金融监管合作以及粤港澳大湾区的金融监管协作机制。全球合作指的是国际金融"非正式监管网络"和国际金融法框架下的跨境监管合作。各国所构建的金融监管体系需要符合跨境金融的国际标准和最佳实践,接受国际金融监管统一标准的检验,否则将会遭受"不合作国家或领土""避税天堂"等一系列声誉上的负面评价,[18]从而降低其国内金融市场的国际竞争力。

目前,《证券法》等国内金融立法中的涉外金融监管主要表现为跨境监管合作的原则性规定以及调查取证、信息交换等程序性规定,但是未能明确涉外金融监管的目标和原则,尚未在离岸金融、跨境金融等涉外金融领域建立差异化监管体系。在跨境监管的国际实践中,我国金融监管机构多为被动参与而非积极主导。2022年,中国证监会收到外国跨境执法协查请求18件,外国监管信息协查请求42件,而向外国监管机构发送的执法协查请求数量仅有3件。[19] 除资本市场的发展程度和域外管辖理念等原因以外,[20]同样应当关注区际法律冲突

18 "不合作国家或领土"指的是金融特别行动工作组(FATF)所定义的没有制定有效的反洗钱相关法律法规的国家和地区。"避税天堂"指的是经济合作与发展组织(OECD)所发布的避税天堂名单。

19 参见中国证券监督管理委员会编著:《中国证券监督管理委员会年报(2022)》,中国财政经济出版社2023年版,第67页。

20 参见李翔宇:《我国〈证券法〉域外适用的规范演进与实践进路》,载《上海金融》2022年第10期。

的问题。以粤港澳大湾区的金融监管合作为例,香港特别行政区是一个市场主导的小型司法辖区,具备高质量的人力资源、专业网络和基础设施以及灵活、稳定且符合市场预期的金融监管框架;[21]澳门特别行政区所继承的葡萄牙法律体系缺乏金融开放的基因,[22]澳门特别行政区金融市场以银行业和保险业等传统金融业为主体;而珠三角九市目前尚不具备相对独立的涉外金融事权。

(四)涉外金融司法的功能及其障碍

司法机关作为统筹国内法治和涉外法治的基本行为体之一,通过裁判争端、解释国际法或国内法、开展跨国司法对话以及参与制定国际规则等多种形式参与对外关系。[23] 国内金融法建立在领土性监管权(territorial authority in financial regulation)的基础上,金融司法得以发挥投射金融监管的“治外法权”效应。[24] 普通法系的法官通过司法判决来创设金融法律规则,回应金融交易的合同与组织需要,平衡投资者保护与金融市场发展的目标,向国际市场传递有效公司治理与信息披露的信号。中国的司法机关虽然不具备“法官造法”的传统,但是在司法实践中往往会通过“金融安全”术语或公序良俗条款将公共(监管)政策转介到司法政策之中,推动商事金融领域的法治变革。[25] 随着跨国公司的离岸和跨境金融业务,司法机关得以通过涉外金融领域的“法官造法”,向国际市场输出金融立法和监管政策,从而将国内金融法转变为国际金融法。

离岸金融中心正在成为(国际)金融法的生产者。[26] 各国的国际商事法院(法庭)出现向离岸商事法院转型的现象。[27]《民事诉讼法》第 277 条确立涉外民事纠纷的协议管辖制度,突破“实际联系原则”的固有立场,将离岸商事金融争议纳入国际商事法庭的管辖范围。但是,同域外国际商事法庭和国际商事仲

21 See Christopher M. Bruner, *Re-Imagining Offshore Finance: Market-Dominant Small Jurisdictions in a Globalizing Financial World*, Oxford University Press, 2016, p. 191.

22 参见米也天:《澳门民商法》,中国政法大学出版社 1996 年版,第 19 页。

23 参见蔡从燕:《中国崛起、对外关系法与法院的功能再造》,载《武汉大学学报》(哲学社会科学版)2018 年第 5 期。

24 See Chris Brummer, *Soft Law and Global Financial System: Rule Making in the 21st Century*, Cambridge University Press, 2015, p. 23.

25 参见黄韬:《金融安全的司法表达》,载《法学家》2020 年第 4 期。

26 See William J. Moon, *Tax Havens as Producers of Corporate Law*, 116 Michigan Law Review 1081 (2018).

27 参见杨临萍:《“一带一路”国际商事争端解决机制研究——以最高人民法院国际商事法庭为中心》,载《人民司法》2019 年第 25 期。

裁等非诉讼争议解决方式相比,中国国际商事法庭在处理离岸商事金融争议时不具备明显的竞争优势,涉外金融司法的"法官造法"功能面临以下障碍:第一,国际商事法庭的机构设置不完整,不能契合离岸法院的建设需要。中国国际商事法庭是最高人民法院的常设审判机构,当事人的上诉利益只能通过再审程序来得到保障。苏州、北京等地的国际商事法庭是各地中级人民法院的内设机构,负责审理其辖区内的涉外商事案件,但其上诉机构(高级人民法院)却没有国际商事法庭的设置。国际商事法庭虽然集中审理具有涉外因素的商事案件,但是不具备完整意义上的离岸司法属性,[28]没有真正参与国际商事争端解决市场的角逐。第二,国际商事法庭的法官及律师的国际化与专业化程度不足,难以满足来自不同法系、不同国家和地区的离岸金融争议解决的需要。设立专门法院(庭)的初衷是一回事,但起决定性作用的是法官。[29]《法官法》第12条要求担任法官需要具备中国国籍。《民事诉讼法》第274条和《最高人民法院关于适用〈中华人民共和国民事诉讼法〉的解释》第526条规定外国人、外国企业和组织在人民法院起诉、应诉应当委托我国律师,或者委托本国律师以非律师身份担任诉讼代理人。最高人民法院通过国际商事法庭专家委员会的设立来促进争议解决队伍的国际化,但是目前其所发挥的作用主要局限在咨询和调解。[30]第三,"一站式"涉外金融商事争议解决机制的法治供给不足,不能广泛采纳国际金融法律规范以及国际金融法律服务商。"一站式"涉外金融商事争议解决机制通常建立在自贸试验区等特殊经济区域,但是涉外金融法治的供给不足以改变诉讼、仲裁和调解的传统法律框架,不能通过广泛采纳国际金融软法、国际金融习惯等国际金融法律规范以及国际金融法律服务商来容纳离岸商事结构,从而阻碍国际金融秩序和国际金融法的生成。

四、涉外金融法治的体系构建

(一)涉外金融法治体系构建的基石:统筹和试验

统筹和试验是涉外金融法治体系构建的两大基石。国内金融法治和涉外

---

28 参见徐梓文:《中国国际商事法庭管辖制度研究》,中国社会科学出版社2023年版。

29 参见[美]劳伦斯·鲍姆:《从专门化审判到专门法院:专门法院发展史》,何帆、方斯远译,北京大学出版社2019年版,第222页。

30 参见刘晓红:《推进高水平对外开放的法治维度》,载《政治与法律》2023年第4期。

金融法治的统筹是涉外金融法治体系构建的基石之一。《对外关系法》第29条规定："国家统筹推进国内法治和涉外法治，加强涉外领域立法，加强涉外法治体系建设"。"统筹推进国内法治和涉外法治"中的"统筹"强调通盘筹划、统一部署、均衡兼顾、协同发展，[31]使不同领域的法治实践彼此间的联系被有意识地强化。[32] 在"国际—国内""离岸—在岸"金融法治高度互动的背景下，通过统筹推进国内金融法治和涉外金融法治，国内金融领域的制度型开放和国际金融治理体系的变革得以推动。

制度、行为体、机制、场所是统筹国内金融法治和涉外金融法治的主要内容。[33] 第一，商事金融"法律新区"是统筹国内金融法治和涉外金融法治的制度框架。通过国家金融事权在国内金融和涉外金融之间横向配置，涉外经济区域得以在"法律新区"开展较高标准的涉外金融法治实践。第二，金融市场主体是统筹国内金融法治和涉外金融法治的主要行为体。除立法机关、行政机关、司法机关等基本行为体以外，同样应当关注私行为体（金融机构、跨国公司和国际投资者）以及具有公共属性的金融市场基础设施。第三，粤港澳大湾区、自由贸易试验区（港）等涉外经济区域的改革试验是统筹国内金融法治和涉外金融法治的核心机制。自由贸易试验区具有推动金融改革的战略使命，通过先行先试的改革授权和改革经验的复制推广，[34]得以应对不同制度和不同行为体之间的矛盾冲突，化解金融法治稳定性与金融市场变革性的内在张力。第四，国际金融中心是统筹国内金融法治与涉外金融法治的示范场所。最具创新性的金融商品和国际一流的商事金融立法往往在国际金融中心诞生。国际金融中心不仅仅是一个地域的概念，更是一个法域的概念。[35] 国际金融中心作为基础设施位于中国的国际场所，具有"在地化的国际场所"属性，得以向国际金融市场提供法律、监管和争议解决等"公共产品"。

涉外金融法治试验是涉外金融法治体系构建的基石之二。随着监管沙盒、

---

31 黄进：《论统筹推进国内法治和涉外法治》，载《中国社会科学》2022年第12期。

32 蔡从燕：《统筹推进国内法治和涉外法治中的"统筹"问题》，载《武大国际法评论》2022年第4期。

33 参见蔡从燕：《统筹推进国内法治和涉外法治中的"统筹"问题》，载《武大国际法评论》2022年第4期。

34 参见郑少华：《论中国自贸试验区法治的性质》，载《东方法学》2023年第5期。

35 程合红：《统筹推进有中国特色的国际金融中心法治建设——国际金融中心建设法治保障机制比较研究》，载《清华金融评论》2021年第9期。

金融市场案例测试机制等试验性金融法治的兴起，各国通过金融商品的结构性试验，识别金融创新带来的市场风险与法律风险，探索将法律、市场、竞争格局、消费者保护等诸多议题融合在一个得以动态调整、风险可控的监管环境之下，从而推动金融法治变革和金融消费者保护。但是，模拟不意味着真实，[36]尚需回归真实环境下的监管试验；试验型金融法治不能突破当前的金融法律框架，往往同自由贸易试验区先行先试的改革授权相结合；[37]监管沙盒的测试对象通常是金融科技产品，不能满足作为国际金融中心发展重点的离岸金融和跨境金融的监管需要。涉外法治金融体系是一个综合体系，具有立法、监管和司法等多个维度，[38]从而契合试验性金融法治的发展需要。通过涉外金融法治试验，在国际金融中心打造"全球监管（司法）沙盒"，得以在真实且风险可控的法律环境中试验离岸金融、跨境金融等国际金融商品，保障金融商法的"生产"与"监管出口"，从而推动国际金融法治变革和国内金融法治改革。

（二）涉外金融立法体系的构建

国际金融法治体系建立在原则、建议、指南、标准等非正式的国际金融"软法"基础之上，跨境金融监管面临"国际公共产品"供给不足的问题，各国往往通过拓展本国金融法治的域外效力来规范具有涉外因素的金融活动。目前，《证券法》《期货和衍生品法》等行业金融法中的涉外金融条款明确国内金融立法的域外管辖权，但是在管辖主体及其权限、管辖标准、管辖程序和法律责任等涉外金融要素及其合法性尚不明确的前提下，国内金融立法的"监管出口"将会招致相关国家在公法上的关注与回应。有学者建议根据美国《2010年多德·弗兰克华尔街改革与消费者保护法》以及相关判例所确立的"行为标准"和"效果标准"，[39]在《中国人民银行法》《商业银行法》等行业金融法中进一步明确域外管

36　邢会强：《市场型金融创新法律监管路径的反思与超越》，载《现代法学》2022年第2期。

37　参见姚辰：《"监管沙盒"的国际探索与中国选择——以上海自贸区为试点探索建立中国式"监管沙盒"》，载《浙江金融》2019年第1期。

38　黄进：《论统筹推进国内法治和涉外法治》，载《中国社会科学》2022年第12期。

39　美国《2010年多德·弗兰克华尔街改革与消费者保护法》第929P条：联邦证券法律反欺诈条款的域外适用：（1）《1933年证券法》反欺诈条款的域外适用，在第22条结尾处增加域外管辖权条款："①在美国境内发生的行为，且该行为属于促成上述违法行为发生的关键因素，即使证券交易发生在美国境外且仅涉及境外投资者；②在美国境外发生的对美国境内产生可预见重大影响的行为。"（2）《1934年证券交易法》反欺诈条款的域外适用，在第27条结尾处增加域外管辖权条款，管辖标准同上。（3）《1940年投资顾问法》反欺诈条款的域外适用，在第214条结尾处增加域外管辖权条款，管辖标准同上。

辖标准。[40] 但是,单一的域外管辖条款不能满足金融市场全面对外开放的法治需要,尚需构建系统完备的涉外金融立法体系。

涉外金融立法体系应当由涉外金融法律,涉外金融行政法规、部门规章和规范性文件,涉外金融地方立法,涉外金融商事习惯组成。一方面,应当明确国家金融事权在国内金融和涉外金融之间的横向配置,通过涉外金融地方立法来确立金融领域的制度型开放体系;另一方面,应当兼顾金融法的公法与私法属性,通过涉外金融商事习惯向国际金融市场提供“公共产品”。根据涉外金融条款的授权,发挥涉外金融法治的统筹和试验功能,得以将涉外金融领域的部门规章和规范性文件、涉外金融地方立法、涉外金融商事习惯转介到金融部门法中。

第一,涉外金融地方立法是统筹国内金融法治和国际金融法治的关键所在。涉外金融立法具有改革型地方立法的属性。改革型地方立法源于全国人大及其常委会根据改革目的所作出的授权。[41] 改革开放建立在经济发展的“差序格局”基础上,浦东新区、海南自贸港、深圳经济特区等改革试验区承载不同的发展使命,故得以依据法律或全国人大及其常委会的授权,根据改革开放的实际需要作出变通性地方立法(见表 2)。以浦东新区法规为例,浦东新区对标世界上最发达的自由贸易园区和国际金融中心,浦东新区法规需要塑造同国际金融中心相匹配的法治环境。浦东新区法规虽然“比照经济特区法规”,但其推动金融领域制度型开放所涉及的高水平开放、全球资源配置等重点事项,却归属中央事权(法律保留),浦东新区法规实际上是一种更深层次的立法变通,而不同于一般的经济特区法规。因此,涉外金融地方立法本质上是国家立法权的延伸,反映涉外金融领域的国家事权,由国际金融中心通过立法变通来填补涉外金融领域的法律空白。上海、深圳等国际金融中心在不突破法制统一的前提下,得以通过涉外金融地方立法在离岸公司、离岸金融监管、涉外金融争议解决等领域作出差异化安排。

40　参见张西峰:《银行法修改中域外适用的理论基础与规则构建》,载《甘肃社会科学》2023 年第 2 期。

41　王建学:《改革型地方立法变通机制的反思与重构》,载《法学研究》2022 年第 2 期。

表2　改革型地方立法的基本要素

变通立法类型	立法主体	立法权来源	立法事项
浦东新区法规	上海市人大及其常委会	《立法法》、全国人大常委会的授权决定以及引领区意见、长三角一体化规划纲要等中央政策文件	根据改革创新的实践需要所确定的事项(含特定的法律保留事项)
海南自贸港法规	海南省人大及其常委会	《海南自由贸易港法》	贸易、投资及相关管理活动(涉及民事基本制度、基本经济制度以及财政、税收、海关、金融和外贸基本制度)
深圳(示范区)经济特区法规	深圳市人大及其常委会	《立法法》、全国人大及其常委会的授权决定以及示范区意见、大湾区规划纲要等中央政策文件	根据改革创新的实践需要所确定的事项(含特定的法律保留事项)
经济特区法规(海南、厦门、汕头、珠海)	海南省、厦门市、汕头市、珠海市人大及其常委会	《立法法》、全国人大及其常委会的授权决定	经济事项(现实中有所突破,但不能涉及法律保留事项)

第二,涉外金融商事习惯是国内(涉外)金融法治和国际金融法治的联结点,国内(涉外)金融法得以通过涉外金融商事习惯向国际金融法转型。国际资本的流动性赋予跨国公司和国际投资者"法律选择权",一国的国内(涉外)金融法治因此得以投射到国际金融市场,特别是拥有发达的资本市场或国际货币的国家。金融市场基础设施及其内部交易规则具有"国际公共产品"的属性。一方面,域外各国商法以及国际商法普遍将商事习惯认定为商法法源,且在效力上优先于民法中的一般性规定;[42]另一方面,跨国公司往往会寻求国际金融中心的法律与监管,国际金融中心可以通过跨国公司的公司治理、金融合同等私法路径将国内(涉外)金融法治传递至其他国家或地区。随着人民币国际化以及金融市场基础设施的国际互联互通,以金融市场基础设施内部交易规则为载体的国内(涉外)金融法治,得以通过金融商事习惯来融入域外国家的国内金融

42　参见任先行:《商法原论》,知识产权出版社2015年版,第164~167页。

法体系,从而向国际社会提供金融市场治理的“中国方案”。

（三）涉外金融监管体系的构建

随着资金、数据、人员等金融要素的跨境流动,金融关系的涉外性使各国的金融监管逐渐延伸至领土范围以外的人、物或行为。现代国际法本质上是在国家之间分配管辖权的法律。[43] 面对跨境监管合作中的区际法律冲突,应当通过金融法域外管辖标准的厘定,经由特定管辖连接点建立“真实合理联系”,从而扩张金融领域的域外管辖权。涉外金融监管强调通过跨境合作来实现全球金融稳定等公共目标,因而不会违反国际法上关于域外管辖权的限制。[44]

国内法的域外适用通常根据属人管辖、属地管辖、保护管辖、普遍管辖等管辖连接点来判断管辖权与管辖事项之间是否存在真实联系。国内金融法的域外适用应当以涉外经济区域、跨国金融机构、国际货币与金融市场基础设施、国家金融利益和国际金融安全为管辖基础,根据金融关系的涉外性及其同金融监管的联系程度,在涉外金融领域确立差异化的监管标准和原则。

第一,经济特区、自由贸易试验区等涉外经济区域是扩大金融领域制度型开放的试验场所,通过“非内域金融关系”的认定构建差异化的金融监管体系。[45] 根据国家金融事权在国内金融与涉外金融之间的横向配置,我国得以在涉外经济区域的市场准入、行为监管、审慎监管、信息披露、公司治理、破产清算等监管要素上采取差异化的制度安排,从而吸引国际资本在中国境内的涉外经济区域聚集。

第二,跨国金融机构的股东、受益所有人以及投资者遍及世界各地,金融监管得以通过跨国金融机构的公司治理、监管合规以及投资者保护传递至其他国家或地区。《外商投资法》虽然没有保留“实际控制”的主体涉外标准,但是将外国投资者取得的境内企业的股份、股权等权益视为外商投资,在一定程度上使金融监管得以通过公司法、证券法等金融私法向域外延伸。

第三,离岸人民币的国际货币地位赋予离岸人民币金融市场基础设施的公

43 参见廖诗评:《域外管辖论纲》,载《武大国际法评论》2024 年第 2 期。

44 参见廖诗评:《中国法域外适用法律体系:现状、问题与完善》,载《中国法学》2019 年第 6 期。

45 参见张春良:《制度型对外开放的支点:私法关系涉外性之界定及重构》,载《中国法学》2019 年第 6 期。

共产品属性，[46]金融监管得以通过离岸人民币以及支付结算、登记托管、中央对手方等金融市场基础设施向域外辐射。我国应当一方面完善离岸人民币金融体系，[47]拓展金融市场基础设施的涉外金融服务功能；另一方面建立以离岸人民币定价的国际金融资产交易平台，进一步发挥人民币的投资价值和储备价值。

第四，金融监管同样得以通过国家金融利益、国际金融安全等非实体管辖连接点向域外扩张。国家金融利益不应局限在《证券法》《期货和衍生品法》等行业金融法所明确的境内金融市场秩序和境内投资者权益，维护海外金融利益同样是涉外金融监管的正当性基础。国际金融市场尚未形成统一的国际法规则，国际金融稳定、反洗钱与反恐怖主义融资等全球性问题需要通过国内金融法的域外管辖来应对。[48] 我国应当吸收借鉴跨境监管的最佳标准和国际实践，加强涉外金融监管同国际金融治理的协同性，不断增强我国在全球金融治理体系中的话语权。

（四）涉外金融司法体系的构建

涉外金融司法是涉外金融立法和涉外金融监管的交汇点，一方面涉外金融立法和涉外金融监管的正当性需要经过司法程序的检验；另一方面通过“法官造法”向域外输出金融立法和监管政策，将国内金融法转化为国际金融法。目前，国际商事仲裁、国际商事调解在《纽约公约》和《新加坡调解公约》的作用下直接发挥域外效力，而国际商事诉讼的判决只能依据国际条约和互惠原则得到承认和执行。但是，国际商事诉讼在涉外金融法治建设中具有重要的引领作用，一是在争议解决中通过法律、国际习惯或国际条约的解释来提高国际法律话语权；[49]二是管辖事项由金融商事关系延伸至金融科技、金融平台治理、金融数据与知识产权等新型金融关系，[50]参与新兴领域国际金融规则的制定；三是裁判结果兼顾金融争议中的当事人、利益相关者以及金融公共利益，得以回应反

---

46 参见郭华春：《美国金融法域外管辖：法理、制度与实践》，北京大学出版社2021年版，第34～35页。

47 参见姚辰：《离岸金融的范式转换与体系构建——从“避税天堂”到“法律新区”》，载《新金融》2024年第1期。

48 参见廖诗评：《域外管辖论纲》，载《武大国际法评论》2024年第2期。

49 参见蔡从燕：《中国崛起、对外关系法与法院功能再造》，载《武汉大学学报》（哲学社会科学版）2018年第5期。

50 参见林福辰：《中国国际商事法庭的运行机制研究》，载《四川师范大学学报》（社会科学版）2022年第1期。

洗钱与反恐怖主义融资、国际金融稳定等全球性问题。以涉外金融司法的"法官造法"功能为指引,通过国际商事诉讼、国际商事仲裁与国际商事调解的功能互补与制度衔接,得以构建同国际金融中心相匹配的涉外金融司法体系。

第一,以涉外金融商事争议解决方式的功能互补为目标,推动国际商事法庭的功能拓展与制度改革。目前,中国国际商事法庭的制度安排主要强调维护国际经贸秩序的回应性目的,而缺乏对形塑国际经贸结构的建构性目的的重视。[51] 应当明确国际商事法庭"法官造法"的功能定位,实现涉外金融商事争议解决方式的功能互补。一方面,推动国际商事法庭向"离岸商事法院"转型。将国际商事法庭的管辖范围延伸至离岸金融商事争议,探索在离岸金融商事案件中放宽对外籍法官、外籍律师的限制,广泛吸纳全球金融法律服务供应商,从而弥补以往对国际金融造法参与不足的缺陷。另一方面,加强国际商事法庭在涉外金融商事争议解决市场中的国际竞争力。一是建立国际商事法庭的上诉机制,在浦东新区等特殊经济区域设立一审层级的国际商事法庭,而最高人民法院国际商事法庭主要行使涉外金融商事案件的上诉管辖权;二是扩大国际商事专家委员会在国际商事诉讼中的职能,通过担任"法庭之友"或由人民陪审员实质参与诉讼,[52]提高涉外金融司法的国际化与专业化程度。

第二,通过国际商事诉讼、国际商事仲裁与国际商事调解的制度衔接,在国际金融中心、自由贸易试验区(港)打造涉外金融商事争议解决的新的法律中心。新的法律中心(New Legal Hubs)是指跨境金融争议解决领域的特殊司法辖区,[53]通过国际商事诉讼、国际商事仲裁与国际商事调解的制度衔接,向涉外金融商事主体提供"一站式"争议解决机制,从而避免国内商事争议解决程序给国际金融交易带来的阻碍,而"国际金融法"得以在新的法律中心生成。其一,通过法院判决向仲裁裁决、和解协议的转化来保障其在域外的承认和执行,推动国际商事法庭和国际商事仲裁机构、国际商事调解机构的合作,明确法院判决向仲裁裁决、和解协议转化的前提与程序。其二,通过仲裁裁决、和解协议向

51 参见林福辰:《全球治理体系变革视域下的中国国际商事法庭:功能承载与发展展望》,载《四川大学学报》(哲学社会科学版)2024年第2期。

52 参见李贤森:《我国涉外商事纠纷多元化解决机制的实践困境与优化路径》,载《中国应用法学》2024年第1期。

53 See Matthew S. Erie, *The New Legal Hubs. The Emergent Landscape of International Commercial Dispute Resolution*, 60 Virginia Journal of International Law 225 (2020).

法院判决的转化来发挥涉外金融司法的“法官造法”功能，由涉外金融监管机构和投资者保护机构通过向国际商事法庭提出“示范诉讼”，从而为涉外金融商事主体提供争议解决的最佳方案。

五、结　语

在地缘冲突、非传统安全、气候变化等一系列因素的冲击下，全球金融治理体系正在面临严峻的考验。中央金融工作会议要求，“要着力推进金融高水平开放，确保国家金融和经济安全。坚持‘引进来’和‘走出去’并重，稳步扩大金融领域制度型开放”。加强涉外金融法治建设是推动金融高水平开放、推进人民币国际化、发展人民币离岸市场的重要保障。我国应当坚持统筹推进国内金融法治和涉外金融法治，通过涉外金融法治试验，在国际金融中心打造全球监管（司法）沙盒，在一方面构建金融领域的制度型开放体系；另一方面为国际金融治理提供“公共产品”。国际金融法治在涉外金融法治的全球互动中得以“重塑”。

生态法治

认购海洋碳汇作为海洋生态环境损害责任承担方式问题研究

郭　萍　郭许多*

【内容提要】 认购海洋碳汇是我国司法机关在实践中开创性探索出的一种海洋生态环境损害责任承担方式,具备高效替代修复、弥补当事人履行能力不足、弥补海洋碳汇损失等优点,同时也存在着修复作用单一、损益分离风险大的局限性。通过对已有司法实践案例的梳理,可以发现认购海洋碳汇在海洋生态环境损害责任承担方面不同程度地存在违背当事人自愿性、未体现修复策略位序选择、未有碳汇损失而扩大适用认购责任、欠缺必要技术性说明等现象。故需要通过完善司法解释以明确认购海洋碳汇责任的概念与适用条件,依据两大位序原则及三个层次的恢复性措施,完善相关程序规范,进而科学地选择生态修复策略,更好地保护蓝碳资源,助力"双碳"目标实现。

【关键词】 认购海洋碳汇　替代性修复　海洋生态环境损害

一、问题的提出

2020 年 9 月 22 日,在第七十五届联合国大会一般性辩论上,国家主席习近平郑重宣布,中国将致力于在 2030 年前使二氧化碳排放达到峰值,并力争在 2060

* 郭萍——中山大学法学院/涉外法治研究院、南方海洋科学与工程广东省实验室(珠海)教授、博士生导师,国际法研究所所长,主要研究领域:海商法、海洋法;郭许多——中国南方电网有限责任公司超高压输电公司法务。本文得到南方海洋科学与工程广东省实验室(珠海)项目(SML2023SP222)资助。

年前达成碳中和的目标。[1] 实现“双碳”目标的重要路径之一就是固碳增汇，即增加二氧化碳的吸收。海洋碳汇是世界上最大的碳库，其独特的生态循环系统赋予了其强大的固碳增汇能力。因此，为更有效地保护海洋碳汇资源、助力“双碳”目标的实现，司法机关积极探索将认购海洋碳汇作为替代性修复责任的一种承担方式。

2022年5月，福建省连江县人民法院在审理林某义等非法采矿刑事案件中，率先判定被告林某义以自愿出资10万元认购海洋碳汇的方式承担遭受破坏的海洋生态环境的替代性修复责任，对林某义判处有期徒刑2年3个月，并处罚金7万元，责令退出违法所得95.5万元。[2] 同年10月，厦门海事法院审理的林某某、高某某非法采海砂案系我国海事法院系统首次以创新方式将认购海洋碳汇责任作为海洋生态环境损害替代性责任方式的案件。[3] 该案中，林某某指使高某某17次非法采海砂11,295.33立方米并售卖，对海洋生态环境造成损害。鉴于侵权地点的限制条件不能够采用生态环境原地同性质直接恢复，并且两被告无法一次性承担海洋生态系统损害修复所需要的费用，检察院与两被告达成调解协议，由被告分3期认购总计180,000元的海洋碳汇以达到对受损的海洋生态环境的替代性修复的目标。涉案被告人非法采海砂的行为虽然造成海洋生态环境一定程度的破坏，但是并未直接导致采砂地碳吸收能力下降，即非法采砂行为与海洋碳汇损失之间的关系并不密切。如何在相关案件中适当有效地认定海洋碳汇责任作为海洋环境损害赔偿替代性责任承担方式值得商榷。以“海洋碳汇”“蓝碳”“海洋(或)碳汇”为关键词，在北大法宝数据库、裁判文书网进行检索，共收集7份有效案例，其中包括3份判决书以及5份典型案例通报。[4] 此外，笔者在福建省连江县人民法院、山东省胶州市人民检察院、宁波海事法院的公众号以及《检察日报》上收集了4个相关案例。本文以上述案例为样本，就司法实践中存在的问题进行深入分析，提出完善认购海洋碳汇责任

---

1 “奏响构建人类命运共同体的时代强音——记习近平主席出席上合组织成员国元首理事会、金砖国家领导人会晤、亚太经合组织领导人非正式会议、二十国集团领导人峰会以及巴黎和平论坛”，载新华网，http://www.xinhuanet.com/politics/leaders/2020-11/27/c_1126795762.htm。

2 《碳汇司法|全国首例适用海洋碳汇修复生态案件宣判!》，载“连江县人民法院”微信公众号2022年5月27日，https://mp.weixin.qq.com/s/ku_zbu0QXiSisQDXGOW23w。

3 参见厦门海事法院民事判决书，(2022)闽72民初40号，最高人民法院2022年全国海事审判典型案例之五。

4 这5份典型案例通报内容，均发布在审理案件法院的官方微信公众号。

作为海洋生态环境损害赔偿责任承担方式的相关建议。

二、认购海洋碳汇责任与海洋生态环境损害责任承担方式概述

(一)认购海洋碳汇责任的内涵、特点及法律依据

1. 认购海洋碳汇责任的内涵

目前我国并没有关于认购碳汇责任的明确法律界定。所谓认购碳汇责任,就是当事人在自愿基础上,通过购买与自然生态环境受损所产生的碳汇损失等量的碳汇资源的方式,来恢复、维持并促进生态环境碳汇能力的一种责任承担方式。根据 1992 年《联合国气候变化框架公约》(UNFCCC),[5] 碳汇(carbon sink)是指任何能够从大气中清除二氧化碳、气凝胶或任何其他温室气体的过程、活动或机制。而如果以地球生态系统分类,又可以将碳汇分为陆地碳汇与海洋碳汇。陆地碳汇包括森林碳汇、草原碳汇等,其中森林与草原生态系统中有大量植物可以通过光合作用吸收大气中的二氧化碳,因此通常又被称为绿碳,海洋碳汇则相应地被称为蓝碳。

海洋碳汇是指利用海洋活动及海洋生物吸收大气二氧化碳,并将其固定在海洋中的过程、活动与机制。[6] 海洋中的藻类、贝类、红树林滨海植物、微生物等都能发挥吸收二氧化碳的作用。作为地球上最大的生态系统,海洋占据了地表近 70% 的面积,其储碳量接近陆地储碳量的 20 倍,更是大气储碳量的 50 倍以上。因此,海洋碳汇展现出储碳量大、效率高、持久性强的显著特点。[7] 在此背景下,探索通过认购海洋碳汇责任承担海洋生态环境损害责任,保护蓝碳资源,就成为实现“双碳”目标的重要方式之一。

从责任承担方式的类别来看,认购海洋碳汇责任应属于《民法典》第 179 条规定的 11 种责任承担方式中的“恢复原状”责任,即把海洋生态环境中受损的碳汇吸收能力恢复到未被破坏的状态。而从作用原理来看,认购海洋碳汇责任的本质就是涉及碳吸收量的交易活动,即卖方通过养护海洋动物、植物等方式产生经核准认证的海洋碳吸收量,买方通过认购与碳吸收量相当的碳汇责任弥

---

5 《联合国气候变化框架公约》第 1 条定义。

6 《海洋碳汇分类与代码》(征求意见稿)3.1 海洋碳汇。

7 陈小龙、狄乾斌、侯智文、梁晨露:《海洋碳汇研究进展及展望》,载《资源科学》2023 年第 8 期。

补因其自身造成的海洋碳汇损失,从而促进良性的碳循环。从适用的案件类型来看,认购海洋碳汇责任最初适用于环境刑事案件。由于当事人自愿认购碳汇责任被认为是认罪悔罪的一种表现,因此认购碳汇责任也成为法院从轻处罚的量刑情节之一。[8] 随着我国对生态文明建设的重要性认识日益提升,认购海洋碳汇责任的司法适用范围逐渐从环境刑事案件拓展应用到刑事附带民事公益诉讼案件以及民事生态环境损害赔偿案件。

2. 认购海洋碳汇责任的特点

(1)认购海洋碳汇责任的优点

作为源于司法实践的创新方式,相较传统生态环境损害的责任承担,认购海洋碳汇责任有以下几个方面的优点。

首先,认购海洋碳汇责任能够较好地发挥替代性修复海洋生态环境的作用。例如,在破坏红树林案件中,可能出现受损地红树林过于密集而无地可种的情形,或者由于生态环境破坏过于严重,在受损地补种的树木难以存活的情况,受上述现实条件的限制,无法实现在原地通过补植复绿进行直接修复。[9] 作为替代性修复责任方式的认购海洋碳汇责任,可以由创设碳汇的主体在其他地区养护红树林,从而在整体生态系统视角下弥补相应的碳汇损失。

其次,认购海洋碳汇责任能够弥补当事人自身修复环境能力不足的弊端。生态环境修复是一个复杂且长期的过程,而且具有很强的专业性。如果让环境侵权当事人进行环境修复工作可能既不经济又不现实。而让侵权人认购海洋碳汇责任,则可以将环境修复工作交给专业的碳汇开发机构或个人,并由后者通过养护海洋动、植物等方式创设碳汇,从而弥补碳汇损失,实现生态环境修复的目的。

最后,认购海洋碳汇责任能够克服生态环境损害赔偿金使用程序冗长的困境。生态环境损害赔偿金由于适用便捷,不需要考虑当事人是否具有修复生态的能力与可行性,在我国司法实践中被广泛使用。但结合《生态环境损害赔偿

8 杨帆:《"双碳"目标下"认购碳汇"的司法适用研究》,载《学术探索》2023年第7期。

9 秦天宝、王亚琪:《购买碳汇修复生态责任承担方式的司法适用》,载《法学论坛》2023年第1期。

资金管理办法(试行)》第9条的规定,[10]侵权人按照生效判决书上缴生态损害赔偿金需要纳入法院所在地同级人民政府的财政预算。该类资金的使用需经过“申请—审批—支出”等程序,流程较为烦琐,用时较长,针对受损地生态环境的修复难以高效、及时地开展。[11] 认购的海洋碳汇则来源于已有的红树林、海草床或其他蓝碳来源。就碳汇损失的弥补效果而言,认购海洋碳汇责任的效率高于生态环境损害赔偿金。

(2)认购海洋碳汇责任的局限性

尽管认购海洋碳汇责任存在上述优点,但不可否认的是,认购海洋碳汇责任本身仍存在一定的局限性。

第一,认购海洋碳汇责任虽然可以弥补生态系统在碳吸收能力上的损失,但是相对整个生态系统修复而言,如果单一适用认购碳汇责任,则该替代性修复责任方式所能实现的生态价值修复目标过于受限。根据现行国家标准《海洋生态资本评估技术导则》(GB/T28058 -2011)的规定,[12]海洋生态系统的服务价值包括供给服务价值、调节服务价值、文化服务价值、支持服务价值四大类。例如,海洋捕捞、养殖生产体现了供给服务价值,气候调节与废弃物处理可以体现调节服务价值,海洋旅游与海洋科研体现文化服务价值,维持物种多样性则是海洋支持服务价值的体现。认购海洋碳汇责任属于通过增强二氧化碳的吸收能力来弥补生态系统的气候调节价值,单一适用认购海洋碳汇责任方式无法实现海洋生态系统的其他服务价值。建设生态文明需要以宏观视角看待问题,尽可能全面地识别问题和各类关系。[13] 在分析破坏海洋生态环境的行为时,应当认识到海洋生态环境是一个有机整体,破坏行为导致生态服务价值的损失也是多方面的。例如,在破坏红树林的案件中,仅测算被破坏的红树林导致少吸收的二氧化碳量而确定认购碳汇量,仅能弥补红树林在气候调节上的价值。而

---

10 《生态环境损害赔偿资金管理办法(试行)》第9条规定,生态环境修复相关支出纳入本级一般公共预算,按照预算管理有关规定执行。赔偿权利人指定的相关部门、机构负责编制生态修复及工作经费支出预算草案、绩效目标,提出使用申请,并对提供材料的真实性负责,经本级财政部门审核后按照规定支出。

11 唐绍均、魏雨:《论生态环境损害民事责任中“超量技改抵扣”的证成与展开——基于生态环境损害赔偿金使用方式的考察》,载《中国政法大学学报》2022年第3期。

12 《海洋生态资本评估技术导则》(GB/T28058 -2011)3.3.1总体评估框架。

13 秦天宝:《习近平法治思想关于生态文明建设法治保障的重要论述:整体系统观的视角》,载《政法论坛》2022年第5期。

红树林在净化水体、防风消浪、提供生物栖息地等方面的价值不可低估，如果单一适用认购海洋碳汇责任方式，无法防止受损地生态系统恶化的风险。只有将认购海洋碳汇责任方式与其他民事责任承担方式相结合，才能更好地实现修复受损地生态系统的目标。

第二，作为一种替代性修复责任方式，虽然认购海洋碳汇责任可以通过在异地购买碳汇量的方式实现，但是也会因损害发生地与损害修复地分离而产生一些问题。一般而言，生态损害发生地与损害修复地之间的距离越远，对损害发生地修复的效果相对越弱。因此，原地直接修复的方式应比异地替代性修复方式优先适用。例如，前文提及的林某某、高某某非法采海砂案，采砂地点是福建省福安市，而责任人认购的海洋碳汇来自福建省莆田市的海峡资源环境交易中心。目前我国海洋碳汇项目发展尚处于起步阶段，存在各地分布不均等的情形，而且并非所有省市都存在海洋碳汇项目，跨市甚至跨省认购海洋碳汇的情况并不少见。如果一味地采取异地认购海洋碳汇的责任方式，可能导致碳汇项目地的碳吸收能力越来越强，而受损地碳汇能力并未因此增强。因此，在适用认购海洋碳汇责任方式时，应当兼顾认购的碳汇来源地与实际碳汇受损地的距离，才能达到更好的海洋生态环境修复效果。

3. 确定认购海洋碳汇责任的法律依据

目前我国并明明确对海洋生态环境损害赔偿可以通过认购碳汇责任来承担的法律规定。事实上我国有关认购碳汇责任承担方式的规定源于森林生态环境损害案件。首例适用认购林业碳汇责任的案件为2020年福建省顺昌县人民法院处理的吴某滥伐林木案。[14] 该案中吴某通过认购4万元“一元碳汇”（林业碳汇）的方式，补偿被破坏的森林对二氧化碳吸收能力的丧失。随着认购林业碳汇责任承担方式逐渐被司法实践认可并日益广泛适用，2022年6月，最高人民法院发布《关于审理森林资源民事纠纷案件适用法律若干问题的解释》（以下简称《森林资源民事纠纷司法解释》）。该司法解释在总结我国已有司法实践的基础上，为认购林业碳汇责任适用提供了法律依据。其中第20条明确规定，当事人请求以认购经核证的林业碳汇方式替代履行森林生态环境损害赔偿责任的，人民法院可以综合考虑各方当事人意见、不同责任方式的合理性等因素，

14 《警钟敲响！顺昌法院发布顺昌县生态环境审判典型案例（第二期）》，载“顺昌法院”微信公众号2021年6月6日，https://mp.weixin.qq.com/s/mt99fuLVaj1B0CJljSsApQ。

依法予以准许。

从该司法解释的规定可以看出，适用认购林业碳汇责任应当满足如下条件：第一，认购林业碳汇应当属于当事人自愿行为。鉴于认购林业碳汇责任不能等同于生态损害赔偿金，因此是否能够确认并落实认购碳汇责任不是法院的义务，而应当基于当事人的自愿请求。这种基于当事人自愿性的原则要求，在涉及生态环境损害刑事责任承担方面更为突出，因为法院会将其作为从轻处罚的量刑依据。[15] 第二，认购林业碳汇责任并非一种独立承担民事责任的方式。根据《森林资源民事纠纷司法解释》的规定，目前认购碳汇责任主要作为森林生态环境损害赔偿责任的一种替代性民事责任。因此在确定是否可以成立认购林业碳汇责任时，应首先明确侵权人是否需要承担生态环境损害赔偿责任，且需满足一定条件，才可以考虑采用替代性的责任承担方式。第三，林业碳汇责任能否认购的最终确认主体是人民法院。人民法院在认定这种替代性责任承担方式时，除考虑侵权人是否自愿提出申请，受害方是否可以接受等因素，还应考虑生态环境损害赔偿责任是否成立以及作为替代性责任承担的认购碳汇责任是否合理等综合因素，并最终由人民法院进行裁量。因此人民法院不能盲目适用或扩大适用认购林业碳汇责任，在满足法律规定的各项条件的情况，经过综合分析与比较，选择最为合适的生态修复策略。

综上所述，目前《森林资源民事纠纷司法解释》仅对认购林业碳汇的责任予以明确，并未提及或明确是否可以适用于湿地碳汇、草原碳汇以及海洋碳汇等非林业碳汇类型。可能由于法律规定的不明确性，目前我国司法实践有关认购海洋碳汇责任的案例数量并不是很多，仍处于探索阶段。但是鉴于《森林资源民事纠纷司法解释》是最高人民法院在总结已有林业碳汇司法实践基础上发布的规范性文件，不妨碍法院参照适用并开展将认购海洋碳汇责任应用于海洋生态环境损害赔偿案件的探索。

（二）认购海洋碳汇责任与海洋生态环境损害责任承担的关系

认购的碳汇项目源自海洋，其所修复的对象自然也应当是受损害的海洋生态环境。海洋生态环境损害是指由于人为活动改变海洋的自然条件，或者人类直接或者间接地把物质或能量引入海洋环境而对海洋生态系统造成的有害影响。造成海洋生态环境损害的主要包括非法采砂、非法捕捞等改变自然条件的

15　杨帆：《“双碳”目标下“认购碳汇”的司法适用研究》，载《学术探索》2023 年第 7 期。

行为,以及向海洋排放污染物、海上漏油事件等将有害物质引入海洋的行为。

"有损害必有赔偿",这是自古罗马社会以来在私法领域被广为接受的法则,所以一旦侵权人造成海洋生态环境损害,就需要承担相应的责任。[16] 根据最高人民法院颁布的《关于审理环境民事公益诉讼案件适用法律若干问题的解释》(以下简称《环境民事公益诉讼司法解释》)第18条的规定,生态环境损害责任承担方式包括停止侵害、排除妨碍、消除危险、修复生态环境、赔偿损失、赔礼道歉等。修复生态环境就是通过采取相关修复性措施,降低或减少海洋生态环境所遭受的损害并尽量达到恢复原状的状态。修复生态环境责任分为直接修复责任与替代性修复责任。直接修复责任就是负责将生态环境修复到未遭受损害时的状态与功能。例如,针对非法采砂行为,在具备技术可行性与经济合理性的情况下可以采用原地海砂回填方式进行修复。但并非所有情况下生态环境都能够得到直接的、完全的修复,因此确定替代性修复责任非常重要。例如,在刘某江、张某健非法捕捞案中,当事人捕捞的是鳀鱼,但没有同种商业鱼苗可以购买,无法实现同种类的增殖放流。因此法院判定侵权人采用增殖放流许氏平鲉鱼苗来实现对当地渔业生态资源的恢复。[17] 该案例明确了同地异种的替代性修复方式。在我国司法实践中,替代性修复方式还包括同地区异地点、同功能异种类、同质量异数量等类型。[18] 显然,购买海洋碳汇责任属于海洋生态环境损害替代性修复责任方式。

三、认购海洋碳汇责任的司法实践现状及问题分析

(一)认购海洋碳汇责任的司法实践现状

基于现实的紧迫性与立法的滞后性,我国的环境司法呈现出创新性探索的"繁荣"景象。[19] 也正是因为存在保护海洋碳汇资源的迫切需求,在缺乏直接法律规范的情况下,相关法院依然积极探索在海洋生态环境损害纠纷中适用认购

---

16 梅宏:《海洋生态环境损害赔偿的新问题及其解释论》,载《法学论坛》2017年第3期。

17 郭树合、周群:《异地增殖放流修复被破坏的海洋渔业资源》,载最高人民检察院网站,https://www.spp.gov.cn/llyj/202208/t20220813_572402.shtml13。

18 最高人民法院环境资源审判庭:《最高人民法院环境民事公益诉讼案件司法解释理解与适用》,人民法院出版社2023年版,第263页。

19 秦天宝:《司法能动主义下环境司法之发展方向》,载《清华法学》2022年第5期。

海洋碳汇责任。相较林业碳汇责任的司法实践,我国适用海洋碳汇认购责任的实践起步较晚,囿于缺乏明确的法律规定,目前适用认购海洋碳汇责任的案例数量相对有限。

从已有收集的案例情况看,涉及海洋碳汇责任最早的案例为 2022 年的非法采砂案;2023 年涉及 3 个案例,而 2024 年上半年共有 6 个案例。可见,认购海洋碳汇责任这一具有创新特点的替代性修复责任的适用已经引起相关法院的重视并出现逐步提升的趋势。

从分布地域来看,已有案例主要分布在福建省、浙江省、江苏省、上海市、山东省、内蒙古自治区等多个省、自治区、直辖市。其中福建省案例数量最多,为 4 件,浙江省 3 件,其他地区分别只有 1 件。显然,涉及海洋碳汇认购责任的相关案件多发于沿海省市。究其原因,可能是沿海地区海洋碳汇资源丰富,为法院认定海洋碳汇认购责任带来便利条件。

从案由情况看,主要涉及非法捕捞、危害珍贵濒危野生动物、非法采砂、破坏滩涂资源与生态环境四类。其中占比最大的是非法捕捞类案件,共有 6 个案例。非法捕捞类案件最优选的生态修复策略应该是原地的增殖放流,但相关案例仍判定适用认购海洋碳汇责任,主要原因在于增殖放流不具备可行性。

从审理案件类型看,主要包括刑事附带民事公益诉讼、民事公益诉讼、刑事诉讼三种。其中民事公益诉讼(包括刑事附带民事公益诉讼)占比将近 90%。海洋生态环境损害所涉及的权益大多属于私益与公益的复合,而认购海洋碳汇责任所弥补的碳汇损失功能并非基于个人私益的考虑,而是惠及大众的公益,因此,在涉及民事公益诉讼案件中,通过认购海洋碳汇以实现保护海洋生态环境的目的显得尤为必要和恰当。[20]

(二)认购海洋碳汇责任司法实践存在的问题分析

1. 适用认购海洋碳汇责任未能充分体现当事人自愿性

如前所述,《森林资源民事纠纷司法解释》规定认购林业碳汇责任应当基于当事人的自愿,并经当事人请求,并不属于强制性责任承担方式。但涉及海洋碳汇责任的案件中仍存在未能遵循这个条件要求的情形。例如,在陈某明非法

20 吕忠梅:《"生态环境损害赔偿"的法律辨析》,载《法学论坛》2017 年第 3 期。

捕捞水产品刑事附带民事公益诉讼案中，[21]判决书陈述内容为，“结合……认定了本案的碳汇损失金额，遂判令陈某明……承担海洋固碳价值部分的服务功能损失赔偿金2802.82元，该赔偿金用于认购海洋碳汇”。其中“判令”一词表明，涉案纠纷中认购海洋碳汇责任并非基于当事人自愿请求；此外，使用赔偿金的表述，未能明确海洋碳汇认购责任与海洋生态损失赔偿责任承担之间的关系。显然，法院本质上仍然认定侵权人应承担生态环境损害赔偿责任，只不过限定了该赔偿金的用途流向是认购海洋碳汇责任。由于认购海洋碳汇责任并非基于当事人自愿，因此也不能视作当事人有认罪认罚的量刑情节。再如，张某某非法捕捞案，[22]法院同样使用了“判令张某某以购买海洋碳汇或者采用法院认可的其他实现海洋碳汇的方式修复受损的海洋自然资源与生态环境……”的表述，未提及当事人自愿申请的事实，存在将购买海洋碳汇责任与其他实现海洋碳汇的方式混同的现象，并且未明确将认购海洋碳汇责任作为海洋生态环境损害赔偿责任承担的替代方式。

2.适用认购海洋碳汇责任时未充分体现生态修复策略位序

根据《森林资源民事纠纷司法解释》的规定，法院在适用认购林业碳汇责任时，应当充分比较不同替代性修复措施的合理性。而在本文探讨的案例中，只有3个案例显示法院在适用认购海洋碳汇责任前，比较分析了海洋生态修复的相关措施，其他案例未予以提及。

例如，在张某某非法捕捞案中，法院对增殖放流的替代性修复措施进行分析，但是鉴于涉案江瑶贝的增殖放流技术并不成熟，因此在专家建议下，法院最终判定被告承担海洋碳汇认购责任。在黄某某、虞某某非法捕捞案中，[23]法院认为渔业资源受损后的主要修复方式是增殖放流，但考虑到此种方式需要统筹安

---

21 《2023年度江苏法院环境资源审判典型案例》，载“江苏省高级人民法院”微信公众号2024年6月5日，https://mp.weixin.qq.com/s?__biz=MzA5NjcyNjgwMA==&mid=2650387794&idx=1&sn=bc0f6ce87d354f95be1e5041892064dd&chksm=89172436d8c19f7f559a549659d408b6ab7c82f640c73cd6de2ec7369c37af9c6f3179381ead&scene=27。

22 《“检察+审判+蓝碳”，携手共护“海洋蓝”，载“青岛市人民检察院”微信公众号2024年5月19日，https://mp.weixin.qq.com/s/8ncImTZGobvLlmrSySTv1A。

23 《认购“蓝碳”修复海洋生态，浙江海洋环境资源审判迈出新步伐》，载“宁波海事法院”微信公众号2024年3月14日，https://mp.weixin.qq.com/s?__biz=MzI1NzQyMTY0MA==&mid=2247549873&idx=1&sn=9ed18c6889aba9a3d2f3c10007368b18&chksm=ea15fb96dd627280dd1c580ce543c3320d28c248ef09b780892942ad54327922388f1cb9be5f&scene=27。

排并选择合适的时机投放鱼苗，因条件限制，最终法院判定被告可以通过认购渔业碳汇责任的方式修复海洋生态环境。而其他案例中，法院判决说理并未提及是否已经比较分析了多种海洋生态修复措施，而仅简单提及根据专家组意见或咨询专家意见等最终认定责任人应适用认购海洋碳汇责任。在郭某明危害珍贵、濒危野生动物案中，[24]判决说理中未做具体细致的分析而直接得出认购海洋碳汇责任的结论。

显然，认购海洋碳汇责任是一种替代性责任承担形式，如果不能对海洋生态环境损害赔偿责任加以确认并合理地比较分析多种替代性措施，而是由法院直接适用认购海洋碳汇责任，可能会加剧单一适用认购海洋碳汇责任所带来的修复功能单一性以及损益分离的问题，不仅使海洋生态环境的修复效果大打折扣，也与认购海洋碳汇责任应精准作用于修复海洋碳汇损失的初衷背道而驰。

3. 不当扩大适用认购海洋碳汇责任

认购碳汇责任所修复的对象应当是海洋碳汇，其适用的前提应当是涉案纠纷实际存在海洋碳汇损失。然而在现有案例中，法院判决基本都未明确是否存在海洋碳汇损失。例如，在林某某、高某某非法采海砂案中，非法采砂行为除可能破坏海洋生态环境外，还可能对海岸结构造成破坏，可能影响航运安全。但是采海砂的行为与采砂地二氧化碳吸收能力下降之间并无直接关联，即涉案纠纷并不存在直接碳汇损失。即便考虑非法采海砂可能会破坏海底海草床进而间接影响二氧化碳吸收，但这种海洋碳汇损失与非法采海砂行为所造成的海洋生态环境损害相比仅占较小的部分。涉案判决说理中并未明确非法采海砂行为如何影响到采砂地二氧化碳的吸收能力。同样，在王某海、王某波等非法捕捞水产品案中，[25]被告因在禁渔期使用禁用拖网捕捞青占鱼，被法院判定承担刑事责任，并同时支付 19, 266 元以认购大型海藻产生的碳汇能力。与吸收二氧化碳的海藻等植物相比较，鱼类也是二氧化碳的释放者，违法捕捞鱼类并未直接影响海洋生态系统对二氧化碳的吸收。因此，该案例并未分析违法捕捞鱼类与海洋碳汇损失之间是否存在直接的因果关系。

显然，在我国目前的司法实践中，在未存在海洋碳汇损失，或者海洋碳汇损失不明显，或者未能充分论述侵权行为是否与海洋碳汇损失之间存在直接因果

24　参见福建省惠县人民法院刑事判决书，（2023）闽 0521 刑初 831 号。

25　参见浙江省象山县人民法院刑事判决书，（2024）浙 0225 刑初 125 号。

关系的情况下,法院仍然认定适用认购海洋碳汇责任,使判决结果能否能够达到最佳海洋生态环境修复效果不无疑问。[26] 只有采取适当的生态环境修复方式,才能"对症下药"地对受损生态环境予以修复。

4.适用认购海洋碳汇责任的计算依据普遍缺乏说理

无论是采用原地原种类的直接性修复,还是采用增殖放流方式,还是确定认购海洋碳汇责任,都是以替代性责任承担的方式达到修复海洋生态环境的目标,因此法院应当对认定的替代性修复方案予以详尽说明。但是从收集的相关案例情况来看,目前的判决说理缺乏对认购海洋碳汇责任计算依据的现象并非涉海洋生态环境损害赔偿纠纷类型独有的个例,正如有学者指出的,目前我国一些法院在适用认购碳汇责任时,未详细说明碳汇损失的计算标准以及计算依据,也未对责任人所认购碳汇的来源予以说明。[27]

在陈某明非法捕捞水产品刑事附带民事公益诉讼案中,法院通过实质审查专业机构出具的评估报告,结合涉案海域贝类规格、成活率等生长繁殖特性来计算最大生物量,并以此为基础测定其软体部分和贝壳部分碳储量以计算碳汇量,但是其他案例的判决均未能够对海洋碳汇损失的计算依据作具体详尽的说理,而且也都没有对案涉认购海洋碳汇的定价来源进行说明。相关案例所确认的海洋碳汇认购价格也不统一。有的案例认定为26元一吨,有的认定为20元一吨。不可否认,各地的海洋碳汇资源程度不一,导致案涉海洋碳汇的具体种类可能存在差异,诸如红树林碳汇、海藻碳汇、渔业碳汇等。不同碳汇来源地所产生的碳汇种类存在差异性,可能是相关案例认定价格不同的原因之一。但为了明确认购海洋碳汇责任的承担,法院应当在确保海洋碳汇损失计算的科学性与确定认购海洋碳汇责任的公平性方面,对案涉认购海洋碳汇的定价计算依据予以适当、明确阐述。

当然,在确定和计算海洋碳汇责任时,需要相关专业知识和技术方面的背景,这些对于审理案件的法官而言具有较大难度,可能也是妨碍判决书对此予以明确细化说理的原因之一。

---

26 毕克来、庞赛:《碳汇替代性修复在公益诉讼中的探索与应用》,载《中国检察官》2023年第8期。

27 郑毓翰:《"认购碳汇"修复生态环境的司法适用研究》,载《环境污染与防治》2023年第11期。

四、完善认购海洋碳汇责任作为海洋生态环境损害责任承担方式的建议

(一)明确适用认购海洋碳汇责任的概念与条件

现行法律一方面要保持自身的稳定性,另一方面又要适应社会的变化而不断更新。[28]《森林资源民事纠纷司法解释》在总结司法实践的基础上,主要为林业碳汇责任适用提供法律规范指引。但是随着我国对海洋生态文明建设日益重视,目前法院在适用认购海洋碳汇责任方面的探索呈不断进步趋势,因此有必要通过完善相关法律规定,为认购海洋碳汇责任的适用提供指引。

在立法模式上,目前认购碳汇责任的司法实践呈现动态发展及多元化的现象,为认购海洋碳汇责任专门制定新法、修改旧法或者出台专门的司法解释既不经济也不高效。[29] 建议可以通过修订《最高人民法院关于审理海洋自然资源与生态环境损害赔偿纠纷案件若干问题的规定》(以下简称《海洋生态环境损害赔偿司法解释》),明确并完善有关认购海洋碳汇责任的法律条款。

首先,应当明确海洋碳汇的内涵,避免将海洋碳汇损失与其他海洋生态环境损害相混淆。建议参考《海洋碳汇核算指南》(DB4403/T 401 -2023)对于海洋碳汇的定义,[30]明确海洋碳汇是指通过浮游植物、底栖植物(生存于海底的藻类以及海草)、贝类、螺类、甲壳动物、红树林、盐沼植物等从空气或海水中吸收、储存二氧化碳的过程、活动和机制。

其次,明确适用认购海洋碳汇责任的前提条件,即应当证明存在海洋碳汇损失。一方面,法院在确认是否存在海洋碳汇损失时,不能单纯以是否存在非法捕捞或非法采砂的行为作为唯一判断标准,而应当对当事人的行为是否已经对海洋碳汇的来源造成破坏等予以考虑。例如,如果非法采砂对于海底的藻类与海草造成破坏,影响二氧化碳的吸收,则可以认定存在海洋碳汇损失。而如果涉及非法捕捞鱼类,虽然该行为可能造成一定程度的生态环境破坏,但如果

28 陈金钊:《法律如何调整变化的社会——对“持法达变”思维模式的诠释》,载《清华法学》2018年第6期。

29 唐绍均、魏雨:《论生态环境损害民事责任中“超量技改抵扣”的证成与展开——基于生态环境损害赔偿金使用方式的考察》,载《中国政法大学学报》2022年第3期。

30 参见《海洋碳汇核算指南》(DB4403/T 401 -2023)第3.1条。

没有对海洋碳汇相关的动物、植物造成损害,就不宜认定存在海洋碳汇损失。只有强调认购海洋碳汇责任承担与海洋碳汇损失之间存在因果关系,才能有效避免不当扩大适用认购海洋碳汇责任的现象。另一方面,强调认购海洋碳汇责任必须以存在海洋碳汇损失为基础,也是贯彻落实生态修复精准性、科学性要求的应有之义。即针对海洋碳汇损失,应当通过适用认购海洋碳汇责任承担方式予以修复,而不能错位适用其他类型的碳汇责任。尽管从宏观上来看,认购海洋碳汇责任与认购森林碳汇责任等的最终目标均是增加二氧化碳吸收,改善总体大气环境,但是微观上,具体到每一受损的生态环境损害类型而言,修复措施距离损害地越远,修复措施所达到的修复效果越差。例如,针对海藻海草床被破坏的海洋碳汇损失纠纷而言,若是采用认购陆地森林碳汇责任作为承担方式,在远离海洋碳汇损失地的异地开展树木种植,不仅无法弥补受损地的海洋环境碳汇吸收能力,也无法恢复受损地海洋环境对于海洋生物多样性维持以及净化水体等其他特有的海洋生态功能。

最后,鉴于认购海洋碳汇责任与认购森林碳汇责任在损失计算方式、生态修复措施的位序确定以及碳汇修复的原理机制等方面存在相似性,我国最高人民法院已经颁布有关适用认购森林碳汇责任的司法解释,并且法院在适用该司法解释时已经积累了一些成功经验。因此,建议在修订《海洋生态环境损害赔偿司法解释》时,可以参考借鉴《森林资源民事纠纷司法解释》的内容,明确认购海洋碳汇责任应满足如下条件:(1)应基于当事人的自愿请求;(2)明确当事人应承担海洋生态环境损害赔偿责任;(3)作为海洋生态环境损害赔偿责任的替代性责任,在综合比较多种替代性措施的前提下,遵循适当性、合理性原则,最终由人民法院确定是否适用认购海洋碳汇责任的承担方式。

(二)厘清认购海洋购碳汇责任与其他替代性修复责任的位序原则及采取的修复措施

海洋生态损害案件复杂,修复措施多样。为选择最合适的修复措施,确定侵权人的修复责任,需遵循有关确定修复位序的两个基本原则,并在该基本原则之下确定恢复生态环境具体措施的顺序。两个基本原则就是确定明确直接修复与替代性修复之间的位序原则以及不同替代性修复措施位序的确定原则。根据《环境公益诉讼司法解释》第20条的规定,原位同质同类的直接修复应当优先于替代性修复,因此法院应当在无法通过直接修复方式对海洋生态环境予以完全修复时,才可以适用替代性修复措施。

根据有关生态环境损害鉴定评估指南的国家标准，在不同类型的替代性修复措施的选择上，应遵循异位同质同类、原位异类等价、异位异类等价的顺序进行考虑。[31] 因此，根据上述不同类型替代性修复措施顺位的本质要求，可以将替代性恢复措施分成直接恢复措施、补偿性恢复措施、补充性恢复措施三个层次，[32]针对不同的恢复措施，确定是否可以适用认购海洋碳汇责任的承担方式。

1. 基本恢复措施

基本恢复措施旨在采取合理必要的手段、方式，将受损生态环境恢复至未损害状态，可通过直接修复与替代性修复两种方式实现。实现基本恢复措施目标的最有效手段是直接修复，即"原位同质同类"的修复。如针对非法捕捞、砍伐红树林、非法采砂，可以采用原地增殖放流、补植复绿、海砂回填等措施进行修复。但鉴于直接修复需具备经济合理性与技术可行性，若存在修复成本远超生态预期收益或技术不可行等条件限制，则应选择替代性修复措施。[33]

选择认购海洋碳汇责任或其他替代性修复责任时，需考虑以下因素：一是替代修复的对象应与受损对象存在关联性。例如，针对非法捕捞贝类，应采取增殖放流贝类措施，而非增殖放流鱼类措施等。二是采用异地替代性修复方式时，应考虑替代修复区域与受损区域的毗连性。[34] 即替代修复区域与受损区域尽可能处于同一个或相邻海洋生态系统中。三是严格遵守替代性修复措施的适用顺序。鉴于认购海洋碳汇责任的承担大多属于"异位异类等价"的替代性修复方式，处于替代性修复措施的末端，故仅在其他替代性措施不可行时，才可考虑采用认购海洋碳汇责任的方式进行修复。[35]

2. 补偿性恢复措施

补偿性恢复措施是指采取必要、合理的手段、方式以补偿生态环境遭受的损害。根据《民法典》第 1235 条的规定，期间损害是指生态环境受到损害至修

---

31 参见《生态环境损害鉴定评估技术指南总纲和关键环节第 1 部分：总纲》（GB/T 39791.1－2020）第 7.3.2 条。

32 参见《生态环境损害鉴定评估技术指南总纲和关键环节第 1 部分：总纲》第 3.10～3.12 条。

33 王小刚：《生态环境修复和替代性修复的概念辨正——基于生态环境恢复的目标》，载《南京工业大学学报》（社会科学版）2019 年第 1 期。

34 张宝、殷佳伟：《替代性修复责任司法适用的反思与调适》，载《南京工业大学学报》（社会科学版）2022 年第 4 期。

35 刘超：《"双碳"目标下"认购碳汇"司法适用的规范路径》，载《中国地质大学学报》（社会科学版）2022 年第 5 期。

复完成的期间内生态服务功能丧失所带来的损害。以非法砍伐红树林为例,虽可采取原地补植复绿的方式进行直接修复,但新植树苗成长需要一定时间,其碳吸收能力低于成熟红树林,根据从新植树苗至树苗成熟期间碳吸收能力的差额,就可以确定期间损害。因此,法院在确定以认购海洋碳汇责任方式作为生态环境损害及期间损害赔偿的替代性修复责任时,除需要考虑是否按原规模补植红树林,还需考虑是否通过新植树苗的补偿性恢复措施来弥补所产生的损害。因此法院需要考虑期间损害的时长因素,若从海洋生态环境受到破坏直至其完全恢复的时间短于一年的,则只需确定基本恢复措施;若超过一年的,则需制定方案,可以同时采取基本恢复措施与补偿性恢复措施的方式对受损海洋生态环境予以修复。[36]

3. 补充性恢复措施

补充性恢复措施是在基本恢复措施和补偿性恢复措施均无法完全填补海洋生态环境损害时采取的额外弥补措施。作为兜底性措施,主要用于上述两个层次的措施都不足以恢复海洋生态环境损失的情形。因此,上述三种恢复措施的层次是依次递进,以体现对海洋生态环境损害的"完全赔偿原则"。[37]

补充性恢复措施在诸多恢复性措施中具有兜底性特点,与作为替代性修复责任形式之一的认购海洋碳汇责任的较后顺位比较契合。例如,在砍伐红树林的案件中,当事人虽已补植复绿并对期间损失进行补偿性恢复,但若红树林长势不佳,质量良莠不齐,受害人仍可向法院主张,要求侵权人通过认购海洋碳汇责任承担方式以实现补充性恢复措施的目的。

(三)完善适用认购海洋碳汇责任的程序规范

生态环境损害案件往往具有较强的专业技术性,对于损害行为、损害数额认定、环境侵害行为和损害之间是否存在因果关系等问题,通常需要从专业技术角度予以评判。[38] 确定认购海洋碳汇责任也是如此,需要明确海洋碳汇损失的计算依据、海洋碳汇来源、海洋碳汇定价、不同修复措施的比较等诸多专业性问题。因此,法院在审理涉及认购海洋碳汇责任的相关案件时,应当通过明确及完善的程序规范,采取专业机构或专家参与诉讼、提供评估意见或专家意见

36 参见《生态环境损害鉴定评估技术指南总纲和关键环节第1部分:总纲》第7.3.1条规定。

37 曾世雄:《损害赔偿法原理》,中国政法大学出版社2001年版,第14页。

38 郑学林、林文学、王展飞:《〈关于审理环境民事公益诉讼案件适用法律若干问题的解释〉的理解和适用》,载《人民司法》2015年第5期。

等方式解决专业技术性问题。

在刑事案件中适用认购海洋碳汇责任的,可以参考借鉴已有的"五书一令"的程序规范实践。[39] 第一,应审查当事人是否认罪认罚并签订《认罪认罚具结书》。如果当事人没有认罪认罚,则不能开展后续程序。第二,若当事人已经签订《认罪认罚具结书》,且各方都有意愿适用认购海洋碳汇责任的,则法院可引导当事人签订《碳汇补偿认购申请书》。第三,法院可委托有资质的机构对涉案海洋碳汇损失进行鉴定并出具《碳汇补偿评估鉴定委托书》。第四,鉴定机构根据法院委托出具《认购碳减排量意见书》。第五,由法院根据《认购碳减排量意见书》的内容,向当事人送达《碳汇认购令》。第六,当事人按照要求承担认购海洋碳汇责任后,由海洋碳汇来源地的机构出具《碳汇认购证明书》,并且交存法院进行归档,从而完成确定整个认购海洋碳汇责任承担方式的流程。在民事案件中如确认适用认购海洋碳汇责任的,不需要前文讨论的《认罪认罚具结书》,可以借鉴其他后续程序规范。

通过明确、具体的程序规范,确保适用认购海洋碳汇责任承担方式的每一个流程步骤有迹可循,同时借助专业机构的技术及能力,使法院在适用认购海洋碳汇责任的程序方面更具有合理性和规范性,以强化程序正义。

五、结　　语

2024 年 7 月 30 日,国务院印发《加快构建碳排放双控制体系工作方案》(国办发〔2024〕39 号),明确指出要建立碳达峰碳中和综合评价考核制度,并将碳汇纳入生态系统考核指标。[40] 此举不仅彰显了海洋碳汇在整体碳排放控制体系中的重要地位,也表明认购海洋碳汇责任承担方式对于促进海洋碳汇保护、推动双碳目标实现具有深远意义。尽管在我国目前的司法实践中,适用认购海洋碳汇责任承担的创新意识凸显,相关案件数量呈现逐渐增多的趋势,但是鉴于目前法律规范的缺失、相关案件审理的经验不足以及海洋碳汇损失计算评估具有较强专业性等因素,司法实践中仍然存在一些问题和不足。从生态文明建

39 《雷山县法院首例适用碳汇补偿"五书一令"机制认购"碳汇"案宣判》,载"黔东南州中级人民法院"微信公众号 2022 年 5 月 30 日,https://mp.weixin.qq.com/s/DSszfdlTbZei1_adTpPl-A。

40 "国务院办公厅印发加快构建碳排放双控制度体系工作方案",载中华人民共和国中央人民政府网站,https://www.gov.cn/yaowen/liebiao/202408/content_6966094.htm。

设的宏大视角审视,我国对此类创新实践活动持开放与鼓励态度,旨在应对实践中不断涌现的新问题与新困境。然而,任何司法实践的创新均应当在法治的轨道上不断完善与优化,方能更有效地助力"碳达峰、碳中和"目标的实现,并促进生态文明建设与经济社会发展的和谐共生。

生态环境损害赔偿磋商协议司法确认管辖规则的构建

黄锡生　黄淑婷*

【内容提要】　磋商协议兼具公私法双重属性的特质，为司法确认制度在生态环境损害赔偿磋商领域的应用提供了理论基础，这也决定了磋商协议将在根本上区别于调解协议，因此磋商协议司法确认案件管辖权的确定无法适用调解协议司法确认管辖规则。磋商协议司法确认管辖规则虽然在中央立法层面上付之阙如，但地方正积极探索如何确定磋商协议司法确认案件的管辖权，并形成了三种各有千秋的模式，为中央统一立法提供了重要经验。依据公共利益最大化原则、"权力对等"原则、便利当事人原则，磋商协议司法确认案件应由生态环境损害行为实施地、损害结果发生地、当事人住所地或磋商组织所在地的中级以上法院管辖。当地环境资源案件已实行集中管辖的，则由集中管辖地的中级以上法院管辖。

【关键词】　司法确认　生态环境损害赔偿磋商协议　级别管辖　地域管辖　集中管辖

一、问题的提出

2015年，中共中央办公厅与国务院办公厅（以下简称两办）联合发布了《生

---

* 黄锡生——重庆大学法学院教授、博士生导师，中国法学会环境资源法学研究会副会长，主要研究领域：环境与资源保护法；黄淑婷——重庆大学法学院博士生，主要研究领域：环境与资源保护法。本文系国家社会科学基金重大项目"生态文明视野下自然资源资产产权法律制度研究"（项目号：21ZDA091）；中央高校基本科研业务费项目"生命共同体理念下自然资源一体化治理研究"（项目号：2024CDJSKPT06）的研究成果。

态环境损害赔偿制度改革试点方案》,中央政策首次引入生态环境损害赔偿磋商(以下简称磋商)概念。2017年两办又发布了《生态环境损害赔偿制度改革方案》(以下简称《改革方案》),该方案不仅明确了磋商和生态环境损害赔偿诉讼的先后关系,为弥补生态环境损害赔偿磋商协议(以下简称磋商协议)强制力不足的缺陷,还引入了司法确认制度。而后,最高人民法院(以下简称最高法)相继出台的文件[1],对生态环境损害赔偿磋商协议司法确认(以下简称磋商协议司法确认)制度进行了细化。至此,磋商协议司法确认制度的框架初见雏形。然而,该制度要如何具体建构却并不清晰,特别是管辖规则的缺失,这一关键"链子"的断裂不仅严重制约了磋商协议司法确认制度的运作效率,还削弱了其在解决争议中的权威性。[2]

管辖规则作为磋商协议司法确认制度中最核心和最关键的问题,直接影响当事人诉权的便利行使和法院审判权的顺畅运行。综观现行有效的法律法规,除《改革方案》提及磋商达成后可以依照民事诉讼法申请司法确认外,其他规范性文件均未规定应如何确定磋商协议司法确认案件的管辖法院。而《改革方案》所谓的"依照民事诉讼法向法院申请司法确认",实质是指依照调解协议司法确认管辖规则(《民事诉讼法》第205条)界定磋商协议司法确认案件的管辖权。但磋商协议与调解协议存在较大差异,磋商协议司法确认案件无法适用调解协议司法确认管辖规则。简言之,如何确定该类案件的管辖法院,当前的法律未提供指引。反观人民法院公告网上公告的磋商协议司法确认案件,已有410起案件的赔偿权利人和赔偿义务人向法院申请司法确认,且数量还在不断上升。[3] 倘若无视管辖规则供给不足与现实需求旺盛之间的矛盾,磋商协议司法确认制度的效力不仅会大打折扣,还会引发司法的混乱和不公。尽管现有研究已注意到磋商协议司法确认制度与调解协议司法确认制度间的差别,并提出要构建一套与生态环境损害赔偿纠纷特性相适应的司法确认制度,[4]然而,关于磋商协议与调解协议间的区别以及如何制定磋商协议司法确认的管辖规则等

---

1 《关于审理生态环境损害赔偿案件的若干规定(试行)》(2020年修正)、《关于推进生态环境损害赔偿制度改革若干具体问题的意见》、《生态环境损害赔偿管理规定》。

2 参见孙佑海、闫妍:《如何建立生态环境损害赔偿磋商协议的司法确认制度》,载《环境保护》2018年第5期。

3 资料来源:人民法院公告网2024年11月7日,https://rmfygg.court.gov.cn/。案件剔除标准:生态环境损害赔偿协议的一方当事人必须为享有行政权的主体。

4 参见任世丹:《首例生态环境损害赔偿协议司法确认案评析》,载《环境保护》2017年第21期。

问题,既有研究未予以回应。因此,本文将立足于现实需求,对磋商协议和调解协议间的差异进行分析,结合地方有益的实践经验,致力于构建一套适用于磋商协议司法确认案件的管辖规则,以期弥补立法的不足。

二、构建成因:磋商协议司法确认的管辖规则尚付阙如

《改革方案》指出磋商协议司法确认的申请可以依照《民事诉讼法》,因此磋商协议管辖规则的有无关键看《民事诉讼法》是否有相关的规定。全面审视《民事诉讼法》,仅在第205条规定了如何确定司法确认案件的管辖权。通过对该条内容的分析,笔者发现磋商协议与调解协议存在较大差异,不能直接将第205条的规定应用于磋商协议司法确认案件。但进入该问题前,需要先对磋商协议何以能申请司法确认这一前置性问题予以阐释。

(一)磋商协议适用司法确认制度的正当性

从当前的规定来看,司法确认制度仅适用于私法领域[5]。司法确认制度起源于甘肃省定西市人民法院系统,并在由最高法发布的《关于建立健全诉讼与非诉讼相衔接的矛盾纠纷解决机制的若干意见》中被正式确立。依照该文件,司法确认制度,是指当事人可向有管辖权的法院提出申请,请求其对经由具备调解职能的组织调解后达成的调解协议进行审查,从而使协议获得强制执行力的制度。虽然其后司法确认制度发生过不同程度的变化,但该制度始终未脱离民事纠纷的范畴。质言之,仅民事协议可以申请司法确认。

磋商协议的性质直接关系到能否申请司法确认,加之学术界对该协议性质的认定存在较大分歧,因此应当首先对磋商协议的法律性质予以厘定。在学术界,磋商协议的法律性质大体有"行政协议说"和"民事协议说"两种观点。"行政协议说"认为,磋商协议是行政机关为保护环境公共利益而与赔偿义务人达成的行政协议,外观上的"协议"不足以改变协议的法律性质。[6] 行政协议具有行政优益权,只能通过行政复议、行政诉讼的方式赋予其强制执行力,不能申请司法确认。而"民事协议说"认为,行政机关作为民事主体与赔偿义务人通过平等、协商的方式,一同协商确定修复方案、责任方式、履行期限、进度等,体现了

---

5 参见马丁:《论司法确认程序的结构性优化》,载《苏州大学学报》(法学版)2021年第4期。

6 参见黄锡生、韩英夫:《生态损害赔偿磋商制度的解释论分析》,载《政法论丛》2017年第1期。

意思自治原则,本质上是民事法律关系。[7] 因此,磋商协议为民事协议,可以申请司法确认。不论是“行政协议说”,还是“民事协议说”均存在逻辑难以自洽的地方。从前者来说,赔偿权利人与赔偿义务人未达成磋商的,还可以对赔偿义务人提起生态环境损害赔偿诉讼,这显然有违行政协议未达成行政机关不得提起行政诉讼的行政法原理。就后者而言,“民事协议说”仅关注了协商谈判这一程序,而忽略了以行政机关为主导的程序,如调查[8]。因此,磋商协议的法律性质需要更具融贯性的解释。

笔者认为,磋商协议是兼具公法和私法属性的协议,该定性能更加准确地解释磋商协议的法律性质。其公法属性表现在:在主体层面上,行政机关在生态环境损害案件发生的初期阶段享有实质性的公法调查权,在磋商启动阶段具有单方性和强制性,在协议达成后负有监督执行磋商协议内容的公法执行权;在目的层面上,磋商协议以保护环境公共利益为旨归。其私法属性则表现在:在程序层面上,行政机关与赔偿义务人是以在协商、平等的外在形式进行磋商,并确保协议是赔偿义务人在自愿和意思真实的基础上缔结的;在效力层面上,赔偿义务人不履行协议的,行政机关不得强制执行或申请法院强制执行。磋商协议具备私法属性的特征表明,磋商协议申请司法确认未突破民事协议作为司法确认申请基础的既有逻辑。而且,司法确认在磋商领域具有应用的现实必要性,磋商协议欠缺强制执行力,协议内容很可能因赔偿义务人反悔而落空。司法确认恰好可以弥补磋商协议刚性不强的缺点,赔偿义务人未履行或者未完全履行的,赔偿权利人可以申请强制执行。除此以外,磋商协议是行政机关生态环境损害赔偿权的产物,通过司法确认程序可以引入司法权对赔偿权的监督,防止行政机关恣意妄为。

(二)由磋商协议的异质性引发的不适用性

磋商协议的私法属性为司法确认制度在该领域的适用奠定了理论基础,但同时也应当认识到,磋商协议的公法属性使磋商协议司法确认制度与现有的调

---

7 参见陈俊宇、徐澜波:《生态环境损害赔偿磋商协议之性质厘定与司法效果》,载《当代法学》2022年第6期。

8 参见于文轩、孙昭宇:《生态环境损害赔偿磋商的属性界定与制度展开——以双阶理论为视角》,载《中国地质大学学报》(社会科学版)2021年第2期。

解协议司法确认制度存在差异。[9] 恰恰是磋商协议和调解协议间的差异，导致磋商协议司法确认案件管辖权无法适用调解协议司法管辖规则来确定。

从外在形式看，磋商协议不满足“经依法设立的调解组织达成的协议”的条件。根据《民事诉讼法》第 205 条的规定，适用该条款必须满足调解协议是经依法设立的调解组织达成的协议这一条件。但在绝大多数情形下，磋商协议均是由双方当事人自行达成，不存在第三方，更不存在“依法设立的调解组织”，明显不符合该规定。因此，磋商协议司法确认案件不能依据《民事诉讼法》第 205 条确定管辖权。

从内在实质看，磋商协议不是调解协议，磋商协议司法确认案件管辖权的确定不能适用调解协议司法确认管辖规则。磋商协议的公法属性使磋商协议在以下几个方面区别于调解协议：第一，目的不一。调解协议仅涉及双方当事人的私人利益，磋商协议旨在保护环境公共利益。第二，双方当事人地位不一。不论在调解的哪一阶段，调解协议的当事人双方的地位始终平等；而生态环境损害发生后，行政机关不仅要及时开展调查、鉴定评估等工作，还要主动与赔偿义务人磋商，在这些过程中行政监管权始终在场，行政机关和赔偿义务人的地位难谓平等。[10] 第三，意思自治程度不一。调解协议双方当事人处分的是私人利益，在合法范围内享有完全处分权；磋商协议中的赔偿权利人代表的是公共利益，在磋商中享有的意思自治比较有限，对公共利益无完全处分权。第四，司法审查难度不一。法院审查磋商协议的难度远远大于审查调解协议的难度。首先，生态环境损害的调查、鉴定评估、修复方案编制、赔偿金额等技术事项增加了法院的审查难度。其次，磋商协议无第三方背书，这为法院审查该协议是否存在违背当事人意思、内容无法执行、虚假磋商、损害环境公共利益等情形提高了难度。最后，赔偿义务人的自愿性难以审查。磋商往往是在公安机关对赔偿义务人立案侦查、检察机关提起刑事公诉的背景下进行的，而且他们通常都以参与者的身份出现在磋商中，赔偿权利人的自愿性存疑。

即使适用调解协议司法确认管辖规则，磋商协议司法确认案件管辖权的确定也困难重重。根据《民事诉讼法》第 205 条的规定，同时结合磋商协议司法确

---

9 参见王灿发、王政：《论生态环境损害赔偿司法确认制度的构建》，载《北京理工大学学报》（社会科学版）2023 年第 5 期。

10 参见张锋：《风险规制视域下生态环境损害赔偿磋商制度研究》，载《兰州学刊》2022 年第 7 期。

认案件的特殊性,可以知道对该类案件有管辖权的法院有当事人住所地、目标物所在地、调解组织所在地的基层法院或中级法院。这一结论看似清晰,实则经不起推敲:第一,究竟由基层法院管辖还是中级法院管辖尚不明确。《民事诉讼法》第 205 条第 2 项指出,调解协议涉及的纠纷属于中级法院管辖范畴的,则应向中级法院提出司法确认申请。但调解协议所涉的哪些纠纷属于中级法院管辖范畴,其内涵和外延并不清晰。因此,磋商协议司法确认案件既可能由中级法院管辖,也可能由基层法院管辖。而且磋商协议的审查难度高于调解协议的审查难度,基层法院是否具备审查磋商协议的审理水平,令人怀疑。第二,管辖连接点[11]与案件事实不匹配。磋商案件作为生态环境侵权案件,管辖连接点不包括生态环境损害行为实施地、结果发生地显然有悖常理,既不利于案件的审理,也不利于当事人申请司法确认。

综上所述,磋商协议司法确认案件如何确定管辖权面临法律上的"失语"。管辖权是法院审判权的合法基础,它赋予法院审理特定案件以正当资格。[12] 由于中央缺乏统一立法,地方法院对磋商协议司法确认案件管辖权的确定享有极大的自由裁量权,这可能导致法官滥用裁量权并僭越自己的道德屏障。因此,亟需中央立法,为磋商协议司法确认案件管辖法院的确定提供规范指引。

三、经验启示:磋商协议司法确认管辖规则的地方探索

尽管国家层面上的磋商协议司法确认管辖规则阙如,但地方依据《改革方案》和最高法的批复,正在进行磋商和环境资源案件集中管辖改革,这两项改革与磋商协议司法确认管辖规则息息相关。因此,有必要对地方的实践进行分析,以揭示背后的机理及经验,为国家制定更科学合理的磋商协议司法确认管辖规则提供参考。

(一)不同模式的地方磋商协议司法确认管辖规则

从省、直辖市、自治区出台的磋商办法和环境资源集中管辖通知来看,不少地方在磋商协议司法确认案件管辖的问题上规定得较为模糊,普遍采取"向有

---

11 管辖连接点,是指法院辖区与案件构成要素发生联系的地点。参见吴英姿:《民事诉讼法学》,南京大学出版社 2022 年版,第 138 页。

12 参见[日]新堂幸司:《新民事诉讼法》,林剑锋译,法律出版社 2008 年版,第 68 页。

管辖权的法院申请司法确认"的表述。《广东省生态环境损害赔偿工作办法(试行)》第19条即为典型例证。该条指出,赔偿权利人和赔偿义务人签订磋商协议后可以向有管辖权的法院申请司法确认。"向有管辖权的法院申请确认"的表述过于模糊,无法界定磋商协议司法确认案件管辖权的归属,这与构建统一、清晰的磋商协议司法确认管辖规则的宗旨不符。因此,本文不把该情形作为一个独立类型进行剖析。目前,仅江苏、安徽、海南、山东、上海、重庆、湖南、陕西、广西这9个省、直辖市和自治区对磋商协议司法确认案件的管辖权作了较为清晰的规定,并形成了三种各具特色的管辖模式:"同级法院管辖模式""基层法院管辖模式""中级法院管辖模式"(见表1)。

表1　磋商协议司法确认管辖规则的地方模式

模式	地方规范性文件
同级法院管辖模式	《江苏省生态环境损害赔偿磋商办法(试行)》第9条
	《安徽省生态环境损害赔偿实施办法》第47条
	《海南省生态环境损害赔偿启动和磋商工作规则》第19条
基层法院管辖模式	《山东省高级人民法院关于印发办理生态环境损害赔偿协议司法确认案件若干意见(试行)的通知》第2条
	《上海市高级人民法院关于审理政府提起生态环境损害赔偿民事案件的若干意见(试行)》第3条
	《重庆市高级人民法院关于环境资源案件集中管辖的规定(试行)》第1条
	《湖南省生态环境损害赔偿磋商管理办法》第12条
中级法院管辖模式	《陕西省高级人民法院生态环境损害赔偿协议司法确认案件和生态环境损害赔偿诉讼案件审理指南》第3条
	《广西壮族自治区生态环境损害赔偿磋商办法(试行)》第10条

1.同级法院管辖模式:以江苏省为例

《江苏省生态环境损害赔偿磋商办法(试行)》第9条规定,磋商协议签订后,赔偿权利人和赔偿义务人向同级法院申请司法确认。仅赔偿权利人存在级别之分,因此"同级"是指与赔偿权利人级别相当的法院。又因《江苏省高级人民法院关于正式启动环境资源"9+1"审判机制相关事项的通知》和《最高人民法院关于同意南京市中级人民法院跨区域管辖部分环境资源案件的批复》(以下简称《南京市中级法院集中管辖批复》)规定,环境资源案件由相关法院集中管辖。因此,磋商协议司法确认案件亦受集中管辖规则约束。总体来说,同级法院管辖模式,是指赔偿权利人和赔偿义务人向与赔偿权利人级别相当的法院申请司法确认;环境资源案件业已实行集中管辖的,则由集中管辖地的法院管辖。

同级法院管辖模式最显著的特征在于保持了行政机关和审判机关在级别上的相对一致,即"权力对等"。这一模式有以下优势:首先,能在一定程度上避免因行政机关级别过高而导致不公平现象的发生。审判机关与行政机关级别相当时尚且可能发生司法地方保护主义的问题,如若行政机关的级别"高于"审判机关,易对环境公共利益造成二次侵犯。[13] 其次,能在一定程度上提高司法效率。赔偿权利人的级别通常与生态环境损害赔偿案件的损害程度、影响范围、复杂程度相契合,因此依循同级法院规则确定的管辖法院,一般来说其审理能力也与案件相匹配,这对司法效率的提升大有裨益。然而,同级法院管辖模式也存在一定的不足,该模式缺乏明确的管辖连接点,这将导致本应享有管辖权的法院将陷入无权管辖的困境。

2. 基层法院管辖模式:以山东省为例

根据《山东省高级人民法院关于办理生态环境损害赔偿协议司法确认案件的若干意见(试行)》(以下简称《山东省若干意见》)第2条的规定可知,基层法院管辖模式是指磋商协议司法确认案件由生态环境损害行为实施地、损害结果发生地或磋商组织所在地的基层法院管辖;环境资源案件业已实行集中管辖的,则由集中管辖地法院管辖。

基层法院管辖模式有两个显著特征:一律由基层法院管辖磋商协议司法确认案件;将生态环境损害行为实施地、损害结果发生地或磋商组织所在地三个地点确定为管辖连接点。该特征使基层法院管辖模式具有以下优势:第一,一律由基层法院管辖具有方便当事人、高效便捷、节约成本的优势。第二,将与案件具有紧密关联的地点规定为管辖连接点,可以提高案件的处理效率。生态环境损害行为实施地、损害结果发生地均是与案件有紧密联系的地点,理应被确定为管辖连接点。磋商组织所在地作为管辖连接点也在情理之中:首先,立法未明令禁止磋商组织主持磋商,而且实践中有少数磋商协议是在第三方磋商组织主持下达成的。其次,磋商组织对于案件较为清楚,由磋商组织所在地的法

---

13 参见孙卫华:《审判权运行中的相关问题及对策》,载《中国刑事法杂志》2017年第6期。

院管辖，方便法官向磋商组织了解情况和开展必要的审查活动。但基层法院管辖模式也存在一定劣势：一方面，磋商协议司法确认案件一概由基层法院管辖，不利于生态环境损害得到有效救济。首先，磋商案件攸关国家利益和环境公共利益，基层法院的审理水平有限，法官很可能无法胜任磋商协议真实性、合法性和自愿性的审查[14]。其次，当赔偿权利人为省级政府及其部门、市级政府及其部门时，基层法院能否完全抵挡来自上级的压力并保持中立不无疑问。最后，基层法院案多人少的矛盾比较尖锐，加之其审判水平有限，在面对司法审查难度高、专业性强的磋商协议时，基层法院很可能力不从心。另一方面，未将当事人住所地纳入管辖连接点的范畴，这很可能会损害当事人的管辖利益。[15]

3. 中级法院管辖模式：以陕西省为例

依据《陕西省高级人民法院生态环境损害赔偿协议司法确认案件和生态环境损害赔偿诉讼案件审理指南》（以下简称《陕西省审理指南》）第 3 条的规定，可以将中级法院管辖模式归纳为：磋商协议司法确认案件由生态环境损害行为实施地、结果发生地或当事人住所地的中级以上法院管辖；环境资源案件业已实行集中管辖的，则由集中管辖地法院管辖。很明显，该模式是对生态环境损害赔偿诉讼管辖规则的直接“挪用”。

中级法院管辖模式的显著特征有二：磋商协议司法确认案件一概由中级以上法院管辖；将当事人住所地确定为管辖连接点。该模式具有以下优势：第一，中级法院管辖模式契合了磋商案件的特性。首先，中级以上法院的人力、物力及专业技能等资源较为充足，法官具备审查磋商协议的能力。其次，中级以上法院管辖较之基层法院，地方保护主义色彩更加稀薄。第二，中级法院管辖模式的管辖连接点除却生态环境损害行为实施地、损害结果发生地，还有当事人住所地。将当事人住所地确定为管辖连接点，有利于方便当事人申请司法确认，降低成本。但中级法院管辖模式的管辖连接点不包括磋商组织所在地，忽略了现实中少部分磋商协议由磋商组织主持而达成的情形，这不利于磋商协议司法确认制度高效率功能的发挥。

14　参见白彦、杨兵：《论司法确认程序的性质》，载《北京大学学报》（哲学社会科学版）2015 年第 2 期。

15　参见王福华：《民事诉讼管辖利益保护论——评最高人民法院指导案例 56 号》，载《比较法研究》2018 年第 4 期。

（二）地方磋商协议司法确认管辖规则的经验启示

中央构建统一的磋商协议司法确认管辖规则，必须深入审视以下三个问题：第一，如何确定级别管辖。“同级法院”“基层法院”“中级以上法院”“环境资源案件已实行集中管辖的由集中管辖地法院管辖”几种情形共存的局面，说明要依据何种原则确定级别管辖尚不确定。磋商协议司法确认案件具有两个较为突出的特性：在主体面向上，行政机关作为一方当事人，打破了传统民事诉讼模式中的力量比对格局；在性质面向上，磋商协议司法确认案件牵涉环境公共利益，受理该类案件的法院应具备相应的水平和能力，否则环境公共利益很可能得不到救济和保护。故而笔者认为，磋商协议司法确认案件级别管辖的设立，应着重考虑是否符合该类案件特性以及行政机关和审判机关是否处于“权力对等”状态这两个因素。

第二，如何确定磋商协议司法确认案件的地域管辖。同级法院管辖模式未确定管辖连接点，基层法院管辖模式与中级法院管辖模式的管辖连接点存在差异。基层法院管辖模式“援用”侵权纠纷和调解协议司法确认的管辖连接点，中级法院管辖模式直接“挪用”生态环境损害赔偿诉讼的管辖连接点。可见，对于应当采用何种原则确定管辖连接点尚未厘清。笔者认为，在级别管辖确定的前提下，应重点考虑是否方便当事人申请司法确认，尽可能地将与案件法律事实有紧密联系的地点确定为管辖连接点。

第三，磋商协议司法确认案件是否适用环境资源案件集中管辖规则。虽然江苏、山东和陕西三省明文规定磋商协议司法确认案件应适用环境资源案件集中管辖规则，但其余省、直辖市、自治区均未予以明确规定。而且如果适用该规则，如何解决环境资源案件集中管辖改革面临以下问题：（1）环境资源案件集中管辖改革的合法性不足。江苏、山东、陕西三省环境资源集中管辖改革的法律依据分别为《南京市中级法院集中管辖批复》《山东省若干意见》《陕西省审理指南》，前一个为最高法的批复，后两个为地方高级法院发布的规范性文件，法律效力较低，难以为环境资源案件集中管辖改革提供坚实的法律基础。（2）集中管辖是由集中管辖地的基层法院管辖还是中级法院管辖，尚不清晰。（3）不便于当事人申请司法确认。当事人本可以就近选择管辖法院申请司法确认，由于集中管辖规则，其不得不向异地法院申请，当事人的诉讼成本很可能会大幅增加[16]。

四、路径选择：以三大原则作为管辖规则构建的指引

磋商协议司法确认管辖规则虽不同于调解协议司法确认和生态环境损害赔偿诉讼的管辖规则，但它们之间并非毫无关联。磋商协议司法确认与调解协议司法确认是司法确认在不同领域的应用，磋商协议司法确认和生态环境损害赔偿诉讼是生态环境损害赔偿制度的重要组成部分。因此，磋商协议司法确认管辖规则的构建既非完全与现行的司法确认制度相脱离，也非游离于生态环境损害赔偿制度之外，而是在立足自身特殊性的基础上，构建一套与现行规则具有内在融贯性的管辖规则。

（一）磋商协议司法确认管辖规则的构建原则

1. 公共利益最大化原则

生态环境具有公共物品属性，存在受益上的非排他性和消费上的非竞争性特征，这容易导致生态环境保护遭遇“集体行动”困境，进而造成“公地悲剧”。磋商协议司法确认制度建立的初衷在于保护具有独特属性的生态环境，作为磋商协议司法确认制度中关键一环的管辖规则，该规则的构建应贯彻公共利益最大化原则。而公共利益最大化原则能否得到贯彻，关键要看管辖法院是否具备相应的司法审查能力。[17] 在我国，法院的级别越高，人力、物力及专业技能等资源就越集中，审判质量一般也相对更高。循此逻辑，磋商协议司法确认案件的管辖法院的级别越高，环境公共利益越能得到保护。我国有四级法院，最高人民法院只受理“在全国有重大影响”及“认为应当由本院审理”的第一审民事案件，从现状看，最高人民法院很少受理第一审民事案件。可见，磋商协议司法确认案件的级别管辖问题的讨论仅限于高级以下三级法院。此外，为避免案件地方保护主义，构建管辖制度时应使部分案件能够避开特定法院，尽量交给出现偏差概率小的法院管辖。具体到磋商协议司法确认管辖规则的设计，鉴于赔偿权利人的行政主体地位，其与管辖法院间的关系越稀薄，越有利于实现公共利

16 参见徐胜萍、曾佳：《论环境资源案件跨区域集中管辖制度的完善》，载《华东师范大学学报》（哲学社会科学版）2017 年第 1 期。

17 参见吴英姿：《论生态环境损害赔偿磋商协议的司法确认》，载《清华法学》2023 年第 5 期。

益的最大化。

2. 权力对等原则

权力对等原则是指受理磋商协议司法确认案件的法院在级别上应与行政机关的级别保持相对平等。从《最高人民法院关于审理生态环境损害赔偿案件的若干规定(试行)》(以下简称《若干规定》)和各省发布的磋商办法来看,赔偿权利人包括三个不同层级的政府:省级政府、省级政府部门;市级政府、市级政府部门;县级政府、县级政府部门。而我国构建了以行政区划为依托、司法管辖区域与行政管理区域相一致的司法组织架构,这为行政机关和审判机关的相对平等提供了可能性。[18] 详言之,县级政府及其部门负责的磋商案件由基层法院管辖,市级政府及其部门负责的磋商案件由中级法院管辖,省级政府及其部门负责的磋商案件由高级法院管辖。如此安排的目的在于尽可能减少行政对司法的干预,确保司法的独立与公正。一方面,地方法院的人、财、物仍然受到地方政府的控制,行政干预司法的问题未被彻底解决。另一方面,受历史文化、传统因素等的影响,我国长期实行上下级管理的行政模式,法院的级别低于行政机关时可能会对司法运行有一定的影响,法院的中立性可能受到质疑。

3. 便利当事人原则

便利当事人原则是《民事诉讼法》的立法指导思想,其旨在公平、合理地分配当事人之间的诉讼成本。[19] 具体到磋商协议司法确认管辖规则的制定,便利当事人原则是指管辖规则的构建应尽可能为赔偿义务人降低成本,为其申请司法确认提供便利性,提升其申请司法确认的意愿,进而提高效率。强调该原则的原因在于:首先,磋商协议司法确认管辖规则应在提高赔偿义务人申请司法确认的意愿方面有所作为。行政机关作为保护环境公共利益的代表人,自身有行政考核的压力,其与赔偿义务人达成磋商协议后有较强的意愿申请司法确认。但赔偿义务人申请司法确认的意愿较低,一是司法确认需要耗费时间和金钱,二是一旦磋商协议具备强制执行力,赔偿义务人再无反悔余地。其次,我国正在进行的环境资源案件集中管辖改革,在很大程度上削弱了"便民原则",不方便当事人申请司法确认。因此,在构建磋商协议司法确认管辖规则时应对该原则予以强调。总体而言,为提高磋商制度的效率,磋商协议司法确认的管辖

18 参见丁亮华:《司法"去地方化"改革反思》,载《法学研究》2023 年第 5 期。

19 参见张卫平:《民事诉讼法》(第 5 版),法律出版社 2019 年版,第 103 页。

法院与赔偿义务人的联系越紧密越好。

（二）磋商协议司法确认管辖规则的具体构建

上述三大原则共同形成“山”字架构，中心为公共利益最大化原则，两翼为权力对等原则和便利当事人原则。构建磋商制度的根本目的在于救济生态环境，这一宗旨确立了公共利益最大化原则在三项原则中的统治地位，同时也说明该原则将贯彻磋商协议司法确认管辖规则构建的全过程。而权力对等原则强调的是法院的级别，在级别管辖规则制定中须着重考虑；便利当事人原则强调的则是法院的地域，在地域管辖规则设计中应优先考虑。

1. 级别管辖

通常而言，法院层级的划分会依照案件性质、影响范围、审查难度、目标额这四个标准进行。此传统标准的底层逻辑与公共利益最大化原则一致，均强调要依据案件自身特质设计级别管辖。同时，权力对等原则强调法院的层级，因此，磋商协议司法确认案件级别管辖的设计也应遵循该原则。

依据公共利益最大化原则（传统标准），磋商协议司法确认案件不宜由基层法院管辖。从案件性质看，生态环境损害赔偿案件为公益案件，案件关涉的环境公共利益不同于私人利益，涉及的环境纠纷不仅案情复杂，专业性强，而且涉及的领域广，社会影响力重大，需要级别较高的法院审理。[20] 从影响范围看，生态环境损害赔偿案件的影响范围较大。根据《若干规定》第 1 条的规定，行政机关提起磋商的情形仅限于以下三种：发生较大、重大或特别重大突发环境事件；在国家和省级主体功能区规划中划定的重点生态功能区或禁止开发区发生污染环境、破坏生态的；其他生态环境遭受严重影响的情形。“较大”“重大”“特别重大”“重点生态功能区”“禁止开发区”“严重影响”等表述无一不在彰显案件涉及的影响范围之广泛。至于案件的审查难度，诚如上文所述，磋商协议的审查难度远高于其他民事协议的审查难度，对管辖法院的审查水平有较高要求。最后即为目标额的大小问题，若单论目标额大小，业已公开的由中级法院处理的磋商协议司法确认案件，其中不少案件本应由基层法院管辖，因为这些案件的目标额较小[21]。可见，案件性质、影响范围、审查难度这三个因素对磋商

20　参见罗丽：《我国环境公益诉讼制度的建构问题与解决对策》，载《中国法学》2017 年第 3 期。

21　例如，在岳阳市生态环境局与湖南弘润化工科技有限公司司法确认生态环境损害赔偿协议一案中，生态环境损害数额仅为 28，472. 08 元，由湖南省岳阳市中级人民法院进行了司法确认。详见湖南省岳阳市中级人民法院民事裁定书，（2021）湘 06 民特 10 号。

协议司法确认案件的法院层级划分有显著影响,而目标额的影响较小。总体而言,由于磋商协议司法确认案件的性质复杂、影响广泛、审查难度大,且基层法院无力应对,因此该类案件应由中级以上法院管辖。

根据权力对等原则,不同层级的政府及其部门主导的磋商协议应向同级的法院申请司法确认。依循上述逻辑,基层法院已被排除在外,因而县级政府及其部门主导的磋商协议也由中级法院管辖。但省级政府,尤其是其部门提起的磋商协议司法确认不必非向高级法院申请不可。磋商协议司法确认程序作为非诉程序,双方当事人对所涉权利纠纷已无争议[22]。虽然该程序对法官的司法审查能力有要求,但中级法院已具备处理磋商协议司法确认案件的人力、物力和专业技能,因此一般由中级法院管辖即可。为防止规则过于板正,同时为高级法院受理磋商协议司法确认案件留下合法性空间,磋商协议司法确认案件的级别管辖可以规定为"磋商协议司法确认案件由×××的中级以上法院管辖"。

2. 地域管辖

磋商协议司法确认案件的级别管辖已确定,制定地域管辖规则主要考虑如何便利当事人、合理分配成本,[23]以增强磋商协议司法确认制度的吸引力。第一,应把当事人住所地确定为管辖连接点。赔偿义务人与案件息息相关,为方便其申请司法确认和降低申请成本,应将赔偿义务人所在地纳入管辖连接点的范畴,这也符合"原告就被告"的传统。而把赔偿权利人所在地确定为管辖连接点,是因为环境资源案件集中管辖改革使大多数磋商协议司法确认案件被某一法院集中异地管辖,赔偿权利人干预司法的能力被大大削弱,不影响司法公正。第二,生态环境损害行为实施地、损害结果发生地应被确定为管辖连接点。首先,生态环境损害行为实施地、损害结果发生地的法院在地理上更靠近案件,对案件背景和根源有更深刻的理解,这有利于审理法官全面把握案件,作出高效且公正的裁定。其次,生态环境损害行为实施地和结果发生地直接发生在管辖法院的管辖区域内,这些法院更有动力去推动案件的解决,以确保当地的生态环境得到有效救济和保护。最后,侵权案件、环境民事公益案件、生态环境损害赔偿案件在设置地域管辖时,均将生态环境损害行为实施地和结果发生地确定为管辖连接点,为保持环境资源案件管辖规则法律体系的融贯性,磋商协议司

---

22 参见潘剑锋:《论司法确认》,载《中国法学》2011 年第 3 期。

23 参见王亚新:《民事诉讼管辖:原理、结构及程序的动态》,载《当代法学》2016 年第 2 期。

法确认管辖规则的构建也应当将这两个地点确定为管辖连接点。第三，应将磋商组织所在地确定为管辖连接点。主要原因在于，实践中存在赔偿权利人和赔偿义务人在第三方磋商组织主持下达成磋商协议的情况。而且磋商组织对案件也较为了解，由磋商组织所在地的法院管辖，既方便法官审理案件，也方便当事人申请。

3. 集中管辖

2014 年，《关于全面加强环境资源审判工作　为推进生态文明建设提供有力司法保障的意见》等政策文件提出，要探索建立与行政区划适当分离的环境资源案件管辖制度，过半的高级法院已积极制定和发布了探索环境资源案件集中管辖的意见或办法。环境资源案件集中管辖还在改革中，尚未上升为成熟的法律制度。换言之，环境资源案件的管辖规则将处于集中管辖和非集中管辖的动态调整和优化过程中。但笔者认为，已出台文件规定环境资源案件应实行集中管辖的，磋商协议司法确认案件应受集中管辖规则约束。第一，磋商协议司法确认案件作为环境资源案件的一个类型，环境资源案件实行集中管辖，该类案件自然也应遵守集中管辖规则。第二，磋商协议司法确认案件在集中管辖规则的约束下，将会被集中分给专业水平较高的生态环境保护法庭，这不仅有利于化解该法庭"无米下炊"的尴尬现状，[24]还能保证环境公共利益的最大化。第三，环境资源案件集中管辖制度是促进环境司法专门化的重要手段，在一定程度上能够实现司法辖区与行政辖区的分离，弱化行政权对司法权的干预，确保司法权的独立和公正行使，实现环境正义[25]。但同时也要正视集中管辖带来的挑战，并采取针对性措施：

第一，应补足环境资源案件集中管辖改革的合法性。根据《立法法》第 11 条第 2 项的规定，各级法院的职权属于法律保留事项。环境资源案件集中管辖改革改变了《民事诉讼法》和《刑事诉讼法》的管辖规则，原本享有管辖权的法院因该规则丧失了权力，改变了法院间的职权配置。修订《民事诉讼法》和《刑事诉讼法》固然不失为一种方式，但集中管辖规则正在进行，尚未成熟，不宜直接纳入法律。而且法律修订往往需要耗费较大成本，故而应由全国人民代表大

24　参见于文轩：《环境司法专门化视阈下环境法庭之检视与完善》，载《中国人口·资源与环境》2017 年第 8 期。

25　参见游劝荣：《司法专门化视域下涉碳案件集中管辖研究》，载《法学评论》2024 年第 1 期。

会及其常委会发布具体改革决定。这样既可以补强改革的合法性,又为环境资源案件集中管辖规则的成熟预留了空间。第二,应由集中管辖地的中级以上法院管辖。中级以上法院基本上都设置了环保法庭,处理磋商协议司法确认案件具有人力和物力上的优势,还可以减轻基层法院的压力,进一步优化司法资源配置。第三,实行环境资源案件集中管辖改革的地方,应尽量兼顾方便当事人原则。例如,允许当事人在当地法院提交司法确认申请书、磋商协议、身份证明等证明材料,相应材料由接收材料的法院通过快递、传真、邮件等方式移交集中管辖法院;集中管辖法院可以充分利用互联网和新媒体,通过视频等方式询问当事人,开通网上立案,甚至可以建立电子法庭。

五、结　　语

生态环境损害赔偿制度改革迄今已 9 年有余,磋商协议司法确认制度初见雏形,然而位于司法确认程序始端的管辖规则却处于阙如状态,这制约了磋商协议司法确认制度的公正性和效率性。因此,本文从构建论的角度出发,分析了磋商协议司法确认案件管辖法院的确定不适用调解协议司法确认管辖规则的原因,考察和总结了地方在探索构建磋商协议司法确认管辖规则方面的经验和启示。根据地方的经验启示,结合磋商协议司法确认案件的特性,提炼出构建该类型案件管辖规则应遵循的三个原则。在这三个原则的指引下,磋商协议司法确认案件管辖规则的构建方案如下:通常而言,磋商协议司法确认案件由生态环境损害行为地、当事人住所地或磋商组织所在地的中级以上法院管辖;但当地环境资源案件已实行集中管辖的,则由集中管辖地的中级以上法院管辖。

地方“双碳”立法相关问题及解决之策

孙洪坤　张　瑾*

【内容提要】 虽然国家层面的“双碳”立法还未出台,但随着“1 + N”政策体系的日益完备,具体的政策措施已经基本形成,此时推进地方“双碳”立法恰逢其时。目前地方“双碳”立法还存在未能反映现实需求、地方立法对“双碳”目标的响应不足、政策与地方法规出现失衡、多元参与主体协同性不足等诸多共性问题。我国的地方“双碳”立法应该以制定国家《碳达峰碳中和促进法》为最终目标,采取专门型的立法模式,并引导省级立法与市级立法相协调。在进行地方立法时还要注意坚持从实际出发,突出地方特色,实现政策向法律转化,促进立法目的响应“双碳”目标,形成理念融合,优化激励约束机制,引导各方主体参与。

【关键词】 碳达峰碳中和　地方立法　“双碳”法治　“双碳”目标　立法模式

2020 年 9 月,习近平主席在第 75 届联合国大会一般性辩论会上提出“力争于 2030 年前达到峰值,努力争取 2060 年前实现碳中和”。2021 年 10 月,中共中央、国务院发布《关于完整准确全面贯彻新发展理念做好碳达峰碳中和工作的意见》(以下简称《意见》)首次提出“研究制定碳中和专项法律”,对“双碳”立法这一全新命题的讨论由此拉开帷幕。同时,党中央在坚持“全国一盘棋”的基础上明确指出要“压实地方责任”。《2030 年前碳达峰行动方案》(以下简称

---

* 孙洪坤——安徽大学法学院教授、博士生导师,浙江立法研究院暨浙江大学立法研究院研究员,主要研究领域:生态法治;张瑾——安徽法治与社会安全研究中心研究员,主要研究领域:生态法治。
本文系安徽省高校社科重大项目“安徽碳达峰碳中和纳入生态省建设布局的立法保障研究”(2022AH040013)阶段性成果。

《行动方案》)也要求“各地区梯次有序碳达峰行动”,地方对“双碳”目标实现的重要意义和关键作用被提升至一个新的高度。这也同样意味着在国家相关法律体系的构建过程中,地方立法需要扮演先行者的角色,积极探索“双碳”地方实践,通过地方立法形式,为“双碳”目标的实现提供有力支持。基于地方“双碳”立法的重要性和紧迫性与当前研究的稀缺性之间的矛盾,尽快开展针对性研究有其现实意义,促进地方经济结构的优化升级,为国家制定《碳达峰碳中和促进法》提供有益的参考,推动我国“双碳”法律体系的不断丰富。

一、地方“双碳”立法现状及相关问题

(一)地方“双碳”立法现状

我国地域辽阔,自然环境复杂多变,西高东低的地势分布和较大的经纬跨度导致自然资源分布不均。就与“双碳”目标实现直接相关的能源分布来说,煤炭总量丰富,北多南少,西多东少,且与区域经济发展趋势不相匹配。基于此种国情,我国直接制定《碳达峰碳中和促进法》难度高,需要各省市及地区先行立法,摸清自身发展规律,为国家基本法的制定提前开展立法准备工作。从立法实践来看,我国也一直采取“自下而上”的推进策略:

我国于2008年开展了应对气候变化的省级方案项目,各地政府积极成立专项领导小组,制订行动计划,优化管理体制和运行机制,气候变化议题被正式纳入地方治理实践。在此基础上,部分地区率先尝试制定应对气候变化的政策、法规和规章,将气候变化工作纳入法治轨道。

《青海省应对气候变化办法》是我国首部应对气候变化的省级政府规章,全文共5章28条,以倡导和建议表述为主,充分体现了“减缓和适应并重”的原则,并在附则部分首次正式对“减缓”和“适应”这两对概念进行定义。在内容上也较为贴合青海省高原地区的自然特点和生态环境状况,突出强调了三江源地区的生态平衡和青海湖流域的水源涵养,认识到农牧业活动也是温室气体产生的重要源头,并根据地区特色鼓励光伏发电、风能、太阳能资源的推广应用。但由于缺少法律责任部分的规定,该部规章被束之高阁,难以落地执行,无法充分发挥其司法作用。

山西和四川二省也于2011年制定《山西省应对气候变化办法》和四川省《四川省应对气候变化办法(代拟稿)》,南昌于2016年出台《南昌市低碳发展

促进条例》，江苏、湖北、安徽等地也同步展开立法探索。虽然国家层面的立法由于种种原因最终被搁置，但以上的地方立法仍为“自下而上”的应对气候变化立法路径积累了丰富的经验。

《天津市碳达峰碳中和促进条例》是我国首部以实现“双碳”目标为立法目的的省级地方性法规。此条例发布于《行动方案》之前，具有极大的创新价值和借鉴意义，充分反映了天津市积极落实中央“双碳”战略的积极性和主动性。全篇共分为 7 章，内容刚柔并济，不仅有宣示性条款、柔性的激励举措，同时量化了各级政府、有关部门以及重点排放单位造成相关生态破坏或者未履行相关碳排放职责的惩罚力度。此外，在促进发展方面考虑到了转型时期经济的平稳过渡，前瞻性地提出了促进战略性新兴产业发展，为其他地方制定“双碳”制度提供了较好的参考。

除了专门性立法，《深圳经济特区生态环境保护条例》将“应对气候变化”列为单独章节予以规定。包括《天津市碳达峰碳中和促进条例》在内，已有 84 部地方性法规将“碳达峰、碳中和”明确写入地方立法。此外，近些年福建、湖北以及深圳碳排放权交易相关规定也陆续发布，不断丰富地方“双碳”立法的实践经验。

广东省制定了《广东碳达峰实施方案》、《广东省城乡建设领域碳达峰实施方案》、《广东省绿色金融支持碳达峰行动的实施方案》以及《国家碳达峰试点（广州）实施方案》等。安徽省一直将法治作为本省“双碳”战略的重要环节，积极推动低碳发展的法规建设。《安徽省碳达峰实施方案》以 2025 年、2030 年、2060 年为时间节点，规划“双碳”路线图，明确本省的“双碳”目标。在任务分布上聚焦能源、工业等“6 + 1”重点领域，结合本省发展实际，提出完善能源消费强度和总量双控制度，把能效水平纳入“亩均论英雄”改革，并且推动互联网、大数据等新兴技术与绿色低碳产业深度融合，利用数字化转型的力量，助力企业实现节能降碳的目标，最后提出要健全法规体系保障“双碳”战略实施。

（二）地方“双碳”立法存在的相关问题

各省市及地区在经济发展水平、产业结构、能源消费结构以及自然生态条件等方面存在显著的差异。这些差异导致各地在碳排放和碳汇方面的特点和减排难点各不相同，无法一一展开分析，因此本部分主要对我国地方“双碳”立法存在的共性问题展开论证。

1. 地方立法未能充分反映“双碳”的现实需求

“双碳”目标的实现本质上是减少碳排放和增加碳汇，从这两个环节来看，各地方已经形成的“双碳”立法与地区现实需求侧重点存在脱节。在碳排放方面,各地区碳家底和减碳能力所存在的不均衡现状,不仅直接影响地区的碳达峰时间,而且关系着区域间初始碳配额的分配问题,需要各地“双碳”立法做出针对性规制,但是地方立法中普遍缺少对下辖地区碳排放差异性的专门规制。以安徽省为例进行说明,安徽省碳排放总量基数较大,高碳特征明显,短时间难以根本改变。随着安徽省全面融入长三角一体化发展,碳排放量也势必出现上升趋势。工业作为碳排放的主要源头,呈现出碳排放的区域差异化,皖北工业碳排放量始终大于皖南和皖中地区,其中淮南市和淮北市、安庆市,以及马鞍山市、铜陵市和芜湖市分别是皖北、皖中、皖南工业碳排放增量的主要贡献者,也是未来碳减排的重点工作对象。[1] 但是以上重点排放城市均未立足自身实际展开针对立法,仍依赖于省级层面的综合治理。在增碳汇方面,就林业碳汇而言,安徽省是全国最大的林业省份之一,林业资源丰富,林业碳汇具有较大的发展潜力。全省森林植被多集中在皖西南山区和皖南山区,地带性特征明显,使省内林业碳汇储量分布也呈现地域差异,皖西南地区和皖南地区碳汇量高于皖北和皖东地区,其中金寨县、霍邱县、寿县、岳西县、东至县的林业碳汇较高。但是安徽省目前的“双碳”立法中仅有《安徽省林长制条例》《安徽省促进大别山等革命老区振兴发展条例》两部法规字面提及了林业碳汇以及林业碳汇交易。尽管已经引入“碳汇”概念,但是前者仍主要聚焦于保障和促进林长制实施,规定了五级林长的工作职责、履职程序以及责任制度等内容;后者主要聚焦于革命老区的振兴发展,弘扬传承红色精神基因,具体涉及碳汇的部分篇幅极少,未就林业碳汇的摸底调查、储量分布、计量监测等价值实现机制进行立法规定,并且对于如何平衡林业碳汇的地域差异尚未设置协调机制。

2. 地方立法对“双碳”目标的响应不足

为了充分发挥法律系统稳定和可持续发展功能,其内部多重元素需通过相互关联与作用形成较为稳定与均衡的组织结构。这种结构在地方“双碳”立法中则表现为立法理念的同一和内容规范的细化。但是由于“双碳”专门立法的缺失,服务于“双碳”目标的“涉碳”法律规则零星地出现在不同的单行法规之中,内容碎片化且未形成关联逻辑,导致出现立法理念融合不畅、内容规范不细

1 崔连标、王佳雪:《安徽省工业碳达峰的多情景分析》,载《安徽大学学报》(哲学社会科学版)2023年第4期。

的局面。

作为诠释法律体系内部构造是否完整的关键性因素，立法理念融贯性是某一部门法律体系建构过程中所需嵌入与依附的灵魂，[2] 从而避免因理念冲突导致法律规范之间相互冲突，确保法律体系的各组成部分能形成合力，实现共同的法律目标。立法理念是立法目的的指导思想，立法目的是立法理念的具象化体现，立法者在立法过程中通常会将立法理念转化为具体的立法目的。基于此，地方“双碳”立法理念的融合不畅也直观表现在立法目的之上。综观“双碳”相关法规和规章，在国家提出“双碳”目标后，仅有少数地方立法明确将“碳中和”写入立法目的，规范“双碳”目标的制度路径，其他大部分立法却只是以“倡导低碳绿色生活方式”的表述简单提及，“双碳”目标并未以价值理念的形式融入其中。

从地方立法与上位法的关系来看，除了应遵循地方立法不得与上位法相抵触原则，还允许地方立法基于补充原则和具体化原则，根据本行政区域的特殊情况和具体问题对上位法的一般性规则进行具体补充，使之更具可操作性。但是在“双碳”目标在地方分解落实的过程中，受制于立法目的融合不畅，现有的相关法规“双碳”内容规范不细，即缺少直接规定和针对性制度安排。《大气污染防治法》第 2 条明确规定了“减污降碳协同控制”，《安徽省大气污染防治条例》作为下位法也在第 4 条中承接了此项规定，但是依然停留在原则性规定层面，并未根据本省“一煤独大”的能源结构，以及碳排放量存在地区差异的现状设置可执行的具体制度，使此项原则性规定仍未真正落到实处。

3. “双碳”政策与地方法规出现失衡

在我国的环境法治发展历程中，政策与法律的关系一直争议不断，政策主治或者法律主治的现象在实践中也曾大量存在。自党的十八大以来，中央高度重视生态文明建设，在生态文明体制机制改革和实践中，环境政策与环境法律的关系问题也逐渐明晰。“双碳”战略作为生态文明建设整体布局中的全新议题，在很大程度上依赖于以法律和政策为主体构成的法制体系，二者缺一不可。[3] 随着《意见》和《行动方案》等政策文件的出台，碳达峰碳中和“1 + N”政

2 李冰强、邸卫东：《环境法视域下的碳中和治理：法理基础、体系困境与纾解之道》，载《中南林业科技大学学报》（社会科学版）2023 年第 5 期。

3 于文轩、胡泽弘：《“双碳”目标下的法律政策协同与法制因应——基于法政策学的视角》，载《中国人口·资源与环境》2022 年第 4 期。

策体系已然建成，形成了从中央到地方、从综合调整到专门规制的多领域、跨部门治理格局。相较之下，作为“双碳”法制体系重要组成部分的法律却仍处于空白状态，在碳排放治理的具体实践中政策主导特征显著，法律作用发挥受到限制，相关政策与法律出现严重失衡。这不仅会导致“双碳”目标行动畸形发展，而且与全面依法治国的基本要义相背离。

其一，表现为政策出台频繁，而法规体系滞后。就两者的体系结构而言，地方政策并未规避重复规定，是在延续国家政策既有条款的基础上再依具体实际增设地方性规定。而下位法则更侧重于对上位法的细化与深化，紧密结合地方实际情况，以凸显其区域特色、针对性和可操作性。安徽省各级政府一方面为了快速应对气候变化的各种风险挑战，另一方面为了积极响应国家对于“双碳”战略的统筹规划，近年来密集出台了各种政策措施，以推动地方“双碳”目标的实现。紧随国家“双碳”顶层设计的两份文件，各地方“双碳”实施意见和碳达峰实施方案，在工业、城乡建设、节能减排、生态保护、能效约束、财政激励等具体领域的政策也根据国家相关领域的政策文件进行地方性的快速调整和更新，实现了对省域内“双碳”新情况的覆盖性政策保障，保持了“双碳”政策体系自上而下的连贯性和及时性。反观地方性法规，由于国家层面“双碳”立法仍处于探索发展阶段，地方立法缺乏上位法的支持和指导，地方立法主体为了避免与上位法冲突，立法谨慎，积极性不高。同时受立法技术的限制，其中法规类别大多也只是围绕着减碳增汇等“双碳”核心环节进行间接设置，法规的制定和修订缓慢且无针对性，难以跟进政策的变动速度，使政策与法规之间出现时间上的错位，导致政策稳定性缺失、强制力不足、内容抽象模糊等局限性缺少法规的及时约束。

其二，表现为地方政府依政策行政。环境政策与环境法律一直处于相互依存、相互作用的紧密互动关系之中。前者为后者的制定提供指导思想和目标导向，后者则将符合条件的政策转译为具有法律约束力的规范，通过明确规定环境保护的标准、要求和措施为前者的落实提供法律基础。目前地方“双碳”政策大多被定位为地方工作文件，根据《立法法》对法的范畴的规定，其在规范层面不属于法的概念，自然也不具有法的效力。此类地方工作文件明确针对对应的行政机关发布，并非针对全社会，例如，地方碳达峰实施方案的抬头为“各市、县人民政府，省政府各部门、各直属机构”，因此在事实上其属于行政机关上下级之间的一种内部规范，属于内部管理行为。重大改革必须于法有据，在没有明确进行立法规定的前提下，地方政府依政策行政而不是依法行政的做法有失偏颇。从作用的侧重点来看，环境政策注重目标任务的确定发布和完成效果，会根据上一阶段的完成度来制定下一阶段的目标，每个阶段都有定性定量的任务要求，侧重于结果，具有灵活性和适应性价值优势。环境法律强调依法完成目标任务，侧重于过程合法法规。为了保证法律的指引、评价和预测作用，法律一经公布则在长时间内有效，稳定性较强。具体到“双碳”战略的落实过程中，“双碳”立法的滞后给政策的作用越界保留了空间，政策的过度灵活性使法律沦为政策任务驱动下保障目标实现的机械工具，地方政府为了实现国家政策要求的分解落实地方“双碳”目标，忽视地区实际经济社会规律，出现“煤价高位运行”“拉闸限电”“电煤紧缺”等僵化执行政策的负面效果。

4. 地方“双碳”目标多元参与主体协同性不足

实现“双碳”目标是一场广泛而深刻的变革，关乎公众生活、企业转型、社会绿色低碳发展的方方面面，意味着以政府为主体的单一治理模式已经无法适应经济社会低碳化发展所产生的新问题，“双碳”目标必须汇聚全社会力量协同推进。以政府为主导者、以企业为驱动者、以公众和社会组织为直接参与者的多元共治发展模式已然构成，而在多元参与主体如何有效协同这一问题上还存在诸多不足之处：

第一，角色认知出现偏差。就地方政府而言，还没有完成从“经济理性人”到“生态理性人”的角色转变。地方政府不仅要有科学的生态知识和解决环境问题的逻辑能力，还应当具有对自然环境的深刻理解和尊重，以及在日常职务工作中采取行动来保护和改善生态环境的责任感。地方是“双碳”目标实现的直接单位，地方政府则是其中的关键主导者，其治理理念和治理行为决定了地方目标乃至国家目标的最终结果。但是有些地方政府仍未完成两类角色的实质转化，在唯 GDP 论而忽视生态政绩的政绩考评体系下，还保留着以牺牲环境为代价换取短期内的经济增长和就业稳定，而忽视长期的环境保护和碳排放控制的“经济理性人”角色实质，将生态效益和经济发展置于对立地位，在遏制高污染高耗能项目时存在只喊口号不实际作为的表现，在资源分配上更偏向于传统高排放产业，对新兴低碳产业的扶持不足。就企业而言，企业作为市场主体碳排放的主要来源，是“双碳”目标实现的核心力量，同时也是碳交易市场的主要参与者、低碳技术创新和应用的重要主体。但因我国环境法治带有行政主导色彩，在一定程度上制约了为实现“双碳”目标而确立的企业环境自行治理责任的法治化和规范化进程。[4]

第二,约束机制尚不健全。首先,法律法规作为"双碳"目标实现过程中最重要的约束机制,它通过规定一系列行为规范和法律后果,对国家机关、社会组织和个人的行为进行规范和约束。但是从文本内容来看,地方低碳相关法规对地方政府及其职能部门的约束力度大于对企业、社会公众的约束力度。其次,碳排放约束机制还存在缺陷。碳排放核算与碳配额是碳排放约束机制的重要环节,核算是配额分配的基础,准确的碳排放量核算结果是分配碳配额的关键依据。目前《碳排放权交易管理暂行条例》采取国家直接确定年度配额总量、制定分配方案的集中决策模式,地方不得违法发放或者调剂,仅在制定时征求地方意见,因信息不对称,该模式使决策者难以全面顾及不同地方之间的差异,[5]同时也从侧面对地方的碳排放核算体系提出了严格要求。但是地方碳排放统计核算体系尚未健全,核算标准和方法、法律责任的界定等还没有明确的法规规制,势必会对碳配额分配产生不利影响。最后,碳排放信息的公开披露,能为顺利推动"双碳"工作奠定坚实基础,也是社会公众了解并监督碳减排目标完成情况的一个重要途径。国家层面,生态环境部出台了《关于加强企业温室气体排放报告管理相关工作的通知》,对重点碳排放单位报送温室气体排放相关信息的具体要求做出了规定,但国家立法还处于空白状态;地方层面,也仅有部分省市正式印发相关管理文件,对碳排放企业做出具体要求,但这些管理文件缺乏法律强制力,同时也存在信息披露内容的标准不统一、平台不一致等问题,故而亟须出台专门法律规范予以规制。

第三,激励机制有待完善。随着"促进型"立法在环境治理中的广泛应用,相关的激励机制也成为其中的重要内容,或以条款形式出现,或以专门章节形式单独规定。以我国地方首部"双碳"专门立法《天津市碳达峰碳中和促进条例》为例,其亮点之一就是设立资金补助、碳普惠机制及生态保护补偿机制等"激励措施"专章,这对国家和地方"双碳"立法提供了宝贵的经验借鉴。美中不足的是,这些激励机制仍具有宣示性质,作为地方立法却没有进一步出台配套的细化规定予以响应和补充。在"双碳"领域的激励机制以生态保护补偿机制和碳普惠体系为主。生态保护补偿机制最早源于皖浙两省在新安江流域的

---

4 陈海嵩:《"双碳"目标下的企业环境合规及法律机制构建》,载《东方法学》2023年第1期。

5 曹明德:《中国碳排放交易面临的法律问题和立法建议》,载《法商研究》2021年第5期。

机制试点,按照"谁受益谁补偿、谁保护谁受偿"原则,建立补偿标准体系,随后陆续在森林和大气领域实施。目前该机制主要依靠政策的推动,虽然政策的灵活性能够满足不同领域生态保护补偿进度差异化的客观需求,但是由于政策制定主体不同,各部门基于事权职责通常只注重职权范围内的自然资源生态保护补偿,使资金来源、补偿对象、补偿标准和分配方案等关键要素均不一致,缺乏统一的标准,实施弹性过大。加之信息共享平台还存在更新不及时等漏洞,容易导致各部门在生态保护补偿机制具体实施过程中忽视各自然资源之间的交互性,从而出现补偿脱节或者补偿重叠的问题。另外,政策推动缺少规范性和稳定性,以新安江流域生态补偿为代表的生态保护补偿机制受到时效的限制,各地签署的流域生态补偿协议多以 2 年至 3 年为一个周期,实施周期短,难以形成常态化的投入保障机制。在全面依法治国的战略方向下,需要以立法的方式对以上问题进行统合,区分不同领域和不同类型的激励机制内部的共性和个性,完成法规构建与细化。

二、地方"双碳"立法问题的解决之策

(一)地方"双碳"立法的专门型立法模式

现有"双碳"立法,从外在形式上看,包括专门型立法模式和分散型立法模式两大类。[6] 目前我国地方"双碳"立法采取分散型立法模式,主要表现为立法者不直接围绕"双碳"目标实现展开立法活动,而是通过对"双碳"相关要素制定新法或者修订原有关联法,将碳减排和增碳汇的内容以碎片化形式分布于污染防治、自然资源保护、能源利用、综合管理等不同类型的间接法规当中。立法者借助其灵活性和针对性优势,也倾向于在短期内弥补"双碳"目标实现过程中的法制需求,难以进行长远的统筹规制。一是前文中所分析的各类型法规之间立法目的相互独立、融合不足使具体制度措施各为其主、难以协同。二是已有关联法规定与"双碳"目标并不适配。例如,污染防治类法规以浓度控制和末端治理为主要手段,而以二氧化碳为代表的温室气体的减缓排放以总量控制和源头治理为主要手段。因此,分散立法模式忽视了气候变化问题的整体性和系统性特征,也没有正视"双碳"目标实现的跨部门、多领域的协同需要,让本就处于

6　孙洪坤、周奕慧:《论我国碳达峰碳中和立法模式的选择》,载《法治论坛》2023 年第 3 期。

摸索阶段的地方“双碳”立法更加混乱。据此,采用专门型立法模式才是当下“双碳”发展趋势的择优选择。从上文关于立法名称的选择上可以看出,在地方已有的相关立法中,无论是建议制定应对气候变化办法还是碳达峰碳中和促进条例,实践上已经倾向于采用专门型立法模式的方案。除了国家对于“双碳”目标的重视程度和国际承诺实现的紧迫性需要国家和地方通过专门立法,集中力量保障目标如期完成,更关键的是专门型立法模式明确将“双碳”目标实现作为核心目的,保证“双碳”目标的实现不受其他问题的干扰,并且在立法措施上具有针对性,对于能源、交通、建筑等高碳排放行业制定更严格的排放标准和监管要求,对可再生能源、节能技术等领域提供直接的政策支持和激励措施。

(二)省级立法与市级立法相协调

2023年修正的《立法法》进一步扩大了设区的市的立法权限,将原来的“环境保护”范围扩大至“生态文明建设”,并增加了“基层治理”,由三个领域扩大到四个,充分展现了国家对于设区的市的立法权的重视,肯定了其在中国特色社会主义法治体系中的重要作用。在依法推动“双碳”目标实现的政策下,设区的市的地方立法也充分发挥其积极性和主动性。但是由于省地方性法规与设区的市的地方性法规的关系在理论与实践中含糊不清,设区的市制定的地方性法规较多照搬、移植、套用省地方性法规,导致设区的市的立法权限被大大压缩,处于半搁置状态。明确两者的关系,最大限度发挥设区的市的地方法规在“双碳”目标实现中的作用,推动省级立法与市级立法相互协调,才能让地方“双碳”目标如期达成。关于两者的关系,有些观点从“不抵触”原则直接推导出省地方性法规是设区的市的地方性法规的上位法结论,这显然有失偏颇,原因有二:第一,《立法法》第100条虽规定了地方性法规与各级地方政府规章的法律效力的位阶,但并未提及省地方性法规与设区的市的地方性法规的位阶关系,上位法的论断无法律依据支撑。第二,从立法目的角度看,《立法法》第82条第1款第1项虽规定法律、行政法规是地方性法规的上位法,但设区的市的地方性法规本身并不含“为执行省地方性法规的规定”的立法目的,省地方性法规与设区的市的地方性法规之间没有位阶差异。

在厘清省地方性法规与设区的市的地方性法规的同位关系的基础上,两者如何协调配合也是地方“双碳”立法需要解决的关键问题。国家层面的“双碳”立法目前仍处于探索试点阶段,因此给地方立法留有较大的制度创新空间。就省级地方立法而言,其立法权限仅需以不违反上位法,远远大于设区的市所享有的四个特定领域立法权限。由于“双碳”立法体系涉及经济社会的方方面面，省级立法“可以先行先试，大胆进行制度创新，为中央立法积累经验”。[7] 省级“双碳”地方性法规可以在行政区划内的碳市场建设、绿色金融、碳汇交易等设区的市的地方性法规无法触及的领域发挥主导作用，展开全省制度建设工作。同时，在确定基本原则、基本框架体系时，省级立法也应该在结合国家“双碳”政策的基础上兼顾全省各市区的具体情况，为省级“双碳”立法的向下兼容提供更多可能。对于与设区的市的立法权限重合的领域，省级立法机关在制定立法规划、立法计划工作中，要加强与设区的市的立法机关的沟通、衔接和协同，给设区的市的地方立法腾出可发挥的空间，避免重复立法和矛盾立法。就市级立法而言，其立法权限相对固定，则应该在中央立法、省级立法规定碳减排的基本原则、基本框架的前提下，立足本市区的细化四个领域的“双碳”执行落实程序，积极主动创新法规制度。同时，作为法规建设的最后一道线，设区的市的地方性法规也要在控制重点行业碳排放量，设置“减碳增汇”激励措施发挥查漏补缺的作用。

(三)坚持从实际出发，突出立法的地方特色

地方立法，其关键在于“地方”，即要在遵守立法基本要求的基础上凸显地方特色，而地方特色的显著表现是此地所具有的独特资源与优势。就“双碳”目标而言，区域经济发展阶段的差异性、产业结构的偏向性、能源结构和碳汇发展的地理环境依赖性等，都是“双碳”目标本身所具备的地方特色的具体表现。而特色能体现出地方立法的制度创新和立法者的实际水平，是衡量地方立法质量高低的一个重要标准。[8] 因此，地方“双碳”立法要围绕“地方性、针对性、可行性”三性展开。

第一，地方性除了表现为立法主体和效力的地方性，更重要的是立法内容的地方性，要求地方立法机关对地区的经济社会生态情况了如指掌，对“双碳”政策实施过程中的难点、堵点进行汇总分析，为立法总结经验，从而使制定的条文紧密贴合地方实际情况和关注地区的特定问题。例如，优化产业布局、企业做大做强、增强核心竞争力、产业链上下游联动，并广泛结合本地相关企业、高校、院所实现技术创新。

---

7 刘长兴:《推进双碳目标实现的地方立法路径分析》,载《法治论坛》2022 年第 4 期。

8 宋才发:《地方立法的基本程序及功能研究》,载《河北法学》2021 年第 3 期。

第二，针对性是地方性的进一步要求，地方性需要地方立法机关将了解到的实际情况和现实需求全面转化为法律表达，体现的是“广撒网”，而针对性是要求立法机关在各方面的情况和需求中，抓住当地社会发展和人民生活最需要解决、矛盾最为突出的事项，体现的是“精准捕捞”。“双碳”目标的实现涵盖诸多领域，与众多现有法律部门相互关联、相互补充[9]，在地方立法时不可能“胡子眉毛一把抓”，必须针对目标实现过程中的主要矛盾和矛盾的主要方面，重视立法前的问题调研、立法预测等准备工作和立法后的试行评估工作。

第三，与法律的普适性不同，地方性法规制定的初衷就是结合本地实际，将上位法和地方治理措施落地执行，地方立法机关在突出地方特色的同时，也要注重立法内容的精细化和可操作性。在观念上要改变“以上位法为中心”，上位法只是为下位法的制定划定了范围，确定了标准，指明了方向，地方立法仍应该坚持以人民为中心，以问题为导向，“注重增进社会整体利益”，[10]在不违反上位法的前提下发挥主观能动性解决地方实际问题。在行动上，要摒弃“宜粗不宜细”的抽象化和同质化的立法套路，制定具体的执行措施，适当细化相关事项规定。另外，要善用地方传统、惯例和习俗等地方性资源解决地方问题，增强社会公众对立法的接受度和适应性。

（四）实现政策向法律转化，推进两者协同治理

现阶段我国“双碳”立法应当选择政策性立法模式。[11] 要想让地方工作文件具备法的效力，能在“双碳”目标实现过程中真正发挥强制约束力，坚持政策与法律的协同实施和政策内容的法律转化不失为良策，这同样也是推动地方政府依法行政的必由之路，建设法治政府的应有之义。

所谓“协同”，是指多个个体或者系统在共同的目标或者任务下相互配合和协作，通过资源共享、信息交流和行动一致，以实现更高效的工作，这就意味着政策与法律的协同实施是指两者在结构上各自独立，在作用上优势互补的运行状态。“双碳”政策的制定往往紧密贴合地区的社会经济发展程度以及社会公众的生产生活需求，因此其负责以问题为导向，明确阶段目标、提供宏观指导和

---

9 Scotford E, Minas S, Probing the Hidden Depths of Climate Law: Analysing National Climate Change Legislation, Review of European Comparative & International Environmental Law, 2019(01), p. 68.

10 孙洪坤：《公益诉讼、能力壁垒与相对合理——基于某省C市毒地案二审判决的法理省思》，载《东方法学》2021年第2期。

11 孙洪坤、周奕慧：《论我国碳达峰碳中和立法模式的选择》，载《法治论坛》2023年第3期。

制订计划方案,而“双碳”法律则提供地区普遍适用的制度框架。此外,通过具体的政策措施来弥补法律在某些领域的不足,确保两者之间能够实现有效协同。这种协同必须建立在对自身功能的有限性和彼此优势的互补性有清楚认知的基础之上。法律的稳定性、滞后性以及政策的灵活性、探索性成为两者协同实施的重要价值考量,而保障价值之间的动态调试和适度融合才是其中的基本路径。具体而言,由法律的稳定性来中和与约束政策的过度灵活性,由政策的探索性和先行性来弥补法律的滞后性,同时政策激励手段也能为法律的强制性进行缓冲。此外,“双碳”政策与“双碳”法律要注意协同节奏的一致,这就要求在政策制定机关和立法机关之间构建信息交流机制,实现政策信息与立法信息的交流协同。

政策内容的法律转化要遵循分类转化原则。在“双碳”政策体系中,可以将政策分为抽象性政策和实施性政策两类,其中类似“生态优先”“绿色低碳发展”“降碳、减污、扩绿、增长协同推进”等有关目标任务、理念原则属于抽象性政策,有关工业、交通、建筑等领域的碳达峰实施方案、步骤和具体措施则属于实施性政策。因此,立法机关可以将试点探索为成熟、稳定而又有立法必要性的抽象性政策,直接作为“双碳”专门性地方法规的政策性条款,用以保证政策与法规在理念和原则上的延续性和一致性,为具体制度的立法设置确定基调。实施性政策主要转化为地方“双碳”配套法规和规章,通过立法环节将实践中有效的政策措施加工为法律语言,并明确措施的适用范围、行为要求和违规责任,为其增加执行的强制效力。需要说明的是,转化也并非全盘接受,政策也必须经过“双碳”发展之地方性、实践检验之可行性、法律表达之合逻辑性三重辨析,才能转化,转化过程不得违反法律保留原则。

(五)促进立法目的响应“双碳”目标,形成理念融合

“立法目的之于法律制定,犹如树根之于枝干。”[12]虽然目前在立法实践和立法理论上对于是否设置立法目的条款还未形成统一观点,但在以政策主导推动“双碳”目标实现的现实趋势下,“双碳”立法更偏向于政策法律的协同和政策内容的法律化,立法目的条款成为“双碳”政策与法律法规融合的重要桥梁。

“双碳”立法目的的本质是在生态文明整体布局之下持续推动经济社会全

---

12 孙洪坤等:《生态文明建设背景下环境公益诉讼立法完善研究》,法律出版社 2023 年版,第 252 页。

面绿色转型。因此在“双碳”专门立法中，以“双碳”目标的实现为工具（直接目的），实现推动经济社会全面绿色转型的结果（间接目的），最终实现生态文明价值构建（最终目的）。从顺序上分析，立法目的要由微观到宏观展开。不言而喻，“双碳”专门立法以实现“双碳”目标为第一位目的，推动经济社会全面绿色转型次之，生态文明建设为最终宏观目的，三者层层递进，相互融合。

“双碳”关联法的修订和制定与专门性立法的立法目的不同，关联立法已有其本身的立法目的，“双碳”目标的实现属于新增目的。所以，改什么，怎么改以及如何排序是两者相容急需解决的问题。以《安徽省绿色建筑发展条例》为例，其同样将立法目的分成直接、间接和最终目的三层。“促进绿色建筑发展，规范绿色建筑活动”为直接目的，是根据立法选题的意义可以直接得出的目的，也是该条例出台的根本原因所在。“节约资源，降低碳排放，促进碳中和”是第一层目的实现后的结果的自然呈现，是间接目的。值得指出的是，该条例并没有将“双碳”作为前一目的的唯一结果，而是在此之前增加“节约资源，降低碳排放”作为过渡，因为“双碳”目标涉及多个领域，其他领域所达到的“双碳”效果不可能被该条例所囊括，“节约资源，降低碳排放”才是前一目的所必然达到的结果，“促进碳中和”是更深层次的结果。另外，条例在“碳达峰”与“碳中和”两个阶段目标也做出了判断，后者才是前者的结果。“推进生态文明建设，改善人居环境”是前两个目的实现后的最终价值表达，是最终目的，可以此作为范例，在其他“双碳”关联法的修订和制定中予以借鉴。

（六）优化激励约束机制，引导各方主体参与

约束和激励机制是“双碳”目标实现过程中的主要动力来源，约束机制表现为法律规制和政府命令，激励机制表现为政策激励和市场激励。两者虽然在“双碳”立法中相辅相成、缺一不可，但是也要注意其中的动态调整。在“双碳”战略实施初期应重视约束机制的作用，以强制手段推动政策下沉。在社会普遍了解、接受以及形成降碳意识的阶段，应重视激励机制的作用，以优惠、补贴、红利吸引各方主体自主参与。

在设置约束机制时，首先，要明确立法定位，“双碳”立法不仅仅是地方政府及其相关主管机关常态化的职权职责和管理规则，还要为企业、个人合理设定并且细化减排义务，以避免“双碳”立法沦为政府问责法。其次，可以实现法律责任的多元化，民事责任的引入和刑事责任的对接能够为已有的行政责任提供补充，分析判断主体、行为以及后果，从中选择更合适的责任方式。在企业或者

个人碳排放超标，对气候变化造成损害时，可以要求其停止侵害、赔偿损失，通过补种树木、购买碳汇等方式抵消超标排放量，消除影响，以此达到教育和惩罚并行的目的。在刑事责任方面明文规定达到犯罪程度要依法追究刑事责任，以《刑法》为最后防线，形成责任闭环。最后，还要设置救济途径，当企业或者个人的合法权益受到政府不当行为的侵害时，有权进行行政复议、行政诉讼。在超标排放主体采取纠正措施并主动改善后，也应当有相应的减免机制。

激励机制的作用体现在两个方面：一是弥补“管制型”立法的缺陷。此类立法往往包含强制性规定，要求个人和组织遵守法律规定的行为标准，违反规定将面临法律制裁，以国家强制力保障实施是其基本特征。而生态环境保护不能盲目推崇从严执法的威慑作用，应当在保留基础执法红线的基础上灵活运用非正式规制手段，建立低成本、高效率的治理规则体系。[13] 激励机制正是引导法律主体主动遵守法律规范，抵消“管制型”立法惩罚力度过度的有效途径。二是强化法律实施的运行实效。孟子曾有云“徒法不足以自行”，法律只有得以实施才能发挥其真正的作用。因此，立法不仅需要考虑法律理念、目的、体系、规范等法律本身的内在品格，也需要考虑保证法律有效运行的实施机制。因此，激励机制对于地方“双碳”立法的意义不言而喻，应当设立专章凸显其作用。针对不同主体，激励机制表现为不同的形式：对政府，一是对生态保护补偿机制制定细化实施规定；二是将“双碳”目标纳入地方政府绩效考核体系，对完成目标并取得显著成效的地方政府予以奖励或资金支持；三是通过设立绿色发展基金等绿色金融措施支持地方政府开展绿色基础设施建设。对企业，将“双碳”目标纳入企业环境合规计划，并在立法时予以明确规定，为企业在能源消费、产业优化、清洁生产等领域进行合规提供法律保障。在碳排放数据造假行为正式入刑的前提下，也要鼓励企业积极进行“碳信息”披露合规，提升碳信息的及时性、全面性和真实性。对社会公众，要细化碳普惠、个人碳账户等激励措施，引导公众参与“双碳”目标实现的主动性。

三、结　　语

对“双碳”目标开展地方立法是我国“双碳”承诺如期实现的关键路径，对

13　胡苑：《论威慑型环境规制中的执法可实现性》，载《法学》2019 年第 11 期。

于地方应对气候风险、推动地方经济社会全面转型以及国家“双碳”基本法的顺利形成都发挥着中流砥柱的作用。立足于我国地方“双碳”立法存在的共性问题，结合地方立法现状展开分析，地方人大、政府不仅应当以制定国家层面的《碳达峰碳中和促进法》为最终目的，积极主动进行地方立法，采取专门型立法模式，并引导省级立法与市级立法相协调，在碳达峰碳中和地方立法实践的基础上，不断总结立法经验，推动国家层面《碳达峰碳中和促进法》的立法，同时还要注意坚持从实际出发，突出地方特色，实现政策法律的协同治理，促进立法目的响应“双碳”目标，形成理念融合，优化激励约束机制，引导各方主体参与。鉴于我国国情的复杂性和“双碳”目标实现的紧迫性，单纯等待《碳达峰碳中和促进法》的制定来进行系统规制无法及时完成此项承诺，以地方立法先行助力《碳达峰碳中和促进法》出台和社会的可持续发展才是必由之路。然而，地方“双碳”专门立法与现行其他相关法之间的关系问题、已有地方应对气候变化办法或条例的省市如何开展地方“双碳”立法的问题，仍有很大的探索空间，需要相关研究的进一步补充。

实务研究

公司治理“一元制”视角下新《公司法》中审计委员会的功能解析

赵景琛*

【内容提要】 自2024年7月新《公司法》实施后，中国公司治理结构转向“一元制”模式，其中董事会审计委员会的引入成为亮点。审计委员会不仅满足了“一元制”治理模式下对高效监督机制的需求，还通过职能强化有效替代了传统监事会的监督职能，为公司治理体系的科学化、高效化奠定基础。然而，在现行公司治理体系内，赋予审计委员会过多职责可能导致职能混淆与效能衰减，与其在“一元制”模式下的职权范畴不符。因此，本文从国际视野出发，深入分析“一元制”理想架构下的国际趋势，探讨在全球公司治理理念“趋同化”背景下，如何优化中国公司审计委员会在监督与财务管理职能上的配置。本文旨在为审计委员会职能定位提供理论支撑，同时为中国公司治理结构现代化转型提供实践指导，确保在借鉴国际经验时兼顾本土实际。

【关键词】 新《公司法》　审计委员会　一元制　监事会　趋同化

新《公司法》在经历三次修正案的提交后，最终于第十四届全国人民代表大会常务委员会第七次会议审议通过并在2024年7月开始实行，其中关于公司治理结构的变化引人注目。董事会审计委员会（以下简称审计委员会）作为公司治理结构中的核心组成部分，其设立和有效运作对于增强企业的透明度、防范财务风险以及维护投资者权益至关重要。新修订的《公司法》正式将审计委员会的职能纳入法律规范，填补了其在顶层制度设计中的空白，为审计委员会

---

* 赵景琛——广东财经大学法学院教授，国家级高层次人才，主要研究领域：公司法、破产法、人工智能领域。本文系广东省哲社科规划重点委托项目“新公司法背景下企业跨境经营与合规治理研究”（项目编号：GD25XFZ01）的阶段性成果。

的职能定位与运作提供了明确的法律基础,从而为相关学术研究提供了新的研究视角。与此同时,公司治理领域的“双层制”监督体系也迎来了革新,其中,监事会被确立为公司可自主选择的监督机构,标志着我国以较为灵活自主的路径,逐步推广起“一元制”的监督模式。这一系列变革预示着公司的治理模式及其监督架构即将迎来深刻的转型与重塑。

在公司法的框架下,审计委员会的确立显著提升了内部审计在公司治理中的地位,这一变化不仅标志着审计职能的扩展,也反映出公司治理理念的深化。审计委员会的设立,使内部审计不再局限于对财务报表的传统审查,而是形成了一个多维度的监督体系。新模式强调了监督职能的“融合”,即通过整合财务审计、合规性审查、风险控制和监察活动等不同监督手段,形成一个多维度监督机制融合之下的“大审计”。[1] 这种融合模式的创新之处在于,它不仅关注单一监督职能的执行,而且强调不同监督职能之间的协同作用,以实现对公司治理的全面优化。因此,当前《公司法》的修订趋势反映出公司治理结构正逐步倾向于以董事会为核心的模式,然而,新修订的《公司法》在审计委员会的相关规定方面仍显得较为笼统,特别是在审计委员会的具体组织架构设计、职权定位以及职权有效行使等方面存在明显不足。尤为关键的是,该法并未充分重视在“一元制”监督框架下,对审计委员会成员“独立性或非执行董事身份”的特别要求,这一疏漏可能对未来司法实践中审计委员会职能的有效履行构成挑战。在此背景下,一元制监督模式的可行性问题凸显出来,其是否能够完全适应中国公司治理的复杂环境,并有效替代监事会行使全面的监督职责,尚存诸多疑问。

一、审计委员会功能解析的逻辑前提:组成与资质分析

新《公司法》在制度设计上的一项显著变革体现在将审计委员会的职能正式纳入法律规范之中,全文对“审计委员会”一词的提及频率高达13次。依据新《公司法》第69条的规定,有限责任公司有权依据公司章程设立审计委员会,该委员会由董事构成,作为监事会的替代选项,同时允许董事会中的职工代表加入审计委员会。对于股份有限公司,第121条则规定,其可根据公司章程在

1 苏海雨、吴会通:《新〈公司法〉下企业内部审计与合规的融合治理》,载《财会月刊》2024年第14期。

董事会内部设立审计委员会，赋予其行使监事会职权的权力，从而可以不再设立监事会或监事。[2] 至于国有独资公司，第 176 条同样允许其在董事会中设立审计委员会，以履行监事会的职责，同样可以选择不设监事会或监事。审计委员会的引入，旨在强化公司内部财务监督的效能，并且《公司法》还赋予审计委员会除监督职能外，为董事会治理及公司运营提供辅助和支持的重要角色。究其根源，审计委员会的引入，其目的在于优化公司组织架构，充分发挥各机构职能。在公司内部监督机制方面，新公司法旨在实现创新性突破，引入了单层制监督机制，赋予公司在监事会或审计委员会中进行“二选一”的权利，选择不设监事会或监事的，由审计委员会行使监事会的职权，行使“单兵突破”式监督功能。然而，新《公司法》对审计委员会的具体构成、运作规则、义务与责任界定等尚未提供详尽规定，导致在独立性与专业化方面存在潜在问题，如独立董事的“不独立”现象[3]及监事会监督职能的缺失。[4] 作为董事会下属的专门委员会，审计委员会的监督属性与董事会的治理属性如何明确区分，亦是未来公司治理实践中亟待解决的问题。

(一)审计委员会组成

在有限责任公司与国有独资公司的框架下，对于审计委员会的组成并未设定特别的规定。然而，针对股份有限公司，我国《公司法》第 121 条明确规定，其审计委员会应由至少三名成员构成，且其中超过半数的成员不得在公司内部兼任除董事以外的任何职务，同时，这些成员需与公司保持独立，不得存在任何可能削弱其独立判断或客观性的关联关系。此外，还需特别指出，公司董事会中的职工代表同样有资格成为审计委员会的一员。[5] 对国有独资公司而言，《公司法》第 173 条明确要求，董事会成员中应有过半数以上为外部董事，并且必须包含公司职工代表，这一规定为审计委员会的有效运作奠定了坚实的基础。若国有独资公司设立审计委员会，外部董事的数量与占比将能够确保审计委员会充分履行其监督职能。值得注意的是，在新《公司法》正式将审计委员会确立为

---

2 参见《公司法》第 69 条、第 121 条。

3 李秋实：《从独立性角度论我国独立董事制度的完善》，载《哈尔滨商业大学学报》(社会科学版)2012 年第 4 期。

4 沈萍：《从上市公司高管落马看公司监事会职能弱化及相关法律的缺失》，载《兰州大学学报》(社会科学版)2011 年第 2 期。

5 参见《公司法》第 69 条、第 121 条。

公司内部监督机构之前，中国证监会已于 2018 年修订了《上市公司治理准则》，明确规定上市公司必须设立审计委员会，这一举措为审计委员会制度的推广与实施提前铺平了道路。[6] 上海证券交易所制定的《上市公司董事会审计委员会运作指引》和深圳证券交易所发布的《主板上市公司规范运作》《创业板上市公司规范运作》为组建审计委员会提供了详细的指导。根据上述相关规则，上市公司董事会需任命 3 名董事组成审计委员会，审计委员会成员中至少一半应为独立董事并满足资历、专业知识等相关要求。

此外，职工董事制度在提升公司治理效率、促进劳动关系和谐以及推动企业与员工共同进步方面发挥了重要作用，职工董事在审计委员会中扮演着多重角色，其作用主要体现在增强公司治理的民主性和透明度，为劳资双方提供了一个平等对话的平台。通过参与审计委员会，职工董事有助于提高内部审计的独立性和工作效果，同时在与外部审计师的协调中发挥作用，提升审计质量与其独立性。由于其独特背景与经验，职工董事的参与可以更好地确保审计委员会的决定具备足够的客观性、专业性和关联性。并且依据现行法律推断，审计委员会成员身份应满足以下要素：第一，由于审计委员会为董事会下设，审计委员会的所有成员只能由董事兼任；第二，如果公司设立监事与监事会，则不能设审计委员会；第三，在股份有限公司中，由于过半数成员不得在公司担任除董事以外的其他职务，且不得与公司存在任何可能影响其独立客观判断的关系。因此，审计委员会成员应当大部分为非执行董事、独立董事、外部董事与职工董事。

（二）审计委员会任职资质

在国有企业深化改革与市场经济体制持续完善的宏观背景下，我国《公司法》的修订显著提升了审计委员会在公司治理架构中的战略地位。此次修订不仅强化了审计委员会在财务监督与运营监控方面的核心职能，还赋予了其代表诉讼等多元化角色，使之成为管理层与股东（尤其是中小股东）之间不可或缺的沟通桥梁。通过其强化的监督机制，审计委员会有效增强了股东及利益相关方对公司决策过程的信任与透明度。上海证券交易所与深圳证券交易所分别出台的《上市公司董事会审计委员会运作指引》[7] 及《深圳证券交易所上市公司自

---

6 参见上海证券交易所《上市公司治理准则》第 38、39 条。

7 参见上海证券交易所《上市公司董事会审计委员会运作指引》第 7、8、9、10、11 条。

律监管指引第1号——主板上市公司规范运作》[8]，进一步细化了审计委员会成员的任职资格要求，体现了对专业性与独立性并重的高标准追求，具体而言：审计委员会的召集人需由具备财会专业背景的独立董事担任，确保决策的独立性与专业性；同时，所有成员均需独立于公司日常运营，并持有履行监督职责所必需的商业洞察与专业知识，以此提升监督效能与专业性。

我国《公司法》的演进历程，是积极融入国际治理的理念与本土实践深度融合的典范。审计委员会的职能定位与运作模式，在逐步与国际标准接轨的过程中，亦融入了鲜明的中国特色，既提升了中国企业的国际竞争力，也为优化国内公司治理结构奠定了坚实的法律基石。在审视我国审计委员会资质国际化的进程中，域外经验提供了丰富的借鉴。英国2024年《公司治理准则》第4部分第24项则进一步细化了审计委员会的构成标准，要求董事会设立至少由3名独立非执行董事组成的审计委员会，对于股东较少的公司，可由两名委员组成。进而规定，审计委员会的主席不得是董事会成员，且至少有一名成员应具备相关的财务经验。这一实践为我国提供了宝贵的启示，基于此我国可探索引入独立第三方认证机制，[9]以科学、客观的标准评估审计委员会成员的资质，确保其既具备高度的专业性，又保持必要的独立性。此举不仅能够提升审计委员会的工作效率与公信力，还能为构建更加透明、高效的公司治理体系奠定坚实的基础。

二、新《公司法》“一元制”模式下审计委员会的功能解析

新《公司法》的深入修订与不断完善，使审计委员会的职权范围迎来了前所未有的明确与强化，其作为公司治理结构中独立而权威的监督力量，在法律层面获得了有力的保障。蒋大兴教授针对审计委员会成员的身份界定与职责履行提出了一系列发人深省的问题，其首先就审计委员会成员的双重身份提出了质疑：作为董事会的一员，他们是否应同时行使董事职权并承担相应的责任与义务？若深度参与董事会的决策与执行过程，其监督职能的独立性与公正性又

8　参见《深圳证券交易所上市公司自律监管指引第1号——主板上市公司规范运作》第2、3、4条。

9　参见 Mark S. Beasley, Steven E. Salterio, “The Relationship between Board Characteristics and Voluntary Improvements in Audit Committee Composition and Experience” (2001) 18 *Contemporary Accounting Research* 539 – 570。

将如何保障？反之，若仅挂名而不实际参与，则“董事”之名又何以立？这一问题深刻揭示了审计委员会成员身份与职责之间的平衡关系，要求在制度设计上寻求更为精细的划分与明确的界限。审计委员会成员的产生机制，是直接由股东大会这一最高权力机构选举产生，还是遵循传统路径，先由股东大会选举董事会，再由董事会内部推选审计委员会成员？若采取后者，如何有效避免“自己监督自己”的困境，确保审计委员会能够不受干扰地履行对董事及高管的“双重监督职责”？这一系列问题不仅考验着公司治理的智慧，也直接关系到审计委员会监督效能的发挥。[10] 面对这些挑战，本文将以蒋大兴教授的问题为切入点，结合新《公司法》中关于“两套审计委员会”的潜在构想，深入剖析审计委员会的功能框架。

（一）功能之一：对标监事的监督职能

新《公司法》修订的动机之一在于解决监事会职能的虚化现象。[11] 监事会的法定职权在现实中往往难以有效行使，监事会成员可能因为缺乏独立性、专业知识或必要的资源支持，而无法对董事会和高级管理人员进行有效的监督。同时，监事会成员可能因与董事会或管理层存在利益关联而无法独立行使职权。[12] 此外，我国公司治理在很大程度上受到传统“关系主义”文化和“熟人社会”价值观的影响，[13]监事会成员可能与董事会或管理层存在非正式的社会联系或利益关系，从而影响其监督职能的纯粹性和有效性。然而，监事会作为公司治理结构中一个独立的监督实体，具有其不可替代的作用。监事会的独立性和专业性为公司的决策过程提供客观的意见与建议，防止利益冲突和权力滥用。尽管监事会可能面临虚化等挑战，但其在公司治理中的独特作用使其成为不可或缺的一部分。因此，新《公司法》直面监事会制度的尴尬，改变了监事会作为公司治理中法定监督机构的处境，在提供审计委员会“二选一”制度的同时，也应考虑到监事会制度的不可替代性，确保其在现代公司治理中继续发挥关键作用。

10　蒋大兴：《新〈公司法〉董事会审计委员会规则的执行困境》，载《中国法律评论》2024年第2期。

11　郭雳：《中国式监事会：安于何处，去向何方？——国际比较视野下的再审思》，载《比较法研究》2016年第2期。

12　周佰成、邵振文、孙祖珩：《中国上市公司独立董事功能缺失与制度重塑》，载《社会科学战线》2017年第3期。

13　蒋大兴：《公司法改革的文化拘束》，载《中国法学》2021年第2期。

就监事会职权而言,新《公司法》第78条规定的监事会行使的职权,包括:检查公司财务;对董事、高级管理人员提出解任的建议;要求董事、高级管理人员纠错;提议召开临时股东会会议;向股东会会议提出提案和提起代表诉讼;等等。如将这些职权对标审计委员会的职权,在对公司治理结构进行优化的过程中,其“平替性”非完全合理。首先,关于财务检查,审计委员会理应具备相应的资质,其职责可以完全交由审计委员会来执行。其次,对于董事及高级管理人员的履职行为监督,[14]审计委员会可以承担部分监督职责,通过要求董事和高级管理人员对关联交易的必要性、定价的公允性以及合理性进行详细解释,从而在实质上加强对他们履职行为的监督。至于作为代表诉讼之原告的合理性,则需要通过具体情况的判断进行具体评估。最后,关于召开股东会并向股东会提出议案,[15]本文则认为这些职责不适合由审计委员会来执行,因为它们涉及公司治理中更为宏观和战略层面的决策。通过这样的调整,可以更有效地分配董事会和审计委员会的职能,确保公司治理的高效和透明。

然而,关于法律赋予监事个人的职权,审计委员会或其成员是否能够同样行使,尚存在立法上的模糊地带。例如,《公司法》第79条第1款明确指出“监事可以列席董事会会议,并对董事会决议事项提出质询或者建议”,但对于审计委员会成员是否能单独享有这一权利,法律并未给出明确答案。从促进审计委员会有效履行职责的角度出发,若公司在监事会和审计委员会之间选择后者,那么原本专属监事的职权理应转移至审计委员会成员,以体现审计委员会作为监事会替代方案的法定性质。遗憾的是,《公司法》在规范未设监事会而设立审计委员会的公司时,并未清晰界定这些专属监事的权利是否应由审计委员会成员个人行使,这有待司法解释的进一步澄清。因此,新《公司法》引入的审计委员会“二选一”模式,在学术界引发了广泛的讨论与争议。有学者主张,上市公司负有解除监事会的义务,但并无废弃审计委员会的自由;[16]也有学者认为,公司内部治理的首要原则应是企业自主决策,即便对于公众性上市公司,也应赋予其选择治理监督模式的自由。[17]

---

14 参见《公司法》第78条第2、3、6款。

15 参见《公司法》第78条第4、5款。

16 刘俊海:《论基于理性自治的公司监督模式创新——兼评〈公司法(修订草案)〉中监事会与董事会审计委员会“二选一”模式》,载《中国社会科学院大学学报》2023年第4期。

17 同注9。

(二)功能之二:对标审计的治理职能

在新《公司法》所确立的“一元制”框架下,审计委员会不仅跃升为公司治理的支柱性力量,更实现了从单纯监督到全面治理的重大跨越。它不仅无缝承接了原监事会的监督使命,确保公司运营在合法合规与透明高效的轨道上稳健前行,而且通过深化内部审计功能,以独立且专业的视角展开细致审查,敏锐捕捉并纠正潜在隐患,为公司的风险防控筑起坚实的防线。审计委员会的角色拓展远不止于此,它还积极介入风险管理、财务透明度提升及合规经营等领域,为公司在复杂多变的市场环境中导航,确保其能够稳健应对各种挑战。这一职能转变不仅标志着公司治理现代化水平的显著提升,更通过促进内部控制体系的精细化与治理结构的优化,为公司的长期可持续发展奠定了坚不可摧的基石。审计委员会在公司治理中的多维度治理职能,不仅深刻体现了其对公司内部运营的全面渗透与深度介入,更彰显了其在公司治理战略层面不可替代的价值。从硬法规范的角度审视,我国香港特区的《企业管治守则》为审计委员会的治理框架提供了极具参考价值的典范。该守则第二部分 D. 3 条款对审计委员会的职能进行了清晰而全面的界定,这些职能不仅关乎公司的财务健康与透明度,更是审计委员会在公司治理中发挥核心作用的体现。

三、“一元制”的可行性分析与执行困境:以中国 100 强公司为例

“一元制”公司治理模式的核心在于权力的集中与统一,旨在通过简化决策流程、提高决策效率增强企业的市场竞争力。然而,这种模式在中国的适用性和效果如何,需要结合中国企业的实际情况进行深入分析。有学者认为,在新《公司法》框架下,尽管审计委员会在组织结构上隶属于董事会并由董事构成,但其职能与传统意义上的审计委员会截然不同。[18] 新《公司法》意义上的审计委员会被赋予了监事会的监督职责,这不仅涵盖对公司财务报告的审查,还囊括监督机构的职能,如在股东代表诉讼的前置程序中,承担接受股东请求并代表公司提起诉讼的法定职能。[19] 本文选取 2023 年度中国 100 强企业作为研究样本,旨在通过实证分析深入探讨“一元制”公司治理结构的实施效果与理论契

18 刘贵祥:《关于新公司法适用中的若干问题》,载《法律适用》2024 年第 6 期。

19 参见《公司法》第 189 条。

合度。研究将聚焦审计委员会的实际职责与《公司法》所期望的标准之间的一致性与差异性，评估审计委员会在促进公司治理透明度、增强内部控制以及提升审计质量方面的作用与效能。同时，本文还将探讨在现行法律框架下，如何优化审计委员会的功能，以更好地实现公司治理的目标和提升企业的整体绩效。

（一）“一元制”模式可行性分析：审计委员会代替监事会的研究

本文基于2023年发布的中国上市公司市值100强榜单，通过系统性的数据收集与整理，对其中79家上市公司的审计委员会职责进行详尽的分析。特别指出，在这些样本公司中，18家公司的审计委员会职责在其公司的董事会审计委员会相关工作细则中得到了明确表述，且这些表述在内容上显示出高度的一致性。进一步深入对比分析揭示，这些规定在很大程度上与深圳证券交易所发布的《董事会审计委员会工作条例》第三章第8条的规定相吻合，表明了一种行业内部的规范性趋势。通过对79家上市公司审计委员会职责规定的综合梳理，本文揭示了这些公司在职责界定上的共性与发展趋势。本文进一步将这些职责规定进行分类和总结，以期为理解中国上市公司审计委员会的职能及其在公司治理中的作用提供更为清晰的视角（详见表1）。

表1　100强公司审计委员会职责规定总结

1. 外部审计机构的监督与评估	提议、聘请、更换或解聘外部审计机构，监督及评估外部审计机构的工作质量和独立性
2. 财务信息及其披露的审核	审阅公司的财务报表、年度报告等财务信息，审核财务信息的真实性、完整性和准确性，并发表意见
3. 内部控制与监控系统的监管	监管公司的内部控制、财务监控和风险管理制度，评估内部控制与监控系统的有效性，并提出改进建议
4. 内部审计工作的监督与评估	监督及评估内部审计工作的质量和效果，确保内部审计部门有足够的资源和地位，能够独立有效地履行职责
5. 沟通与协作	协调董事会、管理层、内部审计部门与外部审计机构之间的沟通与协作，促进信息共享和流程优化，确保各方之间的顺畅沟通
6. 法律合规的监督	检查公司遵守法律和其他法定义务的状况，确保公司行为符合相关法规要求，避免法律风险

此外，在重复词统计的过程中，“监督”一词在79家公司的职责规定中共出现163次，“控制”一词共出现141次，“评估”一词共出现104次，“披露”一词共出现56次。

进一步地，笔者试对上述79所公司职责与《公司法》第78条监事会之职权"（一）检查公司财务；（二）对董事、高级管理人员执行职务的行为进行监督，对违反法律、行政法规、公司章程或者股东会决议的董事、高级管理人员提出解任的建议；（三）当董事、高级管理人员的行为损害公司的利益时，要求董事、高级管理人员予以纠正；（四）提议召开临时股东会会议，在董事会不履行本法规定的召集和主持股东会会议职责时召集和主持股东会会议；（五）向股东会会议提出提案；（六）依照本法第一百八十九条的规定，对董事、高级管理人员提起诉讼；（七）公司章程规定的其他职权"[20]进一步做职责的对比分析。

基于上述对审计委员会与监事会的职责阐述，将原有二元机制变更为一元机制下的审计委员会，其可行性与合理性值得深入讨论。审计委员会凭借其专业的财务监督、内部控制评估及外部审计机构管理专长，无疑在公司财务健康与审计质量保障方面发挥着至关重要的作用。然而，其监督职能的局限性亦不容忽视，主要聚焦于财务领域，而在公司运营、决策以及对董事、高级管理人员行为的全面监督上，其覆盖力度相对有限。反观监事会，其监督职权有《公司法》的明确规定为依据，不仅包含对公司财务的全面检查，更延伸至对董事、高级管理人员执行职务行为的监督，以及在必要时采取纠正措施或提议召开临时股东会等广泛权力。监事会的存在，确保了公司治理结构的多元性与制衡性，有效防范了单一监督机构可能带来的监督盲区。若将监事会撤销，转而依赖审计委员会承担全部监督职责，将引发多重问题。首先，监督效能的全面性与深度可能受损，因为审计委员会的专业优势难以完全覆盖监事会的广泛监督范围。其次，法律合规风险显著增加，因为监事会的撤销需对现行法律框架进行修订，且审计委员会在履行原监事会职责时可能面临法律解释与执行上的挑战。此外，公司治理结构的稳定性与平衡性亦将受到冲击，监事会作为公司治理结构中的重要一环，其撤销可能导致治理结构失衡，进而影响公司的长期稳定发展。因此，将原有二元机制变更为一元机制下"审计委员会"的单一职能发挥，本文认为是值得进一步深入考量的。

（二）上市公司治理困境下的"一元制"执行挑战：软法与硬法的协同与碰撞

从新《公司法》修订内容中可以看出，立法者十分重视审计委员会制度，甚

---

20 参见《公司法》第78条。

至从立法设计上进一步明确审计委员会可以取代监事会制度。然而,从长远的视角审视,审计委员会在执行过程中可能遭遇的困境将在未来的司法实践中逐渐浮出水面。当前,上市公司审计委员会与监事会在职权上难以实现完全对等。一方面,新《公司法》并未明确授权上市公司董事会审计委员会可以全面行使监事会的职权;另一方面,新《公司法》还特别针对上市公司董事会审计委员会的职权做出了具体规定,尤其是在财务监督权方面给予了特别的关注与界定,[21]这些规定基本与英美法系中软法赋予审计委员会的职能一致。综观域外发展,英国的《2024 年公司治理准则》和美国的《2002 年萨班斯 – 奥克斯利法案》均对审计委员会的职责作了明确规定。将二者审计委员会职责的规定进行比较,可以归纳和提炼出以下几点共同职责:首先,审计委员会承担着确保公司财务透明度和准确性的重要职责。同时,审计委员会对年度报告和账目进行全面评估,确保其公平、平衡且易于理解,为股东提供必要的信息,以便他们评估公司的财务状况和业绩。其次,审计委员会还负责审查公司的风险管理和内部控制框架,以确保公司能够有效地识别和管理风险。最后,委员会还监督内部审计职能,确保其独立性和有效性。通过这些关键职能,审计委员会为公司的稳定运营与长远发展奠定了坚实的基础。然而,对照我国的软法规定,如《上市公司治理准则》、《上海证券交易所上市公司董事会审计委员会运作指引》第 13 条对审计委员会职责的阐述,可以看出,我国审计委员会的职责定位相较英、美两国公司法制度所赋予的较为宽泛的职责,明显更为局限,主要聚焦于财务监督领域。相较之下,监事会的职责不仅涵盖财务监督,还涉及业务监督、诉讼监督等多个方面,这使审计委员会的职能范围相对受限。

基于上述分析,上市公司单纯"一刀切"地进行"二选一"的内部监督管理模式值得商榷,并且,在上市公司的治理结构中,公司面临双重挑战:一方面,必须遵守公司治理准则,确保审计委员会履行其传统监督职能;另一方面,需要参照监事会的职责,强化其监督作用。这种双重要求有时会导致公司治理决策上的困惑。为增强董事会的决策效率与专业性,公司普遍采纳成立董事会专门委员会的做法。这些专门委员会是董事会为特定职能而设立的常设机构,通常被授予董事会部分职权。除审计委员会这一核心监督机构外,董事会下设的专门委员会还包括风险控制委员会、薪酬委员会、提名委员会以及战略委员会等,它

21　参见新《公司法》第 137 条。

们分别负责风险管理、薪酬政策制定、董事及高级管理人员的选拔与任命以及公司长远发展战略的规划与执行。这些委员会的引入与其有效运作,是现代企业制度中不可或缺的内部机制。在任务分配和决策简化方面具有显著的积极作用,有助于优化董事会的决策流程和提高治理效能。[22] 专门委员会的成立旨在增强董事会决策的专业性和效率,通过明晰的职责划分,确保各委员会专注于其专业领域,防止责任过于分散,从而提升成员对其职责的深入理解与监督的有效性。然而,在当前我国《公司法》及其《公司治理准则》和地方规范共同构成的公司治理框架下,若将多项任务同时赋予审计委员会,可能会违背委员会设立的初衷,导致其职能的混乱与效能的降低,这种做法与"一元制"下审计委员会的职权范围不符。

四、一元制下的国际思路与中国因应:以趋同化治理为切入

2018年,依据《深化党和国家机构改革方案》的指导,优化审计署职责,不再设立国有重点大型企业监事会,标志着审计监督体系的一次重大调整。自此,审计委员会在我国公司治理结构中扮演着日益重要的角色,其发展与规范公司治理的公司法的演进紧密相连。审计委员会的设立,其历史渊源最早可追溯到美国20世纪40年代。1938年,迈克森罗宾逊药材公司的轰然倒塌,如同一面镜子,映照出当时公司审计工作的种种不足。这一事件不仅震惊了整个商界,也引起了美国证券交易委员会(SEC)和美国注册会计师协会(AICPA)的深刻反思。他们敏锐地意识到,必须要有一个独立的、专业的机构来监督公司的审计工作,以确保其程序的严谨性。于是,设立由独立董事主导的审计委员会的建议应运而生。直到1987年,美国反对虚假财务报告委员会(Treadway Commission)发布了针对审计委员会的详尽报告,并提出了具体的操作指南。进入20世纪90年代,随着全球化的加速与资本市场的日益成熟,审计委员会制度逐渐在全球范围内得到了广泛的推广与应用。然而,在全球化的大背景下,公司治理并非孤立存在,各国的公司治理模式虽然各具特色,但都在不断地寻求与国际接轨、实现趋同化的路径。

---

[22] 参见L. F. Spira & R. Bender,"Compare and Contrast: Perspectives on Board Committees"(2004) 12 *Corporate Governance: An International Review* 489。

（一）国际化视野下公司治理一元制的兴起：公司治理的趋同化发展

21世纪的世界经济展现出了前所未有的多元特性，其演进过程如万花筒般多变且丰富，虽然经济活动的领域日益扩展，但治理模式则向趋同化方向发展，这些变化深刻体现了全球经济一体化的主要趋势，以及各国在经济发展过程中行为模式的日渐统一。公司治理模式的趋同化现象，彰显了全球范围内不同公司治理架构在历经深度借鉴与融合后的显著靠拢趋势。这一现象不仅是全球化浪潮激荡下的必然产物，更是不同治理模式间相互学习、适应与融合的生动体现。在保持各自独特核心特质的同时，各种治理模式开始积极吸纳其他模式的优秀内容，以寻求更高效、更透明的治理效能，从而在全球经济一体化的背景下实现更加和谐统一的发展。因此，针对趋同这一核心议题，可以将其进一步细化为以下两大核心方面进行深入探讨：一方面，在全球化的背景下，各国的公司治理实践是正在逐步向某一特定的、国际化的模式靠近，还是依然坚守各自长期以来所形成的本土化特色与实践？另一方面，如果全球公司治理模式趋同的现象确实存在，那么在这场全球性的制度竞争之中，美英模式、德国模式、法国模式或日本模式等，哪一种模式将最终胜出，逐步成为被广泛接受并推广为全球公司治理的标杆？[23]

然而，解答这个议题并非易事。随着一元制治理模式因其结构精简、高效便捷的特性而逐渐获得认可，众多原本实行二元制的欧洲国家，如德国、意大利、西班牙、法国等，已通过立法允许公司选择一元制，日本亦将一元制纳入其治理模式的选择范围。在国际舞台上，一元制正逐渐占据主流地位，它有助于简化企业管理流程，并促进资本的全球化流动。然而，必须强调的是，一元制的兴起并不等同于全面接受所谓美国模式下的“股东利益至上”作为公司治理的主导模式。这一现象的复杂性远超简单的模式归化，它涉及全球范围内公司治理理念的多元化交融。汉斯曼等主张，随着全球化的深入发展，公司法的演进已达到一个历史性的转折点，即所谓的“历史终结”，其标志便是对美国模式的普遍接受和实践。[24] 然而，这一观点并非无懈可击，也面临着来自不同声音的质疑和挑战。反对者强调公司治理理念的多元性和复杂性。2019年8月19日，

23　叶玲、王亚星：《混合所有制改革下公司治理结构的动态调整路径研究》，载《当代财经》2018年第8期。

24　参见 Hansmann, H. & Kraakman R., “The End of History for Corporate Law”(2001) 89 *Georgetown Law Journal* 439。

美国商业圆桌会议形成的《公司宗旨宣言书》,成为公司治理领域的一个重要转折点。181 位顶级公司 CEO 签署了这份宣言,彻底颠覆了传统的股东至上原则,对传统的公司治理理念进行了深刻的反思和重塑。[25] 这一变革不仅引起了业界的广泛关注,也促使学术界对公司治理的未来发展进行了深入的思考。安德鲁·凯伊提出了一种以实体最大化和可持续发展为核心的企业治理模式。在这一模式下,公司董事被赋予双重使命:他们不仅要致力于提升公司的长期市场价值,实现财富的最大化,还要确保公司能够实现持续发展,承担起企业的社会责任,确保企业的长期繁荣。[26] 这种治理模式在某种程度上体现了趋同化治理的思想,即追求企业、社会和环境之间的和谐共生。

(二)中国式公司"一元制"结构的本土化模式:"自主选择监督"的跃迁

在我国公司治理结构中,传统上遵循的是"双层制"模式,其核心构成为股东大会、董事会与监事会。其中,股东大会为公司的权力机构,董事会为公司的决策与执行机构,而监事会则承担监督职能,确保公司运作的合规性、可问责性与透明度,董事会成员与监事会成员共同对公司负责。然而,在实际操作过程中,监事会的功能和行权能力受到了广泛的质疑,其监督作用往往未能得到充分发挥,有时甚至被认为是名义上的设置。[27] 我国新《公司法》在很多方面都体现了向董事会中心主义转变的迹象,如新《公司法》规定了董事会的 10 项职权,又明确了董事的催缴义务、清算义务等。作为一种集中式的商事组织管理模式,此模式相对适合上市公司的治理,目前很多国家和地区出现的由双层制结构向单层制治理的转换也是公司治理趋同化的主要证据之一。针对这一问题,新修订的《公司法》提出了对公司治理结构的优化方案,即允许公司根据自身实际情况,选择是否继续保留监事会或转向"单层制"模式,即通过设立审计委员会来取代监事会的职能。

新《公司法》的修订无疑为中国公司治理结构带来了革命性的变化。这一变革不仅体现了对市场主体自主权的尊重,更为公司的长期发展提供了坚实的法律保障。其中,尤为引人注目的是引入了董事会审计委员会与监事会/监事

---

25 Business Roundtable, *One Year Later: Purpose of a Corporation*, https://purpose.businessroundtable.org/.

26 安德鲁·凯伊:《公司目标》,郑蔚然、王健译,中国人民大学出版社 2014 年版,第 181 ~ 183 页。

27 赵旭东:《中国公司治理制度的困境与出路》,载《现代法学》2021 年第 2 期。

“二选一”制度,这一创新机制为公司治理注入了新的活力。[28] “二选一”制度的实施,意味着公司可以根据自身的实际情况和发展需求,在董事会审计委员会和监事会/监事两种监督机构中择一而设,这种灵活性为企业提供了更多的选择空间,有助于企业更加高效地运作。这也鼓励了公司探索和创新监督机制,以更加科学、合理的方式对公司进行管理和监督。一元化的监督制度的确立,对于降低企业成本、增加利润、提升股东价值等方面具有显著的作用。通过优化监督体系,减少冗余和重叠的职能,企业能够降低运营成本,提高管理效率。同时,强有力的监督机制有助于确保公司决策的科学性和合理性,从而提升公司的竞争力和盈利能力。缺乏有效的现代公司监督制度可能会成为阻碍公司治理现代化进程的绊脚石。在现代企业中,监督机制的完善与否直接关系企业的长期发展和股东的利益。新《公司法》的修订正是为了弥补公司监督制度的不足,推动公司治理向更加科学、合理的方向发展。新《公司法》参考了公司理性自治与董事会主义的理念,这是对公司治理现代化的重要推动,这两种理念的结合为公司的自主发展和创新提供了有力的法律保障。

(三)一元制治理模式下的优化进路:职工监督的重塑与司法解释的完善

在探讨一元制结构的实施过程中,不可避免地会触及一些悬而未决的问题。以德国的双层制体系为例,监事会中职工代表的参与权在制度转换后如何妥善安排,仍然是一个备受争议的议题。在德国的双层制中,职工代表通过担任监事会成员履行监督职责,以保障职工群体的利益,这已成为一种典范。[29] 然而,如果一元制的推行过程过于激进,忽视了监事会机构的存在及其所承载的重要制度价值,可能会引发职工的不满情绪,甚至可能触发社会层面的动荡和混乱。因此,在推行一元制的过程中,必须审慎考虑并妥善处理这些潜在的问题,以确保制度转换的平稳过渡和社会秩序的稳定。[30] 对一元制结构的公司而言,如何在保持监督独立性的同时,优化监督机制,是其面临的一个重大挑战。因此在深入探讨一元制治理模式的优化路径时,不得不关注职工监督体系的重塑以及司法解释的完善这两个核心议题。这两者不仅是提升公司治理质量与效率的关键所在,也是确保一元制治理模式稳健运行的重要基石。

---

28 参见《公司法》第 69、121 条。

29 赵万一、张才华、李建伟等:《公司法修订的理论应对与实践挑战(笔谈)》,载《西北工业大学学报》(社会科学版)2024 年第 2 期。

30 林一英:《公司监督机构的立法完善:超越单层制与双层制》,载《法学杂志》2022 年第 4 期。

第一，在一元制治理模式的框架下，职工监督体系的重塑成为提升公司治理质量与透明度的关键所在。职工作为公司运营的核心参与者和财富的直接创造者，其独特的地位赋予了他们在公司治理中不可或缺的监督角色。新《公司法》不仅明确将职工纳入保护范畴，还强调了公司在运营中需充分考虑职工利益，这标志着法律层面对职工在公司治理中作用的深刻认可。在此背景下，一元制治理模式更应充分利用职工的民主监督功能，通过确保职工代表在公司董事会及审计委员会中的席位，来增强公司治理的公信力和透明度。然而，尽管新《公司法》赋予了职工代表这些重要权利，却未对审计委员会中职工代表如何基于其特殊地位有效发挥监督作用做出详尽规定。因此，为了充分发挥职工代表在审计委员会中的潜力，需要制定具体的参与规则，明确其监督职责与权限，同时提供必要的支持与保障，包括专业培训、工作条件、资源配备以及激励约束机制等。上述措施不仅能够确保职工代表在审计委员会中有效发声，真正履行监督职责，还能进一步推动公司治理结构的优化与升级，实现公司治理的民主化、科学化和透明化。

第二，司法解释在弥补法律的疏漏、积累立法经验、指导司法实践方面的作用尤为显著，是推进国家法治进程的一支重要力量。新《公司法》的司法解释对于确保法律的顺利实施和解决新旧法律衔接适用问题具有重要意义。在制定司法解释时，应该注意以下几点以便于确保法律的连续性和稳定性，同时可以为解决可能出现的法律适用问题提供明确的指导。首先，明确界定监督职能与审计职能的界限与内在联系，监督职能聚焦于政府或组织内部的合法合规性与效率性监察，而审计职能则专注于财务活动的审查，两者虽有交集但各有侧重，通过精准划分界限，可以优化资源配置，避免职能重叠与冲突，提升监督效能；其次，对软法中审计委员会的职责进行详尽细化，不仅限于财务报告审核与内部控制监督，更要拓展至公司治理结构的完善与优化，明确其具体职责与权限，如财务审计、内部控制评估、风险管理建议及公司治理改进策略等，以全面、有效地推动公司治理水平的提升；最后，确保硬法、软法与行政法规、地方性法规、部门规章之间的协调一致，通过明确各类规范的适用范围与效力层级，避免法律适用上的冲突与重叠，构建一个清晰、实用的法律环境，为一元制治理模式的优化提供坚实的法律支撑。综上所述，一元制下监督机制的优化进路应聚焦监督与审计职能的明确区分，软法中审计委员会和监事会职责的细化，以及硬法与各类法规之间的协调一致，通过上述措施以进一步充分发挥审计委员会的双重职能。

五、结　语

直至2023年，经过一系列修订与完善，公司法正式迎来了董事会制度的3.0版本，这一里程碑式的变革不仅彰显了董事会在公司治理结构中的核心地位，更预示着其功能向多维度、全面化发展的新时代。在这一制度下，董事会不仅承担决策职能，更兼具监督职能，体现了公司治理结构的一元化与功能多元化的结合。审计委员会的引入进一步丰富了董事会的治理结构，《公司法》对董事会成员的多元化构成进行了法律上的确认与分类，明确区分了执行董事与非执行董事、内部董事与外部董事、独立董事与非独立董事以及职工董事等角色，这种分类确保了董事会内部的监督与决策功能能够基于成员的独立性和专业性得到有效发挥。公司法对审计委员会寄予厚望，期待其成为一元制董事会中的关键角色，不仅承担监督职责，还是决策过程中发挥重要作用的决策者与合规官。而审计委员会的概念在我国被法定确认还是第一次，其功效与对董事会决策之独立性、有效性、问责性与透明性的推动还有待于考察。而从现有的软法与实证角度观察其功效，笔者认为目前审计委员会功效之激活需要司法解释进一步的支撑与更细化的行业规章的填补。诚然，在现行一元制监督框架下，由于公司及董事会的独特性，监事会和审计委员会的职责范围无法简单等同或做出“一刀切”的规定。但是，仍可以以职权类别、公司行业、公司性质、公司规模、董事会规模等变量为标准，进一步细化审计委员会的职权与责任，并与其他非法定化委员会，如公司社会责任委员会合作，既为董事会献计献策，也可审视提案、决策是否符合透明和合理之要求。

数字经济时代虚拟主播带货税收征管的实践困局与制度调适

孟庆涛　胡　旭*

【内容提要】　数字经济时代,虚拟主播带货成为电商直播领域的"黑马",增大了虚拟人市场的经营规模,却也给我国税收征管带来巨大挑战。规范虚拟主播带货税收征管可实现负外部性的抑制与正外部性的提升、税收行政效率与经济效率的兼顾、税收静态秩序至动态秩序的转型。当前虚拟主播带货税收征管实践陷入法律体系不完善、纳税申报机制不健全、涉税信息管理能力待提升、案件稽查难度偏大、征管环境待改善的困局。为破解该难题,我国需完善虚拟主播带货税收征管法律体系,健全纳税申报机制,提升涉税信息管理能力,降低税务案件稽查难度并优化税收征管环境,以减少虚拟主播带货纳税失信行为,优化直播平台征管秩序,促进数字经济健康、快速、持续发展。

【关键词】　虚拟主播带货　税收征管　动态税收秩序　纳税申报

一、问题缘起:数字经济时代虚拟主播带货税收征管困局凸显

数字经济时代,虚拟主播成为网络直播带货新的"流量密码"。如京东云言犀数字人在2024年春节的闲时直播中卖出了4000万元货品。[1] 与真人主播相

---

* 孟庆涛——西南政法大学人权研究院教授、博士生导师,主要研究领域:数字法学、人权法学;胡旭——西南政法大学人权研究院博士研究生,主要研究领域:数字法学、财税法学。本文系教育部国家人权教育与培训基地重大项目"中国共产党近代人权话语的形成与演变研究(1921－1949)"(项目编号:22JJD820039)、重庆市社会科学规划英才计划项目"'量化人权':人权指数与人权指标体系研究"(项目编号:2024YC037)的研究成果。

1　参见《AI主播"霸屏",虚拟数字人的未来如何?》,载中国经济网2024年10月21日,https://baijiahao.baidu.com/s?id=1813474155718850023&wfr=spider&for=pc。

较,虚拟主播能够做到 7×24 小时不间断自动直播,提升顾客黏性,[2] 大幅降低了生产成本。[3] 虚拟主播自面世以来就受到投资者的青睐,[4] 可能成为未来直播电商的主力军。

数字经济时代虚拟主播带货的运行模式增加了征管难度,我国应及时优化征管规则以应对其税收挑战。长期以来,直播平台一直是税收失信的"重灾区"。继薇娅偷逃税款 6.43 亿元后,雪梨、林珊珊、平荣、贾亚亚、加婵婵等主播也爆出税收丑闻。虚拟主播带货将虚拟数字人技术植入电商直播领域,应纳税额计算方式更加复杂,为税收征管活动的有序开展增加多重困扰。党的二十届三中全会指出要"加快构建促进数字经济发展体制机制"。虚拟主播属于数字经济的蓬勃新生力量,亟须通过税收手段提升其管理规范度。本文在分析虚拟主播带货税收征管理论逻辑的基础上展示其实践困局,进而探索调适方案,从而优化虚拟主播带货税收征管秩序,促进数字经济的健康发展。

二、理念跃升:数字经济时代虚拟主播带货税收征管的价值平衡

(一)方向选择:正外部性与负外部性的扬弃

事物发展会对社会个体或群体产生一定效用即溢出效应,[5] 其中活动主体的行为对他本身以外的人产生的有益影响称为正外部性。[6] 虚拟主播带货的发展对税收具有多层面的正外部性。一方面,虚拟主播带货能够带来税源的大幅增长。真人主播的局限主要在于与生理相伴而生的直播时间限制。虚拟主播带货模式利用虚拟数字人进行直播,消费者可以随时点开销售链接购买商品,从而带来交易规模的扩张与税收利益的增长。另一方面,虚拟主播带货反向促进数字经济税制的优化。面对数字经济的冲击,我国依然采取传统的主要针对

2　See Dong X Z, *A Study on the Relationship Among Customer Behavior Stickiness, Motivation of Shopping and Customer Value in the Online Shopping*, 2 Journal of Contemporary Marketing Science 196 (2019).

3　参见李戈、李薇鈺:《导向 · 共振 · 连接:主流媒体虚拟主播用户情感体验优化策略》,载《中国出版》2024 年第 14 期。

4　See Savin-baden M, Burden D, Taylor H. *The Ethics and Impact of Digital Immortality*, 5 Knowledge Cultures 178 (2017).

5　参见[美]穆勒:《公共选择理论》,韩旭、杨春学等译,中国社会科学出版社 2010 年版,第 29 页。

6　参见鲁照旺:《从外部性看主流经济学的谬误》,载《学术界》2019 年第 8 期。

实体经济的征管方式。虚拟主播带货作为数字经济的新生力量,经营方式、成本控制、利润构成等方面的特殊性迫使税务机关不断引入新技术并优化征管规则,从而推动虚拟主播带货税收征管制度的调适。

虚拟主播带货的蓬勃发展恰如一枚硬币的正反面,与正外部性相伴而生的是负外部性。一方面,虚拟主播带货加剧了数字经济的税收流失。数字经济属于税收流失的"重灾区",且规模也在不断扩大。[7] 虚拟主播带货作为数字经济的新型业态,运行方式已发生变化,税务部门难以捕获充足的平台运行数据。虚拟主播带货平台在利益的诱导下往往更倾向于偷逃税款,从而加剧数字经济的税收流失。另一方面,虚拟主播带货模式可能带来纳税信用度的降低。纳税信用主要以缴纳税款的及时度、真实性、完整度为标尺,囿于信息整合能力的不足,税务部门难以及时发现虚拟主播带货平台的失信行为。此时,虚拟主播带货平台纳税人可能选择偷逃税款,扰乱数字经济税收秩序。

数字经济是不可逆转的发展趋势,虚拟主播带货已经成为网络直播领域的"黑马"。此时,顺应时代发展浪潮,采用激励与约束相结合的管理模式成为我国规范虚拟主播带货税收征管活动的必然选择。面对虚拟主播带货的正外部性,我国税务机关应掌握其纳税信用的分布规律与失信行为的实践模式,并以实践为导向倒逼税收征管规则的革新,引导其在"法治的阳光下"发展。而对于虚拟主播带货平台税收失信方面的风险,我国应不断细化现行税收征管规则,并积极将数字孪生等新兴技术用在直播电商纳税失信行为识别、认定与矫正领域,逐渐消除其税收征管领域的隐患。

(二)利益衡量:税收行政效率与税收经济效率的共生

税收对效率的影响是税收政策中最令人关注的问题。[8] 古典经济学的鼻祖亚当·斯密提出的便利与最少征收费用原则即强调税收效率,包括税收行政效率与经济效率两方面。税收行政效率要求在税收行政资源有限的前提下尽可能地降低征收成本占税收利益的比重。虚拟主播带货税收征管制度的优化能够提升税务机关的行政效率。一方面,虚拟主播带货税收征管制度的优化可增强税务机关纳税申报信息核查能力。实践中,虚拟主播、"中之人"[9]、真人主

---

7 参见郭沛廷、李昊源:《网络交易税收流失测度及治理路径的现实选择》,载《经济问题》2017年第3期。

8 参见[美]萨缪尔森、诺德豪斯:《微观经济学》,萧琛译,中国邮电出版社2004年版,第272页。

9 "中之人"是指在幕后通过声音、表情、动作等方式扮演直播公司设计出的虚拟形象的自然人。

播、直播平台之间的经济关系错综复杂,如直播平台与“中之人”之间可能存在劳动关系、劳务关系或合作关系,其适用税率与应纳税额存在较多争议。税务机关需透过经济关系形式审视利益分配模式并确定其收入性质与申报义务人,从而减少税收争议,提升虚拟主播带货税收征管的行政效率。另一方面,虚拟主播带货税收征管制度的优化能够提升税务机关的数据管理能力。虚拟直播电商以虚拟数字人协助或代替传统的自然人进行直播营销,此时税务机关需采取跟踪网络交易数据的方式评估纳税人的承担能力。这可提升我国税务机关的信息管理能力,从而提高网络直播营销税收征管的行政效率。

古典经济学派代表萨伊从税负有害论出发主张减税,认为税负应该在最小限度上妨害再生产。这是税收经济效率的朴素要求,即保持税收中性。[10] 虚拟主播带货税收征管制度的优化可有效提升税务机关的经济效率。一方面,虚拟主播带货税收征管制度的优化可减少平台经济的政府惩戒行为。数字经济时代,大量平台、主播借助技术优势偷逃税款。虚拟主播带货税收征管制度的优化可有效识别并矫正其偷逃税款行为,用一把“法治之尺”衡量所有的虚拟直播电商平台,减少政府对直播平台的惩戒行为。另一方面,虚拟主播带货税收征管制度的优化推动网络直播带货市场活力的释放。虚拟主播带货税收征管制度的优化不仅致力于编织更加严密的规则网,更可通过完善纳税申报、信用管理、案件稽查等制度及时发现并矫正虚拟直播电商的违法行为,从而进一步释放其发展潜力,推动网络直播带货市场的健康、迅速、规范发展。

在税收领域,行政效率与经济效率是协同发展的共生关系。虚拟主播带货税收征管制度的优化既能提升税务机关数据管理的能力,又可进一步挖掘直播平台的经济增长点,实现税收行政效率与经济效率的“双赢”。因而,面对直播平台的制度桎梏,我国应依据虚拟主播带货经济模式确定其税收种类、税率与纳税人,并提升其行为的税收规范度与合法性,从而减少税务机关征管成本,推动平台经济持续、健康、快速发展。

(三)模式变迁:税收静态秩序向税收动态秩序的转型

秩序在法律价值体系中位居首位,[11]税收秩序是涉税各方在税收活动中形

10 参见肖加元:《税收效率思想发展演变及其前沿研究》,载《财经理论与实践》2009 年第 1 期。

11 参见张文显:《构建智能社会的法律秩序》,载《东方法学》2020 年第 5 期。

成的相对隐性的关系与规则的总和,[12]可以界分为税收静态秩序与动态秩序。传统市场更加适应税收静态秩序,但虚拟主播带货存在大量的虚假交易,此时税收静态秩序观已难以满足虚拟直播电商税收治理的诉求。一方面,税收静态秩序观难以评估虚拟主播带货的预期税收效果。数字经济时代新型交易模式层出不穷,数据作为平台经济的"细胞"在既有规则中并未得到规范、充分、合理的应用。虚拟直播电商难以通过传统的税收静态秩序规则预测其信用状态,甚至利用规则的滞后反向诱导其偷逃税款。另一方面,税收静态秩序观难以证实虚拟主播带货征管数智工具应用的正当性。在网络直播带货领域,数据的采集、清洗、配置、应用能够全面、真实、客观地展示其交易图景。但税收静态秩序观并未充分挖掘数智工具的应用价值,导致虚拟主播带货税收征管活动中数智工具的应用缺少必要根基,增加平台经济税收治理的难度。

社会秩序是动态的,[13]税收动态秩序观强调以变化的视角观测实践需求与税法规则。虚拟主播带货主要以数据管理、AI工具运用、虚拟人操控等技术为依托,税收动态秩序观更能适应网络直播营销产业的发展。一方面,税收动态秩序观注重以实践为导向进行虚拟主播带货税收征管规则的评估。数字经济时代新型网络交易模式层出不穷,既有的征管规则难以应对。税收动态秩序观注重及时发现新型交易模式并有针对性地进行规则调适,提升现行税收征管规则与网络直播营销产业的契合度,从而缩减虚拟主播带货税收流失规模。另一方面,税收动态秩序观契合数字时代经济模式的发展趋势。数字经济发展的"马车"中,数据成为越来越重要的"车轮"。在虚拟主播带货领域,税收动态秩序观强调时刻以数据形式展示动态变化的市场,并在纳税申报、信息汇集、信用管理、税案稽查等领域嵌入新兴技术,从而实现对网络直播营销市场的全方位监管。

虚拟主播带货的灵活性、动态性、科技性特征决定了税收动态秩序观更加契合其经营模式,我国在虚拟直播电商领域的税收征管理念应从静态跃升至动态。易言之,当前经营模式已主要从实体交易转向数字经济,以数据为支撑的新型交易模式层出不穷。因而,我国需以虚拟主播带货模式为导向调适征管制度,提升税收治理规则与动态变化市场的契合度,从而完善网络营销税收征管

---

12 参见刘峰:《新时代的税收秩序:国家治理的基因性力量》,载《税务研究》2019年第12期。

13 参见蓝学友:《论秩序法益的主体间性》,载《法学》2023年第11期。

体系,优化虚拟直播电商税收征管秩序。

三、实践困局:数字经济时代虚拟主播带货税收征管制度的缺陷剖析

(一)虚拟主播带货税收征管法律体系不完善

1. 虚拟主播带货税收征管规则滞后

虚拟主播带货作为近期出现的新型销售模式,其税收征管依据主要是《税收征收管理法》《电子商务法》《网络直播营销管理办法(试行)》等。遗憾的是,上述规则更多针对的是C2C、C2B、B2C、B2B等传统电子商务模式,与虚拟主播带货的实践运行模式间存在鸿沟。如部分打赏在真人主播和虚拟主播中难以分割,应将虚拟主播带货收入认定为工资薪金、劳务报酬、经营等个人所得还是认定为投资收益、接受捐赠收入等企业所得存在争议。这直接增加了虚拟主播带货的税收失信风险,也间接扰乱了直播电商领域的税收征管秩序。

2. 虚拟主播带货税收征管制度的评估机制缺失

虚拟主播作为网络营销的新生力量,在税收征管领域往往适用直播营销的普适性规则,但营销主体、成本构成、承担税种等方面的差异导致上述规则与税收征管实践存在脱节。制度评估是数字经济时代虚拟主播带货税收征管规则与实践契合度的"检测器",能够提升立法质量并破解执法难题。[14] 遗憾的是,目前我国虚拟主播带货税收征管评估制度尚处于空白。这导致虚拟主播带货税收征管制度得不到及时、客观、真实的评价,失信行为得不到有效发现与纠正。

(二)虚拟主播带货纳税申报机制不健全

1. 虚拟主播带货纳税申报义务人模糊

目前虚拟主播带货主要有完全的虚拟主播、"中之人"控制的虚拟主播、真人与虚拟主播同台、真人主播与"中之人"同台等模式。在完全的虚拟主播模式下,科技公司将真人视频转化成AI模型,再通过模型设计出数字虚拟人进行直播销售。此时,因数字虚拟人仅属于销售工具,并不具备纳税资格,直播公司主

---

14 参见闫晴:《数字经济时代灵活用工平台税收征管制度的困局、溯源及破解》,载《上海交通大学学报》(哲学社会科学版)2023年第3期。

要承担25%的企业所得税、[15]6%或13%或1%的增值税、[16]7%或5%或1%的城市建设维护税、[17]3%的教育附加费与2%的地方教育附加，[18]此时直播公司为纳税义务人。而在"中之人"控制的虚拟主播模式下，直播公司委托技术公司依据设计框架孵化出具体的虚拟形象，"中之人"佩戴动作捕捉设备配合完成肢体动作、面部表情以及配音等工作即可化身为虚拟主播。若"中之人"与直播公司签订了劳动合同且由直播公司负责"中之人"的工资支付，则"中之人"属于直播公司的工作人员。此时，"中之人"需要对其收入承担3%～45%的个人所得税，直播公司需参照完全的虚拟主播模式承担企业所得税等税种。但实践中平台企业往往以财务外包的形式通过第三方商务平台支付部分报酬，此时由谁来承担代扣代缴义务就产生了争议。[19] 若"中之人"基于自己突出的现场反应与带货能力与直播公司形成平等主体的合作合同关系，其收入来源涉及商品导购佣金、动态奖励推广费、打赏收入等多个项目，而平台向"中之人"支付报酬的条件和比例存在较大差异，此时各类收入的纳税申报义务人及其范围则存在较大争议。甚至部分平台为规避社保缴纳与个人所得税代扣代缴义务，要求"中之人"承担员工职责但注册为个体工商户以适用更低的核定税率，这对税务机关界分所得属性并划分纳税申报范围提出了更大挑战。并且，在真人与虚拟主播同台的模式下，真人主播需以自己的真实形象出镜，与虚拟主播共同完成销售活动。此时，真人主播与直播公司需参照"中之人"控制的虚拟主播模式申报个人税负与企业税负。增加的税收难题在于，虚拟主播的销售额如何确定归属带来的纳税申报主体差异。若将虚拟主播与真人主播视为一体，则虚拟主播的销售额需要在销售平台与真人主播双维度承担所得税，此时真人主播与销售平台均承担纳税申报义务。若将虚拟主播与真人主播均视为单独个体，由于虚拟主

---

15 若直播电商企业符合小微企业的认定条件，即应纳税所得额不超过300万元、人数不超过300人且资产总额不超过5000万元，则可减按25%计算应纳税所得额，按照20%的税率承担企业所得税，即实际税负为5%，否则需承担25%的企业所得税。

16 若直播电商企业为自己带货则属自己销售产品的行为，适用13%的增值税税率；若直播电商企业为他人带货则属于营销服务，适用6%的增值税税率；若直播电商企业被认定为小规模纳税人则适用1%的增值税税率。若直播电商企业同时为自己与他人带货则需区分核算。

17 城市建设维护税按区域设定不同的税率，纳税人所在地在市区的，税率为7%；纳税人所在地在县城、镇的，税率为5%；纳税人所在地不在市区、县城或镇的，税率为1%。

18 若直播电商企业被认定为小规模纳税人，则可减半征收城市建设维护税、教育费附加、地方教育附加。

19 参见欧阳天健：《数字法治背景下平台经济的税法规制》，载《南京社会科学》2022年第8期。

播没有个人所得税缴纳资格，其销售额仅需平台承担企业所得税等税种，此时直播平台为唯一的纳税申报人。与此同时，在真人主播与“中之人”同台的模式下，真人主播、“中之人”均属独立的个人所得税纳税人，与直播平台采用财务外包、注册为个体工商户、签订合同等形式合作收入构成复杂且获取方式多样，面临申报主体与适用税率的双重困扰。虚拟主播纳税申报主体的模糊化直接带来整体税负的差异，增加了虚拟主播带货的涉税争议与征管难度。

2. 虚拟主播带货纳税申报成本认定困难

与真人主播相较，虚拟主播降低了出镜成本但增加了其研发、运营、维护成本，带来了直播平台应纳税额的变化。由于虚拟主播功能的差异，其运维成本存在天壤之别。在虚拟主播带货税收征管活动中，掌握平台的运维成本是计算其应纳税额的前提条件。由于虚拟主播的成本属于平台的运营秘密，在实践中税务机关难以核实其成本数据并计算其应纳税额。这导致大量虚拟主播带货活动中可能存在偷逃税款的行为，甚至通过设置虚拟人直播方式增设成本以降低税负，扰乱直播电商领域的征管秩序。

（三）虚拟主播带货税务信息管理能力待提升

1. 虚拟主播带货税务信息整合质效偏低

直播电商平台掌握着虚拟主播的研发成本、销售金额、商品类型、利润总量等信息，我国《税收征收管理法》并未规定平台的涉税信息报送义务，税收信息化建设并不能充分适应平台经济的发展。[20] 且即使出现电商平台后台篡改交易记录、支付信息、产品利润等行为，税务机关也难以及时发现。这就导致税务机关与虚拟直播电商之间出现了难以填平的信息“鸿沟”，虚拟主播可能成为营销平台偷逃税款的“保护伞”。同时，我国虽然一直在推进政务信息共享，但囿于涉税信息的敏感度，多部门在共享上述信息过程中积极性不足。例如，科技部门通过高新技术企业提交的专项审计报告或鉴证报告获取虚拟主播研发、运营、维护的成本数据，实践中其并未与税务部门充分分享上述信息。面对与虚拟主播平台间的信息不对称，税务机关难以有效开展征管活动，抑制数字经济正外部性效应的发挥。

---

20 See Kleven H J. *How can Scandinavians Tax so much*?, 28 Journal of Economic Perspectives 77 (2014).

2. 虚拟主播带货平台税收信息监控义务虚化

税源监管的首要环节便是税务登记，[21]《电子商务法》也明确提出了电商依法办理市场主体登记并如实纳税的义务。[22] 遗憾的是，《电子商务法》等相关立法并未规定"中之人"、真人主播等电商纳税人税务登记的范围、方式、真实度保证等信息，实践中纳税人税务登记的操作空间较大。通常，当税收法律规则在某些方面出现缺失或歧义时，交易主体会利用这种不清晰而选择对自己更有利的法律或监管制度。[23] 面对税务登记规则的疏漏，纳税人更倾向于提供较少的虚拟主播带货信息，使税务机关难以计算其应纳税额，电商平台税收信息监控义务可能沦为"一纸空谈"。

（四）虚拟主播带货税务案件稽查难度偏大

1. 虚拟主播带货税务案件稽查证据采集与认定阻力较大

当前我国税务机关虽已具备数据追踪的能力，但作为数字经济的新业态，虚拟主播带货交易过程中数据环境更加复杂且不能借助虚拟主播的"口供"复原纳税流程，使应纳税行为易于隐藏且涉税金额难以评估。[24] 且电商平台通过虚拟主播开展销售活动需以先进的技术为支撑，在案件稽查过程中，税务机关难以认定电商平台提供证据的真实度、客观性、可信度，从而增大了税务机关稽查虚拟主播带货案件的阻力。

2. 虚拟主播带货税务案件稽查信息化工具的开发应用迟滞

虚拟主播平台在运营过程中能够运用信息工具清除销售痕迹或篡改交易数据，给税务机关开展稽查活动增加诸多障碍。而我国税务机关缺乏企业资金流向方面的专业数据分析平台，对虚拟主播带货涉税信息的分析仅停留在数据的简单采集、甄别、对比层面，难以借助信息化工具发现虚拟主播带货平台的偷逃税款行为，扰乱了平台经济税收征管秩序。

（五）虚拟主播带货税收征管环境待改善

1. 虚拟主播带货税收事先裁定机制不健全

在数字经济领域，通过税收事先裁定，提供一种征纳主体间商谈、对话的渠

---

21 参见王婷婷：《互联网零工经济的税法治理：挑战、逻辑与应对》，载《人文杂志》2023年第4期。

22 参见《电子商务法》第10、11条。

23 参见秦思楠：《共享经济税收监管面临的挑战与对策》，载《财政科学》2022年第3期。

24 参见朱润喜、冯东、赵福顺：《数字经济背景下税务稽查工作面临的挑战与应对》，载《税务研究》2022年第1期。

道和方式，有可能更好地弥补税收强制性的不足。[25] 遗憾的是，当前我国在数字经济税收征管过程中主要遵循税务机关的意志，虚拟主播带货平台通过事先裁定机制评估成本效益的实践操作方式模糊化。这导致征纳间缺少必要、可行、有效的沟通渠道，难以实现税务机关与直播平台利益的“最大公约数”，为数字经济税收治理活动的有效开展增加多重障碍。

2. 虚拟主播带货税务教育方式失当

纳税遵从一直是税务教育工作的重点，宣传任务主要由税务机关与新闻传播主体来完成，[26]多采用在税务大厅发放宣传资料、在税务部门官网公示信息、税务机关公众号推送等方式。虚拟主播带货平台具有利润额增长与税收立法模糊的天然优势，在利益诱导下选择纳税失信成为实践中的常见现象。此时，税务机关采用传统的税务教育方式不能充分彰显虚拟主播带货平台纳税遵从度不足的惩戒后果，难以对直播平台起到必要的警示与威慑作用。

四、制度调适：数字经济时代虚拟主播带货税收征管制度的优化方案

（一）完善虚拟主播带货税收征管法律体系

1. 提升虚拟主播带货税收征管规则的时效性

与实践高度契合的法律规则是新兴市场交易模式征管困局的“及时雨”。面对虚拟主播带货的新型网络营销模式，我国税务机关应在《税收征收管理法》等上位法的指引下及时制定专门的征管规则，如为促进平台经济发展对虚拟主播带货一般纳税人统一适用6%的增值税率而对小规模纳税人持续适用1%的增值税税率。同时，我国工业和信息化等部门应及时补充虚拟主播带货平台信息报送、成本控制、运营监管等经营活动领域的关联规则，为税务机关调适征管规则提供必要参考，从而提升虚拟主播带货税收征管规则与实践难题的契合度，进一步发挥网络直播营销的正外部性。

25　参见柳华平、涂听容、苗小松、王一璠：《税收法治视域下建立税务行政协商机制的思考》，载《税务研究》2022年第9期。

26　参见李利华、王鸿貌：《中国税务教育的历程、成就与展望》，载《财政科学》2021年第6期。

2. 构建虚拟主播带货税收征管制度的评估机制

评估是虚拟主播带货税收征管制度实践效能的“检测仪”。其一,构建虚拟主播带货税收征管的立法前评估制度。税收立法前评估制度要求特定评估主体在税收法律草案交付表决前对税收法律草案的合法性、合理性、立法成本、预期影响进行评估。[27] 虚拟主播带货作为新兴的网络交易模式,国家税务总局在对其进行征管规则立法前应广泛采集虚拟直播平台、税务中介机构、各级税务机关等主体的评估信息并进行客观分析,预测立法对虚拟主播带货交易的影响并进行规则调适,从而提升虚拟主播带货税收征管效率。其二,构建虚拟主播带货税收征管的实践效能评估制度。对于虚拟主播带货交易模式,我国税务部门应定期对其征管规则进行评估,结合网络直播营销偷逃税款方式分析现行制度的疏漏并有针对性地进行填补,从而优化虚拟主播带货税收征管体系,进一步发挥网络直播营销税收治理的正外部性。

(二)健全虚拟主播带货纳税申报机制

1. 明确虚拟主播带货纳税申报义务人

具体的纳税申报主体是虚拟主播带货税收征管活动顺利开展的“抓手”。其一,明确“中之人”控制的虚拟主播模式的纳税申报义务人。平台经济的根基为传统实体经济,直播平台与从业人员的关系无非为劳动、劳务、合作三种,经营的本质并未发生改变,也未突破传统的税收法律关系。在“中之人”控制的虚拟主播带货模式下,税务机关应坚持经济实质的审查原则,依据平台与“中之人”的合同条款、管理模式与依附程度判断其个人所得性质与应适用规则。进言之,若“中之人”为平台工作人员,则由直播公司承担代扣代缴义务;若“中之人”以“财务外包”的方式获取报酬,则由第三方商务平台承担纳税申报义务;如“中之人”的税收身份为个体工商户并与直播公司签订合作合同,则应由其自行办理纳税申报并及时缴纳个人所得税。[28] “中之人”控制的虚拟主播模式纳税申报义务人的明确能够有效减少税务争议,优化直播电商税收征管秩序。其二,明确真人与虚拟主播同台模式的纳税申报义务人。若虚拟主播独立进行商品推荐与销售,由于其并不具备独立的纳税资格,我国应将其视为销售平台的数字工具,在扣除研发、运营、维护成本后由网络直播平台申报缴纳增值税、企

---

27 参见易有禄、万文博:《税收立法前评估程序的建构》,载《江西财经大学学报》2023年第2期。

28 参见四川省成都市锦江区人民法院民事判决书,(2020)川0104民初1298号。

业所得税等税种。若虚拟主播与真人主播持续进行同台直播,由于虚拟主播不具有独立销售的能力,我国应将其视为真人主播的辅助,由真人主播对销售总额申报个人所得税,并由网络直播平台申报增值税、企业所得税与附加税。若虚拟主播与真人主播分时段进行同台销售,则由网络直播平台借助技术工具记录各时段的销售额,并根据真人主播是否在场进行申报人与税种的判断。虚拟直播电商纳税申报主体的明确可减少纳税人、承担税种、应纳税额的冲突,提升数字经济的税收征管效率。其三,明确真人主播与"中之人"同台直播模式的纳税申报义务人。真人与"中之人"同台直播模式下,其税收法律关系的争议点与"中之人"控制的虚拟主播模式相同。此时,税务机关应参照"中之人"控制的虚拟主播模式,以"中之人"与平台的经济关系为类型确定是以直播公司、第三方商务平台还是"中之人"为个人所得税申报人及其适用税率。真人主播与"中之人"同台直播纳税人的明确能够有效分解多主体的申报任务,提升虚拟主播带货税收经济行为的规范度,进一步发挥平台经济的正外部性。

2. 规范虚拟主播带货纳税申报成本认定方式

可操作性强的虚拟主播带货成本认定方式是化解征纳矛盾的"缓冲剂"。对于扣除范围的争议,我国应多维计算并核实新兴技术应用的成本以确定更加真实、可信、合理的应纳税额。进言之,对于网络直播平台申报的虚拟主播研发成本数据,税务机关应遵循纳税人诚实推定原则,若其处于合理的研发费用波动区间,则依据该报送数据计算虚拟主播带货的应纳税额,减少平台经济运行中的征纳争议。但若平台提供的成本数据明显高于虚拟主播研发费用平均值,税务机关则依据科技部门等提供的信息确定其扣除额并计算其应纳税额,从而规制虚拟主播带货平台通过虚报成本降低税负的行为。

(三)提升虚拟主播带货税务信息管理能力

1. 提高虚拟主播带货税务信息整合质效

强化虚拟主播带货数据分析是实现税收征管现代化的关键步骤。[29] 其一,提升虚拟主播带货平台涉税信息的采集能力。在法律支持方面,我国应在《税收征收管理法》等高位阶立法中明确规定直播平台的涉税信息报送义务,并鼓励税务部门结合本地网络直播营销实践活动细化相关立法,促进税务机关虚拟

---

29 参见吴小满、张建翔:《数字经济视域下粤港澳大湾区税收治理现代化提升路径》,载《法治论坛》2024 年第 1 期。

主播带货涉税信息管理能力的提升。并且我国税务机关应推动智慧税务建设实现数字化、智能化和场景化的全面跨越,[30]提升市场主体交易信息的掌控能力,随时采集、收录、甄别、监控网络直播平台的数字动态,提升对虚假数据的发现能力,从而及时矫正虚拟主播带货平台的纳税失信行为。其二,增强虚拟主播带货平台涉税信息的整合能力。信息利用水平是提升税收管理效率的重要"抓手"。[31] 我国税务机关应加强与科技、金融、市场监督管理等其他部门的纳税人信息数据共享,[32]推动虚拟主播带货平台交易总量、资金动态、成本变化、利润分布等方面数据的有效流动,通过异常交易信息的即时察觉与甄别构建完善的网络直播营销数据管理系统,从而提升直播平台税收征管的行政效率。

2. 强化虚拟主播带货平台税收信息监控义务

信息监控是提升虚拟主播带货税收行为规范度的"催化剂"。其一,明确虚拟主播带货平台税务登记的范围与方式。我国应在《电子商务法》等相关立法中明确规定虚拟主播带货平台税务登记的范围包括但不限于营销方式、主播类型、销售范围,从而督促虚拟主播带货平台主动向税务机关提供销售信息。同时,我国税收信息化已经进入"金税四期"阶段,[33]网络主播带货平台应通过税务系统及时上传虚拟主播带货销售数据,严格落实自己的数据报送义务,从而优化平台经济税收征管秩序。其二,构建虚拟主播带货平台税务诚信保证制度。在电商平台进行税务登记与数据传送时,我国税务机关可要求其签署诚信保证书,要求电商平台实时监控虚拟主播带货活动的真实数据并提醒其违反信息监控义务的法律责任,从而督促虚拟主播带货平台积极履行信息提供义务,提升其税收活动的规范度。

(四)降低虚拟主播带货税务案件稽查难度

1. 降低虚拟主播带货税务案件稽查证据采集与认定方面的阻力

提升证据使用能力能够为虚拟主播带货税务案件的稽查筑牢"最后一道防线"。其一,提升税务部门对虚拟主播带货税收征管案件证据的应用能力。我

---

30 参见王军:《奋力推进税收现代化 服务中国式现代化开新局建新功》,载《学习时报》2023 年 6 月 14 日,第 1 版。

31 See Shahroodi S M M. *Investigation of the Effective Factors in the Efficiency of Tax System*, 2 Journal of Accounting and Taxation 42(2010).

32 参见杨小强、王森:《税权均衡:算法决策对纳税人权利的冲击与回应》,载《财经法学》2023 年第 1 期。

33 参见刘峰:《"金税四期"打开"智慧税收"新局面》,载《中国财经报》2020 年 5 月 19 日,第 8 版。

国需突破税务系统内部的信息壁垒,提升其信息共享程度,实现虚拟主播带货交易活动的数据再现,并及时采集其税收失信的电子证据,从而为税务信息采集、证据认定与案件破解提供充足的证据材料。其二,加强培养税务系统的数字稽查人才。我国税务机关应加强培养稽查人员的数据使用能力,通过海量数据的分析找出虚拟主播带货纳税失信案件的证据以推动税务案件的有效稽查,从而及时矫正网络直播营销的税收违法行为,提升数字经济税收效率。

2. 推进虚拟主播带货税务案件稽查信息化工具的开发应用

高效的科技工具是虚拟主播带货税务案件稽查的"助推器"。其一,及时研发并应用虚拟主播带货的交易痕检平台。随着信息技术的发展,人工智能、区块链、数字孪生等新兴技术在税收征管中的应用成为常态。英国、意大利、泰国等国家均致力于在税收系统中使用区块链等新兴技术,[34]人工智能技术也可协助识别并查处纳税人高风险的偷逃税款案件。[35] 我国税务机关应积极利用上述新兴技术至日常征管活动,通过数据链接与相互印证及时发现虚拟直播电商交易中的存疑或虚假数据,提升税务机关采集电子证据的真实度,从而规范虚拟主播带货平台的纳税行为。其二,加强研发并应用虚拟直播营销的涉税数据分析平台。我国税务机关应在海量数据基础上研发虚拟直播营销涉税信息分析系统,即时分析其利润构成与资金流向,提升税务稽查选案、析案、破案的准确度,从而降低虚拟主播带货税务案件稽查的难度,提高税务机关对平台经济的征管效率。

(五)优化虚拟主播带货税收征管环境

1. 健全虚拟主播带货税收事先裁定机制

税收事先裁定机制能够充分反馈征纳双方的意愿并防止国家权力滥用。[36] 其一,保障税务机关与虚拟主播带货平台税收事先裁定的确定性。对于虚拟主播带货平台税收征管领域的争议,我国需明确在不违反税收法定原则基础上的事先裁定结果具有法律效力,如未遇情势变更状况则不得任意变更裁定结果,从而提升虚拟主播带货平台表达税收诉求的意愿与征纳合作的积极性。其二,积极构建虚拟主播带货税收事先裁定平台。在线下,我国各税务部门应定期召

34 See Yayman D. *Blockchain in Taxation*, 21 Journal of Accounting and Finance 140(2021).

35 See Oymatova G M. *Using the Experience of Developed Countries in the Taxation System in the Conditions of Digital Economy*, 1 Golden Brain 93(2023).

36 参见张富强:《论税收国家的基础》,载《中国法学》2016 年第 2 期。

开虚拟主播带货平台税收难题座谈会,允许平台经济纳税人自由表达其税收压力与疑惑,并将上述信息及时汇总并反馈,为平台经济税收难题的破解提供必要参考。在线上,我国可在各税务机关官网上设置数字经济征纳沟通专栏,允许虚拟主播带货平台纳税人随时反馈税收疑问与困难,从而加强征纳沟通,提升数字经济税收效率。

2. 调适虚拟主播带货平台税务教育方式

充足的税务教育是虚拟主播带货平台依法纳税的“指路灯”。其一,扩展虚拟主播带货平台税务教育宣传内容的范围。对于虚拟主播带货模式,我国应在资料审核、销售额登记、纳税申报、信用等级认定、案件稽查等环节全面展示纳税义务、失信后果、税务监督等内容,提升网络直播营销纳税人的诚信意识,从而优化数字经济税收征管秩序。其二,优化虚拟主播带货平台税务教育的宣传方式。对于虚拟主播带货平台,我国应在其经营平台交易环节的格式合同、纳税申报系统上嵌入纳税义务、失信惩戒等税务规则,时刻提醒虚拟主播带货平台及其真人主播纳税遵从义务,防控网络直播营销的税收流失行为,从而提升数字经济的税收效率。

五、结　　语

新兴技术与数字经济相结合成为未来发展趋势。在网络直播营销领域,虚拟主播带货成为新的流量密码。面对虚拟直播电商的新型经营业态,我国在理念层面需抑制虚拟主播带货税收的负外部性并发扬其正外部性,兼顾税收行政效率与经济效率,从税收静态秩序转型至动态秩序。实践中,我国税收征管在法律体系、纳税申报、信息管理、案件稽查、环境营造方面存在诸多缺憾,难以及时发现并矫正其纳税失信行为。鉴于此,我国需完善虚拟主播带货税收征管法律体系,健全纳税申报机制,提升涉税信息管理能力,降低税务案件稽查难度并优化税收征管环境。唯有如此,方能进一步规范虚拟主播带货税收活动,助推数字经济健康、持续、快速发展。

中国（广东）自由贸易试验区南沙片区改革创新的法治化进路

朱最新　刘绿蔓*

【内容提要】　改革创新，是南沙片区开放型经济新体制先行区建设的动能引擎，是高水平对外开放门户枢纽建设的制胜之道，是粤港澳大湾区合作示范区建设的必由之路。南沙片区自挂牌成立以来，在投资自由化、贸易便利化、金融开放化、政府治理高效化、涉外法制建设等方面取得了一系列首创性、系统性、前瞻性的改革创新成果。然而，检视改革创新现状，南沙片区仍存在地方立法权限无法满足需求、政府治理高效化组织保障不足、改革创新容错免责制度不健全、改革创新复制推广制度尚未建立等诸多法治难题。为发挥先行先试示范带动作用，南沙片区应当聚焦改革创新的时代要求，深刻研判南沙发展新趋势，通过争取国家赋予广州立法变通权、优化政府治理高效化保障机制、健全改革创新容错免责制度、构建改革创新复制推广制度等路径，全力疏通制度堵点，为南沙片区改革创新提供有力的法治保障。

【关键词】　南沙片区　改革创新　法治

一、问题的提出

自由贸易试验区（以下简称自贸区）建设，是新时代全面深化改革和扩大对

---

* 朱最新——广东外语外贸大学地方立法研究基地主任、教授，主要研究领域：行政法学、区域法治与地方立法；刘绿蔓——广东外语外贸大学地方立法研究基地研究助理，主要研究领域：宪法学与行政法学。本文系广东省哲学社会科学规划 2023 年度党史特别委托项目“广东自贸区建设的历史考察”（GD23WTF02）和教育部哲学社会科学研究重大课题攻关项目“粤港澳大湾区法律建设研究”（20JZD019）的阶段性成果。

外开放的重要战略举措，承担着为全面深化改革和扩大制度型开放先行先试、探索新路径、积累新经验的核心使命。改革创新，是新时代自贸区建设的必由之路和制胜之道。中国（广东）自贸区南沙新区片区（以下简称南沙片区），是中国（广东）自贸区中面积最大且区位优势明显、产业基础雄厚、功能定位较为齐全、发展潜力较强的片区。根据中共中央、国务院印发的《粤港澳大湾区发展规划纲要》（以下简称《规划纲要》），以及国务院《中国（广东）自由贸易试验区总体方案》（以下简称《总体方案》）、《进一步深化中国（广东）自由贸易试验区改革开放方案》（以下简称《深化方案》）、《广州南沙深化面向世界的粤港澳全面合作总体方案》（以下简称《南沙方案》），南沙片区作为广东自贸区的重要组成部分之一，担负着建设开放型经济新体制先行区、高水平对外开放门户枢纽和粤港澳大湾区合作示范区的重要使命，是推动粤港澳大湾区建设的重要平台。在南沙片区建设中，改革创新展现出极其独特的优势，它既是建设开放型经济新体制先行区的动能引擎，又是建设高水平对外开放门户枢纽的制胜之道，更是粤港澳大湾区合作示范区建设的必由之路。借助改革创新的力量，形塑经济体制的新样态、助推营商环境优化、应对国际贸易新变局、赋能生产要素流转体系构建、化解粤港澳深度合作的体制机制障碍、探索协调协同发展新模式，是南沙片区建设功能演进的内在逻辑。南沙片区自成立以来，始终坚持从国家战略层面布局，大胆探索，充分发挥制度创新、规则创新的高地效应，先行先试了一大批前瞻性、先进性的改革开放举措，在法治化建设、投资自由化、贸易便利化、金融开放化、政府职能转变、粤港澳深度合作等诸多方面都形成了一系列具有引领性、标志性、颠覆性的改革创新成果[1]。同时，南沙片区改革创新也面临着诸多瓶颈和法治难题。在新时代、新形势、新任务下，全面深入分析南沙片区改革创新面临的法治难题，准确把握南沙片区改革创新的重点和难点，

1　详见《广东省人民政府关于复制推广中国（广东）自由贸易试验区首批改革创新经验的通知》（粤府〔2015〕127号）、《广东省人民政府关于复制推广中国（广东）自由贸易试验区第二批改革创新经验的通知》（粤府〔2016〕83号）、《广东省人民政府关于复制推广中国（广东）自由贸易试验区第三批改革创新经验的通知》（粤府〔2017〕67号）、《广东省人民政府关于复制推广中国（广东）自由贸易试验区第四批改革创新经验的通知》（粤府〔2018〕5号）、《广东省人民政府关于复制推广中国（广东）自由贸易试验区第五批改革创新经验的通知》（粤府函〔2019〕124号）、《广东省人民政府关于复制推广中国（广东）自由贸易试验区第六批改革创新经验的通知》（粤府函〔2020〕77号）、《广东省人民政府关于复制推广中国（广东）自由贸易试验区第七批改革创新经验的通知》（粤府函〔2021〕22号）、《广东省人民政府关于复制推广中国（广东）自由贸易试验区第八批改革创新经验的通知》（粤府函〔2023〕59号）。

提出更具针对性的法治化优化路径，是推进南沙片区高质量发展，建成中国式社会主义现代化建设引领区、示范区的重要课题。

二、南沙片区改革创新的问题检视

南沙片区自2015年正式挂牌以来，大胆闯、大胆试、自主改，持续积极探索高质量建设现代化、国际化自贸区的法治路径。截至2024年5月，广东在全省分8批复制推广了130项自贸区改革创新经验[2]。其中，南沙自贸片区在投资自由化、贸易便利化、金融开放化、政府法治化、纠纷解决多元化等多个方面采取了一系列改革创新举措，取得了丰硕成果，有力发挥了改革创新"试验田"作用，推动了南沙建设开放型经济新体制先行区、高水平对外开放门户枢纽和粤港澳大湾区合作示范区的实践进程。但从南沙片区建设功能定位来看，南沙片区改革创新中仍面临着诸多法治难题，极大束缚和制约了南沙片区的高质量发展。

（一）地方立法无法满足改革创新的法治需求

作为自贸区，南沙片区不是政策优惠的洼地，而是制度创新的高地，肩负着深化改革开放和制度创新的重要使命；作为大湾区建设的重要平台，南沙片区肩负着改革探索、先行先试、在规则衔接、机制对接方面发挥示范的重要任务。然而，南沙片区所在的粤港澳大湾区"三套法系把市场分割为三个法区，法区之间劳动力、资本、生产资料、商品等要素还不能基于市场的需要自由流通，专业人员执业资格、资质还不能互认，许多技术标准、程序互不相同，区域市场优势尚未有效融合。"[3]这些差异的衔接和区域融合迫切需要制度的创新和变革。任何改革或制度创新在一定意义上"就是'立新法''废旧法''改陈法''释现法'。无论是哪种'变法'，都是变，都是要改变现存的法律法规及其相关的法律制度"。[4] 在法治社会中，改变法律制度必须以享有相应立法权限为前提。在前海蛇口片区，深圳充分发挥特区立法变通权，先后制定了《深圳经济特区前海

---

2 同注1。

3 穗仁宣：《全国人大代表王衍诗：建议授权广州在民商事领域变通法律法规》，载《南方都市报》2024年3月10日，第1版。

4 李龙、孙来清：《走向全面深化改革与全面依法治国的辩证统一》，载《理论与改革》2015年第6期。

蛇口自由贸易试验片区条例》《深圳经济特区前海深港现代服务业合作区投资者保护条例》等一系列特区法规规章,为前海蛇口片区的制度创新提供了有力法治保障。例如,《深圳经济特区前海深港现代服务业合作区投资者保护条例》突破了《涉外民事关系法律适用法》只有合同本身具有涉外因素时才能适用域外法的规则,允许民商事合同当事人协议选择合同适用的法律,优化了当地法治化营商环境,探索出了一条法治建设先行示范的深圳道路。[5] 在横琴片区,珠海利用特区立法变通权,先后制定了《港澳旅游从业人员在横琴粤澳深度合作区执业规定》《横琴粤澳深度合作区港澳建筑及相关工程咨询企业资质和专业人士执业资格认可规定》等一系列特区法规规章,为横琴片区的规则衔接与制度创新提供了强有力的法治保障。而在南沙片区,广州市只享有设区的市立法权,其立法范围仅限于城乡建设与管理、历史文化保护、生态文明建设和基层治理等有限领域,广东省和广州市都无立法变通权。南沙片区任何涉及法律、行政法规变通的改革都需要依照《立法法》相关规定,提请全国人大及其常委会、国务院作出相关决定。从大湾区建设法治需求来看,南沙片区改革创新涉及变通法律、行政法规的改革是一种常态。在缺乏相应立法变通权情况下,良性违法的政策性改革就成为南沙片区的另一种常态。以南沙片区商事登记确认制改革为例,商事登记属于《行政许可法》规定的行政许可。2019年,南沙片区管委会制定《南沙片区确认制办法(2019)》,在国内率先探索对不涉及负面清单、前置许可的一般企业的设立实施商事登记确认制,对优化南沙片区营商环境发挥了重要作用。但南沙片区商事登记确认制改革并没有法律上的明确依据,在一定程度上是一种"良性违法"[6]。"良性违法"虽然具有一定的正当性,也有助于完善相关法律制度,但"良性违法"在一定程度上侵害了法制的统一、权威和尊严,与"重大改革于法有据"的要求不相符。2024年广东省人大常委会制定的《南沙深化面向世界的粤港澳全面合作条例》(以下简称《南沙合作条例》)第49条虽然赋予了南沙片区依法暂时调整或者暂时停止适用地方性法规、规章的权力,但并没有,也不可能赋予南沙片区暂时调整或者暂时停止适用法律、行政法规的权力。而南沙片区改革创新中诸多内容都涉及国家法律、行政法规的变通问题。如"运用下一代互联网、云计算、智能传感、卫星、地理信息系统(GIS)

5 参见王江淮:《论先行地区变通立法的逻辑、风险与对策》,载《政治与法律》2023年第12期。

6 参见奇飞云:《"良性违法"现象的根源与治理对策》,载《理论视野》2018年第6期。

等技术，加快南沙智慧城市基础设施建设”，需要变通《网络安全法》《关键信息基础设施安全保护条例》等相关规定；“给予国际高端人才入境、停居留便利”，需要调整适用《出境入境管理法》《外国人入境出境管理条例》等相关规定；“规划建设外籍人员子女学校”，需要授权广州对该类学校的审批管理权限以便进行规范管理；等等。[7] 实践中，南沙改革创新措施数量飞速增长，如果每项制度创新都需要提请国家有权机关做出决定，这既耗费时间又耗费成本，将严重阻碍南沙片区改革创新的实效。可见，地方立法权限不足，已经严重阻碍了南沙片区的改革创新，成为南沙片区高质量发展的制度“瓶颈”。

（二）政府治理高效化的组织保障不足

国家治理体系和治理能力现代化是一个动态的过程，即“通过运用法治化、规范化的手段或方法进行社会治理，最终达到提高人民福祉的目的”[8]。政府治理的高效化，是国家治理体系和治理能力现代化的基础和关键。因而，通过改革创新实现政府治理的高效化，更好地为社会公众提供优质的公共服务，已成为南沙片区建设和改革试点的重要任务。近年来，南沙片区在政府治理高效化方面取得了显著成效，多项成果被纳入改革创新经验复制推广，但在政府治理高效化的组织保障方面仍存在不足。其中，主要体现为南沙片区行政组织结构复杂化影响行政效率。

南沙片区是中国（广东）自贸区、国家级城市新区、国家级经济技术开发区、保税区、粤港澳全面合作示范区等多区叠加。多区叠加带来的南沙片区多种政策优势叠加，一方面有力地促进了南沙的高质量发展，另一方面也带来了南沙片区行政组织结构的复杂化。从行政区划视角看，南沙片区存在广东省人民政府、广州市人民政府、南沙区人民政府以及镇街等一套组织体制；从自贸区视角看，南沙片区存在广东省自贸试验区工作领导小组、广东省自贸试验区南沙新区片区工作领导小组、南沙自贸片区管委会等一套组织体制；从粤港澳大湾区视角看，南沙片区存在广东省推进大湾区建设领导小组、广州市推进大湾区建设领导小组和南沙区推进大湾区建设领导小组等一套组织体制；另外，南沙片区还存在南沙新区管委会、南沙开发区管委会和南沙保税区管委会等机构。可

7 参见广州市人民代表大会常务委员会：《全国人大代表、广州市人大常委会主任王衍诗建议赋予广州一定立法变通权》，载微信公众号“广州人大”2024 年 5 月 27 日，https://mp.weixin.qq.com/s/Bm1jlqUwDPwTIHcTCYu4nA。

8 朱盼玲：《社会治理创新 地方实践与共同体构建》，九州出版社 2021 年版，第 118 页。

见，南沙片区受到多套不同的组织体制的统筹领导，从而形成了南沙较为复杂的特殊的行政组织结构。行政组织结构复杂化带来的管理层级过多，容易导致管理信息在不同层级传递中消耗较多的时间成本，并可能带来管理信息"不对称和信息传递过程中的扭曲与失真"[9]，从而影响改革创新的执行效果。同时，组织结构复杂化使南沙片区改革创新政策来源多元化。从中央到地方，各级政府、各部门等都会针对自贸区、城市新区、经济技术开发区、保税区、粤港澳大湾区等分别出台相应的改革创新政策，从而使南沙片区改革创新政策呈现出松散的碎片化状态。这种碎片化状态不仅不利于南沙片区改革创新的顶层设计和整体构建，而且可能带来不同改革创新政策的冲突。不同改革创新政策的冲突既抵消了政策叠加的优势，又增加了南沙片区改革创新的协调成本，提高了改革创新措施落地实施的难度，不利于实现政府治理的高效化。

（三）改革创新的容错免责制度不健全

改革创新，是南沙片区的主旋律。然而，人只有有限理性，改革创新不可能不出错。南沙片区改革创新面对的是一种特殊的法治格局，其改革创新面对的新难题、新问题、新挑战前所未有，迫切需要一批勇立潮头的改革者、创业者。同时，其改革创新的不确定性和风险也越来越大。在这种情况下，就迫切需要解放思想，坚持严管与厚爱结合、激励与约束并重，用容错免责制度消除这些改革者、创业者"干得多、错得多"的思想顾虑，营造"大胆试、大胆闯、自主改"的工作氛围。为此，南沙片区早在2014年《广州市南沙新区条例》中就开始探索容错免责制度。2024年制定的《南沙合作条例》进一步确立了容错免责制度。容错免责制度的建立，为南沙片区在法治框架内大胆探索、先行先试提供了制度保障，发挥了积极作用。然而，与改革创新的要求相比，南沙片区容错免责制度还不够健全。

1. 容错免责的法律依据不足。目前，涉及公职人员免职、降职、辞退或者处分的法律依据主要是《中国共产党纪律处分条例》《中国共产党问责条例》《政务处分法》《行政机关公务员处分条例》等党纪国法。这些党纪国法明确了不予问责或者免予问责、从轻或者减轻处分等情形，但对容错免责却没有做出任何规定。容错免责在中央层面主要是由中共中央办公厅2018年印发的《关于进

9　刘亚平、颜昌武：《区域公共事务的治理逻辑：以清水江治理为例》，载《中山大学学报》（哲社版）2006年第4期。

一步激励广大干部新时代新担当新作为的意见》(以下简称《中办意见》)等相关政策确立;在南沙片区,主要是《适用"三个区分开来"工作指引(试行)》(以下简称《南沙指引》)等相关政策。而《中办意见》《南沙指引》等并不是法律文件。容错免责制度在国家宏观立法的缺失,使南沙片区容错免责缺少法律依据,大都停留在政策层面。"立法先行"是社会主义法治建设的一项重要原则。公职人员非因法定事由、非经法定程序,不被免职、降职、辞退或者处分。以政策文件推动容错免责的权威性、合法性较弱,且许多政策的规定较为笼统模糊,在运行过程中容易受到阻力。

2. 容错免责界限较模糊。目前,在中央层面,《中办意见》等相关政策虽然明确了"三个区分"[10]的原则,但没有明确容错免责具体的范围和标准。在南沙片区,《南沙合作条例》确立了容错免责制度,但没有明确容错免责的具体范围,只是笼统地规定"对探索中出现失误或者偏差,符合规定条件的,可以予以免责或者减轻责任"。但是何为"规定条件"并不明晰,而且即使符合规定条件也是"可以予以免责或者减轻责任"。《广州市南沙新区条例》虽然规定对于"创新方案的制定和实施程序符合有关规定""个人和所在单位没有牟取私利""未与其他单位或者个人恶意串通"三类情形免予追究有关人员责任,并不作负面评价[11],但由于制定较早,与中央要求的"三个区分"并不完全一致。南沙片区改革创新日新月异,容错免责情形非常复杂,无法利用列举方式全面把握所有情形,而且"个人和所在单位没有牟取私利""未与其他单位或者个人恶意串通"需要结合改革创新的具体事项才能判断。界限的模糊,一方面留给监督者在容错免责过程中较大的裁量权,能否容错免责取决于监督者的自由裁量,缺乏客观衡量,不利于调动改革者、创业者改革创新的积极性;另一方面也为极少数干部利用容错机制谋取私利提供了制度空间,有违制度设立初衷。

3. 容错免责程序机制不健全。科学的运行程序,是容错免责程序机制发挥作用的重要依托;"规范容错免责的程序运行过程,是实施容错免责法治化的重

---

10 "三个区分",是指"要把干部在推进改革中因缺乏经验、先行先试出现的失误和错误,同明知故犯的违纪违法行为区分开来;把上级尚无明确限制的探索性试验中的失误和错误,同上级明令禁止后依然我行我素的违纪违法行为区分开来;把为推动发展的无意过失,同为谋取私利的违纪违法行为区分开来。"参见中共中央党史和文献研究院编:《习近平关于力戒形式主义官僚主义重要论述选编》,中央文献出版社 2022 年版,第 116 页。

11 参见《广州市南沙新区条例》第 73 条。

要保障”[12]。然而,目前看来,国家和省并没有规定容错免责的具体程序。在南沙片区,《南沙指引》明确了提出申请、申请受理、调查核实、结果认定、反馈意见、申诉途径、数据管理和监督等容错免责的办理程序,促进了南沙片区容错免责程序机制的有效运转。但《南沙指引》只是一个区级的规范性文件,未能实现容错免责程序的法规化。而且容错免责的认定和评判主体仍然只在以南沙区纪委监委为主的少数官员手上,容错免责程序的公开化明显不足,难免影响容错免责程序的客观公正,从而影响容错免责认定结果的权威性和公正性。

(四)改革创新的复制推广制度尚未完全建立

习近平总书记曾指出:“自贸区建设就是要建成制度创新的高地,做到可复制可推广,而不是政策洼地,要种苗圃而不是做盆景。”[13]“种苗圃而不是做盆景”,是总书记对改革试点方法论的形象比喻和精辟总结,即在改革开放中,要探索更多可复制、可推广的经验,为全国改革发展做出示范引领。改革创新的复制推广是一项系统工程,能否形成科学完备的复制推广制度是自贸区能否实现其使命的关键。然而,南沙片区至今尚未建立改革创新的复制推广制度。

1. 改革创新复制推广缺乏具体的制度规定。早在2016年《国务院关于做好自由贸易试验区新一批改革试点经验复制推广工作的通知》(国发〔2016〕63号)便提出了要建立复制推广工作机制。然而,由于各种因素影响,国家层面“没有为自贸试验区改革经验的复制和推广提供一套可供执行的操作程序、开展方法以及具体标准”“缺乏系统性法律规则框架的规制和引导”[14],自贸区改革创新与复制推广的衔接更多的是依赖地方自由裁量。广东省于2016年制定、于2019年修正的《中国(广东)自由贸易试验区条例》涉及了这一问题,但只是要求省政府、自贸片区所在市政府定期对改革创新经验进行总结评估并及时推广,[15]并未建立改革创新的复制推广制度。截至2024年5月,广东省政府先后八次印发复制推广中国(广东)自贸区改革创新经验的通知,其内容涉及复制推广的主要内容、范围、牵头部门、工作要求等。但其着眼点在于复制推广,而

---

12 谭九生、胡伟强:《实施容错免责机制的法治意蕴及其建构路径》,载《湖南社会科学》2018年第6期。

13 本书编写组:《当好改革开放的排头兵——习近平上海足迹》,上海人民出版社2022年版,第84页。

14 曾文革、夏天佑:《论中国自由贸易试验区复制推广机制的法治化》,载《经贸法律评论》2019年第6期。

15 参见《中国(广东)自由贸易试验区条例》第17条。

非建立改革创新的复制推广制度，因而没有对此做出专门而明确的规定。

2. 改革创新复制推广的程序机制缺失。实践中，改革创新的复制推广制度尚未建立，但复制推广的工作已普遍展开。然而，在普遍展开的复制推广工作中，其程序机制却严重缺失。程序机制，是改革创新复制推广制度最基本的构成，也是复制推广的程序保障。改革创新的复制推广包括“上报、评估、审查、决策、推广等一系列连续的内部行政行为”[16]。然而，复制推广的相关通知并没有规定相关具体程序规则，更没有涉及改革创新复制推广的权力架构和权力设置等，整个程序机制完全缺失。程序机制的缺失，使改革创新复制推广的科学性、合理性和可行性难以得到有效保证。

3. 改革创新复制推广的标准缺失。自贸区改革创新的复制推广存在三个维度：改革创新的思路理念、改革创新的具体成果和改革创新的程序技术。南沙片区改革创新复制推广存在两种情形：一是其他自贸区推广，即南沙片区改革创新在其他自贸区的复制推广；二是其他区域推广，包括南沙片区改革创新在广州市内的复制推广、在广东省内的复制推广以及在全国其他区域的复制推广。然而，什么样的思路理念、具体成果、程序技术值得复制推广，什么情况下在其他自贸区推广，什么情况下在其他区域推广，国家、省、市和南沙片区并无相关规定。“在缺乏一个外部监督体系的环境下，如果还没有一套具体的、量化的、可供执行的实体标准，那么这将会与‘程序性规则的缺失’一样令人恐惧。”[17]

三、优化南沙片区改革创新的法治进路

南沙片区改革创新面临的法治难题，须以赋予广州立法变通权为起点，以制度创新为核心，围绕优化南沙片区组织体制、健全容错免责制度、建立改革创新复制推广制度，用智慧破除阻碍自贸区建设的法治障碍，确保南沙片区改革创新始终在法治轨道上顺利运行，推动实现更高层次的改革和更高水平的创新，充分发挥南沙片区先行示范引领作用。

---

16 曾文革、夏天佑：《论中国自由贸易试验区复制推广机制的法治化》，载《经贸法律评论》2019 年第 6 期。

17 同注 16。

（一）赋予广州改革创新的立法变通权

“改革越深入，越要强调法治。越是重大改革，越要法治先行。”[18]多区叠加的南沙片区，必须改变原有政策引导型改革创新，走向法治引领型改革创新。南沙片区法治引领型改革创新的前提，是赋予广州立法变通权，以更好推动改革创新。为此，广州应当借鉴浦东新区、海南自贸港扩大立法权限的经验，采取“四步走”策略，争取获得立法变通权：一是广州积极向中央客观反映变通广州市立法权限的现实需求，为中央决策提供信息基础。二是通过大湾区建设领导小组机制报送中央，争取中央支持。三是由国务院提请全国人大出台相关授权决定，或由国务院就调整行政法规作出相关决定。四是取得成功后，积极推动修改《立法法》，增加相关规定。

赋予广州改革创新的变通立法权符合实践逻辑，有利于推动南沙片区的改革创新。但“凡事都有双面性，长期以来的改革试验与经验教训要求在对先行地区赋能扩权的同时，必须强化对立法变通的限制性规定，防止逾越法律边界，切实贯彻法制统一的原则和精神”。[19] 因此，应当以“改革创新实践需要”作为赋予广州立法变通权的准入性限制和重要根据，从变通立法的必要性、适当性和均衡性等方面对赋权事项进行综合性衡量，精准赋予广州立法变通权，确保变通事项确属改革创新之实践需要，避免超出变通限度，影响国家法制的统一、尊严和权威。同时，通过完善备案审查制度、构建常态化效果评估制度等措施强化对广州行使立法变通权的过程监督，从而既能实现先行地区立法变通的功效，又能将改革创新幅度限定于法治允许范围之内，确保改革与法治形成良性互动的效果。[20] 只有合法、准确、充分地赋予广州立法变通权，使其能在南沙片区改革创新中合理变通，才能不断提升南沙片区改革创新法治化、制度化、规范化水平，才能真正推动《规划纲要》《总体方案》等国家政策的贯彻落实，从根本上解决南沙片区改革创新法律规范供给不足的难题。

（二）优化政府治理高效化的保障机制

南沙片区改革创新涉及诸多新领域、新情况、新突破，范围广、难度高、层次

---

18 张文显主编：《法治中国名家谈》，人民出版社2014年版，第8页。

19 王建学、张明：《共同富裕示范区授权立法的方案与路径》，载《中南大学学报》（社会科学版）2023年第6期。

20 参见许昌：《新时代地方变通立法的创新与规制——以授权上海制定浦东新区法规为视角》，载《上海交通大学学报》（哲社版）2023年第12期。

深,需要坚强有力的组织保障作为后盾。但组织保障不是政府治理高效化保障机制的全貌。因此,优化南沙片区政府治理高效化的保障机制,应当针对南沙片区改革创新法治难题,从全面依法治国时代要求出发,创造性地整体推进。

1. 实行改革创新由组织推进向法治推进转变。传统改革实践中,凡是高度重视的改革创新一般都会设立相应的专门机构来推动改革创新的统筹协调。这种组织推进方式的好处是专人负责、高效推进。但当多种改革创新叠加时,组织推进方式必然导致组织结构的复杂化,从而在确保单个效率的同时影响了行政的整体效率。在全面依法治国的今天,重大改革必须于法有据,政府职能定位、运行方式等也必须法治化。而且“改革是政府与民众互动的结果,改革需要民众的参与。但是,民众参与如果没有制度保障,就可能成为一种摆设,徒增社会成本”。[21] 因此,在南沙片区改革创新中运用法治力量推进政府治理高效化,是极为重要的时代命题。南沙片区应当通过试验性建章立制引领改革创新,通过总结性建章立制保障改革创新,通过综合性建章立制规范改革创新,实现改革创新由组织推进向制度推进、法治推进转变,有效化解南沙片区行政组织结构复杂化的法治难题,为政府治理高效化提供有力的制度保障。

2. 确立改革创新权责配置的辅助性原则。在现行行政组织体制下,南沙片区改革创新,既可以由中央主导,也可以由地方主导;地方主导,既可以是广东省,也可以是广州市,还可以是南沙区。现在的问题是南沙片区改革创新权责如何配置更为科学合理？辅助原则,是现代社会权力机构用来指导权能分配的规范性原则[22]。南沙片区改革创新必须尊重南沙实际、吸纳基层民意、注重及时可行。因而,南沙片区改革创新应当尽量在改革创新事务所在的层级决策,尽量将改革创新权责配置给下级与基层,实现改革创新权责利相统一。为此,南沙片区改革创新权责配置应当遵守辅助性原则,即在维护国家法制统一、尊严和权威的前提下,南沙片区的改革创新,凡是市场主体能独立承担的,政府可由市场主体自我改革创新;如市场主体无法自我改革创新的,则由政府提供辅助;凡下级政府能独立有效推进改革创新的,可由下级政府承担;如下级政府无法有效推进改革创新的,则由上级政府提供辅助;同时,国家对市场主体或上级政

21 刘云甫、朱最新:《制度创新与法治:政府主导型改革的法律规制》,载《求实》2010 年第 1 期。

22 参见熊光清:《从辅助原则看个人、社会、国家、超国家之间的关系》,载《中国人民大学学报》2012 年第 5 期。

府对下级政府的辅助不能代替个人或下级政府的自助。[23] 唯有如此，才能使南沙片区改革创新权责分配获得合理调整，进而构建一个市场、社会、政府共同治理的科学体系，从而使改革创新与主体的变革能力、实践需求相统一，有效推动政府治理高效化。

（三）健全改革创新的容错免责制度

容错免责制度的健全，是一个复杂而系统的社会工程。在全面依法治国、全面从严治党形势下，改革创新容错免责制度的健全“必须运用法治思维和方法来引领和保障”[24]，必须以中央顶层设计为指引，注重制度间的统一性、协调性与相容性，围绕以下三个方面进行优化，以确保适应南沙片区改革创新的现实需要。

1. 容错免责制度的法律化。容错免责，是包括南沙片区在内的全国在全面从严治党形势下推动改革创新的重大制度安排。推进容错免责的法律化，“使法治成为容错免责机制实施的基本理念和衡量底线”[25]，是健全改革创新容错免责制度的最佳路径。目前，各地容错免责的实践探索和制度创新已取得巨大成效。我们应当科学总结各地容错免责实践探索和制度创新的经验与教训，修改《政务处分法》，对容错免责的主体、对象、范围、程序和配套制度等进行统一规定，并对《中国共产党问责条例》《行政机关公务员处分条例》等相关法律、法规作出相应的修改，从而在法律上明晰问责与免责的界限，实现容错与纠错有机统一，确保容错免责的统一和权威，有效解决容错免责法律依据不足的法治难题。

2. 容错免责条件的清单化。容错免责制度设立的直接目的是鼓励创新、宽容失败，但这并不意味着在实践过程中无条件、无底线、无原则、不加区别地盲目包容改革探索中的一切失误和错误。[26] “一揽子免责”不仅无法发挥容错免责制度为改革创新者撑腰鼓劲的作用，反而容易使领导干部罔顾法律乱作为。容错免责制度的建立必须对先行先试中的失误和错误设定合理的边界和尺度，明确“可容之错”与“不可容之错”，防止容错免责制度成为逃避制裁的工具。

---

23 参见张杰：《辅助性原则视角下的自贸区监管模式》，载《山西省政法管理干部学院学报》2017年第1期。

24 张红：《用法治保障容错纠错机制建设》，载《湖北日报》2018年7月22日。

25 谭九生、胡伟强：《实施容错免责机制的法治意蕴及其建构路径》，载《湖南社会科学》2018年第6期。

26 参见谢敏振、袁铭阳：《建立健全容错纠错机制的基本要求》，载《沈阳干部学刊》2017年第3期。

因此,《政务处分法》的修改应当在明确容错免责基本条件的基础上,建立容错免责清单制度。然而,由于我国改革创新是全方位、多领域、多层次、多形式、多类型的,国家立法难以对容错免责清单作出有具体可操作性的规定。因而,为精准界定容错免责的尺度,合理规范自由裁量权,南沙片区宜在法律规定基础上探索建立南沙特色的改革创新容错免责清单制度,针对改革创新中的法律漏洞、法律空白、法律盲区、权责边界模糊、新情况新问题等,结合南沙片区改革创新的实际需要,对"本地区、本单位职责范围内有需要容错免责以及坚决不予容错免责的事项进行梳理总结,以'列举 + 兜底'的模式,制定出详细的容错正面清单和负面清单,确保容错在法律底线内进行。"[27]同时,伴随着南沙片区改革创新的不断深化,新情况、新问题会不断呈现。因而,还应当建立南沙片区改革创新容错免责清单的动态调整机制,防止清单内容落后于改革创新的需要而失去可行性、科学性。

3. 容错免责程序的公开化。现代法治社会,没有程序的公开、透明,就难有社会的有效参与,也难有结果的合法、公正。容错免责程序的公开化,是公众参与容错免责、减少社会隔阂、提升容错免责社会认同的制度保证,也是确保容错免责公平正义的程序保障。为此,应当从以下几方面确立容错免责程序的公开化:一是在《政务处分法》修改中确立容错免责的基本程序和公开原则,实现容错免责制度的制定、运行与结果等向社会公开,从而为容错免责程序公开化奠定法律基础。二是南沙片区容错免责具体制度的制定过程要依法公开、透明,要通过各种方式广泛征求社会各界意见,从而确保容错免责制度的科学、民主和可操作。三是南沙片区容错免责启动、调查核实、审查认定等运行过程要依法公开,确保问责主体和社会公众等能有效参与其中,从而更加客观、全面、科学地对待改革者、创业者出现的错误失误,作出更公正的评价。四是南沙片区容错免责结果要依法公开,使其接受社会各界的监督,让人民放心;让改革者、创业者有了参照,从而实现"想干事"者无压力、"敢干事"者有动力、"能干事"者受保护的容错免责功能定位的初衷。

（四）构建改革创新的复制推广制度

可复制可推广,是南沙片区改革创新的属性要求,也是检验其成效的重要标志。南沙片区改革创新复制推广制度的构建,必须遵循法治理念,通过立法

27　孙川东:《新时代干部容错纠错机制的建构及完善》,载《中国党政干部论坛》2022 年第 1 期。

建立南沙片区改革创新复制推广的多主体决策机制、多层级程序机制和标准体系,真正发挥南沙片区改革创新先行示范引领作用。

1. 建立复制推广的多主体决策机制。明晰决策主体的权力界限,构建多主体决策机制,是南沙片区建立改革创新复制推广制度的重要前提。为此,南沙片区应当构建如下多主体决策机制:其他自贸区改革创新经验要在南沙片区复制推广,由南沙区政府自行依法决策;南沙片区改革创新经验要在广州市复制推广,由广州市政府依法决策;南沙片区改革创新经验要在广东省复制推广,由广东省政府依法决策;南沙片区改革创新经验要在全国复制推广,由国务院依法决策。同时,根据宪法和组织法,政府主要承担宏观性、统筹性职权,具体事务执行则由其所属部门承担。为此,各级政府应当对其所属部门在自贸区改革创新复制推广中评估、审查、决策的事权进行合理界定,并公开复制推广涉及多部门职权范围时涉事部门间的"决策权分配方案、审查决策的合作方案和决策的基本权力模型"[28]。这样就明确了改革创新复制推广各层面的决策主体,明确了从中央到地方各主体的权力配置和任务分工,为务实、高效地推进复制推广工作提供了组织保障。

2. 建立复制推广的多层级程序机制。程序正义,是保障实体正义的重要手段。南沙片区改革创新复制推广涉及多主体决策,因此应当建立相应的多层级程序机制,以保障复制推广的科学、高效、公正。在国家层面,应当由国务院制定自贸区改革创新复制推广的行政法规,"法规应包含复制推广工作的基本程序、自贸试验区专门管理机构与各级政府机关的权力配置以及地方管理机构、行政机关的自主权限等内容"。[29] 在地方层面,广东省、广州市、南沙区政府应当依法制定其自身及其所属部门复制推广工作程序,将上报、评估、审查、决策、推广等环节的程序性内容纳入机制,明确每项改革创新复制推广的具体做法、操作流程、审查标准、进度安排、评估方式等内容,建立健全事前高标准推动、事中统筹落地和事后总结评估的复制推广全流程全链条程序机制,推动南沙片区改革创新复制推广工作落实落细。

3. 构建复制推广的标准体系。复制推广的标准体系,是指改革创新复制推

---

28 曾文革、夏天佑:《论中国自由贸易试验区复制推广机制的法治化》,载《经贸法律评论》2019年第6期。

29 同注28。

广标准按其内在联系形成的一个有机整体，是指导改革创新复制推广实践的工作准则。南沙片区改革创新事项并非都值得为其他地区复制推广，只有示范性较强、影响力较大、具有辐射带动作用的改革创新事项才值得复制推广，不加筛选进行大肆复制推广必然浪费有限的社会资源。为此，我们应当分两个阶段构建南沙片区改革创新复制推广的标准体系：一是明确复制推广标准体系的构建目标和适用层次，确保其整体性和内容的完整性。复制推广标准体系的构建目标，是以国家治理体系和治理能力现代化为目的，分析新时代深化改革、扩大开放的实际需求和未来可能存在的需求，“将改革经验推广的预期价值、现实可行度、紧迫度等内容纳入指标体系，合理评估各指标内容的重要程度，制定与之相对应的权重和赋值方法，使每项改革经验在复制推广前都可以预先知晓相对明确的量化和评估”[30]，分级分类编制复制推广标准并按其内在联系形成标准体系。二是采用“三步走”流程，编制复制推广标准体系：第一步，南沙片区根据本地改革创新的具体内容和实效，编制并发布自贸区改革创新最佳实践指南，细致阐述改革创新的具体做法、适用标准、配套制度、注意要素等。第二步，省、市政府及时总结本地自贸区改革创新最佳实践指南的合理内容，编制本省、市自贸区改革创新复制推广标准，明晰各标准之间的关系以及标准的适用条件、应用场景等，并及时修改完善。第三步，国家在前两步基础上，总结经验，根据不同改革创新类型分类编制标准，优化体系结果，汇聚成改革创新复制推广标准体系，并在实施中不断调整优化。

四、结　　语

改革创新是南沙片区的使命和灵魂。南沙片区自建立之日起，敢于先行、大胆实践，出台并实施了一系列事关自贸区高水平建设的政策文件和创新举措，使南沙片区成为制度创新的高地。站在历史新起点，面对南沙片区在改革创新中的法治难题，多措并举将南沙片区改革创新纳入法治轨道，是发挥南沙片区自贸区建设排头兵、先行者作用的时代所需，也是中国高水平对外开放和高质量发展的现实要求。

30　同注 28。

我国附条件不起诉的系统化改造研究

杨　帆　邱俊霖*

【内容提要】　当前我国立法对附条件不起诉适用主体、罪名、法定刑等有严格限制,附条件不起诉与其他不起诉范式交叉重叠,整体上附条件不起诉的功能尚未被激活。着眼于现实的需求,应通过扩大适用范围、规范适用程序、完善监督与执行等路径,对附条件不起诉进行系统化的改造。改造之后的附条件不起诉内涵丰富,更具活力,可自如地为各项改革提供手段支撑和制度依据,从而为社会治理创新发展赋能。

【关键词】　附条件不起诉　激活　系统化　改造

通过附设条件,如果条件成就则不起诉,反之则提起公诉,此谓附条件不起诉最为通俗的文义表达。相较其他不起诉范式,附条件不起诉最具灵活性,各国可根据本国的改革需要,对条件和程序进行填充设置,以实现司法改革中的多元化价值追求。经过多年的探索,2012 年我国《刑事诉讼法》修订时,正式确立了对未成年人的附条件不起诉制度。应该说,我国的附条件不起诉本身存在制度设计简单、适用条件和范围严苛等问题,近年来多项司法改革对不起诉的适用又提出了新的要求。如认罪认罚程序推进中成年人"认罪认罚"需要获得附条件不起诉的从宽激励、轻罪时代呼吁轻微犯罪的治理通过不起诉的适用于减少社会对抗、青少年权益保护的加强提出需要扩大附条件不起诉的适用范围并完善所附条件的实施等。我国的附条件不起诉在一个狭小空间内被动、尴尬

---

* 杨帆——广东外语外贸大学法学院教授、博士生导师,主要研究领域:刑事诉讼法、司法行政;邱俊霖——广东外语外贸大学法学院博士研究生、广东省数字检察研究基地研究员,主要研究领域:刑事诉讼法、犯罪学与刑事司法。本文为 2022 年国家社科基金一般项目"'慎诉'视域下不起诉的范式改造研究"(项目编号:22BFX054)的研究成果之一。

运行,无法释放活力,满足社会发展的现实需求。为此,理论界和实务部门均发出了改造附条件不起诉的强烈呼声。其间,研究者们从不同的角度提出了附条件不起诉的改造动议和相应方案。附条件不起诉的范式系统改造需整合上述"碎片化"的成果,在范围设定、条件选择、程序完善等方面进行科学、统一的布局,成为良好的制度设计。

一、附条件不起诉的域外考察

面对我国附条件不起诉制度改革面临的困惑,可以通过比较与观察来获得一些启发和灵感。在刑法谦抑性原则、恢复性司法理论、犯罪综合预防刑事政策的深刻影响之下,出于诉讼经济、起诉便宜主义、公共利益等要素的考量,当前世界上许多国家和地区都规定了附条件不起诉制度,只是在具体名称上表述不同,有称暂缓不起诉、缓起诉等。在具体制度构建上,两大法系区域内附条件不起诉基于本地实际需求也分别呈现出不同的风格与特色。但从整体上来看,这些国家和地区附条件不起诉发展呈现出相互借鉴、融合发展的态势,如适用对象和范围的逐步扩大、适用率高、检察官裁量权较大等。上述特征,对于我国附条件不起诉制度改革具有一定指向和借鉴意义。以适用范围为例,基本上所有国家和地区都突破了对青少年范围的限定,因此,我们的附条件不起诉也可考虑适用于成年人和单位。

(一)适用对象的身份没有限制,一般都包含但是不限于青少年

大多数国家都根据法定刑轻重确定适用对象,没有对行为主体身份的特别要求和限制。以附条件不起诉制度的发源地德国为例,德国附条件不起诉制度的设计初衷,主要是提高诉讼效率以及扩大程序出罪的范围。因此,《德国刑事诉讼法》第 153 条 a 规定了审判前检察院主导的附条件不起诉以及在审判中法院主导的附条件不起诉。同时《德国未成年人法院法》第 45 条第 2 款和第 3 款规定了附条件不起诉还适用于行为时已满 14 周岁但未满 18 周岁的未成年人。《德国麻醉品法》第 37 条第 1 款规定,对于怀疑行为人因依赖麻醉品而实施的某犯罪行为也可以适用附条件不起诉。[1] 美国除了广泛对未成年人(指 17 ~ 22 岁的年轻人)适用附条件不起诉外,还包含吸食毒品类的犯罪和营利性的法人

1 参见李倩:《德国附条件不起诉制度研究》,载《比较法研究》2019 年第 2 期。

犯罪。英国、日本等国,在附条件不起诉的适用对象上,也未进行自然人或法人、成年人或未成年人等身份主体的区分,大多从法定刑的轻重出发进行考量,这种考量暗含了对"法律面前人人平等原则"的尊崇。

(二)适用范围较为广泛,无罪名限制,以轻罪为主,一些国家也适用重罪

美国是典型的、几乎完全的起诉便宜主义国家。美国的附条件不起诉除了有减少轻罪案件入罪率的考量,同样还有公共利益的考量。在美国,基本上对于所有自然人犯罪的案件,检察官均可通过辩诉交易或直接裁量附条件不起诉来实现审前转处或程序分流。实践中,检察官大多以犯罪情节轻微、案件本身不重要、检察官认为犯罪嫌疑人无须刑事指控、证据不足、被害人要求不予起诉、换取污点证人等为理由作出不起诉决定。[2] 英国则对自然人犯罪案件适用附条件警告,根据《检察官附条件警告指南》的规定,附条件警告只适用轻罪,而仅能以起诉书审判的重罪则被排除适用。

以起诉法定主义为传统的大陆法系国家和地区对附条件不起诉的适用范围则相对保守。根据《德国刑事诉讼法》第153条a项的规定,附条件不起诉适用于可能判处1年以下自由刑或罚金的轻罪案件。如未履行扶养义务的案件、不严重的交通犯罪案件等。[3] 随着严格的起诉法定主义逐渐收缩,《德国刑事诉讼法》也进一步扩大了附条件不起诉的适用范围,将其扩大到中等程度的犯罪。日本是法律明确规定起诉便宜主义的国家,伴随起诉犹豫制度在日本的广泛使用,日本的附条件不起诉似乎没有罪名和法定刑限制,只要检察官根据犯罪的性质、情节、危害结果、社会影响以及犯罪嫌疑人犯罪后的表现等综合判定没有追诉必要性的,均可在满足一定条件后,不予起诉。

(三)检察官的不起诉裁量权较大,但亦受到不同程度的限制

英美法系国家和地区普遍给予了检察官在适用附条件不起诉上更大的,甚至是不受限制的自由裁量权。由于奉行私诉的传统和当事人主义的理念,英国的检察官对于刑事不起诉有最终决定权,不受警察和法官的牵制。美国检察官对附条件不起诉自由裁量权的享有则最为充分,除附条件不起诉可以适用的范围广泛之外,检察官附条件不起诉决定的做出完全可以自己把握,不受司法审查的约束。对于所附条件,全凭检察官与被追诉人的协商,被害人通常没有任

2 参见陈玲:《美国刑事诉讼法》,上海社会科学院出版社2016年版,第53~54页。

3 参见《德国刑事诉讼法》第153条a项。

何救济途径。但美国检察官集附条件不起诉决定、执行、监督多项权力于一体，缺乏有效的司法监督，也遭遇了社会的质疑与反对。民众认为检察官滥用权力，已经造成多宗附条件不起诉案处罚严重不均。面对民众的质疑与反对，在实践中，美国司法机关也考虑通过建立规范指引和引入一定的司法审查来规制附条件不起诉中裁量权的滥用。

大陆法系早期奉行严格的起诉法定主义，一度否定检察官的起诉裁量权。直至近些年，才逐步松绑，赋予检察官一定的不起诉自由裁量权。如大陆法系国家和地区普遍规定只针对微罪或轻罪不起诉。在适用过程中，检察官的自由裁量权也普遍受到一定的限制。这种限制包含被害人的申诉、检察官群体的约束、检察长的监督、司法审查的制约等。如德国除了规定适用附条件不起诉的具体条件，还要求程序上应经被指控人或法院同意。只有在特殊情况下，才不需要法院同意。此外，被害人对于附条件不起诉决定有异议的，可以申请适用强制起诉程序。日本为了防止检察官滥用附条件不起诉的裁量权，设置了准起诉制度、检察审查会制度、向上级检察厅申诉制度等制约机制。

（四）适用率高且稳定

随着刑罚目的观的调整和刑事司法的现代化转型，诸多国家和地区较为一致地认为，并非所有犯罪案件都需要起诉到法院。实践中检察官基于利弊评估运用起诉裁量权，在设置一定附条件后进行不起诉处理成为审前程序分流的主要做法。在协商性司法理念的推动下，出于各种现实的需要，英美法系国家和地区的附条件不起诉一直维持在较高的适用比例，而大陆法系国家和地区的附条件不起诉适用率则处于稳步上升的趋势。众所周知，美国现在85%以上的案件通过辩诉交易结案。依托于辩诉交易程序，美国检察官充分利用自由裁量权，对大量的案件适用了附条件不起诉。英国的附条件不起诉适用已经覆盖全境，实践效果较为显著，被适用附条件不起诉的案件逐渐增加。

基于德国附条件不起诉在实践运用中取得的良好效果，德国适用附条件不起诉日益受到了实务部门的普遍欢迎，并以极大的热情实施该制度。1981年至2001年，不考虑未成年人刑法只考虑刑法部分，德国适用附条件不起诉的案件从180,624件增加到268,791件，增长了大约0.49倍。[4] 日本是一个

4　参见李倩：《德国附条件不起诉制度研究》，载《比较法研究》2019年第2期。

精密司法的国家,在《日本刑事诉讼法》明确规定起诉犹豫制度后,通过附条件不起诉处理的案件所占的比重越来越大。日本的附条件不起诉在2006~2015年始终保持在40%以上,2015年达到50.4%。[5] 近年来,一直维持在50%左右。

二、我国附条件不起诉运行的现实困境

我国于2012年确立的附条件不起诉在保护未成年犯罪嫌疑人、扩大检察机关不起诉裁量权方面迈出了积极的一步。但由于制度设计的不足以及社会形势的快速发展,该制度在运行的过程中逐渐暴露出一些问题。

(一)适用主体、罪名、法定刑有严格限制

根据我国《刑事诉讼法》第282条的规定,我国的附条件不起诉只适用于未成年人,其触犯了刑法分则第四章至第六章规定的罪名,可能判处一年有期徒刑以下刑罚,且有悔罪表现的。显然,与其他国家和地区相较,我国附条件不起诉适用条件最为狭窄,既有适用对象的限定,又有罪名、法定刑的严格要求。上述限制形成了一个狭小的闭环,使得我国的附条件不起诉制度坚决地排斥了对企业以及对妇女、老年人、残疾人等社会弱势群体的适用。信用卡诈骗、危险驾驶等司法实践中多发的、常见的犯罪也无法适用附条件不起诉。

我国附条件不起诉严格的条件限制导致的不足显而易见。一方面,附条件不起诉制度不能充分发挥程序分流的作用,也无法更有效缓解司法资源的压力。[6] 另一方面,在立法上,也未给其他改革留下任何空间。制度设计的封闭性既不利于制度自身的更新发展,也不利于法治建设的现实需要。

(二)其他不起诉的交叉重叠

与我国刑事诉讼法中的相对不起诉、核准不起诉一样,附条件不起诉也属于裁量不起诉的范畴。但三者在适用的过程中,存在明显的边界不明、交叉重叠的问题。根据我国《刑事诉讼法》第177条第2款的规定,相对不起诉适用犯罪情节轻微,依照刑法规定不需要判处刑罚或免予刑罚处罚的案件。根据《刑事诉讼法》第182条第1款的规定,核准不起诉则适用犯罪嫌疑人自愿如实供

---

5 参见郭烁:《酌定不起诉制度的再考查》,载《中国法学》2018年第3期。

6 参见韩红、杨蕾:《附条件不起诉制度之完善》,载《学术交流》2013年第1期。

述犯罪事实,案件涉及国家重大利益或有重大立功表现的案件。实践中相对不起诉适用最为广泛,一般针对可能判处3年以下有期徒刑的案件。核准不起诉目前尚无落地实施的案例,但从立法文义来看,核准不起诉无对象、罪名、法定刑的限制。那么,对于同时符合相对不起诉和附条件不起诉的未成年犯罪,是适用专门保护未成年的附条件不起诉还是实质上更加轻缓的相对不起诉?同样,核准不起诉附条件不起诉在理论上也存在竞合的问题,只是因为核准不起诉尚未落地实施,这一问题没有提上议事日程。但针对较为广泛适用的附条件不起诉与相对不起诉,二者的竞合不仅引发立法逻辑上的悖论,而且导致实践中司法适用的混乱。虽然对此问题,最高人民检察院于2012年10月颁布的《人民检察院关于进一步加强未成年人刑事检察工作的决定》第21条指出,对于同时符合相对不起诉以及附条件不起诉条件的案件,应优先适用相对不起诉。但如此这般,立法专门针对未成年人保护设计的附条件不起诉,岂不是完全落空?只有厘清相对不起诉、附条件不起诉、核准不起诉的边界,建立附条件不起诉自己独立的逻辑联系和理论、规则体系,才能赋予附条件不起诉丰富的内涵和强大的生命力。

(三)检察官自由裁量权受到限制,对附条件不起诉不敢用、不想用、不善用

司法实践中,实务部门普遍感觉到附条件不起诉不好用,因而许多检察官不敢用、不想用、不善用。之所以不好用,一方面因为立法对适用程序的规定不明确,缺乏配套保障制度支持,如对所附条件的规定简单、考察评估的主体和方式单一、科学的风险评估方法缺失、异地适用配合的缺乏等。另一方面受传统的“有罪必罚”“有罪必诉”“宁可错诉,不可放纵”的观念影响,长期以来检察机关将起诉、打击犯罪作为首要任务。另外,也担心不起诉权的运用招致社会对检察机关不作为甚至存在腐败交易的质疑,检察官对不起诉权一般不主动使用。如果要用,则必须经过严格的审查,以示谨慎和重视。[7] 附条件不起诉的适用也是如此。此外,对附条件不起诉的决定,被害人可以提出申诉,公安机关可以要求复议、复核。检察官也担心适用附条件不起诉后被害人不断申诉、信访或案情出现反复甚至形成错案导致责任追究。

基于上述原因,检察官在适用附条件不起诉时,如同戴着镣铐跳舞,自由裁量权受到严重限制。检察官无法针对个案灵活自主地实施附条件不起诉,因而

7 参见杨帆:《不起诉种类的边界厘定及体系重塑研究》,载《东方法学》2022年第6期。

造就了检察官对附条件不起诉的“不善用”。

（四）适用率低，功能未被激活

从附条件不起诉十余年的运行来看，整体适用率较低，但自2020年最高人民检察院针对附条件不起诉提出依法应用尽用原则以来，适用率大幅提升。回顾：2013年由于理念、配套制度等准备不足，适用率最低，附条件不起诉人数为3372人，比例为3.7%。自2014年开始，适用率逐步上升。2014年附条件不起诉人数为4021人，比例为5.2%。2015年附条件不起诉人数为4021人，比例为5.2%。2016年、2017年附条件不起诉适用率则显著增长。2016年附条件不起诉人数为4455人，比例为7.5%。2017年附条件不起诉人数为5681人，比例为9.5%。[8] 根据最高人民检察院公布的数据显示，2018年附条件不起诉6959人，同比上升16%。[9] 2019年附条件不起诉适用率达到12.51%。[10] 到2020年，附条件不起诉适用率更是直接超过20%，且在随后几年呈现出持续走高的态势，具言之，2021年附条件不起诉适用率为29.69%，2022为36.1%。[11] 2023年1月至9月，我国附条件不起诉适用率已到达38.7%[12]。

横向来看，在我国的五种不起诉中，相对不起诉适用率最高，其次是证据不足不起诉、法定不起诉。附条件不起诉和核准不起诉因其适用范围狭窄、条件严格、设立时间较短，适用率偏低。此外，附条件不起诉在各地的适用存在区域不均衡问题。这反映出检察机关对附条件不起诉的适用态度、标准把握不一。如此这般的保守适用，附条件不起诉承载的节省司法资源、修复社会关系、体现刑法谦抑性等功能被严重弱化。

---

8 参见何挺：《附条件不起诉制度实施状况研究》，载《法学研究》2019年第6期。

9 参见《最高人民检察院工作报告——2019年3月12日在第十三届全国人民代表大会第二次会议上》，载中国法学网2019年3月12日，http://www.iolaw.org.cn/global/en/new.aspx?id=69943。

10 参见《检察日报》：《扩展附条件不起诉适用范围》，载中华人民共和国最高人民检察院官网，https://www.spp.gov.cn/llyj/202112/t20211220_539139.shtml。

11 参见《最高检：去年未成年人犯罪附条件不起诉适用率超36%》，载《新京报》，https://baijiahao.baidu.com/s?id=1767485118379980171&wfr=spider&for=pc。

12 参见最高人民检察院：《2023年1至9月全国检察机关主要办案数据》，载佛山市禅城区人民检察院官网，http://jcy.chancheng.gov.cn/qjcy/jcxw/202311/cdabcf680863456bae49a1c484c3a7be.shtml。

三、完善我国附条件不起诉的重要意义

当前我国同步推进的各项司法改革对附条件不起诉的发展提出了更高的要求,也为附条件不起诉制度的运行提供了广阔的舞台。附条件不起诉应还原本身,丰富内涵,在各项改革中充分实现潜能,实现对各项司法改革的联结。

(一)认罪认罚从宽与附条件不起诉的契合

2018 年认罪认罚从宽被确定为刑事诉讼基本制度,自此我国刑事诉讼从理念到模式都发生了深刻变革。最高人民检察院公布的数据显示,认罪认罚从宽的适用率从2019 年的49.3%提高到2021 年的89.4%,2024 年1 月至6 月认罪认罚从宽制度适用率达到85%以上。[13] 显然,认罪认罚从宽将是未来中国刑事追诉的主导模式。在理论基础、价值目标上,认罪认罚从宽与附条件不起诉具有高度的一致性,二者均遵从惩罚与宽大相结合、诉讼经济、刑罚轻缓化、人权保障等理念。在具体实施中,附条件不起诉可为认罪认罚从宽的重要手段。认罪认罚从宽制度中,被追诉人自愿认罪认罚是前提,从宽则是落脚点。从宽包含程序从宽和实体从宽,对于被追诉人而言,不起诉则是最大的激励。对此,最高人民检察院明确指出,在认罪认罚的案件中,能不诉的不诉,应逐步扩大酌定不起诉在认罪认罚案件中的适用。[14] 应该说,认罪认罚从宽制度的确立为附条件不起诉的调整与改革提供了法律依据,也留出了制度空间。实践中一些检察机关也开始尝试在审查起诉的协商、沟通阶段,就附带条件的具体内容与辩方协商,并最终以附带一定条件做出相对不起诉处理。这种处理名义上是相对不起诉,实质上已经具备附条件不起诉的实质精神。但苦于当前我国附条件不起诉严格的适用范围,没有形成与认罪认罚改革的融通,使认罪认罚案件中要正式、规范的适用附条件不起诉,缺少法律依据。

在实施认罪认罚从宽的程序激励上,附条件不起诉有其他不起诉范式不可比拟的先天优势。检察官对于认罪认罚的案件,可根据当事人以及案件事实的

---

13 参见《2024 年1 月至6 月全国检察机关主要办案数据》,载中华人民共和国最高人民检察院官网,https://www.spp.gov.cn/xwfbh/wsfbt/202408/t20240806_662470.shtml#1。

14 参见《最高人民检察院关于充分发挥检察职能服务保障“六稳”“六保”的意见》,载中华人民共和国最高人民检察院官网,https://www.spp.gov.cn/spp/xwfbh/wsfbh/202007/t20200724_473727.shtml。

具体情况,设置一定的条件和考验期,以实现对被追诉人是否真诚悔罪、是否具有再犯可能性和较大社会危险性的准确判定。对认罪认罚的案件适用附条件不起诉,保持了对被追诉人持续的威慑力,迫使被追诉人持续整改和弥补,某种程度上也减缓了被害人对认罪认罚从宽不起诉的抵触情绪。简言之,附条件不起诉既具有对认罪认罚动态的考察、评估功能,又能确保认罪认罚功效的持续性。遗憾的是当前我国认罪认罚与附条件不起诉之间的联结比较模糊,狭窄的适用范围和严苛的适用条件使其无法嵌入认罪认罚从宽制度,致使认罪认罚从宽这一主流的刑事诉讼结案方式的功能发挥受限。[15] 如若能畅通认罪认罚与附条件不起诉之间的通道,附条件不起诉将会给认罪认罚提供更加充分的制度适用空间,其自身的内涵也将得到丰富和发展。

(二)轻罪时代对程序法路径优化的回应

经过多年的改革发展和有效社会治理,近年来我国社会治安秩序持续向好,重罪案件占比连续下降,被判处3年有期徒刑以下的轻刑案件占到了80%以上,[16]可谓进入"轻罪时代",针对犯罪类型和结构的巨大变化,必须要强化轻罪与重罪的区别治理及轻罪案件内部的区别治理,弱化罪刑关系,对不需要判处刑罚的轻罪进行出罪处理。[17]

轻罪时代,程序法是犯罪治理的更优选择。尤其是附条件不起诉,可承载轻罪治理的诸多期许。毕竟,在程序中,检察官可以通过对个案的具体分析、综合判断,灵活设置程序条件,以准确实现对个案的追诉正义。附条件不起诉可谓实现轻罪出罪的重要司法手段,亦是对"乱世用重典,盛世施仁政"传统法治思想的回应。附条件不起诉为轻罪治理的程序分流提供了较为充分的审前制度供给。附条件不起诉以其所附条件的承载,一方面,避免了大量的轻罪案件进入审判程序,被追诉人被定罪的结局;另一方面,实现了对被不起诉人的有效监管与矫正,实现了社会治理的良性循环。因此,附条件不起诉的功能定位应突破我国最初设立附条件不起诉时确立的"青少年权益保护"的局限,放眼于轻罪时代的轻微犯罪治理,着眼于减少社会对抗,预防犯罪。

---

15 参见周新:《认罪认罚从宽制度立法化的重点问题研究》,载《中国法学》2018年第6期。

16 参见《最高人民检察院工作报告(第十三届全国人民代表大会第三次会议 张军 2020年5月25日)》,载中华人民共和国最高人民检察院官网,https://www.spp.gov.cn/spp/gzbg/202006/t20200601_463798.shtml。

17 参见袁彬:《适应犯罪结构变化强化轻罪区别治理》,载《人民检察》2022年第9期。

(三)未成年权益保护对附条件不起诉改革的引领

世界范围内附条件不起诉缘起于对青少年权益的保护。2012 年我国《刑事诉讼法》确立的附条件不起诉专门针对青少年犯罪,更是体现了立法对未成年人的特别关切。出于谨慎的态度,附条件不起诉在设置之初,相对保守和克制。一些试点中的探索和草案中的建议都未能被立法吸收。如根据 2004 年北京市海淀区检察院试点制定的《实施附条件不起诉制度细则》规定,附条件不起诉主要针对但不局限于未成年人,且适用条件较为宽松,表现为:(1)案件事实清楚,证据确实充分;(2)犯罪情节较轻,可能判处三年以下有期徒刑;(3)犯罪后有悔改表现,不致再继续危害社会;(4)系初犯、偶犯或者是共同犯罪中的从犯、胁从犯;(5)具备较好的帮教条件。[18] 2012 年《刑事诉讼法》修订时,却将附条件不起诉适用对象、罪名、可能判处的刑罚等,做了严格的限缩。在对未成年人权益的司法保护上,附条件不起诉从立法伊始,显示出了保护的态度,但保护的力度先天不足。

与此同时,经过近十年的发展,"少年司法保护"的理念深入人心,加强对未成年人的司法保护已经成为全社会的共识。近年来,我国不断加大对未成年人的司法保护力度。为最大限度促进涉罪未成年人悔过自新、回归社会,出台了对未成年人案件专业化办理、合适成年人到场、法律援助、社会调查、社会观护、帮扶教育、犯罪记录封存、亲情会见等措施。遗憾的是,作为对涉罪未成年人的重要保护手段,附条件不起诉在设计时因对所涉罪名、刑罚等条件有严格限制,其司法运行效果并不理想。最高人民检察院公布的数据显示,检察机关对未成年附条件不起诉的适用率也一直维持在较低的水平。对附条件不起诉过于谨慎乃至压抑的适用,使附条件不起诉制度的设立初衷实现受到影响,也弱化了其发展的活力与张力。显然,附条件不起诉已经无法满足新时期加强对未成年人权益司法保护的需求。

四、我国附条件不起诉改造的具体方案

各项司法改革从自身的需求出发,对附条件不起诉集体提出了改造呼声。

18 参见北京市海淀区人民检察院公诉课题组:《附条件不起诉制度实证研究》,载《国家检察官学院学报》2009 年第 6 期。

面对诸多碎片化的建议方案，立法应从制度自身的本质属性出发，结合社会现实进行统筹规划，对附条件不起诉制度进行系统化改造，以建立规范、科学、开放、包容的附条件不起诉制度。

（一）扩大适用范围

通过立法调整附条件不起诉的适用条件以扩大附条件不起诉的适用范围，各界基本达成了共识，只是在具体范围的设定上存在些许差异。参照国际社会对附条件不起诉的适用范围设定，结合当前各项改革的需求，应逐步放松对附条件不起诉在适用对象、罪名、法定刑等方面的限制，激活附条件不起诉的制度活力与张力。

1. 适用对象

适用对象不仅包含自然人，还包含单位。在自然人中，既包含现行法律规定的未成年人，还应包含成年人。在具体立法设计时，为保持与刑法就单位犯罪规定的一致性，刑事诉讼法可将附条件不起诉适用范围扩大到单位犯罪。此外，附条件不起诉也应适用于成年人。在世界范围内，附条件不起诉主要针对未成年人，但基于对特殊情况下成年人利益的保护，也不排斥针对成年人适用。如前文所述，当前大量的成年人犯罪案件通过认罪认罚从宽程序结案。附条件不起诉则是认罪认罚案件从宽的重要方式之一，如果一律排斥对成年人适用附条件不起诉，显然影响认罪认罚从宽制度的推进。况且，考虑轻罪时代非刑罚化的趋势以及对老年人、孕妇、产妇等特殊成年主体的利益保护，应将我国附条件不起诉扩展至成年人。考虑到成年人与未成年人附条件不起诉在附带条件性质与内容、社会调查是否前置等具体程序方面存在差异，可考虑通过二元化立法思路进行制度设计。[19]

2. 适用条件

适用条件包含一般条件和禁止条件。在一般条件的具体设置上，首先，考虑处理好相对起诉与附条件不起诉的关系，做好二者衔接。全世界范围内，相对不起诉属于径行不诉，一般适用轻罪，而附条件不起诉属于起诉权保留，可适用较严重的犯罪。根据我国的社会实际状况，对于可能判处3年以下的案件，适用相对不起诉。对于可能判处3年以上10年以下的案件，可适用附条件不

19　参见何挺：《附条件不起诉扩大适用于成年人案件的新思考》，载《中国刑事法杂志》2019年第4期。

起诉。对于重罪以及极其严重的犯罪,则不能适用附条件不起诉。至于其上限,立法可按照循序渐进的原则,阶梯式扩大刑期的上限范围。在罪名方面,应突破《刑法》分则第四章、五章、六章罪名的规定,一般不做限制。其次,处理好附条件不起诉与核准不起诉的融合问题。依据《刑事诉讼法》第 182 条的规定,核准不起诉适用的核心条件是"自愿如实供述涉嫌犯罪的事实,有重大立功或者案件涉及国家重大利益的",对罪名和法定刑没有特别限制。实际上,核准不起诉的案件,如果给了检察机关作出核准附条件不起诉的选择权,能更有利于这项制度的推进实施。因此,有必要将附条件不起诉融入《刑事诉讼法》第 182 条,规定对于犯罪嫌疑人自愿如实供述涉嫌犯罪的事实,有重大立功,或者案件涉及国家重大利益的,经最高人民检察院核准,人民检察院可以作出附条件不起诉决定,也可以对涉嫌数罪中的一项或者多项附条件不起诉。

为平衡附条件不起诉涉及的诸多利益关系,立法也可根据国家利益保护和社会发展形势的需要,通过禁止条件规定,对危害国家安全罪、恐怖活动犯罪、危害国防利益罪等罪名排除附条件不起诉的适用。此外,对于累犯、犯罪集团的主犯、社会影响恶劣、具有严重的社会危险性、可能判处长期徒刑或者无期徒刑或者死刑等,也可规定不能适用附条件不起诉。

(二)规范适用程序

公平、正义、高效的适用程序是附条件不起诉制度目的实现的重要保障。附条件不起诉程序在启动、条件内容的确定、决定的作出全过程中,检察机关应根据个案情况,尽量通过平等协商的方式,充分考虑各方当事人的权利,实现利益均衡保护。

1. 程序的启动、审查与决定

附条件不起诉可依申请或依职权启动。涉案单位、个人及其辩护人、诉讼代理人可提出适用附条件不起诉请求。对于上述请求,人民检察院应当依法受理并进行审查。附条件不起诉针对的是已经构成犯罪原本需要追诉的案件,基于特殊利益考虑而暂缓不起诉。因而,在作出附条件不起诉决定之前,应严格经过全面的起诉必要性审查机制。根据个案的不同,审查方法可选择一般审查、专家论证、听证会三种方式。对于普通案件,应针对起诉犹豫因子,采取阅卷、听取辩护意见、询问证人、鉴定等方法进行一般审查。对法律适用存在疑问或者分歧较大或不常见的新案,应向实务部门和理论研究部门的专家、学者征求意见,进行专家论证。对非常疑难、复杂或社会关注度高的案件,在检察官的主持下，按照《人民检察院审查案件听证工作规定》的规定，广泛听取从人大代表、政协委员、邀请的听证员、案件当事人、辩护人、相关办案人员、其他听证会参加人的意见，在综合考量后最终作出是否适用附条件不起诉。

经过起诉必要性审查评估环节，如果认为案件的确符合附条件不起诉的适用条件的，则应当作出附条件不起诉决定。如前文所述，由于附条件不起诉主要适用于可能判处3年以上刑罚的案件，甚至可能包含一些重罪，为谨慎起见，其决定和批准程序应比一般的不起诉严格，即要求决定通过检察委员会批准；对于原本属于核准不起诉的案件，则应层层上报至最高人民检察院核准。

2. 考验条件与期限的确定

考验条件和期限可谓附条件不起诉制度的核心内容，其设定是否科学合理直接关乎制度目的的实现。当前实践中对我国附条件不起诉实施存在问题的批评，比较集中体现在认为条件设置简单且不具灵活性、条件针对性个别性有待提升、考验期限不具弹性等。[20] 随着改造后附条件不起诉适用案件范围的扩大，对考验条件和期限的设定，更应具备开阔的视野。

对于考验期限，现行刑事诉讼法律规定的是附条件不起诉的考验期为六个月以上一年以下。这一期限设定显然满足不了扩大了适用范围的自然人犯罪附条件不起诉的需求。因而，在区分单位犯罪与个人犯罪、可能判处刑罚轻重、被告人的具体情况后，考验期限应定为6个月以上，10年以下，抑或授权检察官可根据办案需要，适当延长考验期限。

对于考验条件，更是应由检察官根据案件具体情况，与被追诉人协商后确定。该协商属于民事协议的范畴，因案而异，没有固定格式。主要包含：认罪认罚、赔礼道歉、赔偿被害人的损失、恢复原状、配合检察机关的调查等。对于原本属于核准不起诉的案件适用附条件不起诉的，则应围绕“犯罪嫌疑人自愿如实供述涉嫌犯罪的事实”“有重大立功”“案件涉及国家重大利益”等设置考验条件。总之，附条件不起诉中所附条件必须具有合理性、针对性、可预期性、专业性，方可实现附带条件之教育矫治、修补社会关系、防止再犯、促进回归社会

---

20 代表性观点参见肖中华、李耀杰：《未成年人附条件不起诉相关制度比较》，载《国家检察官学院学报》2015年第2期；韩红、杨蕾：《附条件不起诉制度之完善》，载《学术交流》2013年第1期；何挺：《附条件不起诉制度实施状况研究》，载《法学研究》2019年第6期。

等功能发挥。[21]

3. 当事人诉讼权利的保障

检察机关应将协作式司法模式、协商性司法理念贯穿于附条件不起诉审查过程,确保当事人对程序的有效参与和平等协商。经过当事人充分参与形成的附条件不起诉决定不仅可以使决定更加公正、合理,而且对将来决定的遵守与执行也是极大的保障。首先,应保障当事人的知情权。附条件不起诉大多涉及被追诉人的认罪认罚选择,所以控方应将全部证据材料开示给被追诉人,让被追诉人对案情有充分的了解和正确的评判。同时,利害关系人对案件、证据、法律与政策的了解,也可减少其对结果的猜忌,形成最终较为一致的对附条件不起诉决定的支持。需要强调的是,作出附条件不起诉决定,虽然要尊重被害人的意见,尽量促成其与被追诉的和解和被追诉人对其赔偿,但并不一定要获得被害人对附条件不起诉决定的同意。其次,保障被追诉人的获得律师的帮助权。尤其是在相对疑难、重大、复杂的案件中,没有专业律师的帮助,被追诉人根本无法与控方抗衡,做出对自己最有利的选择。最后,畅通当事人的救济渠道。原则上,只要被害人对附条件不起诉决定不服,均可选择申诉或直接向人民法院起诉。而对于被追诉人的救济权,依据现行法律规定,只有针对相对不起诉决定,被追诉人才有申诉的权利。但实际上,与相对不起诉一样,附条件不起诉亦针对构成了犯罪的行为,只是检察机关基于特殊利益考虑暂缓起诉。因此,对于附条件不起诉案件,如果被追诉人存在异议或者对达成的协议反悔的,检察机关不能简单直接就做出起诉处理,而是应对其提出的理由和证据进行进一步审查,并根据审查结果作出不起诉或者起诉决定。显然,随着附条件不起诉适用案件范围的进一步扩大,完善附条件不起诉案件中相关利害关系人的救济权已成必然。

(三)完善监督与执行

1. 落实监督考察的执行

监督考察是附条件不起诉程序的重要实践环节。监督考察在检察机关的主导下,应广泛发动社会主体参加,培育社会支持体系。针对扩大适用范围的附条件不起诉,应区分对象,分别采取不同的监督考察模式:对未成年人的监督

21 参见阿不都米吉提·吾买尔:《附条件不起诉中的“附加条件”》,载《国家检察官学院学报》2017年第3期。

考察,可考虑由未成年人权益保护机构牵头,链接专业社会力量和相关专门团体;对成年人的监督考察可交由社区矫正机制负责,使附条件不起诉建立在专业的社会调查与社工帮助、科学的风险评估基础上;对社会关注度较大的案件,监督考察也可在检察机关的主导下,委托特定第三方组织负责;较为简单轻微的犯罪,检察机关可选择直接监督考察。

2. 健全起诉替代性措施

起诉替代措施具有程序分流、保护被追诉者以及被害人人权和预防犯罪、节约司法资源、彻底化解纠纷等重要功能,因而各国作为附条件不起诉制度的随附措施,嵌入所附条件之中,广泛适用。根据我国《人民检察院刑事诉讼规则》第373条的规定,检察机关作出法定不起诉、相对不起诉、证据不足不起诉决定时,可选择使用训诫或者责令具结悔过、赔礼道歉、赔偿损失给予行政处罚、政务处分或者其他处分。相较上述传统的不起诉,附条件不起诉可借助所附条件,更好地实施起诉替代性措施。

根据当前司法改革的需求,我国附条件不起诉的替代性措施在种类上应进一步充实。如对于自然人犯罪的,可要求其参加社区劳动或公益活动、接受心理辅导、补偿被害人等。对单位犯罪的,可要求其及时缴纳罚款税金、提供公益服务、加强教育培训、推动行业引领示范等。同时,因附条件不起诉涉及的对象广泛,案件也千差万别,应赋予检察机关选择适用起诉替代性措施更加广泛的自由裁量权。检察官将替代性措施作为附带条件规定,在考验期间,如果被不起诉人没有履行或完全履行相关义务的,将会产生被起诉或其他处罚后果。被附条件不起诉人忌惮于不主动配合实施替代性措施与起诉的因果联系,一定会积极主动完成替代性措施的履行和配合。如此这般,起诉替代性措施的功效更能得到发挥。

3. 做好与行政机关的衔接

"行刑衔接"在食品药品、知识产权等违法犯罪治理中凸显重大成效,并逐步成为违法犯罪治理中的成熟经验。为此,党的十八届四中全会通过的《中共中央关于全面推进依法治国若干重大问题的决定》强调指出,要健全行政执法与刑事司法衔接机制,实现行政处罚与刑事处罚的无缝对接。2021年8月11日中共中央、国务院印发的《法治政府建设实施纲要(2021—2025)》则从推进信息共享机制化、加强"两法衔接"信息平台建设,案件移送标准和程序规范化等角度提出了完善行政执法与刑事司法衔接机制的具体措施。

附条件不起诉制度内容丰富、功能多元,更是给行刑衔接提供了广阔的空间。附条件不起诉应充分吸收现有的“行刑衔接”实践经验,将“行刑衔接”贯穿于附条件不起诉适用的全过程。在实施上主要包括:附条件不起诉决定作出之前,检察机关与行政机关就违法犯罪事实的核查、证据转化、社会危险性评估、行政激励与刑事激励的融合、考验期限与条件的设定等事项进行交流、协作,确保附条件不起诉决定的正确作出。如可将行政处罚作为随附条件设定;附条件不起诉决定作出后,检察机关应将附条件不起诉决定文书及需要相关机关配合支持的事项及时送达、告知。相关行政机关应配合对被附条件不起诉对象的监督、考察、执行,并及时将相关情况通报给检察机关,便于检察机关最终作出是否起诉的评价与处理。

五、结　　语

附条件不起诉体现了协商性司法的基本理念,具有较为强大的制度活力。其充分实施可以预防犯罪嫌疑人再次犯罪,发挥检察机关参与社会治理的作用。[22] 应对当前认罪认罚从宽、轻罪治理等刑事司法改革的推进,未来有必要将包括成年人在内的所有对象纳入附条件不起诉的适用范围,扩大附条件不起诉的制度空间。[23] 同时,完善附条件不起诉的适用程序,根据适用对象的差异,建构针对性的适用条件、监督考察条件。系统改革后的附条件不起诉更加科学、完备、合理、包容、灵活,可自如地为各项改革提供手段支撑和制度依据,从而为社会治理发展创新赋能。

22　参见陈瑞华:《轻罪案件附条件不起诉制度研究》,载《现代法学》2023 年第 1 期。

23　参见陈卫东:《检察机关适用不起诉权的问题与对策研究》,载《中国刑事法杂志》2019 年第 2 期。

电子商业汇票伪造人责任的法律适用研究

桂　祥*

【内容提要】 随着电子商业汇票的广泛运用和快速发展，电子商业汇票伪造现象屡屡出现，给相关主体的合法权益造成了巨大损失，但目前电子商业汇票伪造规则仍存在较大的空白，传统票据法伪造规则也并没有反映电子商业汇票的特征。本文从法律适用的角度，着眼于电子商业汇票伪造人的刑事责任和民事责任方面，对电子商业汇票伪造人责任适用传统票据法伪造规则的困惑进行剖析，并建议通过司法解释明确对电子商业汇票进行扩张性解释、确认及规范法官法律解释权来解决电子商业汇票伪造人刑事责任承担问题；采用类推适用无权代理规则的方法解决被伪造人票据责任承担问题。

【关键词】 电子商业汇票　票据伪造　伪造人责任　法律解释　类推适用

一、电子商业汇票伪造现状及规则供给分析

（一）电子商业汇票伪造现状及类型分析

近年来，随着电子票据普及率的大幅上升，票据伪造行为也逐渐从纸质票据转向了电子票据领域。从 2016 年崔某等假冒焦作中旅银行进行虚假承兑、贴现案件[1]发生至今，以电子商业汇票为载体，虚构、假冒各类票据市场主体进行票据伪造、诈骗的行为也不断发生，且大案频出。不乏中建、中交、中铁、中冶

* 桂祥——东华大学人文学院讲师，硕士生导师，主要研究领域：金融法学、个人信息法学。本文是中央高校基本科研业务费项目“智能金融风险的监管法律问题研究”（项目编号：2232021E－08）的阶段性成果。

1　参见上海市高级人民法院刑事裁定书，(2019) 沪刑终 26 号。

等大型央企被伪造人冒用公司名义,进行虚假注册,通过开立的银行账户签发伪造票据,以其名义进行票据诈骗。比如,2020 年山东黄金集团财务有限公司的电子票据纠纷,即由伪造人盗取央企的开户资料,以其名义开具伪造的电子票据。银行在为企业开具账户时的资料核查是防范票据伪造最重要的一环,但目前在审核中还有一定难度,如果遇到企业内部工作人员利用职务之便盗用开户资料伪造印章,银行很难鉴别出真假。而且伪造人在银行开户并申请到电票权限后,就可以以企业名义进行开票、承兑,整个流程几乎无障碍。

对传统的票据伪造而言,其伪造种类大致可以分为两类,分别是票据凭证的伪造和票据上签名的伪造,票据凭证的伪造可能包括仿制中国人民银行规定和认可的票据凭证、假冒票据凭证等,而票据上签名的伪造则是指假冒他人名义在票据上进行票据行为。[2] 而在电子票据场景下,根据 2020 年上海票据交易所公布的《上海票据交易所处置伪假票据操作规程》第 2 条规定的内容,目前实践中伪造电子商业汇票的情形主要包括两种类型,第一种类型是“票据业务主体名称恶意记载为其他单位名称的电子商业汇票”,第二种类型是“冒用其他单位身份开立账户并通过该账户作出票据行为的电子商业汇票”。由此可见,因为电子商业汇票并不存在物理形态,其产生并流转于电子商业汇票系统(ECDS 系统)中,对于电子商业汇票本身的伪造基本并不存在,目前电子商业汇票伪造从事实上看基本集中于电子商业汇票上签名的伪造。而对于票据签名的伪造,理论上不仅包括私自模仿他人的签名和仿制他人印章,也包括随意利用为他人保管的印章以及盗用他人印章的情况。后两种情况被称为代行式的伪造。[3] 类似的情况在电子商业汇票伪造中也同样存在,伪造人可能在办理开户时是利用完全伪造的资料,当然也有可能是伪造人内外勾结利用“内鬼”保管的真实资料。

(二)电子商业汇票伪造规则供给分析

由于传播介质本身的特征,传统纸质票据具有物理实体,较容易被伪造,被伪造的假票、克隆票有可能给企业带来巨大的经济损失。因此各国的传统票据法普遍构建了票据伪造规则体系,对票据伪造行为进行处罚,就票据伪造所带

2　参见王肃元:《论票据伪造及其民事法律责任》,载《甘肃社会科学》2009 年第 6 期。

3　参见董慧江:《我国票据伪造、变造制度的设计——围绕〈票据法〉第 14 条展开》,载《法商研究》2018 年第 2 期。

来的财产损失风险责任进行分配。如从刑事责任角度看,《票据法》第 102 条第 1 项规定对于伪造票据的依法追究刑事责任,同时在《刑法》规定了相关条款与之相衔接,而从民事责任角度来看,《票据法》第 106 条规定,对于伪造票据给他人造成损失的,应当依法承担民事责任。可以说对传统纸质票据来说,票据伪造的刑事和民事责任都是较为清晰的。进一步观察电子商业汇票,电子票据并非纸质票据的简单替代品,根据《电子商业汇票业务管理办法》(以下简称《管理办法》)第 2 条对电子商业汇票概念的规定,电子商业汇票是依托电子商业汇票系统,以数据电文形式制作的,因此电子商业汇票实质上就是以数据电文签发与流转的、以电子签名取代实体签章的商业汇票,整个票据过程实现了完全电子化。[4] 正因为电子票据本身的数据形式以及电子票据产生、流转过程中的安全认证措施,且在 ECDS 系统中被伪造人私密资料较难为他人所知悉。[5] 因此在电子票据问题研究早期,较多学者认为电子票据在进入票据系统后,取得唯一的认证数码,其电子账户以及签发、转让均可实行实名制,票据签发所必备的所有凭证号码可实行电子备案,通过全国电子票据的联网查询,能够有效辨别票据真伪。电子票据相对于传统票据没有票据伪造的空间,能够有效地防止票据欺诈现象的发生。[6] 相应地,在中国人民银行公布的《管理办法》中也没有明显与电子商业汇票伪造或者伪造人责任相关的规则供给。仅在《管理办法》第 84 条规定:"本办法未尽事宜,遵照《中华人民共和国票据法》、《票据管理实施办法》等法律法规执行。"这种立法模式其实是电子商务立法中运用较多的"功能等同"立法原则或者立法方法,"功能等同"从本质上讲就是扩张解释的方法,[7] 在网络虚拟环境中进行传统商法价值的嫁接,在电子环境下实现功能的转换和价值保留。但需要明确的是"功能等同"并不是万能的法律方法,技术的创新可能会对传统法律规制内核产生一定的冲击,并使现有规则不适应技术创新环境下产生的新事物。从电子商业汇票角度来看,《票据法》有关票据伪造刑事责任和民事责任的规定更多是针对纸质票据,并没有过多考虑电子商业汇票

4 参见刘满达:《论电子票据适用票据法的可行性》,载《法学》2017 年第 6 期。

5 参见陈红:《电子票据对我国票据法的冲击和影响》,载《广东省社会主义学院学报》2010 年第 4 期。

6 参见李爱君、弋璘:《我国电子票据法律问题研究》,载《福建金融管理干部学院学报》2007 年第 5 期;陈红:《电子票据对我国票据法的冲击和影响》,载《广东省社会主义学院学报》2010 年第 4 期。

7 参见刘颖:《支付命令与安全程序——美国"统一商法典"第 4A 编的核心概念及对我国电子商务立法的启示》,载《中国法学》2004 年第 1 期。

的相关特征，可以说从现有相关资料来看，理论界和实务界都并未对电子商业汇票的伪造问题或者电子商业汇票伪造人责任进行深入研究，在一定程度上出现了实践与理论的脱节现象。

二、电子商业汇票伪造人责任的法律适用困惑

目前由于专门电子商业汇票伪造法律制度的缺失，如何适用或者解释现有票据法律制度确定电子商业汇票伪造人的责任并实现对正常票据流通秩序的保护成为现实的问题，以下将分别从电子商业汇票伪造人刑事责任和民事责任两方面对法律适用中的困惑展开剖析。

（一）电子商业汇票伪造人刑事责任法律适用问题

票据伪造是非常严重的票据违法犯罪行为。《票据法》第 102 条规定："有下列票据欺诈行为之一的，依法追究刑事责任：（一）伪造、变造票据的；（二）故意使用伪造、变造的票据的……"与此相衔接，《刑法》也就这两种有关票据伪造的行为分别进行规定，第 177 条规定了伪造、变造金融票证罪，第 194 条规定了票据诈骗罪。由此可见，在纸质票据场景下，能较为明确地通过《刑法》和《票据法》的衔接追究票据伪造人的刑事责任。但应当注意的是，上述具体刑法条文中的伪造金融票证罪、票据诈骗罪的票据仅明确包括汇票、本票、支票三种票据形式，并没有规定其他的票据形式或者兜底条款。由此引出的一个刑法问题是，在电子商业汇票场景下，伪造电子商业汇票的行为是否和伪造纸质票据的行为一样仍具有刑事当罚性，在刑法没有明确规定的情况下将刑事法律中的汇票扩张解释为电子商业汇票是否符合罪刑法定原则？

具体展开，其一，从不同种类法律的解释来看，在民事领域，法官处理案件时具有实质上的裁量权，在法律没有明文规定的情况下法官可以运用多种方法进行合理解释，[8] 甚至进行法律续造。[9] 但在刑事领域内，为了限制法官的罪刑擅断，滥用刑罚权，刑事领域的法律解释受到了更多的约束，严格禁止实质思维的"类推解释"。从现行立法来看，根据《票据法》第 2 条第 2 款"本法所称票据，是指汇票、本票和支票"的规定，《票据法》中的票据并不包括电子票据，再根

8 参见陈金钊：《体系思维及体系解释的四重境界》，载《国家检察官学院学报》2020 年第 4 期。

9 参见陈兴良：《刑法教义学中的形式理性》，载《中外法学》2023 年第 2 期。

据《管理办法》第2条“电子商业汇票是……票据”而非汇票,因此即使电子商业汇票属于票据也并不意味着必然属于汇票,且《管理办法》仅是中国人民银行制定的部门规章,在法律位阶上远低于作为金融基本制度的《票据法》。另外,根据笔者对历次刑法修正案,伪造金融票证罪、票据诈骗罪相关司法解释的整理情况来看,其内容目前尚未涉及将刑法条文中的票据范围扩展到电子票据。由此可见,在刑事法律没有明确规定的情况下,将刑事法律中的票据范围扩大解释为包含电子商业汇票,实际是扩大了刑事打击范围,可能使相关主体陷入刑事不利的状态,需要在理论上回答这种扩大化的法律解释到底属于类推解释还是扩大解释。

其二,从法律解释权力角度来看。我国法律解释体制不完善,在制度设计上具体法官并没有解释法律的权力。[10] 但在具体的司法审判中,法官仍然将面临具体审判中的法律解释和适用现实要求,其无法因没有法律依据而拒绝裁判,因此具体法官在具体案件中的法律解释行为可以说是难以避免的。如在严某、陈某票据诈骗案中,[11]法官就将电子商业汇票解释并适用为刑事法律中的票据,当然这种法官的法律解释在现有法律层面上仍没有得到认可。另一方面,法官在个案中法律解释权的制度缺失也同时意味着实践中可能存在不规范。不同法官由于业务认知水平的不同,对于具体法律的解释可能存在较大的差异,不受约束的法官法律解释权也较容易造成同案不同判现象,甚至通过法官法律解释权任意出入人罪,影响法律实施的统一性。在现实的判例中,如前述严某、陈某票据诈骗案,法官判决对于“明知是伪造的电子商业汇票而使用”是否能适用票据诈骗罪基本都并未着重论述,而是直接给出了法律解释结论,即“采用签发无资金保证的电子商业承兑汇票、伪造转授权文书、出具虚假的《商业承兑汇票保兑保函》等手段,其行为已构成票据诈骗罪。”[12]可以看到在法官适用和解释法律过程中,仍然缺乏对裁判理由发现和界定的思维过程。

(二)电子商业汇票伪造人的民事责任法律适用问题

票据伪造行为不仅严重危害国家金融管理秩序,同时也损害了其他票据当事人的合法权益,因此票据伪造人在承担刑事责任之外还应当承担相应的民事

---

10 参见陈金钊:《法律解释规则及其运用研究(下)——法律解释规则运用所遇到的难题》,载《政法论丛》2013年第5期。

11 参见重庆市高级人民法院刑事裁定书,(2018)渝刑终141号。

12 同注11。

责任以补偿票据当事人的利益损失。《票据法》第14条第1款规定："……伪造、变造票据上的签章和其他记载事项的，应当承担法律责任。"本条规定即票据伪造人承担民事责任的依据，但在具体的法律解释中仍存在一定的争议，即这里的民事责任是票据责任之外的侵权赔偿责任还是票据责任。两种责任虽都为民事责任，但仍存在一定的差异，如果伪造人承担票据责任则票据权利人仅需证明票据权利的适格存在、不存在合理抗辩即可，具体金额也以票据记载金额为准，而如果是票据责任之外的侵权赔偿责任，在诉讼过程中则需要证明侵权行为的各构成要件，且侵权赔偿金额也并不完全以票据记载金额为准，法官还可能会根据过错大小对赔偿金额进行调整。因此，相较而言，伪造人承担票据责任对于交易相对人来说更为有利。长期以来，我国票据法学界秉持着在票据上有签章的当事人才承担票据责任的基本观点，认定票据伪造人并不承担票据责任，而是承担票据责任之外的侵权赔偿责任，即将前述第14条中的法律责任解释为一种非票据责任。

对电子商业汇票伪造而言，也面临着电子商业汇票伪造人的民事责任法律适用问题，但其问题可能因为电子票据形式和电子票据关系的数字化而变得更加复杂，首先，电子商业汇票伪造人应当承担票据责任还是侵权赔偿责任。《管理办法》对于电子商业汇票伪造人的民事责任并没有明确规定，但在其第84条规定："本法未尽事宜，遵照《中华人民共和国票据法》、《票据管理实施办法》等法律法规执行。"由此与刑事责任不同，在电子商业汇票出现伪造的情况下可以直接适用《票据法》的规定承担相应的民事责任，当然依据上文分析，仍然面临对票据责任或是票据责任之外的侵权赔偿责任的法律解释选择。电子商业汇票法律关系主体及其承担的职能发生了较大的变化，根据《管理办法》的相关规定，与纸质票据不同，相关主体并不能直接进行票据行为，而是先要通过银行业金融机构、财务公司（统称金融机构）接入电子商业汇票系统。在接入电子商业汇票系统的过程中，金融机构都要求客户提供较为完整的身份验证资料，实际金融机构已经对客户的身份信息真伪进行了相应的审查，数字认证机构也对签名的真实性进行了认证。正因如此，《管理办法》第8条规定："接入机构提供电子商业汇票业务服务，应对客户基本信息的真实性负审核责任……"值得思考的是，如果接入机构没有尽到对客户基本信息真实性的审核责任，那此处的责任应当如何进行法律解释？如果接入机构需要承担票据责任，在对票据行为相对人的保护已经较为充分的情况下，电子商业汇票伪造人是否还同样需要承担票据责任?而如果接入机构不需要承担票据责任,伪造人是否需要承担票据责任?

其次,电子商业汇票伪造情境下如何运用法律适用方法跨越电子商业汇票伪造人承担票据责任的理论障碍。其中的关键问题仍然在于能否适用票据无权代理规则使伪造人承担票据责任。电子商业汇票的流转形式发生了较大的变化,《管理办法》中不仅没有电子商业汇票伪造规则,也没有电子商业汇票代理规则,由此需要解决的一个现实问题是电子商业汇票流转过程中是否存在票据代理关系,电子商业汇票的票据代理是否必须和纸质票据代理关系完全一致。对于纸质票据来说,适格的票据代理需要同时具备实质要件和形式要件,其中实质要件是指具有合法的票据代理权限,而形式要件则是指被代理人名义、代理关系的意思表示和代理人签章,形式要件或者实质要件缺失的情况都可能导致一定的消极法律后果。而在电子商业汇票实际操作中,从目前相关银行电子商业汇票的操作页面来看,电子商业汇票系统中并不存在票据代理的操作选择,在具体的电子商业汇票中也并没有显示相关的代理关系意思表示,这是否意味着电子商业汇票不承认票据代理呢?从实践来看,电子商业汇票的代理关系仍然是可能存在的。如情形1:被代理人甲由于各种原因不方便直接进行票据行为,因此其将自身真实的电子签章、密钥等识别身份的信息交予代理人乙使用。由于电子票据上的签章形式已经彻底转变成电子签章,电子签章是以散列函数为原理,通过非对称钥匙加密法完成的,可以是单词、数字、符号或者记号等。[13] 根据《电子签名法》的相关规定,满足一定条件下电子签名可以成为可靠的电子签名,与传统签章起到相同的功效。电子签名和签章人的书写习惯、本名等信息可能完全没有关联性,已完全脱离了相关主体的固有书写习惯,在极大程度上依赖密钥的准确性和数据认证作用的发挥。因此上述行为从外观上来看,代理人乙在电子票据上对被代理人甲的签章和被代理人甲自身签章的结果是完全相同的,而同时目前的系统设置也不会显示出代理关系的意思表示和代理人签章,那我们能否因代理关系意思表示形式要件的欠缺而否认最终后果归被代理人甲所有呢?情况如果发生变化,出现了情形2:不是由被代理人甲主动将相关信息交于代理人乙使用,而是代理人乙在被代理人甲不知情的情

---

13 参见汤标:《论票据法相关理论与电子票据业务的冲突与其修改》,载《湖北社会科学》2004年第2期。

况下为甲的利益主动进行相关的电子商业汇票行为，此时从外观上进行观察与情形一相差不大，但是因为欠缺代理实质要件，因此行为性质和情形1可能会存在差异。进一步推演，如果第3种情形乙方并未获得甲方授权，其仅为自身利益而使用甲方签章进行相应的票据行为，此时在形式外观上来看与前两种情形仍然相差不大，此时的乙方又应当承担怎样的责任呢？承担的相应责任的合理性又如何论证？

三、电子商业汇票伪造人责任的法律适用因应

前文分别对电子商业汇票伪造人的刑事责任和民事责任法律适用中的困惑进行了梳理，需要明确的是，形成电子商业汇票伪造人责任法律适用问题的原因主要有两个：第一，相关法律规则的缺失。我国《票据法》于1996年1月1日起施行，近30年未曾进行过大规模修订（2004年《票据法》仅删除了第75条）。《票据法》制定的时代背景还并未产生电子票据，这导致电子票据并未被纳入《票据法》的调整范围内，同时因为电子票据本身交易关系的创新性，与传统纸质票据并不完全相同，因此如果电子商业汇票完全适用已有票据伪造规则可能会导致相关主体间新的利益不均衡现象。第二，相关理论观点的固化。近年来，随着网络信息技术的飞速发展，票据作为支付、汇兑工具的重要性有所下降，与之相对应的是票据法理论研究进步也相对迟缓，谈及票据法，不论是纸质票据还是电子票据，理论界在很大程度上仍不加区分地机械固守票据文义性、无签名无责任等基本票据原则，虽也有理论观点对票据伪造属于票据文义性、无签名无责任基本原则的例外情形进行了有益的探索，但仍未形成较大理论影响力。鉴于此，本文结合票据法的立法现状和电子商业汇票的技术特征，综合运用法律完善、法律适用、法律解释等方法，探索解决电子商业汇票伪造人刑事责任和民事责任的法律适用问题。

（一）电子商业汇票伪造人刑事责任的法律解释优化

1. 制定司法解释明确对电子商业汇票进行扩张性解释

在刑法中，任何需要被界定的概念都不应该被要素证明与司法推定所取代，正确的路径是首先明确构成要件要素的内涵与解释，以此来确定证明对象

的范围与边界，在此基础上才能够探讨证明的相关问题。[14] 在刑法解释理论方面，有关扩张解释和类推解释的研究成果汗牛充栋，其中有共识，如基本都认同在处理刑事案件时可以对法律进行扩张解释而反对类推解释。但也存在意见分歧，比如，对扩张解释和类推解释如何进行区分，不同的区分标准在具体案件中会产生巨大的差异，并进而影响对相关主体的定罪量刑。当然我们也可以看到在数字经济时代，基于传统现实社会建构的刑事规制体系，面对虚拟空间法益侵害行为的激增，对于虚拟空间特有的法益、特有的犯罪手段、特有的犯罪对象等应当如何规制的问题必然捉襟见肘，刑法解释就更显重要。[15] 本文仅就较为主流的扩张解释和类推解释区分标准对具体的电子商业汇票刑法解释问题进行讨论。首先，有关汇票的通常字面含义。就票据而言，其本身在我国的《票据法》上看虽然是一个封闭性的概念，只有汇票、本票和支票三种类型，不存在第四种票据种类，也没有对其内涵进行明确界定，“我国票据法对票据没有给予实质性定义，或者只规定了词语性定义”。[16] 但《票据法》在第19条对于汇票进行了内涵式的定义，“见票时或在指定日期无条件支付确定金额”基本被确定为汇票的本质属性。根据《管理办法》第2条对电子商业汇票的定义，“在指定日期无条件支付确定金额”也属于电子商业汇票的本质属性。因此，从字面含义来看，电子商业汇票具有汇票的本质属性，其也应当处于伪造票据犯罪刑事责任的射程范围内。其次，就一般民众对伪造电子商业汇票行为违法性的合理预期来看，诚如前文所述，在理论上就电子商业汇票是否属于票据仍然存在一定的意见分歧，但是这种学理上的区别从民众朴素的正义观来看并不会影响对票据伪造违法性的认知。在人们的通常观念中，未得到被伪造人授权，直接以被伪造人名义在有价证券上实施处分行为，通常存在非法占有他人财物的目的，其行为具有违法性，并没有突破一般民众的合理预期。而且即使电子商业汇票并非票据法典型意义上的汇票，比如，其属于支付命令也不会引起一般民众（甚至业内专家）预期的混乱，因为票据伪造犯罪不仅包括汇票，还包括本票、支票，而支票并没有融资功能，更多的也是一种支付命令，但伪造支票也要承担票

14 参见翟浩：《金融诈骗罪非法占有目的必要性研究——以行为犯与目的犯区分为视角》，载《法律方法》2022年第1期。

15 参见吴宗宪、叶建平：《网络时代基于现实人图景的“类推解释”与“扩大解释”的界分新路径》，载《甘肃政法大学学报》2021年第3期。

16 参见赵新华：《票据法论》，吉林大学出版社2007年版，第4页。

据伪造刑事责任,因此认定刑法中的汇票包含电子商业汇票属于扩张解释而非类推解释。基于此,可以由最高司法机构对电子商业汇票的刑事审判制定相应的司法解释,对电子商业汇票进行扩张性解释,明确在刑事审判中电子商业汇票也属于汇票,从而解决电子商业汇票伪造人刑事责任的法律适用依据问题。

2. 进一步确定和规范法官刑事法律解释权力

虽然我们在上文得出了刑法条文中的"汇票"包含"电子商业汇票"的扩张解释结论,但相关问题并没有完全解决。问题之一即这种不利于被告人的刑法扩张解释是否能由具体法官来完成。长期以来,我国刑事法律解释权在制度上从来都垄断于最高立法机关与最高司法机关——全国人大常委会、最高人民法院、最高人民检察院,普通法官对刑法的解释活动既不被关注更不为正式制度所承认,在传统观念下,他们只有严格适用刑法及相关立法、司法解释的义务,不具有解释刑法的权力。[17] 虽然2012年最高人民法院在《关于在审判执行工作中切实规范自由裁量权行使保障法律同意适用的指导意见》中也曾指出:"自由裁量权是人民法院在审理案件过程中,根据法律规定和立法精神,秉持正确司法理念,运用科学方法,对案件事实认定、法律适用以及程序处理等问题进行分析和判断,并最终作出依法有据、公平公正、合情合理裁判的权力。"但该文仅是最高人民法院发布的指导意见,并不属于法律、法规,不具有法律效力,且其也未明确认可普通法官对法律的解释权力。

首先,有必要通过法律、法规明确赋予具体法官在审理案件中对法律的解释权力。能动司法是习近平法治思想在司法领域的生动实践,是审判理念现代化的重要内容,是人民法院工作思路的创新与发展。法官在审理案件中对法律的解释权是能动司法理念的具体表现,同时与我国现行的《宪法》和《立法法》关于法律解释权属于全国人大常委会的规定并不相悖。[18] 法官的职能虽然长期被限定在法律适用下,但需要明确的是法律适用和法律解释具有紧密的联系,法律解释是法律适用的前提与基础,因此从广义来看,法律的适用不仅包括法律规则与具体案件事实的涵摄过程,还包括对具体法律规则的解释过程。仅允

---

17 参见唐稷尧:《中国法官刑法解释权刍议》,载《四川师范大学学报》(社会科学版)2015年第4期。

18 参见上官丕亮:《法官法律解释权刍议》,载《江海学刊》2010年第3期。

许法官从事法律规则和具体案件事实的涵摄行为,而完全禁止其对现有规则内涵的解释行为需要建立在完美的立法基础上,而这在迅速发展的现代社会几乎不可实现,因此在法治国家,除了专门司法解释机构统一解释法律外,基本都承认法官等法律适用者也有在个案中解释法律的权力;[19]从具体实现途径上看,法官法律解释权的赋予将对司法工作实践产生重大影响,目前较为原则、模糊的最高人民法院或最高人民检察院制定司法解释的方式显然并不能完全满足依法治国的要求,也并不能成为法官在个案中行使法律解释权的依据和准则。因此,可以在一定程度上借鉴世界上其他国家制定法律解释法的已有做法,由立法机关制定专门的法律解释法律、法规,对法官的法律解释权进行明确授权;在法官法律解释权的主体、层级方面,构建多层级的法官解释体系,且不应当将基层法官排除在具体案件的法律解释之外。因为一方面,随着我国法治建设的不断完善,我国审判人员的法律专业素养已有较大提升,另一方面基层司法审判人员才是大量审判案件的主体,也最需要在具体案件中在正确适用法律前对法律进行个案解释。而且即使存在法官解释的错误,也可以通过二审、再审程序来纠正;在法官解释法律效力上,应当确定法官对个案的法律解释是一种应用性解释,仅对个案产生效力,并不具有普遍约束力。

其次,还需要进一步规范法官的刑事法律解释权。普通法律解释权的赋予并不意味着法官在刑法适用过程中对刑法解释是万能的或者无限制的,在肯定司法能动同时更要保持司法克制,或者应当是在司法克制下做到司法能动。[20]为了防止法官在刑事审判中滥用法律解释权进行权力“寻租”,[21]还应当进一步规范其法律解释活动,如完善裁判文书释法说理规范,要求法官在刑事裁判过程中对可能扩张解释的事由详细论证其裁判理由,不能省略论证过程直接给出解释结论,而应当将法律论题转变成可商谈的法教义学论点,增进相对人和听众的理解;[22]还需要制定法律解释规则,统一法官在具体案件中进行法律解释的标准,防止出现不同法官在具体解释时出现同案不同判情形;构建对法官法律解释的监督机制,单纯依靠现有诉讼审级制度对法官解释权进行监督可能会增

19　参见陈金钊:《法律解释规则及其运用研究(下)——法律解释规则运用所遇到的难题》,载《政法论丛》2013年第5期。

20　参见张榕:《司法克制下的司法能动》,载《现代法学》2008年第2期。

21　参见陈金钊:《“法律解释权”行使中的“尊重和保障人权”》,载《政治与法律》2019年第1期。

22　参见吕玉赞:《法律修辞开题程序之探究》,载《法律科学》(西北政法大学学报)2021年第6期。

加诉讼成本,需要从内部、外部强化对法官解释权的监督,从内部来看,对于存在法官在具体刑事案件中论证解释法律的,应当经过内部审委会的监督,从外部来看,应当进一步完善已决案件裁判文书公示制度,增强社会对法官法律解释权的监督;就法官解释法律的方法类型来看,可以包括扩张解释、限缩解释等,不利于被告人不应当成为规范法官在具体案件中进行禁止刑法解释的原则,严格来说,所有的刑法解释都应当基于刑法条文文义展开,即使是扩张解释也并没有突破罪刑法定的基本原则,而是符合刑法条文规定的原义,在此情况下以不利于被告人为由出罪不仅不合理束缚了法官的法律解释权,实际也是不公正的。

3. 完善电子商业汇票相关立法

对于网络犯罪的刑法规制,单独依靠刑事立法或刑事司法都是不足的,必须实现刑法立法与刑法解释的协同,首先考虑适用刑法解释进行规制,后期通过刑事立法进行规制。[23] 刑法解释更多是在相关法律不完美时应对现实生活变化的途径,仅有刑法解释而忽视法律的完善可能会进一步造成法律的僵化,在数字经济背景下更应当在时机成熟时及时进行刑法及相关立法的完善。对于电子商业汇票法律制度完善而言大概有两种观点:其一,将电子票据法律制度纳入《票据法》的体系内,单列一章专门进行规定,如郑孟状等认为对于电子票据的性质、流通、当事人的权利义务,只有将其纳入《票据法》中才能得到确定[24];董慧江认为电子票据制度和电子票据系统的发展与更新,其良好运行同样有赖于《票据法》的完善[25]。其二,对电子票据制定单行法规。陈红博士认为应当在整合已有法律的基础上,出台我国电子票据法。[26] 前一种观点为主流观点,笔者也认同这种观点,即应当认识到电子商业汇票本质上仍然属于一种票据,具体的立法模式可以首先在《票据法》中对票据或者具体票据种类(如汇票、本票)的定义进行扩张规定,使法律定义能包括相应的电子票据类型,如在汇票定义中明确包括电子商业汇票,其次在《票据法》中列专章对电子票据的具体法律

23 参见吴宗宪、叶建平:《网络时代基于现实人图景的"类推解释"与"扩大解释"的界分新路径》,载《甘肃政法大学学报》2021 年第 3 期。

24 参见郑孟状、姜煜洌:《论〈票据法〉的修订》,载《宁波大学学报》(人文社会科学版)2013 年第 1 期。

25 参见董慧江:《中国票据法理念与立法技术的反思》,载《环球法律评论》2020 年第 5 期。

26 参见陈红:《电子票据法律规制研究》,吉林大学 2013 年博士学位论文,第 131 页。

制度进行规定。如此可以在不大规模调整《刑法》的情况下，通过《票据法》对电子票据法律的认可实现与《刑法》的衔接，顺利解决电子商业汇票伪造人刑事责任认定中的法律逻辑推理的大前提缺失问题。

(二)电子商业汇票伪造人票据责任类推适用无权代理规则

1.电子商业汇票伪造人应当承担票据责任

首先，从电子商业汇票伪造关系内部的各主体责任形式角度来看。第一，从接入机构角度来看，接入机构要对客户基本信息的真实性负审核责任，而如果接入机构没有审核出伪造信息则其要承担相应的责任，这里的责任应当解释成损害赔偿责任，而非票据责任。因为票据上没有接入机构的签章，更为重要的是接入机构此时仅是为客户提供接入电子商业汇票系统的服务，并无意成为票据关系当事人，也无他人以接入机构的名义向外作出虚伪的担保付款责任的意思表示。由此要接入机构承担票据责任并无理由，而应当承担损害赔偿责任。第二，从被伪造人角度来看，根据票据法无签章无责任的原则，因被伪造人未在票据上进行真实签章，因此其原则上也不需要承担票据责任。但在某些特殊情况下，如伪造人和被伪造人之间有某种比较特殊的关系，致使第三人有足够的理由相信伪造人有权进行票据行为，或者被伪造人本身存在一定的过失使第三人有理由相信被伪造人对伪造人有授权的，[27]则被伪造人需要承担票据责任，但被伪造人承担票据责任的前提是其本身存在较为特殊的可追责性而非具有普遍性(实际上在现有的法律制度中要求被伪造人承担票据责任仍存在相应的制度障碍)。第三，从交易相对人角度来看，与纸质票据不同，电子商业汇票的伪造签章和真实签章不是高度相似而是没有任何区别，交易相对人基本不可能从票据本身文义对是否存在伪造进行辨别，同时，与纸质票据不同的是，《管理办法》将对客户信息真实性的审核责任赋予了接入机构而非作为后手的交易相对人。由此，一方面对交易相对人审查前手信息真实性的责任要求有所降低，另一方面在电子票据载体形式下交易相对人又基本无法对是否存在伪造进行辨别。而此时仍同纸质票据一样由交易相对人向伪造人追究侵权责任而非票据责任，实际将交易相对人的合法权益置于相对不利的境地。

其次，从票据无权代理和票据伪造相关主体责任的横向对比来看。在司法审判实践中，具体法律可能存在漏洞、模糊或者冲突矛盾，法官对个案事实可能

---

27 参见李伟群：《票据被伪造人责任追究的最新研究》，载《东方法学》2015年第5期。

存在多种理解，对不同的理解难以取舍的时候，尽管法官可以决断，但是其说服力可能显得不足。为增强判决的说服力，就需引进法律论证与价值衡量（利益衡量）等法律方法。[28] 当然利益衡量并不能支持法官漫无边际地进行非形式法律论证，仍然要求必须针对特定的文本进行利益衡量，而不能脱离文本进行所谓的“法外利益衡量”。[29] 就利益衡量的具体方法，有学者认为在一个具体的待决疑难案件中，应当解析当事人具体利益、群体利益、制度利益和社会公共利益四个不同层次的利益构成，要求法官层层深入，有步骤地分析、比对不同利益，经过综合性的利益衡量，最终得出妥当的裁判结果。[30] 对于票据无权代理来说，《票据法》第 5 条第 2 款规定：“没有代理权而以代理人名义在票据上签章的，应当由签章人承担票据责任……”因此在无权代理时代理人应当承担票据责任，无权代理的交易相对人也可以据此通过较为便捷的方式要求无权代理人承担票据责任。票据伪造和票据无权代理在实质要件上都体现为没有权限的行为，尤其是在无权状态下的票据代行，从外在表现形式来看，也并不存在代理人的签名和代理关系意思表示，而日本的司法实践通常将其看作无权代理的一种特殊形态。这时无权代理和票据伪造的唯一差异可能就在于行为人的主观动机，即为被代理人利益还是为伪造人自身利益，为被代理人利益可能会被认定为无权代理，而为自身利益则会被认定为票据伪造。先不论这种依据行为人主观意图来确定行为人性质的做法是否违反了票据文义性基本原则，从利益衡量角度来看，自身主观恶性相对较轻，为被代理人利益服务的无权代理人需要承担票据责任，而主观恶性相对较重，为伪造人自身非法利益服务，给票据正常交易秩序造成的冲击和破坏更为严重的票据伪造人如果反而不需要承担票据责任，则在票据伪造人和无权代理人之间毫无疑问制造出一种明显利益失衡的状态，而且要求票据伪造人承担票据责任与要求其承担损害赔偿责任并不一定是非此即彼的关系，还可以是责任竞合状态，从这方面看也可以为合法的票据权利人提供更充分的保护。因此从利益衡量的角度看，电子商业汇票伪造人应当要承担票据责任。

---

28 参见陈金钊：《法律方法论体系的“逻辑”问题》，载《政法论丛》2008 年第 4 期。

29 参见吕玉赞、焦宝乾：《法律逻辑的拓展研究——以新兴交叉学科为背景》，载《上海政法学院学报》（法治论丛）2019 年第 1 期。

30 参见梁上上：《制度利益衡量的逻辑》，载《中国法学》2012 年第 4 期。

2. 电子商业汇票伪造人票据责任应当类推适用票据无权代理规则

在论证票据伪造人承担票据责任的过程中,有学者试图从类推适用票据无权代理规则角度进行论证,但该观点尚未成为主流观点,主要原因在于主流观点认为票据伪造和无权代理在法律构造特征上存在较大的差异,如典型的无权代理形式上表现为本人、无权代理人和相对人之间的三方关系,且存在被代理人名义和表明代理的意思表示等形式要件,而伪造的票据上并无伪造人存在,法律结构上仅表现为被伪造人和相对人二者之间的关系,且没有代理意思的表明。[31] 因此在票据无权代理和票据伪造法律构造存在较大差别的情况下,不应对票据伪造类推适用票据无权代理规则。如汪世虎教授认为,按照1934年的《日内瓦统一票据法》规定的通常解释,只有在同时表示出被代理人的名义和代理人自己的名义时,才可适用无权代理的规定。因而不能援引票据无权代理相关规定让伪造人承担票据责任。可以说,该类观点的本质还在于绝对坚持票据文义性原则。

但在电子商业汇票模式下,因电子商业汇票系统设置和《管理办法》代理规则的缺失,票据代理关系的文义性意思表示较难在电子票据载体上直接表现出来,但票据代理关系在票据流转中仍有其重要作用,并不因载体形式或流转形式的变化而不复存在。但电子商业汇票中的票据代理关系与纸质票据代理关系仍存在一定的差别,在现有电子商业汇票系统中并没有票据代理的操作选择,在票据代理实践中也并不存在代理关系意思表示的记载,可以说,在电子商业汇票的票据代理中代理关系意思表示形式要件是缺失的,或者说在电子商业汇票场景下合法的票据代理的实质更多体现为票据代行,也正因如此,前文提及的三种情形对应的合法票据代理、无权代理和票据伪造在该形式要件上的区分进一步模糊。因此,如果以是否存在票据代理关系的意思表示和代理人签章等外观形式来判断是票据无权代理还是票据伪造在纸质票据背景下拘泥于票据文义性原则的话,那在电子商业汇票背景下再以这种标准对票据无权代理和票据伪造进行区分则更不具有现实可操作性。另外,在电子商业汇票场景下,一般自然人不能在电子商业汇票系统中开立票据权限和账户,无法接入ECDS系统开展票据活动,票据主体基本体现为各类机构而非自然人(以个体工商户

---

31 参见董慧江:《我国票据伪造、变造制度的设计——围绕〈票据法〉第14条展开》,载《法商研究》2018年第2期。

为代表的自然人主体参与较少)。而机构的意思表示通常需要通过具体自然人来表示或执行,因此,在电子商业汇票伪造中,伪造人通过伪造无权职务代理假象实施票据行为成为常态,也就是票据伪造中常常嵌套了无权代理行为。这些原因使电子商业汇票的无权代理和票据伪造在外观上更为类似。司法审判中的类推适用并不要求两个(两类)对象之间在性质上完全相同,而需要通过"整体类推"的程序,找寻规定之间共同的"法律理由"。[32] 因此,在电子商业汇票场景中,票据无权代理和票据伪造的外观形式上无疑具备了这种共同的法律理由,对于电子商业汇票伪造人来说,可以通过类推适用票据无权代理规则来承担票据责任。

32 参见[德]卡尔·拉伦茨:《法学方法论》,陈爱娥译,商务印书馆2003年版,第261~262页。

监检衔接机制中电子证据审查问题研究

——以检察机关提前介入工作为视角

广东省人民检察院第三检察部课题组*

【内容提要】 电子证据在现代司法实践活动中发挥着越来越重要的作用，电子证据审查工作的复杂性和挑战性随之增加。在监检衔接机制背景下，检察机关对监察机关移交电子证据的审查工作亟待加强，审查工作面临着审查规范欠缺、合法性审查虚化、真实性审查困难、关联性审查失准等诸多困境。究其原因主要在于办案理念落后、介入机制不完备、法律规定与技术手段相脱节等。可以考虑制定省一级《职务犯罪案件电子证据审查规范指南》，明确真实性、合法性及关联性审查标准及流程，根据电子证据自身特性倒逼优化提前介入机制，有效弥补、逾越法律与科技之间的鸿沟。

【关键词】 监检衔接　提前介入　电子证据　审查

一、问题的提出

最高人民检察院印发《人民检察院提前介入监察委员会办理职务犯罪案件工作规定》(以下简称《提前介入规定》)，明确了检察机关提前介入的主要任务是对监察证据的收集提出意见和建议，审查调查取证手段的合法性、合理性，规范监察调查取证工作，完善案件证据体系，这为检察机关提前介入监察调查取证活动提供了依据。在监察机关调查收集的诸多类型证据中，电子证

* 广东省人民检察院第三检察部课题组，主持人：李涛——广东省人民检察院第三检察部四级高级检察官，成员：马谨斌——广东省人民检察院第三检察部主任、三级高级检察官；张智燕——广东省人民检察院第三检察部副主任、三级高级检察官；苗秋月——广东省人民检察院第三检察部特邀检察官助理、广东外语外贸大学2023级诉讼法学博士研究生；朱煜敏——广东省人民检察院第三检察部司法辅助人员。

据以其虚拟性、海量性、技术性、多元关联性等有别于其他证据的特性，在职务犯罪案件调查、构建以证据为中心的刑事指控体系过程中发挥着越来越重要的作用。

现有研究中，对于监检衔接提前介入机制的探讨主要集中在提前介入机制的定位、正当性、实践问题、机制构建等方面，关于证据制度衔接的研究较少。目前虽有一批论文成果对监检衔接机制背景下证据衔接问题展开了探讨，但选择的角度多是围绕《监察法》第 33 条规定的证据种类、证据资格、证明标准和非法证据排除等问题展开法教义学或法解释学分析，或将证据衔接作为监检衔接机制下的一个子课题进行研究，对于职务犯罪案件提前介入阶段电子证据审查规则的构建鲜有探讨。

从实务角度来看，法律规范缺失、理论研究匮乏、办案理念落后，加之电子证据的独特属性，使检察机关在提前介入阶段审查电子证据时面临诸多难题，如职务犯罪案件中的电子证据“三性”如何实现精准判断，如何在提前介入阶段构建符合职务犯罪案件特性的电子证据审查规则等。有鉴于此，本文立足电子证据自身特性，针对职务犯罪案件提前介入阶段电子证据审查实践的难题，多角度分析背后深层原因，提出构建职务犯罪案件提前介入阶段电子证据审查机制的路径和方案，以期促进监察机关与检察机关在提前介入阶段的协作配合，有力提升职务犯罪案件办理质效。

二、检察机关提前介入阶段电子证据审查困境

（一）监检衔接机制下电子证据审查规范缺失

现有刑事案件电子证据审查规范散见于刑事诉讼证据规则规定中。2010 年“两高三部”颁布的《关于办理死刑案件审查判断证据若干问题的规定》（以下简称《死刑案件证据规定》）第 29 条首次规定了电子证据审查内容，[1] 确立了存储介质与打印件双举证原则，要求审查电子证据的真实性、关联性，并规定电子证据审查判断的印证模式。

2012 年《刑事诉讼法》将电子证据新增为法定证据后，《最高人民法院关于

1　陈如超：《电子证据审查判断的模式重塑——从混合型审查到分离型审查》，载《河北法学》2022 年第 7 期。

适用〈中华人民共和国刑事诉讼法〉的解释》(以下简称《刑诉法司法解释》)第93、94条对电子证据的审查内容进行了制度性改造,确立了以提取原始存储介质为原则,以直接提取电子数据为例外的取证原则和全面收集原则,增设电子证据的非法排除规则。

为进一步规范电子证据的审查判断,“两高一部”于2016年出台了《关于办理刑事案件收集提取和审查判断电子数据若干问题的规定》(以下简称《电子数据规定》),要求人民检察院、人民法院应当对电子证据进行真实性、完整性、合法性、关联性审查,并细化了证据的三性审查规则。真实性审查强调办案人员需要审查电子证据的专有性(是否有数字签名、数字证书等特殊标识)、同一性(有无增删修改等)和完整性;合法性审查涉及取证主体、方法、标准的合法性;关联性审查则要求审查身份的同一性和人、机关联性。

《刑诉法司法解释》第110~112条照搬了《电子数据规定》第22~24条的内容,仅规定了真实性、完整性和合法性审查,但未移植关联性审查。值得强调的是,该司法解释将监察调查人员收集的电子证据纳入了审查范围,这意味着监察调查人员收集的电子证据同样适用于诉讼程序中的审查规定,为审判阶段法官审理职务犯罪案件电子证据提供了适用标准。但在提前介入阶段,审查电子证据的主体是检察机关,此阶段虽然也可以适用该规定,但仅作为参考,目的是确保电子证据的审查和认定符合审判的要求,并非该司法解释适用的直接主体。而且《刑诉法司法解释》中规定的审查内容采用一体化审查方式,未能结合监检衔接提前介入阶段的特点和电子证据的属性,也未能设立具体的审查规则,造成规定与实务之间出现脱节,不能完全满足提前介入阶段工作的需要。

此外,尽管《电子数据规定》对电子证据的审查判断规则进行了体系化设计,但由于该规定出台较早,审查范围未囊括监察调查证据,本适用于刑事诉讼程序中的《电子数据规定》是否适用于监委调查程序仍存有争议,造成检察机关在提前介入阶段无专门的电子证据审查规定,缺乏具有针对性的审查规范。

(二)职务犯罪电子证据“三性”审查面临困境

检察机关提前介入阶段对电子证据的审查直接关系到职务犯罪案件办理质效。然而,在对电子证据真实性、合法性、关联性审查过程中,实务中检察机关面临诸多复杂问题。

1. 真实性审查困难

检察机关提前介入阶段对电子证据真实性审查主要依据是《刑诉法司法解

释》,该解释第110条规定电子证据真实性审查的原始存储介质规则。根据该规则,监察机关原则上应扣押封存原始存储介质,仅在例外时才可以不扣押、封存。检察机关需要审查监察调查人员是否扣押了电子证据原始存储介质加以封存,在没有封存原始存储介质的情况下,是否制作了电子证据取证笔录,包括电子证据来源、存放地点、说明没有扣押原始存储介质的原因等。但在实践中,由于监察办案人员对电子证据的属性存在不同认识,在取证过程中存在不收集、扣押原始存储介质,仅将电子证据存储在光盘中或将其打印出来,以电子证据打印件、电子证据分析报告、检验报告、提取笔录等类似书证的形式附在卷宗中的现象,被称为"去原始存储介质"现象。[2] 检察机关在提前介入阶段往往只能审查光盘或这些"书证",但光盘或这些"书证"只是电子证据的复制品,难以确认这些复制品与原始电子证据是否一致。

一方面,检察机关介入的时间一般在监察调查结束后的案件审理阶段,此时证据已收集完毕,复制过程已经结束,检察机关无法审查复制过程是否符合规范,也无法得知复制时是否存在人为干预或非合规技术操作。证据复制在生成或传递过程中有可能已被篡改,但由于检察官大都对网络信息技术等方面的知识不甚熟悉,在开展审查工作常常面临技术鸿沟,无法审查出复制品被篡改等问题,对电子证据真实性、完整性的审查缺乏行之有效的手段。

另一方面,《国家监察委员会与最高人民检察院办理职务犯罪案件工作衔接办法》(以下简称《衔接办法》)第14条明确规定了检察机关应提前15日介入。之后《关于加强和完善监察执法与刑事司法衔接机制的意见(试行)》(以下简称《法法衔接意见》)又进一步规定了提前介入的时间,要求检察机关应当在10天内完成提前介入的工作。但在实践中,留给检察机关提前介入的时间常常不足10天,有些案件甚至不足3天。[3] 这么短的时间不仅难以满足检察机关提前介入工作的实际需求,而且给电子证据的审查造成较大困扰。检察官在有限的时间内不仅要从法律层面进行审查,还要善于利用技术手段对海量的电子证据进行真实性检测和校验,常见的方法如数据恢复和哈希值验证等。而在此过程中,跨部门协作的复杂性和证据载体的多样性进一步加剧了审查难度。

---

2 谢登科:《电子数据真实性审查规则的反思与完善》,载《学术交流》2021年第3期。

3 左卫民、刘帅:《监察案件提前介入:基于356份调查问卷的实证研究》,载《法学评论》2021年第5期。

不同部门在证据获取、存储和分析标准上的差异导致信息共享和技术对接障碍,而电子证据形式多样、不同载体的处理方式各异,这使在时间紧迫的情况下,高效、全面地完成真实性审查变得更加困难。

2. 合法性审查虚化

检察机关对电子证据合法性审查的虚化主要表现在两个层面:一是规范层面。根据《刑诉法解释》第112条的规定,电子证据的合法性审查内容主要包括主体适格性、取证程序合法性、审批程序合法性、检查程序合法性四个方面。据此,这四个方面也应成为检察机关提前介入阶段审查合法性的重要内容。然而,尽管该条为电子证据的合法性审查提供了基本框架,但仍体现出明显的虚化倾向,具体体现在:其一,主体适格性审查趋于形式化。该条规定取证主体必须具备合法身份,这是确保电子证据合法性的第一步,但是该条仅停留于身份合法性的确认,未对取证主体的专业技术能力提出具体要求。电子证据的提取和固定高度依赖专业技术,非专业人员操作可能导致数据丢失、篡改或无效。然而,条文既未要求取证主体接受技术培训,也未规定所使用工具需符合国家或行业标准,更未提到引入技术专家或第三方机构辅助取证。其二,程序合法性审查的表述过于抽象。取证程序合法性是电子证据合法性审查的核心内容之一,旨在确保证据提取的过程合规且无瑕疵。然而,现有条款对程序合法性的表述过于笼统,主要侧重于形式上的合规性,如审批手续、见证人签字、活动录像等要求。虽然这些要求有助于确保取证过程的形式合规,但并未明确规定程序中的关键细节。例如,对于录像要求,条款未明确录像应包括哪些关键场景、是否需要全程录像以及录像文件应如何保存;对于见证人的设置,条款未对见证人是否具备独立性以及是否有效监督取证行为提出实质性要求。其三,审查标准过于注重形式要件,缺乏对实质性内容的详细指引。条款规定审查笔录、清单、签名盖章、见证人等外在材料,然而这些形式化的要求未能覆盖电子证据提取过程中涉及的技术性问题。例如,第112条要求"取证方法是否符合相关技术标准",但未明确适用哪些具体的技术标准,也未提供任何行业规范或国家标准作为审查依据,亦未对这些标准的具体内容和操作规范作出说明。此外,对于不断发展的新型电子证据形式(如云储存数据、区块链记录、大数据证据等),该条也未作出针对性规定。这种技术性指引的缺失,使合法性审查无法适应新型电子证据的特点,容易出现审查标准滞后于技术发展的现象。

从制度衔接的角度来看,审查内容与非法证据排除规则也出现了脱节。

《刑诉法解释》第113条规定了程序瑕疵补正和裁量排除规则，但仅将合法性审查中“笔录、清单是否有见证人签名或盖章”这一项内容纳入裁量补正规则，其他方面均未被列入排除情形。由于“其他瑕疵”兜底条款适用标准模糊，实践中一般较少被适用，这就意味着，其他方面的电子证据合法性问题缺乏相应的证据排除规则予以规制，难以落到实处。以上规范层面的不足使电子证据的合法性审查在实践中难以深入技术和流程的核心环节，更多停留于书面材料的核对。这种虚化现象不仅增加了电子证据在司法实践中被错误采信的风险，还可能对司法裁判的公正性和权威性造成潜在风险。

二是实务层面。在实践中，由于法律规范的具体操作标准和细则未能完全明确，检察机关在提前介入阶段对电子证据的合法性审查时，往往侧重程序的合规性，忽视对取证过程和证据本身的实质性核查。检察机关通常仅关注取证主体是否具备合法资格、是否存在书面记录等程序性要求，其依赖监察机关提供的材料，而未深入核实取证过程中的细节。在跨部门、跨区域的复杂职务犯罪案件中，不同类型的电子证据具有不同的结构和格式，由于案件复杂且时间紧迫，检察机关在审查这些证据时，常面临跨部门协作和证据载体多样化的挑战。尤其当监察机关未详细记录具体取证人员或记录不规范时，检察机关可能忽略这些潜在的实质性瑕疵，以便快速推进案件，这导致审查虽在形式上合规，但在实质上可能存在漏洞。此外，检察机关往往缺乏足够的技术支持来进行电子证据的专业性审查，未能对证据内容进行充分的技术验证，尤其在涉及数据恢复、加密破解等技术问题时，往往依赖第三方专家的意见。然而，有时第三方专家的意见过于侧重技术层面而忽视证据采集过程中的程序合法性和证据链完整性等法律要求。由于检察机关缺乏足够的技术人员或技术审查工具，无法独立验证专家意见，通常只能依赖第三方的鉴定报告，这进一步加剧了审查虚化的风险。这种审查虚化不仅影响了职务犯罪案件证据链的完整性，可能导致不合规的证据被接受，也为辩方提供了质疑证据合法性的空间。

3. 关联性审查失准

从规范层面来看，《刑诉法解释》为检察机关在提前介入阶段审查电子证据提供了法律参考，但由于未移植《电子数据规定》中的关联性规定，导致检察机关在审查电子证据关联性时缺失法定依据。从实务层面来看，检察机关通常将电子证据的真实性作为审查重点，或将注意力集中于案件关键环节或核心证据上，对电子证据关联性的审查重视不够。有的情况下，即便进行关联性审查，通常也只关注内容的关联性,而忽略载体或形式的关联性。[4] 因为在办案人员的观念中,电子证据内容的关联性才直接关系案件的核心问题,有助于构建完整的证据链条,确保电子证据在整体证据体系中发挥作用。受资源和时间的限制,提前介入阶段若过多关注电子证据载体或形式的关联性,可能会影响对电子证据内容关联性的分析,进而影响案件事实的准确认定和整体判断。

此外,在职务犯罪特别是重大疑难复杂案件的调查中,涉及的电子数据种类众多,通常有公安数据、检察院数据、通信数据、工商数据、税务数据、房产数据、住宿数据、银行账单数据等。[5] 不同类型的数据有不同的结构和格式,有些数据可能存储在硬盘、U盘、服务器等不同介质上,每种介质的处理和检查要求不同。识别这些证据在案件中的关联性需要处理和转换多种数据格式和标准,检察机关也面临着技术工具无法完全兼容所有数据格式的问题,因此在审查载体关联性时,也会存在因为复杂程度较高而选择默认或忽略的问题。

三、提前介入阶段电子证据审查困境深层致因分析

检察机关在提前介入阶段审查电子证据遇到的困境,实质上是由观念、程序、技术等多重因素所致。

(一)观念层面:对电子证据重要性认同程度不高

由于工作惯性和路径依赖,一些监察人员尚未充分认识到电子证据在职务犯罪案件调查中的重要性,认为仅通过被调查人的口供、银行账单等核心证据就足以确认案件事实并对被调查人定罪。[6] 存在这样的观点认识主要有两个方面原因:一方面,监察职责具有广泛性,监察人员的职业背景具有多样化特点,既有法律专业背景的人员,也有许多非法律专业背景的人员,这种现状导致在处理复杂职务犯罪案件时,缺乏统一而深厚的法律基础和技术技能的支撑,容易忽视或轻视电子证据的作用,追求简单、直接、有效的快捷办案方式,下意识地绕开复杂、费时而不一定有效的电子证据取证工作,直接影响了制度层面的改进和完善。

---

4 周新:《刑事案件电子证据的审查采信》,载《广东社会科学》2019年第6期。

5 丰叶:《职务犯罪大数据证据研究》,载《科技与法律》2020年第1期。

6 王志刚:《论电子数据的运用困境及破解——以职务犯罪侦查实践为视角》,载《西南民族大学学报》(人文社会科学版)2016年第2期。

另一方面，电子证据自身具有区别于其他证据的显著特点，如电子证据的技术性、海量性、虚拟性、记录方式的特殊性、载体的分散性和多样性、内容的易破坏性和可恢复性、多元关联性等。这些特点决定了电子证据的审查规则与传统证据的审查规则有所不同。然而，当前尚未建立专属电子证据的审查规则，现行的审查方法无法充分应对电子证据的复杂性和特殊性。特别是在监察体制改革后，职务犯罪调查权由检察院转隶至监察委员会，完成了监察调查程序与刑事诉讼程序的拆解，形成了监察调查和刑事诉讼两个不同的场域，由此造成监察调查和刑事诉讼程序适用不同的规范。[7] 尽管《刑诉法解释》已将监察调查中的证据纳入刑事诉讼的证据审查范围，但由于两者在主体适用上的低兼容性及相关规范的粗疏，面对电子证据这一新型证据形态，实务中难以提供全面而准确的审查指引，这种规范层面的客观不足也导致了观念层面的认知障碍。

（二）程序层面：在电子证据审查程序衔接上存在梗阻

《监察法》规定了监察调查程序，监察机关依法独立行使监察权，不受行政机关、社会团体和个人的干涉。监察机关在职务犯罪案件调查过程中，通常会对案件信息相关的电子证据及处理过程高度保密，这种保密措施不仅包括电子证据的原始数据，还包括调查取证过程的具体记录。对检察机关而言，提前介入阶段工作主要是为了确保在案件正式移送检察机关审查之前，解决好有关案件定罪量刑的问题，补充完善相关证据，因此需要对电子证据的真实性、合法性和关联性进行充分评估，从源头保障取证活动服务于审判需要。[8]

然而，在当前监检衔接机制下，提前介入时间较为紧张，检察机关介入工作方式较为单一，监察机关又对案件信息强调高度保密，这些都给检察机关在提前介入阶段审查电子证据带来挑战。检察机关一般是在调查阶段后期依监察机关商请提前介入，缺乏对调查过程的实时掌控，只能通过事后书面阅卷、与办案人员沟通等方式对调查工作进行了解。这样的工作方式，加上监察机关对保密工作的高要求，决定了检察机关难以获知电子证据处理的具体细节，无法审核电子证据是否符合取证程序要求以及是否存在程序瑕疵，在对电子证据关联性评估上也存在较大困难，在精准判断电子证据证明力方面较难达到理想状

7　周新：《论检察机关提前介入职务犯罪案件调查活动》，载《法学》2021 年第 9 期。

8　张栋：《检察提前介入监察的定位与完善》，载《法学评论》2023 年第 3 期。

态,一定程度上影响案件的优质办理。

(三)技术层面:法律规范与技术操作还不完全匹配

电子证据作为科学证据,决定了科学技术方法将是审查电子证据真实性、合法性和关联性的重要方式。[9] 但是当前法律规范的制定和更新速度还无法跟上技术发展的步伐。随着信息技术的飞速发展,电子证据的种类和形式日益多样化,从传统的电子邮件、聊天记录到如今的区块链、云计算、加密货币交易、文件元数据等新兴技术,电子证据的复杂性和隐蔽性都在不断增加。与此同时,现行法律规范在电子证据的审查等方面已经大大滞后于技术的发展。而且,法律规范中的审查标准往往与实际技术操作存在差异,这种滞后性和差异性使检察机关在审查电子证据时,无法依照现行法律规范有效操作,从而影响案件的审理结果。

此外,随着电子证据在职务犯罪案件中的作用凸显,检察机关在运用科学技术方法审查电子证据的"三性"(尤其是真实性)时时常面临技术壁垒。尽管近年来检察官的学历水平不断提升,但学科背景仍以法律专业为主,许多检察官缺乏相关技术知识,导致不会、不愿对电子证据"三性"展开有效审查。从办案实践来看,一些检察官对利用完整校验值、时间戳、数字加密、元数据分析等技术方法收集的电子证据全盘采信,不加质疑;一些检察官由于自身能力和技术装备的限制,无法对完整性校验、时间戳、图谱分析、取证镜像和数据恢复等技术进行有效审查,检察审查工作与技术运用之间的鸿沟客观存在,法律规范和技术操作之间的协调显得尤为迫切。

四、提前介入阶段电子证据审查机制构建思路及路径

笔者认为,当前监检衔接机制下电子证据审查机制构建的基本思路是:以构建贴近实务、行之有效、具有针对性的职务犯罪案件电子证据审查机制为目标,明确构建机制原则和边界,尊重现有证据规则,以问题为导向,围绕证据"三性"和提前介入工作的特性,从规范维度、程序维度、技术维度三个层面入手,积极探索应对实际问题的路径,以期增强提前介入阶段电子证据审查的科学性与有效性。

---

9 谢登科:《电子数据真实性审查规则的反思与完善》,载《学术交流》2021年第3期。

（一）明确提前介入阶段电子证据审查机制构建原则

1. 合法性与正当性原则

合法性与正当性原则是构建任何法律机制的前提、基础和核心。根据《刑事诉讼法》及其相关司法解释，电子证据的合法性审查应确保其取证、保存、传输和分析均符合法律要求。检察机关作为法律监督机关，其提前介入不仅是对电子证据的审查，也是对整个调查程序合法性的监督。[10] 因此，在构建电子证据的审查机制时，必须明确其法律依据和权限，确保不逾越法定权限。此外，正当性要求审查机制在程序设计上体现合理性和公正性。电子证据的独特性使其在取证和审查过程中易受技术和外部环境的影响，因而容易引发合法性争议。因此，在构建机制时，应考虑对电子证据完整性和真实性的保障，切实维护各方合法权益，尤其是被调查对象的合法权利。

2. 科学性与专业性原则

一方面，科学性原则要求机制的构建必须基于对电子证据特征和相关技术的充分理解和掌握，确保审查过程中运用科学方法，避免随意性和主观性。电子证据的获取和分析依赖于信息技术，机制构建应引入先进的技术手段，建立标准化的技术操作流程，防止技术漏洞或不当操作对证据产生影响；另一方面，专业性要求参与电子证据审查的人员应具备相应的专业知识和技能。可考虑通过建立专业培训体系和考核机制，培养和认证一批具备电子证据审查能力的专业团队。同时，还可以借助外部专家资源，对复杂疑难的电子证据审查提供技术支持和意见建议，确保审查工作的科学性和公正性。

3. 规范性与可操作性原则

规范性原则要求机制构建在制度设计、操作流程上具备明确的规则和标准，避免因标准不一或操作不规范影响审查结果的可靠性。电子证据审查涉及多个环节，包括证据获取、保存、传输及分析、判断，每一个环节都需明确具体的操作规范和法律依据。机制构建应立足现有法律框架，制定较为详细的规章制度，对各环节的操作标准、责任主体及权利义务进行明确规定。与此同时，可操作性原则强调审查机制在实际运作中的便捷和高效，要求机制设计时兼顾操作的简易性，避免程序过于烦琐，并且还应建立有效的监督和反馈机制，以确保其在实际应用中的有效性。

---

10 詹建红：《检察机关提前介入监察调查的制度性思考》，载《法商研究》2023 年第 2 期。

(二)构建职务犯罪案件电子证据"三性"审查规则

笔者设想,检察机关可以联合监察机关,在省级层面建立起监检衔接《职务犯罪案件电子证据审查指南》(以下简称《指南》),较为详细地规定职务犯罪案件电子证据合法性、真实性和关联性审查标准、流程和步骤,并结合典型案例适用进行指导。具体可从以下方面着手构建:

1.真实性审查规则的构建

有学者提出,电子证据真实性分为证据载体真实性、电子数据真实性和电子证据内容的真实性这三个层面,故应针对这一证据特点分层次审查真实性。[11]该观点也得到一些实务专家的支持,认为应当针对电子数据"双重载体"的特点,确立层级化审查的三步法则,即要对电子数据的介质载体真实性、数据载体真实性、内容真实性三个层面进行区分,并明确三个层面的审查顺序。[12] 还有学者认为,电子证据的真实性审查不应过分依赖传统的最佳证据规则,而应根据实际情况进行灵活处理。[13] 这些观点分别从技术、法理、实际操作等不同角度出发,为电子证据的真实性审查提供了多元的解决方案。

值得一提的是,面对监察机关在电子证据取证实践中的"去原始存储介质"现象,有观点认为应灵活适用最佳证据规则,甚至在一定条件下可以扩大不收集原始存储介质的范围。笔者认为,这种方案虽然在一定程度上响应了现代科技发展的需求,但存在过度依赖技术手段、削弱证据链完整性等风险,稳妥的方案是应当结合电子证据双重载体的特性,坚守"原始存储介质为主"的取证原则,并推动相关立法机关更新现有电子证据法律法规,明确电子证据在不同情况下的适用规则,尤其是在无法获取原始存储介质时的处理方式。具体规则设计可从以下两个方面进行考虑:

第一,在有原始存储介质的情况下,检察机关应分层次审查证据载体的真实性、数据的真实性、内容的真实性。这种三层次审查方法将电子证据的真实性审查过程分为三个相对独立且逻辑递进的步骤,审查逻辑结构清晰。

---

11 褚福民:《电子证据真实性的三个层面——以刑事诉讼为例的分析》,载《法学研究》2018年第4期。

12 邢永杰、张杨杨:《刑事诉讼中电子数据真实性审查"三步法则"》,载《中国人民公安大学学报》(社会科学版)2019年第4期。

13 奚玮:《我国电子数据证据制度的若干反思》,载《中国刑事法杂志》2020年第6期;张宇:《论电子数据证据的真实性认定》,载《中国社会科学院研究生院学报》2016年第3期。

具体而言：一是证据载体的真实性审查，包括介质载体的原始性与完整性、介质载体来源的合法性（如介质的来源、获取方式是否正规）、电子证据是否存储在存储介质中、保管链条的完备性（如核实从扣押到示证全过程的书面记录），以及介质载体的独特性（如核实是否具有唯一性标识）；二是数据的真实性审查，包括数据来源的真实性、数据传输和保存过程的完整性、载体的稳定性（如核实是否具备抗篡改、抗干扰的能力）、数据载体的记录和文件支持（如审查与数据载体相关的日志、记录、技术文档等，确认数据载体从生成到获取、保存各环节均有完整记录支持）；三是内容的真实性审查，包括审查电子证据的内容与被调查人的证言、陈述等言词证据是否能够相互印证，以及电子证据的内容本身是否能够相互印证。

第二，在没有原始存储介质的情况下，检察机关应首先审查未收集原始存储介质的理由，结合案件具体情况评估是否符合这些条件。如果理由正当的，则应将审查重点放在电子证据的副本、数据载体、内容及其获取与保存过程上。

具体而言：一是对副本而言，检察机关应制定标准化的采集和验证流程，包括副本的生成、存储和验证步骤，以确保电子数据副本的合法性；二是对数据载体的真实性审查，包括技术文档审查（如审查相关的技术报告、操作日志、取证笔录等文件）、数据的原始性和完整性校验（如通过数据的哈希值等技术手段验证数据在传输过程中是否保持了原始状态）；三是对内容的真实性审查，可通过交叉验证（如将电子证据与其他类型的证据进行交叉验证，将电子邮件记录与书面文件、证人证言等进行对比等）、背景信息核实等方法，审查电子证据生成的背景信息（如时间戳、地理位置信息等，以确认电子证据的内容是否与案件的事实和时间线相符）；四是利用数字取证技术辅助审查。虽然原始存储介质无法获取，但如果监察机关在取证过程中使用了区块链等技术，检察机关可以借助这些技术提供的数据不可篡改性辅助确认电子证据内容的真实性。此外，还可通过分析数据元信息、系统日志等手段追溯电子证据的生成、修改和传输过程，确保其内容没有被非法修改。总而言之，在监察机关无法获取原始存储介质的情况下，检察机关在提前介入阶段必须采取严密而系统的措施，保障电子证据的真实性审查。这不仅需要技术手段的支持，还需要完善的法律制度和规范的操作。

2. 合法性审查规则的构建

从证据属性角度分析，电子数据合法性审查真实化的问题根源在于法律规

则功能的复合性。[14] 对此,可以构建以下解决方案:

第一,在提前介入阶段,检察机关应对电子证据的合法性和真实性分别进行独立审查,确保两者各自发挥作用,而不是将合法性审查简化为真实性审查的一部分。检察机关在提前介入阶段审查电子证据的合法性时,应当围绕防止监察权滥用、保障被调查人合法权益的目的,重点对取证程序、批准手续进行审查认定,对相关取证程序瑕疵做出合法性判断。

第二,确立合法性审查的独立性。一是可制定详细的审查标准和程序规范,明确合法性审查的内容和步骤,这涵盖电子证据的获取、传输、存储等多个环节,包括获取的合法性、传输的合法性、存储的合法性等;二是可引入实质性审查工具,如数据完整性验证、时间戳审查、电子签名验证等,以确保电子证据在获取和传输过程中的合法性得到有效保障;三是建立监督与问责机制。对于在合法性审查中流于形式、未进行实质性审查的情况,应当严格追究相关责任人的责任,通过强化问责避免合法性审查流于形式。

第三,建立非法电子证据排除规则。可根据违法程度将不合法电子证据的处理后果分为瑕疵补正、裁量排除、强制排除三类。[15] 对于一些存在轻微性程序瑕疵但不影响证据真实性和合法性的情况,允许在规定时间内进行补正;对于那些存在明显程序性问题且难以补正的电子证据,根据案件具体情况和证据相关性决定是否排除;对严重违反法律规定、无法补正或无法有效修复的电子证据,必须强制排除。设立这种专门性规则,可为检察机关在提前介入阶段审查电子证据的合法性提供明确的指引,进一步增强提前介入阶段的实质效果。

3. 关联性审查规则的构建

关联性是证据发挥证明效能的内在属性。有学者对司法判决书进行分析和调研,发现电子证据的质证认证重心应由侧重于从真实性质证认证转向关联性质证认证,电子证据的关联性往往比真实性更能影响法庭采证的决定。[16] 这表明,尽管真实性是证据的基础,但证据的实际证明效力往往取决于其与案件事实的相关程度,这也提示检察机关在审查电子证据时必须严谨把控关联性这

---

14 褚福民:《电子数据合法性审查的真实化问题》,载《比较法研究》2024年第1期。法律规则功能复合性指电子数据取证程序规则、瑕疵电子数据补正规则都具有保障合法性和真实性的复合功能。

15 吴洪淇:《刑事诉讼电子数据合法性制度框架的虚化与矫正》,载《上海政法学院学报》(法治论丛)2022年第6期。

16 刘品新:《论大数据证据》,载《环球法律评论》2019年第1期。

一关键环节。一是进一步明确相关性原则和关联性审查标准。如直接关联性标准审查证据是否直接涉及案件中的关键事实,间接关联性标准审查证据是否间接证明案件事实或支持某种论点。二是明确审查的流程和步骤。可分为初步筛选、详细审查和关联性报告。在证据收集后首先进行初步筛选,识别与案件相关的电子证据,其次对筛选出的电子证据进行综合分析,评估证据载体和形式,包括身份关联性、时间关联性、证据来源、获取方式、保存状态等方面,确保其与案件事实的关联性。三是采用数据分析方法检查电子数据内容与案件事实的匹配程度,使用证据链分析评估证据在案件证据链中的位置和作用,编制关于电子证据关联性的详细报告,描述其如何支持案件的主要论点或事实。

(三)持续优化提前介入启动时间与工作方式

1. 寻找提前介入时间最优解

提前介入的时间节点是决定检察机关有效审查电子证据的关键因素。目前关于提前介入的时间,主要有四种观点:观点一,将提前介入的时间提前至监察调查阶段。[17] 观点二,将提前介入时间提前至留置措施适用时。[18] 观点三,设立“一般加例外原则”,即一般情况下案件移送审理后介入,特殊情况下允许在立案后介入。[19] 观点四,提前介入的时间选择应以案件的疑难复杂程度为依据,应具体案件具体分析、有具体取证要求的具体对待,不做统一规定。[20] 上述观点各有可取之处,但也都存在一定缺陷。

具体来讲,不分案件类型,将所有案件提前介入的时间提前至监察调查阶段,不仅会干扰调查进度,还会产生资源配置压力,无法灵活应对案件的具体需求。在适用留置措施时介入,可能无法在案件初期即发现和纠正取证过程中的问题,导致后期出现证据瑕疵或审查困难,从而影响案件的公正处理。而“一般加例外”的介入中,特殊情况下的介入可能会因时机不佳而影响效果,尤其当仅在特殊情况下允许介入时,可能导致检察机关错过关键审查时机。此外,“特殊情况”的标准模糊可能导致实践中的不一致和不确定性,使检察机关难以准确

17 吕晓刚:《监察调查提前介入实践完善研究》,载《法学杂志》2020 年第 1 期;袁曙光、李戈:《监察调查与刑事诉讼的衔接与协调》,载《济南大学学报》(社会科学版)2019 年第 6 期。

18 詹建红:《检察机关提前介入监察调查的制度性思考》,载《法商研究》2023 年第 2 期;李复达、文亚运:《〈国家监察法〉留置措施探讨——以检察机关提前介入为切入点》,载《西南石油大学学报》(社会科学版)2018 年第 2 期。

19 姚莉:《监检衔接视野下的检察提前介入监察机制研究》,载《当代法学》2022 年第 4 期。

20 朱全宝:《论检察机关的提前介入:法理、限度与程序》,载《法学杂志》2019 年第 9 期。

把握介入时机,从而影响审查的有效性和公平性。

笔者认为,观点四较为合理,依据案件类型、复杂程度决定提前介入的时间,既能优化资源配置,还能确保介入的效果。如证据较为直接和明确的案件,可以在监察机关初步调查后介入,以减少资源的浪费。针对电子证据这种复杂且特殊的证据类型,应尽早介入。电子证据通常涉及复杂的技术细节和广泛的数据收集,且其合法性、真实性和关联性审查需要充分的时间和专业知识,检察机关在介入阶段需要确保有足够的时间进行深入审查。而且在案件初期,电子证据的获取和处理方法尚未固定,如果检察机关能够在早期介入,可以及时与监察机关沟通并提供建议,以调整和优化取证策略。虽然早期介入可能增加泄密风险,但可以通过建立严格的保密机制和操作规程来有效管理。检察机关可以采取保密协议、限定访问权限和信息加密等措施,确保介入过程中的信息安全。

2. 丰富提前介入工作方式

事后阅卷、沟通这种形式化的介入方式难以实现对电子证据的有效审查。因为它们往往无法提供对证据获取过程的全面了解,也无法对证据的真实性和合法性进行深入验证。仅依赖这些方法,检察机关可能无法实时识别和纠正电子证据处理中的潜在问题,如证据的篡改或不规范操作。这种介入方式还限制了对电子证据细节和技术问题的深入分析,从而影响了对案件全貌的准确把握和公正审查。为克服这些挑战,建议采取更为系统化的介入手段,如引入现场审查、技术支持和实时数据监控等措施,这些措施能够提升对电子证据获取和处理过程的监督,增强检察机关在提前介入阶段对电子证据的审查质量,从而更好地确保电子证据的真实性和合法性。

(四)有效弥补和逾越法律与技术之间的鸿沟

电子证据自身所具有的技术性特征,决定了电子证据与传统证据在处理和审查上存在显著不同。电子证据的审查不仅需要运用先进的技术工具进行数据采集和处理,包括数字取证技术、数据恢复、加密分析等基于科学性原则,还涉及对技术细节的深入理解,如文件的元数据分析、时间戳的验证和数据校验等,这要求审查人员具备相关的技术知识和操作技能。

鉴于当前审查人员缺乏信息技术知识,因此,弥补这一技术鸿沟显得尤为重要。首先,应当通过系统地培训和教育提升审查人员的技术素养。这包括定期组织针对电子证据的技术培训课程,使审查人员了解电子证据的基本原理、常见的技术方法以及数据处理的关键步骤。这种培训应与实际技术应用相结合,帮助审查人员掌握使用数字取证工具、分析技术细节和识别潜在问题的能力。其次,检察机关和司法机构可以建立跨学科团队,结合法律专家与技术专家的力量。在审查电子证据时,审查人员和技术人员可以进行紧密合作,技术人员负责技术细节的分析和验证,审查人员则负责法律适用和案件审查的整体方向。这种合作模式不仅可以弥补单一领域的不足,还能提高审查的全面性和准确性。最后,推动法律和技术的融合。制定明确的跨领域合作规范和流程,以确保电子证据的审查工作能够在法律和技术的双重保障下进行。这包括明确技术人员和审查人员在审查过程中的职责、合作模式以及信息共享机制,确保各方能够高效、协调地完成审查任务。

五、结　　语

随着新型职务犯罪的不断演变,检察机关在提前介入监察调查阶段审查电子证据的实践将愈加重要且复杂,检察机关必须采取措施应对与电子证据相关的新技术挑战,提升审查的精准性和有效性。在我国刑事电子证据规制体系初步建立的背景下,未来的研究应当从宏观视角转向微观细节,从理论探讨转向实际操作,从单一程序拓展至多个场域。尤其在监察程序和诉讼程序衔接的背景下,探讨如何形成一套在不同程序间适用的体系化的电子证据审查机制,对当前职务犯罪案件的处理尤为关键。未来还需注重加强技术与法律的协调发展,这将有助于推动司法实践向更加科学、严谨的方向发展,提高电子证据审查的效率和准确性。

地理标志驰名商标保护的正当性及制度构建

孙　智*

【内容提要】 驰名商标是法律层面对市场上已形成较高声誉或知名度的商标所提供的一种高水平扩大保护方式。受知识产权保护的地理标志，本质上是一种特殊商标。地理标志特殊商标本质为寻求驰名商标保护奠定了合法性前提，地理标志驰名商标保护具有法理正当性、现实必要性以及实际可行性。针对现阶段我国地理标志知识产权保护存在的问题，建议尽快修改完善商标法，确立地理标志商标的独立地位；抓紧制定上位专门法规，实现对地理标志的统一认定保护，在保护条件条款明确地理标志的声誉或知名度要求；实现司法解释的立法转化，健全地理标志反淡化保护规则体系；健全和完善地理标志驰名商标保护的认定标准，采用一定地域范围或行业领域相关公众熟知或知晓标准。

【关键词】 地理标志　驰名商标　反淡化保护　商标法　专门法规　声誉

一、问题的提出

我国地理标志资源丰富，潜在商业和文化价值十分突出。加强地理标志知识产权保护，对于促进生产经营者保证地方特色产品质量、维护地理标志信誉、保障消费者和生产经营者的利益、维持公平竞争的市场秩序、推动区域特色经济发展以及助力乡村全面振兴、促进文化传承弘扬和维系生物多样性等意义

---

* 孙智——贵州师范大学法学院副教授、硕士生导师，法学博士，主要研究领域：知识产权法、地理标志保护与运用。本文系国家社科基金项目“多元价值视角下地理标志特殊保护立法研究”（22CFX033）的阶段性成果。

重大。

近年来，为加强地理标志保护，有关部门从立法、行政管理以及司法实践等多个层面对我国地理标志保护制度做了改进完善。其中，最高人民法院2017年发布并于2020年修改的《关于审理商标授权确权行政案件若干问题的规定》（以下简称《商标授权确权规定》）第17条规定："地理标志利害关系人依据商标法第十六条主张他人商标不应予以注册或者应予无效，如果诉争商标指定使用的商品与地理标志产品并非相同商品，而地理标志利害关系人能够证明诉争商标使用在该产品上仍然容易导致相关公众误认为该产品来源于该地区并因此具有特定的质量、信誉或者其他特征的，人民法院予以支持。如果该地理标志已经注册为集体商标或者证明商标，集体商标或者证明商标的权利人或者利害关系人可选择依据该条或者另行依据商标法第十三条、第三十条等主张权利。"通过该司法解释，人民法院对商标授权确权诉讼环节涉及的地理标志保护问题做了规范和澄清，明确地理标志能够寻求"准跨类"和驰名商标保护，一定程度上提高了地理标志保护水平。同时，国家知识产权局于2024年1月新出台的《地理标志产品保护办法》第30条也规定："有下列行为之一，依据相关法律法规处理：……（三）将受保护的地理标志产品名称用于产地范围外的相同或者类似产品上，即使已标明真实产地，或者使用翻译名称，或者伴有如"种""型""式""类""风格"等之类表述的……"由此直接为"地理标志产品名称"[1]提供了一种无须"混淆测试"的高水平保护。然而，地理标志能够寻求乃至直接获得驰名商标反淡化保护的理论基础究竟是什么？具体反淡化保护规则如何适用？标准怎么认定？目前无论是《商标授权确权规定》《地理标志产品保护办法》，还是其他相关立法和司法解释，以及在学理层面，都缺乏有力论证和说明。实践层面对地理标志的具体保护仍存在诸多混乱做法，理论上也存在不同的观点论争及分歧。比如，有学者提出，"商标法应回归保护'商标区分功能'的价值取向，停止主动认定地理标志，移除或停止适用地理标志商标特殊保护规则"[2]；有学者认为，"商标法体系外注册的大量地理标志，都没有实质性的知识产权领域应具备的异议、无效、侵权救济等正当程序，难以成为真正意义上的

---

1 所谓"地理标志产品名称"，实质上就是《民法典》和《商标法》上所规定的"地理标志"。

2 参见宋昕哲：《商标法保护地理标志路径的审视与重构——以区分功能为逻辑起点》，载《海南大学学报》（人文社会科学版）2024年第6期。

'知识产权'"[3];还有学者对地理标志商标"强保护"持谨慎态度,认为"地理标志的保护水平应该与地理标志产品的管理水平相一致"[4];等等,争议颇大。从上位法的健全和完善进程来看,2023年1月13日国家知识产权局新公布的《商标法修订草案(征求意见稿)》也对地理标志有所涉及,征求意见稿在第6条第3款规定"地理标志可以作为证明商标或者集体商标申请注册",由此将现行《商标法实施条例》第4条的内容提升到法律高度,同时还在第65条规定了使用含地理标志的商标误导公众的法律责任等。但整体来看仍然存在很大不足。尽管实践层面已认识到地理标志法律属性及权利保护的特殊性,并通过上述司法解释和部门规章等方式加以明确,同时国家商标局在对地理标志申请注册集体商标和证明商标保护实践中也早就对地理标志与普通的集体商标和证明商标做了区别处理,但这些均未获得新商标法修订草案的正面回应。对此,本文旨在进一步回应和澄清地理标志的法律属性及其在商标法体系下的独特地位,探讨地理标志应提供驰名商标反淡化保护的理论依据及实现路径,力求为推动我国地理标志保护制度完善和加强地理标志知识产权保护提供积极的理论启示。

二、地理标志驰名商标保护的正当性

(一)驰名商标的基本内涵与保护原理

所谓驰名商标(well-known mark),又称周知商标、声誉商标等,是指那些在市场上具有较高声誉、被相关公众所熟知,并且有较强竞争力的商标。某一商标之所以成为驰名商标,一般都是因为商标持有人长时间使用、大规模投入,积累了良好的商业信誉和商品声誉。因此,即使这类商标没有及时注册,同样能够受到法律特别保护。需要说明的是,驰名商标并不是一种与普通的商品商标或服务商标以及集体商标或证明商标并列的基本商标类型。所谓驰名商标,实质是法律层面对于那些在市场上形成了较高声誉或知名度的商品商标或服务商标(包括集体商标、证明商标和地理标志等)所提供的一种高水平扩大保护

3 参见管育鹰:《地理标志保护:国际协调与国内制度完善》,载《贵州省党校学报》2023年第4期。

4 参见张伟君:《我国地理标志注册商标正当使用规则之解析》,载《四川大学学报》(哲学社会科学版)2024年第1期。

方式。

现代社会的商标,在传统的来源识别功能之外,还具有标示商品稳定质量的功能,以及具有商誉积累、品牌塑造和文化表彰等多种功能。由于驰名商标是一种具有较高声誉或知名度的商标,因此在保护方式上,与一般商标保护主要建立在对消费者利益的维护,即主要以传统的混淆可能性为保护的理论基础不同,驰名商标保护在视角和重心上已经发生了巨大转化,它更多地体现为对商标权人商誉的维护,因此主要以反淡化为保护的理论基础。驰名商标反淡化保护重在防止弱化、丑化等淡化行为。这类典型的对驰名商标的淡化行为,现实中都真实且大量地发生在地理标志领域。例如,印度"大吉岭茶"地理标志被法国某企业注册为女士内衣等商品的商标,[5]法国"香槟"原产地名称被他人注册和使用在烟草、香水、矿泉水等商品上;[6]等等,从而侵蚀损害了相关地理标志的显著性和声誉。

某一商标是否构成驰名商标,"相关公众"及其"知晓程度"是至关重要的认定标准。TRIPs 第 16 条第 2 款即规定,在认定一件商标是否驰名时,各成员应考虑相关领域公众对该商标的知晓程度,包括该商标因宣传结果而在有关成员为公众所知晓的程度。但 TRIPs 没有对"相关公众"与"知晓程度"做进一步界定和说明。1999 年在瑞士日内瓦召开的 WIPO 商标、外观设计和地理标志常务委员会(SCT)第二次会议通过的《关于驰名商标保护规定的联合建议》(以下简称《联合建议》),不但拟定了驰名商标保护的基本原则和具体认定需要考虑的实际因素,而且对驰名商标认定相关公众的范围作了界定。按照《联合建议》第 2 条第 2 款的规定,如果该商标在成员国被认定为至少已被一相关领域公众所熟知(to be well known),则该商标在该成员国应当(shall be)被认定为驰名商标;如果该商标在成员国被认定为至少已被一相关领域公众所知晓(to be known),则该商标在该成员国可以(may be)被认定为驰名商标。[7] 从《联合建议》的规定可以看出,对驰名商标的具体认定,不必然要求该商标已在成员国为

---

5 See In Joined Cases C-673/15 P to C-676/15 P. Judgment of the Court (Second Chamber), 20 September 2017.

6 See WIPO/GEO/DEL/03/11 REV, pp. 8 - 10. *Protection of Geographical Indications-Food Products-the Example of Champagne Industry*, France; Wurtenberger G, *A Champagne Among Mineral Waters: Unfair Competition and geographical Desingnation*, (1988). EIPR, 10: 145, 146.

7 See WIPO documents SCT/2(2)/8: Draft Provisions on the Protection of Well-Known Marks. Article 2(2) (b) (c).

全体公众所熟知;只要该商标已在成员国为至少一个相关领域公众所知晓,同样具有获得驰名商标认定保护的可能性。《联合建议》提供的弹性驰名认定标准,对于区分普通商标驰名保护与地理标志驰名保护具有很大的参考价值。

(二)地理标志驰名商标保护的法理依据

1. 地理标志特殊商标本质为寻求驰名商标保护奠定了合法性前提

截至目前,地理标志保护在国际层面尚未形成一致的法律框架,不仅存在"产地标记""原产地名称""地理标志"等多个术语概念,而且并行《商标法》与专门法等多种立法保护模式,由此导致国内外对地理标志本质属性的不同理论认知及分歧。其中,有观点认为,地理标志仍然是一种特殊商标,是商业标记大家族中的重要一员;也有观点认为,地理标志是一种不同于商标的独立知识产权保护对象;还有新观点认为,"真正的地理标志是独立类型的智力成果,其本质是产品类别而非商业标记,其制度是产品保护制度而非标记保护规则"[8];等等。

应当说,国内外之所以对地理标志内在本质存在如此大的认知分歧,与地理标志的多重属性和多维面孔是分不开的。地理标志概念是一种复杂的多要素集成,其既是一种知识产权形式,也是一种历史和文化,更是一种发展资源。所以,广义上的地理标志保护不但涉及地理标志知识产权保护,还涉及对地理标志产品品质独特性的管控,以及对其所承载的当地历史文化的保存传承和特殊资源的保护利用等问题。但从知识产权保护层面看,地理标志仍然是一种商业标记,其保护是不可能脱离商业标记法的基本逻辑和框架体系的。

一方面,从地理标志保护国际规则变迁看,一百多年以来,地理标志历经早期《巴黎公约》和《马德里协定》中的"产地标记"保护,到修订后的《巴黎公约》和《里斯本协定》中的"原产地名称"保护,再到TRIPs中的"地理标志"保护,以及《日内瓦文本》对"原产地名称"和"地理标志"并列保护的渐进式发展和演化历程。尽管诸多国际规则对地理标志保护做了区别于普通商标的特殊处理,但无论是以"产地标记""原产地名称"还是"地理标志"的保护面孔出现,其保护之目的及规则设计均主要在于制止对地理标志的假冒仿冒和不正当使用,防止市场上的欺诈误导,从而保护相关消费者和生产经营者集体的合法权益,维护公平竞争的市场秩序等,这与普通商标保护的基本政策目标并无实质性差别。

---

8 王笑冰:《真正地理标志保护的实质与我国地理标志统一立法》,载《法学研究》2023年第6期。

另一方面，从国家层面立法看，无论在地理标志保护发祥地的法国，还是同处欧洲的德国、意大利、瑞士，以及美国、加拿大、澳大利亚，乃至亚洲地区的日本、韩国、印度等，对地理标志知识产权保护尽管在立法路径和保护模式上存在巨大差异，但均未脱离商业标记保护的基本法律框架。比如，法国立法尽管对地理标志[9]提供了特殊保护，但《法国知识产权法典》（2024 年修订）对地理标志保护的具体规则设计，是放置在第二编（立法部分）第二部分（工业产权）第七章（商标、服务商标和其他显著标志）的第 2 节（地理标志）进行规定的，[10]并不是直接与“文学和艺术产权”“设计和模型”“保护发明和技术知识”等并列的知识产权或客体类型。由此看来，在法国立法上，地理标志仍然属于一种广义上的商标范畴，只是考虑到其区别于普通商标的特殊性，因而在制度设计上对其保护做了特别安排。而在德国、瑞士、美国、日本、韩国等，对地理标志知识产权保护或是直接置于商标法律体系之下，或通过集体商标、证明商标、特殊的地理标志集体商标、地理标志证明商标、特殊的地理商标等方式进行保护。

总之，在知识产权法体系下，地理标志无论是以何种法律术语和保护形式呈现，本质上都是指一种已在市场上用来识别具有产地可归因性质量特征的特色商品之地理来源的商业标记。这种商业标记仍然是一种特殊商标，这是它的本质特性，也是其之所以能通过申请注册集体证明商标等方式获得商标权保护的根本前提。不过，相较普通商标，地理标志识别和指定保护的不是一般商品，而是一种地方特色产品，即这种产品不仅来源于特定地区，同时具有由该地区内特殊自然人文条件所决定的某种品质独特性，即“特定质量”“其他特征”“声誉”。识别对象的特殊性决定，地理标志保护条件方式与普通商标必然存在一定区别，但这不能成为否定地理标志作为商业标记（特殊商标）存在的正当理由。地理标志的特殊商标本质为其能寻求驰名商标反淡化保护奠定了合法性前提。

2. 地理标志集体信誉承载为获得驰名商标保护提供了合理性根据

从地理标志的功能角度进行分析，地理标志在现代社会生活中所扮演的，首先仍然主要是一种识别特定商品来源的商业符号。如 WIPO 所阐述的，“与

9　2014 年 1 月修改的《法国知识产权法典》正式引入了广义的“地理标志”（Indications géographiques）概念，以此涵括法国及欧盟层面原产地名称和地理标志保护专门法中的所有地理标志类别。

10　See *Intellectual Property Code*（*consolidated version as of February* 17，2024），France.

商标近似,地理标志的主要功能是区分商品的来源”[11]。由来源识别功能所衍生,地理标志同样具备类似普通商标的品质保证和商誉积累或广告宣传等功能。因而,无论是对普通商标还是地理标志的知识产权保护,本质上都是对相关市场主体通过诚实生产经营活动所积淀的竞争利益的维护,都是对其品牌价值的呵护。

但与普通商标有所不同,地理标志是一种历史传承不可臆造的事实性商业标记,不仅其上述功能的存在是一种客观的历史事实,还派生了一些特殊功能。在来源识别方面,其不但被用来区分某群体提供者的商品与其他提供者的同类商品(类似于集体商标的功能),而且限定了该群体提供者及其所提供商品的地理来源。在品质保证和商誉积累等方面,地理标志除事实性表彰商品质量水平稳定可预测之外,在消费者看来,通常还象征着该商品具有某种“优于同类一般商品的”或者“特殊的”质量特色(类似于证明商标的功能)。这种品质独特性的形成是由原产地特殊的自然气候条件、生物物理特征与社区实践及文化因素长期互动铸就的。所以,如学者所言,“商标‘主要起着沟通制造商和消费者的功能’,而地理标志‘联结得更多,不仅有人类的创造力,同时还包括地形、气候以及人类创造力之外的其他因素’”[12]。正因如此,地理标志在申请注册或获得保护之前,其产品通常都已经在相关市场上形成了一定的甚至很高的知名度和品牌美誉度,具有很强的显著性和商品来源区分功能。即便地处偏远、交通条件不便,或者受商品产量、销售方式等客观因素限制,使一些地理标志未达到全国性广泛驰名的程度,但是它们应该都在一定地域范围(特别是特色农产品和食品等)或特定行业领域(如道地药材、传统工艺品等)内具有较大的影响和声誉。因而,不同于普通商标商誉积累的或然性或预期性,地理标志客观地承载着原产地相关商品生产经营者的集体信誉。

在新时代新发展格局下,那些凝结了较高市场知名度和集体信誉的地理标志产品品牌,在发展地方特色经济、扶持乡村产业振兴、推动文化传承弘扬和维系生物资源多样性等方面所蕴藏的多元价值和复合功能越发彰显,成为各地大力推动特色经济高质量发展和助力乡村全面振兴的一张张镀金“名片”和“金字

11 See WIPO document SCT/5/3, p. 7.

12 Norrsjö Lena Göransson, *Indications of geographical origin as part of the intellectual property law*, *Indications of geographical origin as part of the intellectual property law. Extended protection of geographical indications beyond wines and spirits*: *the TRIPs Council Negotiations*, IFIM, Stockholm (2004): 50 – 51.

招牌”。基于此,可通过法律手段防止它们在市场上被不法生产经营者不正当抢注、利用和损害(包括弱化和丑化),保护地理标志产品生产经营者集体通过地理标志所积淀的良好商业信誉和商品声誉。所以地理标志寻求驰名商标保护不仅具有充分的合法性前提和合理性根据,而且具有紧迫的现实必要性。

(三)地理标志驰名商标保护的实践基础

地理标志驰名商标保护不仅具有合法性前提和合理性根据,从地理标志保护相关国际规则变迁、最新发展动态,以及代表性国家和地区对地理标志保护的制度实践来看,为地理标志提供驰名商标反淡化保护还具有现实可行性。

1. 从混淆保护到淡化保护:地理标志国际保护规则变迁

在国际条约层面,地理标志的保护水平经历了从《巴黎公约》和《马德里协定》中的混淆保护,到《里斯本协定》中的淡化保护,再到 TRIPs 中的双重保护标准,以及到《日内瓦文本》中的声誉保护的规则变迁。早期的《巴黎公约》和《马德里协定》主要为地理标志提供基于混淆可能性标准的反不正当竞争保护。1958 年《里斯本协定》第 3 条等正式为原产地名称提供了不以混淆可能性标准为基础的高水平反淡化保护。这种高水平保护标准在“新”“旧”世界之间产生了巨大争论和分歧,以致后来在 TRIPs 中表现出了极具妥协的一面,仅为葡萄酒和烈酒类地理标志提供不以混淆可能性为基础的反淡化保护,其他种类的地理标志保护仍遵循传统的混淆可能性标准。

2015 年《日内瓦文本》为所有种类已注册地理标志(原产地名称)提供了新的反淡化保护,包括声誉保护。从《日内瓦文本》第 11 条来看,其除绝对禁止产区外的生产经营者以及产区内不符合条件的生产经营者在同类商品上使用地理标志之外,同时还规定了跨类反淡化保护的具体范围和标准。一些情形下对地理标志的跨类使用,尽管不会产生与受益各方的“联系”和导致受益各方利益的“损害可能性”,但考虑到地理标志在有关缔约方的声誉,如果这种跨类使用会导致对地理标志声誉的削弱、冲淡或不正当利用,同样受到制止。鉴于此,《日内瓦文本》在国际条约层面充分顾及了地理标志作为一种具有“声誉”的特殊商标的本质特性,为地理标志寻求驰名商标反淡化保护提供了充分的国际法依据。

2. 比较法考察:代表性国家和地区地理标志反淡化保护实践

在国家立法层面,地理标志驰名保护主要有两种代表性做法:一种是法国、欧盟等国家和地区,通过专门立法将地理标志从普通商标保护体系独立出来,直接提供反淡化保护;另一种是日本、瑞士等国家和地区,通过在商标法体系下规定新的地理标志商标种类并对保护条件做特殊规定,从而提供反淡化保护。

在地理标志保护发源地的法国,虽然采用专门法保护地理标志,但其专门法实质性包含了一种特殊的反淡化保护机制。法国法律不仅禁止在类似产品上使用地理标志,还禁止在任何其他产品或服务上使用地理标志,以免转移或削弱地理标志的声望。[13] 法国国内司法实践为地理标志提供的实际上就是一种驰名商标反淡化保护。比如,在"香槟"(Champagne)香水案中,1993年巴黎法院一审判决原告胜诉,判决理由为:其一,被告在香水商品上使用"香槟"商标会弱化"香槟"原产地名称的商誉;其二,被告在相关产品上使用"香槟"原产地名称,目的是利用"香槟"原产地名称的声誉获得利益,因而构成仿冒。二审法院在维持理由中进一步强调,"YSL公司使用'香槟'商标,产生了一个吸引效果,而这个吸引效果正是借用了'香槟'原产地名称的声望"。[14] 同时,法国原产地名称在国外寻求保护同样积极主张反淡化保护。比如,在法国香槟酒行业委员会(CIVC)与广州雪蕾公司、北京雅丽莎迪公司侵害商标权纠纷案中,原告(CIVC)进一步主张其在我国注册为集体商标的"Champagne"及"香槟"地理标志,经过长期宣传使用已经在中国相关公众中广为知晓、达到驰名程度,并认为两被告生产、销售的商品上标注有"Champagne Life""香槟人生"标识构成对CIVC驰名商标的模仿,该种使用会导致CIVC驰名商标的显著性减弱,淡化CIVC的驰名商标与葡萄酒商品的对应联系,构成侵权,进而寻求驰名保护并得到一审法院的判决支持。[15]

在欧盟层面,其商标法对普通商标反淡化保护十分谨慎,但对地理标志保护却是个极大的例外。欧盟层面主要不是通过商标法,而是通过专门法的方式实质性地为地理标志构建了一套独立的驰名商标(乃至超级驰名商标)反淡化保护制度,从而将获得注册的地理标志直接拔高到驰名商标保护的高度,不再需要像普通商标那样,是否能够获得反淡化保护还需经过进一步审查认定,以

---

13 See Hughes J, *Champagne, feta, and bourbon: The spirited debate about geographical indications*, Hastings LJ, (2006): 347.

14 See WIPO/GEO/DEL/03/11 REV, pp. 9 – 10. *Protection of Geographical Indications-Food Products-the Example of Champagne Industry*, France.

15 参见知产北京:《判决侵权!一审法院认定地理标志集体商标"香槟(Champagne)"构成驰名商标》,https://bjzcfy.chinacourt.gov.cn/article/detail/2022/03/id/6575645.shtml,最后访问日期:2024年5月16日。

此牢固地维护欧盟及其成员国在地理标志领域根本性的市场竞争优势和产业经济利益。

日本近年来为扶持本国地域经济创新发展，其不仅在商标立法上引入了地域集体商标制度，并且还在保护条件中规定"使用＋驰名"的严格要求，以及在保护方式上明文规定地域集体商标能够获得防御商标（驰名商标）保护。《日本商标法》第7条之二明文规定，能够获得地域集体商标注册的地域名称（name of the region），"前提是该商标由其成员使用，并且由于使用了该商标，该商标在消费者中驰名（well known），其所标示的是与申请人或其成员的业务有关的商品或服务"[16]。《日本商标法》第64条进一步规定，地域集体商标可以通过注册防御商标进行保护。由此为地理标志提供了实质性的驰名商标反淡化保护。

瑞士近年来为进一步强化保护其在地理标志领域所具有的庞大的产业经济利益，不仅通过修改商标法引入了全新的地理商标制度，同时在商标法上明确地理商标同样能够获得与普通的驰名商标一致的反淡化保护。《瑞士商标保护法》明文规定，已注册地理标志受到法律保护，特别制止：（1）利用受保护名称的声誉的任何其他产品的商业使用；（2）任何盗用、伪造或仿冒行为。[17]

上述代表性国家和地区为地理标志提供反淡化保护的系列制度实践，对于我国构建和完善地理标志驰名商标保护制度具有很高的参考和启示价值。

三、我国地理标志驰名商标保护的规则适用及困境

（一）我国驰名商标保护制度的由来及现状

据考察可知，我国对驰名商标的保护与地理标志保护的起步时间是基本同步的。自1985年加入《巴黎公约》之后，为履行该公约中所规定的驰名商标保护义务，相关部门首先是通过行政个案保护的方式，为国内外驰名商标提供保护，保护的初衷正是解决驰名商标未及时注册而被抢注所带来的问题。此后，我国驰名商标保护逐步走向正轨，对推动我国企业实施商标品牌战略、促进地方经济发展起到了有力的制度激励作用。但是到后来，我国实践中对驰名商标

---

16 See *JapanTrademark Act*. Article 19,24－2（4）.

17 See *Switzerland Federal Act on the Protection of Trade Marks and Indications of Source*（*Trade Mark Protection Act*, *TmPA*）, Art. 50a. 8.

的认定和保护发生了一些扭曲和异化。如学者所言,"这种扭曲和异化的诱因和病根,首先来自企业不正当广告资源的疯狂追逐和地方政府泡沫化政绩工程的病态追求,同时还掺和着一些中介机构的推波助澜和个别认定人员的权利寻租"[18]。这种扭曲和异化造成了一系列不良社会影响。为改变驰名商标认定和保护的制度扭曲和异化,2013年我国《商标法》第三次修改完善了驰名商标的认定和保护规则。

根据《商标法》第13条第1款的规定,驰名商标是在我国境内"为相关公众所熟知的商标"。目前,我国对驰名商标的认定和保护,采取的是行政与司法"双轨制"的认定和保护模式。同时,现行立法还规定,驰名商标认定保护主要遵循个案认定、被动保护、按需认定以及诚实信用等原则,保护政策相对收紧。

(二)我国驰名商标认定保护的一般标准

现行《商标法》第14条第1款原则性规定了认定商标驰名应考虑的相关因素。2009年出台并于2020年修改的《最高人民法院关于审理涉及驰名商标保护的民事纠纷案件应用法律若干问题的解释》(以下简称《驰名商标民事纠纷案件解释》),2014年修订的《驰名商标认定和保护规定》,以及2021年国家知识产权局新发布的《商标审查审理指南》,在驰名商标认定保护需考量的原则性因素上,进一步强调了"中国境内""相关公众""熟知"等具体的认定标准。

从上述涉及驰名商标认定保护的相关立法及司法解释来看,目前我国对驰名商标的具体认定,在主体标准、地域标准和程度标准上是基本一致的,都是一种很高的驰名认定标准。这种驰名认定标准比较类似于美国商标法中的驰名商标认定标准,以及《联合建议》中的第一种即"熟知"标准。

我国地大物博、幅员辽阔、人口众多,我们对驰名商标保护是否真有必要采用如此高的认定标准,是值得进一步探讨的。我国驰名商标保护制度的实施,虽然曾经被一定程度上扭曲和异化,使有关层面对驰名商标的认定和保护变得十分谨慎,但是这并不等于驰名商标的保护不重要。真正的驰名商标都是企业诚信经营、长期投入的心血凝聚,是企业高价值商誉的承载。对它们的充分保护不仅事关市场竞争的公平性,更关系国民经济能否持续高质量发展。由此而言,我们既要正确地看待驰名商标,而不能"异化",同时也要合理充分地保护驰

18 参见陶鑫良:《我国驰名商标认定与保护的现状分析及其对此研究》,载中国社会科学院知识产权中心、中国知识产权培训中心:《〈商标法〉修订中的若干问题》,知识产权出版社2011年版,第187页。

名商标。商标权保护本质上是一种市场竞争机制。商标权保护的力度和政策取向与经济和社会基础是息息相关的,需要关注当前经济社会发展的特别需求。[19] 当前构建新发展格局、推动高质量发展大背景下,加强对包括地理标志等在内的驰名商标法律保护,对我国有着极为重要的时代发展价值。

(三)既有驰名商标保护规则对地理标志的适用与面临的困境

我国现行《商标法》仅在第 16 条等条款对地理标志的定义及防御性保护事项作了有限规定,没有专门规定地理标志驰名商标保护事宜。同时,《商标法实施条例》虽规定地理标志可以注册集体商标和证明商标进行保护,但对于地理标志在商标法上的具体地位及其与集体证明商标等之间是何关系并不明确。

在实务层面,已获得集体商标和证明商标注册的地理标志,一些个案呈现其能够获得驰名商标保护,比如"盱眙龙虾""西湖龙井""香槟"等都曾被相关部门认定为驰名商标加以保护。但整体观察来看,大多数地理标志仍然是游离于驰名商标保护门槛之外的。为加强地理标志保护,《商标授权确权规定》第 17 条明确了在商标授权确权诉讼中地理标志可以寻求驰名保护。从该条文内容来看,一方面,未获得集体商标和证明商标注册的地理标志,地理标志利害关系人依照《商标法》第 16 条主张权利,在经过"混淆"标准测试之后能够获得"准跨类"保护。这里之所以称"准跨类"保护,是因为其使用了"并非相同商品"而不是"不相同或不相类似"的表述。另一方面,已获得集体商标和证明商标注册的地理标志,权利人或利害关系人既可依照《商标授权确权规定》第 17 条第 1 款,也可直接依《商标法》第 13 条等主张权利。但在实践层面,仍面临诸多困境和难题。

首先,《商标授权确权规定》第 17 条仅明确了在商标授权确权诉讼过程中地理标志能够获得"准跨类"和驰名商标保护,而在地理标志侵权救济等更广泛层面,地理标志是否同样能够获得反淡化保护,还缺乏具体法律依据和规则指引。我国对地理标志保护并行集体商标和证明商标注册、地理标志产品保护审批和农产品地理标志登记等多套授权确权机制。《商标授权确权规定》第 17 条第 1 款所指"地理标志"涵盖范围包括哪些?是否包括那些已登记公告的地理标志产品和农产品地理标志?是否包括那些尚未在任何授权确权体系下注册登记的地理标志?《商标授权确权规定》没有明确,存在理解分歧。

19　参见孔祥俊:《商标法适用的基本问题》,中国法制出版社 2014 年版,第 100 页。

其次,尽管未注册地理标志在商标授权确权诉讼中可以通过《商标法》第16 条和《商标授权确权规定》第 17 条第 1 款等寻求保护,但是现行《商标法》第16 条的规定是存在很大缺陷的。一方面,它只规制地理标志商品产区外的生产经营者,对于产区内的个体生产经营者不正当抢注地理标志的情况,原则上只能进一步求助《商标法》第 10 条第 2 款。而第 10 条第 2 款存在问题是:第一,它只规制"县级以上行政区划的地名或者公众知晓的外国地名",如果产区内个体生产经营者抢注由非县级以上行政区划地名构成的地理标志,很难依此规制;第二,那些由非县级以上行政区划地名构成的地理标志,如果已被他人不正当抢注个体商标,依据该条款之规定,该个体商标有效性并不需要像第 16 条第1 款规定那样做"善意测试",而是直接遵循"已经注册的使用地名的商标继续有效"的规则,使第 16 条第 1 款与第 10 条第 2 款对地理标志的保护存在差别待遇,某种程度上"纵容"了不正当抢注地理标志现象不断发生,对地理标志保护很不利。另一方面,现行《商标法》第 16 条第 1 款所称"误导公众"应该如何理解?相关立法及司法解释也未明确,实践中的理解和操作存在差异。有观点认为,其仍然需要从混淆角度来解释,但也有观点认为需要做反淡化保护的理解解释,争论和分歧较大。

最后,地理标志寻求驰名商标保护具体如何认定,包括"相关公众"范围怎么界定,选择何种驰名地域和程度标准;地理标志的声誉和知名度如何界定,究竟是采用与普通商标驰名保护相同的认定标准,还是需要做一些特殊安排等。这些都是地理标志驰名商标保护面临的现实难题,亟待制度上澄清和明示。

四、构建地理标志驰名商标保护制度的具体建议

相较普通商标,无论在国内还是国外,地理标志资源都是十分稀有的。根据我国国家知识产权局发布的统计数据显示,截至 2024 年底,我国国内有效商标注册量为 4762 万件;但是,我国累计认定地理标志产品仅 2544 个,核准地理标志作为集体商标、证明商标注册仅 7402 件;根据农业农村部中国绿色食品发展中心发布的统计数据显示,截至 2022 年 2 月 25 日,我国累计登记农产品地理

标志只有3510个。[20] 我国多套地理标志授权确权体系累计注册保护的地理标志总量也只有13,456件,其中相当一部分还存在重叠注册保护,不到有效注册商标的一个零头。但是,地理标志资源稀有不等于地理标志不重要。恰恰相反,真正的地理标志由于享有良好声誉和知名度,是一枚枚"天然而成的驰名商标"[21],其对当地特色产业经济发展有着极为重要的、不亚于甚至远高于普通商标的意义,如"茅台酒""西湖龙井""景德镇瓷器""五常大米""赣南脐橙"等。因此,真正的地理标志"完全应当受到类似于驰名商标的反淡化保护。"[22]针对现阶段我国地理标志知识产权保护面临的制度困境,建议从以下几方面改进和完善:

(一)尽快修改完善商标法,确立地理标志商标的独立地位

地理标志作为一种由产地生产经营者在特定商品上长期共同识别性使用而形成的、已客观存在不可臆造的、有声誉的事实性商业标记,其兼具商品地理来源识别、特色品质保障和集体商誉承载等多重复合功能,以及具有由这些功能所派生的特色产业促进、区域贫困治理、地方文化传承和生物多样性维系等多元价值属性。由此而言,地理标志的保护涉及民事法(知识产权法)、经济法(产品质量法、产业发展法)以及文化遗产法和资源环境法等多种制度的复杂交织,立法保护特别需要注意分辨和厘清其中涉及的具体问题和法律关系。具言之,地理标志问题主要涉及以下几方面的特殊保护及管理发展事宜:(1)地理标志知识产权的特别保护,主要是反淡化、反混淆、反抢注、反不正当竞争和反通用化等;(2)地理标志产品的质量监控;(3)地理标志产业发展的促进;(4)地理标志产品相关传统知识及生物多样性资源的保存、保护和利用等。为实现对地理标志的特殊保护,促进其多重价值功能发挥,我国对地理标志宜选择"知识产权保护+产品质量监控+产业发展促进"相结合的综合保护理念,遵循"积极的设权保护+消极的防御保护"相结合的协同保护原则,并采取"修改完善《商标法》+制定出台专门行政法规"相结合的立法方式,构建相互协调的统一保护制度。

就知识产权保护而言,地理标志作为特殊商标的本质决定了无论对地理标志知识产权保护采取何种立法模式,均离不开商标法律制度的基础性地位,需

---

20 资料来源:国家知识产权官方网站2025年3月5日,http://www.scio.gov.cn/live/2025/35376/index.html;农业农村部中国绿色食品发展中心官方网站2025年1月23日,http://www.greenfood.agri.cn/。

21 参见吴汉东:《无形财产权基本问题研究》,中国人民大学出版社2013年版,第283页。

22 参见王笑冰:《论地理标志的法律保护》,中国人民大学出版社2006年版,第145页。

要在商标法层面给予充分关注和回应。基于地理标志区别于普通商标的特殊性,针对现行《商标法》对地理标志保护存在的问题及 2023 年《商标法修订草案(征求意见稿)》的不足,有必要进一步修改《商标法修订草案(征求意见稿)》第 6 条和第 20 条第 2 款,将其从集体商标和证明商标保护体系下剥离出来,真正确立地理标志这种特殊商标的独立地位,为寻求驰名商标反淡化保护提供更具体的法律依据。

具言之,建议在《商标法修订草案(征求意见稿)》第 6 条增加两款规定(第 3 款和第 4 款):一是将《商标法修订草案(征求意见稿)》第 20 条第 2 款(现行《商标法》第 16 条第 2 款)的地理标志定义挪至此处,作为第 6 条第 3 款,以此明确地理标志的特殊商标属性及其区别于集体商标和证明商标的独立法律地位。二是可以参考我国民间文学艺术作品著作权保护的立法模式,构建地理标志商标的特殊保护规则,即在《商标法修订草案(征求意见稿)》第 6 条第 4 款规定:"地理标志注册和保护的特殊事项,由国务院另行规定。"以此为国家层面及时出台统一的地理标志保护专门法规提供具体的法律依据。

(二)抓紧制定上位专门法规,实现对地理标志的统一认定保护

结合我国地理标志保护发展现状,除了修改完善《商标法修订草案(征求意见稿)》地理标志条款,还有必要依据相关上位法,抓紧在国务院层面制定出台专门行政法规即《地理标志保护条例》,整合《集体商标、证明商标注册和管理规定》《地理标志产品保护办法》《地理标志专用标志使用管理办法(试行)》《农产品地理标志管理办法》等涉及地理标志保护管理的部门规章,对地理标志的知识产权保护、产品质量监控、产业发展促进及资源保存利用的特殊事项作统一的具体规定,真正实现对地理标志的统一认定、统一管理和统一保护。

作为一种历史传承、客观存在而不能臆造的事实性商业标记,真正的地理标志在申请注册之前,因其商品的归因性质量特色,早已在市场上具有良好的声誉或知名度。所以,构建和完善地理标志驰名商标保护制度,如果在注册保护实体条件上就对地理标志的声誉或知名度做严格限定,那么已获得注册的地理标志寻求驰名商标反淡化保护就有了更充分的事实基础和法律依据。基于此,制定出台专门的行政法规、对地理标志保护相关事项做出统一规定,可以参考借鉴《日本商标法》《瑞士商标保护法》等域外有益经验,在地理标志注册保护实质条件条款当中,对地理标志的声誉或知名度等构成要素作更清晰的规定和强调。在此前提下,地理标志寻求驰名商标反淡化保护,在遵循普通商标驰

名保护个案认定、被动保护及按需认定等原则的同时,应该在保护政策上合理放宽。

(三)实现司法解释的立法转化,健全地理标志反淡化保护规则体系

鉴于《商标授权确权规定》第17条已为地理标志寻求反淡化保护奠定了一定的制度基础,实践层面已有积极探索。建议在此基础上更进一步,修改完善《商标法修订草案(征求意见稿)》第20条和第15条第2款等,实现司法解释的立法转化,从法律层面健全地理标志驰名商标反淡化保护的具体规则体系。

首先,需要将《商标授权确权规定》第17条确立的地理标志驰名商标保护条款以及其他重要保护规则在新修订的《商标法》中落实下来,具体可在草案第20条第2款等明文规定:“地理标志权利人或利害关系人可以依照《商标法》第13条等条款主张权利”,进一步明确反淡化保护的法律依据。

其次,修改《商标法修订草案(征求意见稿)》第15条第2款:一是增加地名作为“地理标志组成部分”的商标禁用除外规定;二是限定只有善意使用地名的已注册商标才能继续有效。从而使该条款对地理标志的保护与《商标法修订草案(征求意见稿)》第20条第1款的规定保持协调一致,建立健全地理标志防御性保护规则体系,同时也是对“地名”这一公众利益和公共资源的合理保护。

另外,考虑到地理标志商标的特殊性和知名度,还有必要通过健全和完善相关司法解释等方式,对《商标法修订草案(征求意见稿)》第20条第1款(现行《商标法》第16条第1款)所规定的“误导公众”一词的含义明确作出与《驰名商标民事纠纷案件解释》第9条第2款规定的含义一致的解释,即需要从反淡化保护的视角而不是混淆可能性层面进行理解、解释和适用,以此明确地理标志保护的适用标准,有效制止对地理标志资源的非法抢注和不正当利用。

(四)健全和完善地理标志驰名商标保护的具体认定标准

首先,在立法层面,应该充分考虑地理标志不同于普通商标的特殊性,对地理标志驰名商标保护认定的主体标准、地域标准和程度标准做特殊规定。也即,在相关公众、地域范围以及知晓程度方面,不宜机械地适用普通商标驰名保护认定中的“全国范围内的相关公众熟知”这种过高的认定标准,而是需要匹配特殊的认定规则,充分结合地理标志商品类别及其长期以来的实际产量、销售渠道和范围、消费方式、消费群体、知晓程度等多种因素综合考量认定。比较恰当的做法是,可以参考WIPO《联合建议》当中的两种选择性驰名标准,针对普通商标驰名保护的认定,可以遵循“全国范围内”相关公众所“熟知”的严格标准;但对于地

理标志,则有必要结合其强地域性等特殊性,适当降低驰名认定条件,采用“一定地域范围”或“一定行业领域”的相关公众所“熟知”或“知晓”的认定标准。

其次,在实际认定过程中,宜充分考虑地理标志商品质量和声誉形成的产地归因性,综合多方面因素进行驰名保护认定。比如,虽然很多地理标志产品已经存在了上百年、数百年甚至上千年,但由于历史、经济、交通条件及产量等多方面的客观因素限制,这些地理标志不一定在全国范围内广泛驰名。但事实上,它们在一定地域范围或行业领域内早就具有较高的知名度和影响力。同时,尽管地理标志商品一般都具有较长的生产销售历史,但由于地理标志更多是由商品产区内的众多生产经营者集体创造、共同使用,很多地理标志并不一定会像普通商标那样存在大量的广告宣传等个体资本投入,它们的声誉和知名度通常更多存在于相关消费群体或从业者的心目中,通过业界口传的方式传播。因此,在地理标志驰名保护具体认定过程中,特别应注重对地理标志实际使用的持续时间、相关公众的真实认可度等进行调查判断,有必要做大量的、深入的市场调研和实地取证。

五、结　　语

从知识产权法视角看,地理标志是一种相对独立的兼具商品地理来源识别、特色品质保证和集体商誉承载等多重复合功能的特殊商标类型,这决定其寻求驰名商标保护具有充分的法理依据。在国际上,包括《里斯本协定》《日内瓦文本》等国际条约,以及法国、欧盟、日本、瑞士等国家和地区的制度实践,反映出地理标志获得驰名商标保护具有充分的国际法依据和实际可行性。我国现行立法对地理标志保护仍显滞后。地理标志在《商标法》中的具体地位不明确,也没有专门规定地理标志驰名商标保护事宜。《商标授权确权规定》和《地理标志产品保护办法》虽初步确立了地理标志应提供驰名商标保护的一般规则,但在立法层次、规则适用以及认定标准上仍面临诸多困境和不足,《商标法修订草案(征求意见稿)》对地理标志事项虽有涉及,但也缺乏针对性的立法回应。因此,有必要通过进一步修改完善商标法和制定上位专门法规相结合的方式,构建和完善地理标志法律制度尤其是反淡化保护制度,优化保护条件,完善认定标准,强化对我国地理标志的知识产权保护,赋能特色产品品牌创建和地方经济高质量发展。

知识产权象征性赔偿的学理证成及类型化研究

徐以恒 *

【内容提要】 为修复既有知识产权侵权损害赔偿体系内部构造中的断层和空缺,有必要对象征性损害赔偿制度进行理论辅证、规则梳理和类型确认。知识产权象征性损害赔偿是指法院在专有权利受损程度不明显或不确定损害在多大程度上可归因于侵权行为时做出的裁判。作为法院应对权利人赔偿诉求的特殊方式,象征性损害赔偿制度以《民法典》和酌定赔偿政策为建构依据,并于比例原则、平衡原则和效率原则下实现正当性证成。根据"权利人存在过错""相当因果关系难以证成"和"补偿性赔偿的社会成本过高"三个标准,象征性损害赔偿主要适用于以牟利为目的的恶意诉讼、知识产品存在无法量化的"非侵权的等同替代"、知识产权因素在侵权产品销售中的贡献度不明且明显较小、价值低微的知识产品以及事实上被放弃的知识产权五种情形。

【关键词】 知识产权侵权　象征性赔偿　酌定赔偿　正当性　类型化

一、问题的提出

2024 年 6 月 27 日,最高人民法院知识产权法庭审结吉利汽车与威马汽车之间因大量员工跳槽引发的新能源汽车底盘技术秘密侵权纠纷案。法院最终判定被告赔偿经济损失及维权合理开支共计 6.4 亿余元,创下我国知识产权侵权诉讼判赔数额历史新高。[1] 无独有偶,最高人民法院在近期的施耐德商标

---

* 徐以恒——南京师范大学中国法治现代化研究院 22 级博士生、江苏省知识产权保护与发展研究院助理研究员,主要研究领域:知识产权基础理论。

1 《"新能源汽车底盘"技术秘密侵权案败诉方积极主动履行判决》,载微信公众号"最高人民法院知识产权法庭"2024 年 6 月 27 日,https://mp.weixin.qq.com/s/iU9aBm9cRIuCO9ZDcvmPcQ。

案[2]中再度作出"要求被告支付1.06亿元赔偿金及50万元维权合理费用"的判决。伴随加强知识产权保护和严格落实惩罚性赔偿制度的观念蔚然成风,"亿元罚单"[3]似乎成为知识产权惩罚性赔偿司法实践中的常客。在此背景下,山东省某基层人民法院[4]首次主动适用了知识产权象征性损害赔偿制度(以下简称象征性赔偿或名义赔偿)。审理法院结合原告行为的可苛责性、被告对侵权行为的深刻反思以及司法的行为矫正功能,最终判处"象征性损害赔偿+维权合理费用"组成的"告诫性赔偿",酌定被告赔偿原告经济损失及合理开支1000元。与动辄高达上亿元的知识产权侵权判赔现状相较,该案似乎有些格格不入。

象征性赔偿即"一元索赔",在我国知识产权司法实践中并不普遍。截至2024年7月31日,笔者在"北大法宝"司法案例库中以"象征性赔偿"为关键词、以"知识产权与竞争纠纷"为筛选项进行全文检索,获得与之相关的58条检索结果。除去重复案例4则和管辖异议类案件7则,共计47则有效案例样本。其中,2000年"上海榕树下计算机有限公司诉中国社会出版社侵犯著作权纠纷案"[5]是我国法院首次将原告诉求定性为"象征性赔偿"的知识产权类案件。实证发现,法院不支持当事人象征性损害赔偿主张的案件共计36则,这部分案例又可分为两类:(1)不构成侵权(或违约)10则;(2)构成侵权(或违约),但既有证据不足以支撑原告的象征性赔偿主张26则。在分类(2)中,24则案例最终通过法定赔偿制度得以解决。可见,法院通常以法定赔偿制度应对当事人的象征性赔偿诉求。此外,法院对象征性赔偿的适用情形莫衷一是。在法院支持当

2 参见最高人民法院民事判决书,(2023)最高法民终351号。

3 《去年全省法院审理近4万起知识产权案件,对89起案件适用惩罚性赔偿——开出亿元罚单,让侵权者"痛到不敢再犯"》,载中国江苏网,http://jsnews.jschina.com.cn/jsyw/202404/t20240424_3396024.shtml。

4 参见山东省沂源县人民法院民事判决书,2022鲁0323知民初55号。2022年,怀化市惟楚科技有限公司以其美术作品遭受侵权为由将英杰教育培训学校有限公司诉至法院。经审理,法院认为:原告屡次借由诉讼获得侵权损害赔偿,维权获利不再体现为"对作者创造性劳动的回报或对创作行为的激励"。原告的诉讼行为是一种典型的商业维权运作模式,有违公平观念且不符合知识产权强国战略和诉源治理的司法导向,应予抑止。被告于审理过程中自行停止侵权并向权利人公开致歉、承诺,同时请求法院适当减免赔偿金。综合案件事实,被告的主张符合"轻罚重教""轻惩于前,重毖于后""重其所重轻其所轻"的行为矫正原则,也有助于司法实践减轻"商业维权"的消极影响,从而兼顾对民生的保护。故此,法院最终在法定赔偿范围内适用"象征性损害赔偿+维权合理费用"的"告诫性赔偿",酌定被告赔偿原告经济损失及合理开支1000元。

5 参见北京市第一中级人民法院民事判决书,(2000)一中知初字第156号。

事人象征性赔偿主张的 11 则案例中,6 则系对当事人协议达成象征性赔偿的司法确认。除此之外,象征性赔偿适用于权利人因侵权行为获益[6]、实际损失及侵权所得均无法计算[7]、象征性赔偿诉求不违反法律规定[8]、原告有违公平观念且被告认错态度端正有助于消减前者负面影响[9]等案件。可惜的是,法院在上述案件中均没有说明其认定象征性赔偿成立的法律依据和理由。

在我国司法实践中潜行 20 余年的象征性赔偿也未能引起学术界对其制度范式科学建构的深入讨论。反观现有研究重点,理论研究聚焦于惩罚性损害赔偿制度的正当性证成[10]、司法适用的基本原则与裁判规则[11]、制度功能[12]、与其他赔偿制度的关系[13]、司法适用现状[14]、适用要件解构[15]等方面并收获了丰富的理论成果。而以"知识产权象征性(损害)赔偿""知识产权名义赔偿"为篇名及关键词在北大核心和 CSSCI(含中英文扩展版)期刊库中进行检索时,却面临"暂无数据"的尴尬局面。象征性赔偿的遇冷碰壁与理论界对知识产权惩罚性赔偿

6 参见北京市第一中级人民法院民事判决书,2009 终字第 5614 号。法院认为:抄袭行为直接复制作者的作品内容,并不为作者署名,侵犯了作者的署名权和复制权,宋某要求吕某停止侵权,并就其抄袭行为公开赔礼道歉的请求予以支持。吕某应从北京师范大学撤回其博士学位论文,法院也同时向该校发出司法建议敦促该校对吕某的抄袭行为进行处理,严格审查学生论文的独创性,避免今后产生如此严重的抄袭行为。宋某经过公证证实吕某的论文可以在公共图书馆进行查阅,要求吕某停止上述传播行为,亦应支持。吕某的抄袭行为为其自身带来一定利益,宋某要求其象征性赔偿 1 元的诉讼请求予以支持。

7 参见北京市朝阳区人民法院民事判决书,2015(知)初字第 42986 号。法院认为:对于金联储公司要求华融普惠公司赔偿经济损失 1 元、公证费 1510 元的诉讼请求,本院认为,因不正当竞争行为受到损害的,被侵害的经营者有权要求赔偿损失,损失难以计算的,赔偿额为侵权人因侵权所获得的利润,并应承担被侵害的经营者因调查所支付的合理费用。金联储公司因华融普惠公司的不正当竞争行为受到损害,在其所受到的损失及侵害者利润无法计算的情况下,提出 1 元的象征性赔偿,不违反法律规定,本院依法予以支持。

8 参见北京市朝阳区人民法院民事判决书,2005 初字第 3308 号。法院认为:世桥公司对侵犯国贸公司注册商标专用权的行为应当承担停止侵权、消除影响、赔偿损失的民事责任。关于赔偿经济损失的数额,国贸公司主张 1 元的象征性赔偿,本院认为并不违反法律规定,予以支持。

9 参见山东省沂源县人民法院民事判决书,2022 鲁 0323 知民初 55 号。

10 李扬、陈曦程:《论著作权惩罚性赔偿制度——兼评〈民法典〉知识产权惩罚性赔偿条款》,载《知识产权》2020 年第 8 期。

11 吴汉东:《知识产权惩罚性赔偿的私法基础与司法适用》,载《法学评论》2021 年第 3 期。

12 王利明:《论我国民法典中侵害知识产权惩罚性赔偿的规则》,载《政治与法律》2019 年第 8 期。

13 袁秀挺:《知识产权惩罚性赔偿制度的司法适用》,载《知识产权》2015 年第 7 期。

14 李晓庆:《知识产权惩罚性赔偿的法理剖析与适用进路》,载《学术交流》2021 年第 12 期。

15 参见张鹏:《知识产权惩罚性赔偿制度中故意认定的关键因素探析》,载《知识产权》2017 年第 5 期;王崇敏、王然:《知识产权惩罚性赔偿中"情节严重"的认定——基于动态体系论的研究》,载《法学论坛》2022 年第 2 期;何国强:《知识产权惩罚性赔偿的数额量定》,载《广东社会科学》2022 年第 3 期。

的热议形成鲜明对比。不仅如此,学者倡导构建的“惩罚性赔偿与包括法定赔偿在内的补偿性赔偿分工明确、界限清晰、体系合理的知识产权损害赔偿二元架构”[16]似乎也并没有为象征性赔偿留下理论空间;从“我国国家赔偿制度实现了由不赔偿到赔偿、由象征性赔偿到实质性赔偿的历史性跨越”[17]的表述中,似乎还可以窥得学者对“象征性赔偿”的否定性评价:这是一种应当被现代法治观念摒弃的落后制度理念。

知识产权象征性损害赔偿制度就止步于此了吗?实践中,面对未产生实质性损害结果的侵权、滥用市场价值不高的知识产权谋取利益、缺乏实施意图却屡借诉讼之名开展知识产权运营等行为,既有知识产权损害赔偿制度(补偿性赔偿及惩罚性赔偿)只得在保护知识产权与维护市场竞争秩序之间进退维谷:不予保护,则有悖知识产权保护专有权利的制度内核;予以保护,则有容许滥用权利获得不当利益之嫌疑。诚如学者所言,知识产权与竞争的平衡与协调才能保证最优的创新激励效果。[18] 既有制度难以回应特殊的侵权行为,不仅预示着知识产权损害赔偿体系在内部构造上出现断层和空缺,而且阻滞了“建立知识产权侵权损害评估制度”“防止知识产权滥用制度”[19]等既定目标的实现,进而可能影响知识产权保护制度在构建公平竞争秩序中发挥积极作用。在加大惩罚性赔偿力度的背景下,象征性赔偿或许是有效降低策略性获利行为经济激励的互补性制度。对权利人而言,象征性赔偿代表公权力对侵权行为非法性的确认、对权利人受损利益的现实关切以及对权利人执行权利不合理性的适度告诫;于侵权人而言,象征性赔偿不会实质性影响其后续的经营能力,也不会引发其对法律过度保护单方利益以限制竞争的质疑。因此,象征性赔偿不同于惩罚性赔偿和补偿性赔偿,有必要对该制度进行理论辅证、规则梳理和类型确认,为建构和完善具有中国本土特色的创新型知识产权损害赔偿体系提供新思路。

---

16 焦和平:《知识产权惩罚性赔偿与法定赔偿关系的立法选择》,载《华东政法大学学报》2020年第4期。

17 李晓春:《国家赔偿制度的完善与依法行政的推进》,载《长白学刊》2010年第5期。

18 刘银良:《知识产权惩罚性赔偿的类型化适用与风险避免——基于国际知识产权规则的视角》,载《法学研究》2022年第1期。

19 《关于印发“十四五”国家知识产权保护和运用规划的通知》,载中华人民共和国中央人民政府网,https://www.gov.cn/zhengce/zhengceku/2021-10/28/content_5647274.htm。

二、象征性赔偿的制度内涵及正当性

根据《布莱克法律词典》的定义,象征性赔偿(nominal damages)是指:在损失程度未显明或该权利不取决于直接性损失或损害的情形下(如身体豁免权或物质性财产权免受直接侵犯),因违反法定权利而判给的赔偿。[20] 即判给已确立诉因但未能确立其有权获得补偿性赔偿的诉讼当事人的一笔数额微小的钱款构成象征性赔偿。[21] 象征性赔偿通常适用于三种情形:第一,侵犯合法权利,但没有实际的、实质的或可被观察到的损害;第二,侵犯合法权利,并造成微不足道的、轻微的或比较小的损害;第三,侵犯合法权利,但没有证据证明实际损失的数额。从证明可能性来看,第三类案件又可分为不可能证明损害赔偿数额的案件和有可能证明损害赔偿数额但在审判中未予证明两种情形。[22] 有学者对该制度进行了内涵重构,将象征性赔偿仅适用于"无实际损害"和"有实际损害但未能证明损害数额"两种情形。就后者而言,若受害人已提交基础证据但仍未能证明损害数额,则可适用损害数额酌定制度;若受害人未提交基础证据,则应将其视为无实际损害。[23] 比较前述两种观点,其区别在于:后者否定了针对"微不足道的、轻微的或比较小的损害"适用象征性赔偿的必要性,且将"已提交基础证据"划归酌定赔偿范畴而非象征性赔偿。

笔者并不认同对象征性赔偿进行内涵重构的观点。首先,"微不足道的、轻微的或比较小的损害"符合比例原则秉持的相称性内核,是象征性赔偿得以正当存在的原因。比例原则强调"目的与手段间应有适切的关系,侵越受保护的法益,不能逾于被认可的目的所必要者"。[24] "微不足道的、轻微的或比较小的损害"是介于"没有实际损害"和"存在实际损失"之间的中间形态,也是损害程度得以呈阶梯状排列的关键递进要素。其次,酌定赔偿无法从根本上解决审判

---

20 Bryan A. Garner ed., *Black's Law Dictionary*(8*th ed.*), West Group, 2004, pp. 1176 - 1177.

21 美国法律研究院:《侵权法重述第二版:条文部分》,许传玺、石宏、和育东译,法律出版社 2012 年版,第 404 页。

22 Ralph S. Bauer, *Are Small Compensatory Damages Merely Nominal*, 10 Notre Dame Lawyer 133 (1935).

23 参见黄禄斌:《象征性损害赔偿制度的本土化构建——以"1 元索赔案"为切入点》,载《苏州大学学报》(法学版)2023 年第 4 期。

24 卡尔·拉伦茨:《法学方法论》,陈爱娥译,商务印书馆 2003 年版,第 282 页。

成本过高(相较判予"一笔数额微小的钱款",裁判者将在数额的确定上投入更多资源)以及法官自由裁判的弊端,将"已提交基础证据"划归酌定赔偿可能无济于事。最后,酌定赔偿是象征性赔偿得以在我国既有民法体系中寻得规范依据的"中介",而非"判给已确立诉因但未能确立权利人有权获得补偿性赔偿"的替代性方案。《民法典》第 1184 条规定:"侵害他人财产的,财产损失按照损失发生时的市场价格或者其他合理方式计算。"即若能证明象征性赔偿的合理性,其同样可适用于某些特殊情形。我国早在 2013 年提出"知识产权酌定赔偿"的司法政策,酌定赔偿是法官在一定事实和数据基础上,根据具体案情酌定实际损失或侵权所得的赔偿数额,其不受法定赔偿最高或者最低限额的限制。知识产权客体的无形性决定了损害赔偿数额的不确定性,法院面临的难题是,若权利人只能证明部分赔偿金额成立,但该数额尚未达到法定赔偿的最低限额,法院应如何决断?相较之下,象征性赔偿合乎"赔偿数额与证明能力正相关"的公平真义,且不受法定赔偿最低限额的约束,能够更加灵活地处理特殊案件中的赔偿问题。

《美国专利法》规定,即便侵权人获得了巨大的非法获利,但专利权人无法提供"实际损失"的证据,而且不存在已确立的许可费,权利人只能获得名义赔偿的救济。[25] 国外研究者认为,在结果已经确定的情况下,对名义损害赔偿案件进行裁决浪费了宝贵的司法资源;[26]国内学者认为名义赔偿因"使侵权法体系完备、统一""矫正现有司法救济的偏差,有助于化解矛盾"而具有存在之必要性。[27] 可见,对于象征性赔偿的制度正当性并非没有争议。笔者认为,可以从理论价值和司法价值两个层面对象征性赔偿制度进行正当性辅证。

一方面,象征性赔偿的制度内涵契合比例原则。比例原则的基本逻辑是:财产所有权人的贡献要与该权利在真实市场交易中所产生的经济杠杆进行权衡。当两者失衡时,"小权利"产生了"超级大杠杆",法院就要介入其中,以便重置平衡。[28] 权利人针对侵权行为提出损害赔偿诉求自不待言,但是,体现自由

---

25 参见张玉敏、杨晓玲:《美国专利侵权诉讼中损害赔偿金计算及对我国的借鉴意义》,载《法律适用》2014 年第 8 期。

26 Maura B. Grealish, *A Dollar for Your Thoughts: Determining Whether Nominal Damages Prevent an Otherwise Moot Case from being an Advisory Opinion*, 87 Fordham Law Review 733(2018).

27 李永军、刘德志:《论英美法名义上的损害赔偿金》,载《聊城大学学报》(社会科学版)2010 年第 4 期。

28 罗伯特·P. 莫杰思:《知识产权正当性解释》,金海军等译,商务印书馆 2019 年版,第 319 页。

意志的诉权行使行为并不具有恒定的合理性。如法院不详加考虑权利人的举证能力并判如所请,后者将获得与其知识产品实际价值比例不合的利好。英美侵权法有一条著名的谚语:“损害赔偿不是中六合彩。”赔偿不过为了使被侵权人得到补偿,使其财产、人身等方面恢复到受害前的状态,而非使被侵权人得到过多的利益。[29] 以“沉睡的权利”为例,如果知识产权人处于权利休眠状态,则可以对其排他性加以限制。例如,原告仅为了诈取许可费而起诉被告,法律不应允许未实施权利的“专利怪物”意图得逞。[30] 质言之,分摊实际上是为了满足侵权行为与侵权人利润之间的因果关系,即只有侵权行为带来的那部分侵权人利润才属于侵权获利,应该赔偿。[31] “一刀切”地无视证据对于诉求的证明程度、知识客体的实际价值、侵权行为的损害程度以及权利人行使诉权之目的等因素,无论是权利人视角下的“实际损害多少则赔偿多少”,抑或侵权人视角下的“既然无法证明则无须赔偿”,均有可能产生责任分摊失衡的结果。象征性赔偿是符合比例原则的替代性方案。如果说侵权行为的发生是行为人对受害人的人身或财产权益施加某种风险,那么损害赔偿就是将这种风险转移给行为人来负担,从而实现损害的内部化。[32] 同理,若被告的行为具有不可苛责性或原告在维权行为、证明责任履行上存在不足,损害的内部化应由原告承担。因此,在某些特定情形下判以象征性赔偿,能够兼顾当事人双方利益。

另一方面,象征性赔偿对知识产权既有的损害赔偿体系有重要的补充作用。与补偿性、惩罚性赔偿一致,象征性赔偿的一般性司法功能表现为:一是制止侵权行为。象征性赔偿诉讼的功能在于使违法者停止侵害而非吐出不法所得。[33] 二是臧否行为性质。象征性损害赔偿的功能在于惩戒侵权者,使侵权者知其行为的非难性。[34] 三是重塑利益格局。象征性赔偿在诉讼开始时和整个诉讼过程中通过促成诉讼的方式为权利人提供了法律救济,实现了特定金额内涵

---

29 张新宝:《侵权责任法》,中国人民大学出版社 2016 年版,第 90 ~ 91 页。

30 冯晓青:《知识产权法前沿问题研究》,中国政法大学出版社 2023 年版,第 17 页。

31 刘晓:《论知识产权损害赔偿中侵权获利的分摊方法》,载《法律科学》(西北政法大学学报)2018 年第 4 期。

32 郑晓剑:《损害赔偿的功能与完全赔偿原则的存废——利益平衡视角下之反思》,载《河南社会科学》2018 年第 2 期。

33 熊跃敏:《消费者群体性损害赔偿诉讼的类型化分析》,载《中国法学》2014 年第 1 期。

34 陈海波:《论侵害隐私权的民事责任》,中国人民大学 2007 年博士学位论文,第 48 页。

中的个人利益并改变了双方的法律关系。[35] 此外,象征性赔偿还具有特殊的正义示范作用。侵权法的特定目标通常是根据两大思想体系建立的:将侵权法建立在道德责任或矫正正义(corrective justice)之上或是将其建立在社会政策或对所有人都有利(good-for-all-of-us)的观点之上。[36] 相较"以私权保护为出发点"的补偿性赔偿和惩罚性赔偿,象征性赔偿不仅发挥了确权之诉"确认知识产权权利归属与内容"的功能,而且基于权利人的不足之处对被告"降格"处理(不完全赔偿),为裁判者提供了一种能够"往返于当事人之间"进行利益权衡的"双向思维"。

此外,象征性赔偿还有望分担法定赔偿的制度压力。随着市场经济的发展,人们越来越要求经济领域中的自由,要求竞争的自由,这种自由只有依靠侵权责任法才能得到保障。[37] 然而,法定赔偿正经历制度危机:作为一种"明显有利于权利人的特别设计的简化赔偿计算方式"[38],其允许法院直接根据侵害知识产权的行为酌情确定损害赔偿额。[39] 该制度看似为确定赔偿金额开辟了经济效率的捷径,实则扩大了审判主体的裁量空间,沦为酌定赔偿蹩脚的程序法依据。[40] 一旦案件中未出现用以证明任何一方当事人实际损失或违法所得的证据,法院大多会依法定赔偿条款酌情确定具体赔偿数额。这不仅加固了法定赔偿制度的"口袋"特征,成为自由裁量权得以膨胀的制度缺口;而且导致原本在立法中具有补充性的计算方式逐渐成为损害赔偿确定中的主角。[41] 法官自由裁量的事实以及法定赔偿制度复杂的定损方式不禁让人怀疑:其如何在特殊案件中做出令人信服的裁判?相较法定赔偿"优先保护权利人""快速确定赔偿金额"的基础目标,象征性赔偿具有抑制"法定赔偿成为定损方式主角之冲动"的冷却功能,即适当考虑原告过错、因果证成的充分程度和制度的社会成本,重新审视原告诉求是否"适得其所"。具言之,象征性赔偿将部分事实上未达到法定

---

35 Megan E. Cambre, *A Single Symbolic Dollar: How Nominal Damages Can Keep Lawsuits Alive*, 52 Georgia Law Review 933(2018).

36 丹·B. 多布斯:《侵权法》(上册),马静、李昊、李妍等译,中国政法大学出版社2014年版,第12页。

37 王利明:《侵权责任法研究》(上卷),中国人民大学出版社2011年版,第110页。

38 宋健:《知识产权损害赔偿问题探讨——以实证分析为视角》,载《知识产权》2016年第5期。

39 朱玛:《知识产权法定赔偿制度的反思与完善》,载《科技管理研究》2016年第12期。

40 和育东:《知识产权侵权法定赔偿制度的异化与回归》,载《清华法学》2020年第2期。

41 张春艳:《我国知识产权法定赔偿制度之反思与完善》,载《法学杂志》2011年第5期。

赔偿最低限额的裁判从法定赔偿的习惯性适用中抽离——通过识别案件所具备的“未造成实际损害”“造成轻微损害”或“证据不足以证明实际损失”外观高效筛选出不适合适用法定赔偿的特殊案例,并以“象征性损害赔偿金”分担“知识产权损害赔偿难以精确计算”[42]的重担,最终实现象征性赔偿“检验双方当事人实得利益是否符合比例原则”的平衡功能。另外,若借用化学领域的相关概念,将实际判赔数额与实际损失的比例关系类比为溶质与溶剂的配比关系,补偿性赔偿(如法定赔偿)和惩罚性赔偿能够恰如其分地分别对应饱和状态和过饱和状态,象征性赔偿则是不饱和状态的法律译文。自然科学的研究经验表明,将象征性赔偿纳入既有损害赔偿框架亦能通过实验科学的递进式思维得到逻辑性检验。

三、象征性损害赔偿的适用情形

类型化研究始于马克思·韦伯的“理想类型”,该研究方法旨在通过理智的、经验技术的和逻辑的构架对各种经验事实进行因果性归属(causal imputation)。[43] 如前所述,司法适用中的知识产权象征性赔偿与其规范内涵存在较大出入,除从理论层面澄清概念及其正当性基础外,还需梳理出清晰且简便的行为模式为审判实践提供必要参考。“类型化”能够避免法官在浩如烟海的同类案件查找相似判例之劳形,既可促进案件裁判法律适用的统一,也可规范自由裁量权的运用。[44] 知识产权象征性损害赔偿制度构建的当务之急是根据“权利人存在过错”“侵权行为与损害结果之间的相当因果关系难以证成”以及“补偿性赔偿的社会成本过高”三项基本标准梳理出其得以适用的具体情形,进而加深对制度正当性的认知。

(一)权利人存在过错:以牟利为目的的恶意诉讼

目的与手段间应有适切的关系,侵越受保护的法益,不能逾于被认可的目

42 蒋舸:《知识产权法定赔偿向传统损害赔偿方式的回归》,载《法商研究》2019 年第 2 期。

43 马克思·韦伯:《社会科学方法》,朱红文等译,谢建奎校,中国人民大学出版社 1992 年版,第 40 页。

44 周光权:《类型化的思考方式对防止司法腐败具有保障性作用》,载微信公众号“法学学术前沿”2021 年 9 月 19 日,https://mp. weixin. qq. com/s/SPqhGHH94AMGbtfQRVRcFQ。

的所必要者。[45] 言下之意是,在比例原则的指引下,欲实现某个正当目的时,所采取的手段(尤其是可能侵害他人权利或法益的手段)必须受到严格的限制。即权利人维权应以实际受损的利益为限,不得将诉讼作为谋取过当或非正当利益的工具。在“eBay Inc. v. MercExchange,L. L. C.”[46]一案中,法院就意识到禁令可能被权利持有人当作“讨价还价的工具”,进而促成其向那些寻求专利实施许可的公司收取高昂费用。诉讼也具有类似的“威胁力”,这一点在恶意诉讼行为中表现得较为突出。恶意诉讼是指行为人明知缺乏实体权利或者无事实、法律根据和正当理由,仍企图以诉讼为手段达到损害对方当事人的利益及其他非法目的,滥用诉权提起的民事诉讼。[47] 在现实中,仅以牟利为目的的诉讼策略饱受负面评价。以专利非实施主体中的专利主张实体(Patent Assertion Entities)为例,专利主张实体本身没有能力或基础设施用于制造或销售产品或服务,也不与技术公司合作开发并将其专利产品或服务推向市场。在此情形中,由于不存在与技术相关的实际或潜在的、直接或间接的市场,专利主张实体就不会因侵权而遭受金钱损失——他们不会比没有发生侵权行为时更糟。侵权行为只对专利主张实体造成了“法律上的伤害”,而非实际伤害。[48] 换言之,恶意的知识产权诉讼主体对“以诉权牟利”“挟持力量”“议价优势”的关注程度远超“实际损失”本身,其权利滥用的表现包括但不限于:买断、囤积权利而不实施;未受实际损失而诉诸司法;以诉讼为谈判筹码逼迫交易对方在“承担超负荷的诉讼成本”和“支付勒索式许可费”之间抉择。恶意的知识产权诉讼主体尽管享有法律所认可的权利,但普通的补偿性赔偿无法对其不正当的诉讼目的进行客观、公正评价。同样地,此种情形中的侵权行为对“买而不用”商业模式的实践主体未造成实质性损失或仅限于法律意义上的损害,再适用补偿性赔偿亦无法与造成相当损害的、一般意义上的侵权行为相区别。根据比例原则,权利人的控制力应与该权利在真实市场交易中的贡献一致。当关系失衡时,法院就要介入其中。在以牟利为目的提起的恶意诉讼中,法院重置平衡的方法即判决侵权人进

45 卡尔·拉伦茨:《法学方法论》,陈爱娥译,商务印书馆2003年版,第282页。

46 eBay Inc. v. MercExchange,L. L. C. ,547 U. S. 388(2006).

47 奉晓政:《知识产权恶意诉讼的识别与规制》,载《广西民族大学学报》(哲学社会科学版)2016年第3期。

48 Daniel Harris Brean, *Ending Unreasonable Royalties: Why Normal Damages are Adequate to Compensate Patent Assertion Entities for Infringement*,39 Vermont Law Review 867(2015).

行象征性赔偿。这不仅未突破该制度的基本内涵,而且契合比例原则和公平竞争原则。从司法政策的角度来看,法院充分考量权利人商业维权运作模式的负面影响,立足公平价值、兼顾多方利益,也是有助于净化交易市场、肃整滥诉行为的有益之举。

(二)相当因果关系难以证成:知识产品存在无法量化的"非侵权的等同替代"

非侵权替代品(noninfringing alternative or noninfringing substitute)是一种替代技术或工艺,其功能与权利人产品部分相同,但不属于专利或诉讼中专利的权利要求范围。[49] 非侵权替代品是美国知识产权侵权损害赔偿判定中的关键要素,其司法适用可追溯至"Panduit Corp. v. Stahlin Bros. Fibre Works Inc."[50]一案。该案使用了潘迪特测试法(Panduit Test),即只有当每一项因素(潘迪特因素)均能得到证实,权利人才能获得"实际损失"赔偿。[51] 或言之,权利人只有证明了其损失与侵权产品的出现具有事实上和法律上的双重因果关系,法院才会考虑原告以实际损失为标准提出的赔偿诉求;相反,若消费者除了购买原告的产品或被告的侵权产品外,还有其他选择,如购买其他经营者的、具有相同功能的非侵权产品,权利人将因为相当因果关系被阻却而难以获得"实际损失"赔偿。这是因为,权利人市场销售数量的减少往往还与替代产品的出现、销售淡季、整个经济环境的变化等因素有关,[52]这些因素极大地干扰着损害发生及范围的因果关系判断,权利人的相关举证难以达到高度盖然性的要求。[53] 因此,在被告未经许可使用并销售专利产品的前提下,非侵权替代品的出现在一定程度上弱化了侵权行为与损害结果之间的因果关系,以至于原告市场份额的流失究竟在多大程度上可归因于被告的侵权行为未尝可知。出于对证明责任的考量,法

---

49 Nathaniel C. Love, *Nominal Reasonable Royalties for Patent Infringement*, 75 University of Chicago Law Review 1749(2008).

50 Panduit Corp. v. Stahlin Bros. Fibre Works, 575 F. 2d 1152, 732(1978). 美国第六巡回法院指出,为获得侵权人的销售利润作为损害赔偿,专利所有人必须证明:(1)对专利产品的需求;(2)没有可接受的非侵权替代品;(3)利用需求的制造和营销能力;(4)本可以获得的利润数额。

51 Kathleen M. Kedrowski, Jennifer L. Knabb, *An In-Depth Look at Historical Patent and Trademark Damages Trends*, 20 IPL NewsletterI 6(2002).

52 姚维红:《以专利财产价值减损作为侵权赔偿额计算依据的探讨——兼评〈专利法〉第65条》,载《政法论丛》2017年第2期。

53 胡晶晶:《论日本专利侵权"所失利益"的法律性质:"可推翻之推定"》,载《知识产权》2021年第3期。

院有必要对权利人的赔偿诉求做降格处理,即予以象征性损害赔偿。诚然,知识产品存在非侵权的等同替代不能与绝对适用象征性赔偿挂钩,只有在知识产权存在非侵权的等同替代,且权利人因非侵权等同替代品遭遇市场份额流失的具体数额无法计算的前提下,适用象征性赔偿才具有正当性。这一点也可以从美国司法实践对 Panduit 测试法的改进中看出——考虑到该方法将"侵害没有发生"的假设情形与"已经发生现实损害的实际世界"混为一谈,且仅能够适用于"相关产品市场中仅存在侵权人和专利所有人"这一极端情形,修改后的潘迪特标准允许专利权人在无法证明"没有可接受的非侵权替代品"要素时也能获得利润损失赔偿:证明要素"对专利产品的需求"要素、"利用需求的制造和营销能力"要素和"本可以获得的利润数额"要素,再从侵权人的销售额中按照"专利持有人的历史市场份额"比例分得利润。[54] 即只有当"权利人曾经占据的市场份额"无证据支撑时,象征性赔偿才有适用余地。

也正是因为非侵权替代品本身具有较高的竞争及社会价值,才会对权利人的市场份额产生较大影响。在某种程度上,非侵权替代品的价值要高于其所对应的知识产品。首先,非侵权替代品面临比一般知识产品更多的竞争阻碍。面对同质商品,消费者仍会对迥异的商标符号意涵产生不同的体验意义和情感价值,即使商品过剩也不会被消费者认定为"不可替代的商品"。即品牌差异化效果和商标的锁定功能重塑了消费者的认知,使消费者对某一品牌的商品产生了依赖性,同时降低了替代品的可选择范围和替代程度。[55] 非侵权替代品只有具备不同于权利人知识产品的优势,才能够在竞争环境中得以存活。其次,非侵权替代品符合一般经济规律,具有促进有效竞争的正外部性。"没有法律禁止边吃泡菜边吃冰激凌",法律极少管制合法的替代品的原因也在于其能够创造出"完全竞争市场"并激励权利人与价格接受者开展竞争。[56] "有竞争则有损害,有损害则须赔偿"的观念并不适用于正常的市场竞争。在权利人尚未适应竞争者具备较高私人生产效率的竞争初期,其市场份额会因为价格接受者销量的扩大而不可避免地缩减,这是经济规律导致的必然结果。最后,判予权利人

---

54 John C. Jarosz, Erin M. Page, *The Panduit Lost Profits Test after BIC Leisure v. Windsurfing*, 3 Federal Circuit Bar Journal 311(1993).

55 参见章凯业:《商标保护与市场竞争关系之反思与修正》,载《法学研究》2018年第6期。

56 罗伯特·考特、托马斯·尤伦:《法和经济学》(第六版),史晋川、董雪兵等译,格致出版社、上海三联书店、上海人民出版社2012年版,第25、173页。

象征性赔偿符合效率原则。一项技术对任何特定用户的经济价值是其对该用户的增量价值——其高于使用其他技术所能获得的价值。判决原告赔偿超出这一增量价值,将高估专利对技术水平的贡献,对静态和动态效率都可能产生负面影响。因此,相较更好的非侵权替代技术,专利技术的经济价值为零,法院应该对其侵权行为只判给(最多)名义上的赔偿。[57]

(三)相当因果关系难以证成:知识产权因素在侵权产品销售中的贡献度不明且明显较小

在知识产权侵权判定过程中,存在一个重要但时常被忽视的问题:权利人如何证明侵权人仅因复制或模仿知识产品而获利?促使消费者购买侵权产品的原因除去该产品复现了权利人的知识产权外还有哪些?如何在侵权所得中区分"因知识产权获益的部分"和"因知识产权以外的因素获益的部分"?讨论知识产权因素在侵权获利中的贡献度分摊问题旨在说明:如果吸引用户购买侵权产品的不仅仅是其中的知识产权,裁判者就应当将"侵权所得"在知识产权因素和非知识产权因素之间进行分摊,最终按照比例赔付权利人。或言之,被侵犯的知识产权在被控侵权产品中的地位如何?是占据了核心价值还是仅作为侵权产品的一小部分?这决定了权利持有人的损害是否具有金钱赔偿的可弥补性。[58] 以专利为例,分摊原则的目的在于,将利润或者损失在涉案专利技术与其他技术之间进行合理分配,正确评估该专利技术对专利产品的增量价值,把该专利技术以外的其他技术或者特征所带来的利润或者损失排除在赔偿范围之外,从而更精确地计算侵权损害赔偿数额。[59] 然而,技术方案的可拆分性为专利司法实践[60]运用分摊原则提供了事实基础;但对于著作类案件而言,分摊原则似乎难以运用,以至于这类裁判多将侵权所得与实际损失直接划等同,让权利

---

57 Thomas F. Cotter, *Standing, Nominal Damages, and Nominal Damages "Workarounds" in Intellectual Property Law after TransUnion*, 56 UC Davis Law Review 1085(2023).

58 杨涛:《知识产权法中的停止侵害救济制度》,载《法律科学》(西北政法大学学报)2017 年第 5 期。

59 朱理:《专利侵权损害赔偿计算分摊原则的经济分析》,载《现代法学》2017 年第 5 期。

60 参见最高人民法院民事判决书,(2020)知民终 589 号。法院指出:侵害发明、实用新型专利权的产品系另一产品的零部件的,人民法院应当根据该零部件本身的价值及其在实现成品利润中的作用等因素合理确定赔偿数额。无论选取产品整体还是专利所覆盖的最小可销售单元作为计算基础,在正确考虑利润率及专利技术方案对产品整体贡献率的情况下,最终计算得出的损害赔偿数额均属合理。

人收获了远超其应得的利益。例如,在于正等与琼瑶侵害著作权纠纷案[61]中,二审法院并没有严谨区分陈喆剧本及小说《梅花烙》中的独创性部分占全书内容的比例以及《宫锁连城》对《梅花烙》的抄袭比例。

对知识产权因素进行分摊的讨论可溯至美国最高法院的 Dobson 地毯外观设计侵权案。[62] 在这则限制损害赔偿金额并最终判决象征性赔偿的经典案例中,美国最高法院首先根据“若非”分析(“but for” test)计算 Dornan 销售侵权产品(附有外观设计专利图案的地毯)造成的损失;其次,在专利特征和侵权者的其他贡献之间分摊损失数额;最后,依照专利特征的相对贡献(某个百分比)判定损害赔偿金。考虑到二原告在第二个步骤中未能就外观设计专利(地毯上的装饰性图案)在单位售价中的贡献提供有效证明,美国最高法院认为原告只能获得象征性赔偿。作为该案的后续,美国最高法院在 Dobson 诉 Dornan 案[63]中重申:由于没有证据表明被告的价格中有多少应归功于该设计,只得撤销原判并发回巡回法院重审,并指示一审法院判予原告 6 美分的赔偿金。从政策角度来看,根据整个侵权产品——而非某一特定技术特征——来判定利润损失,是对专利权人未创造价值的补偿,阻碍了与其他技术一起运作或建立在其他技术基础上的创新(互补技术)。因此,应当重新调整利润损失理论(the lost profits doctrine),使其与其他专利补救措施保持一致。即专利权人只应根据他们所持专利的价值得到补偿。这意味着应将补救措施的重点放在侵权特征上,而非侵权产品上。[64] 因此,在侵权成立的前提下,若无法区分知识产权因素与非知识产权因素在促进侵权产品销售中各自的贡献程度,进而无法确定被告因侵犯知识产权产生的具体收益。权利人无法论证侵权行为与损失结果之间存在相当因果关系,就只能获得象征性赔偿救济。需说明的是,“贡献度不明”并不等同于“贡献度不大”。因此,针对“知识产权因素在侵权产品销售中的贡献度不明”的情形适用象征性赔偿还需设置附加条件,即“贡献度明显较小”,以实现

---

61 参见北京市高级人民法院民事判决书,(2015)民(知)终字第 1039 号。法院指出:本案不应适用侵权人的违法所得来计算损害赔偿,应适用酌定赔偿来确定赔偿数额,但本案中陈喆的初步举证可以证明侵权人的违法所得明显要高于 50 万元的法定赔偿。基于此,法院同时考虑到侵权人的主观过错、具体的侵权行为、侵权后果等因素,酌情确定赔偿 500 万元。

62 Dobson v. Hartford Carpet Co. ,114 U. S. 439(1885).

63 Dobson v. Dornan,118 U. S. 10(1886).

64 Bernard Chao, *Lost Profits in a Multicomponent World*, 59 Boston College Law Review 1321 (2018).

比例原则“平衡相互竞争的利益”[65]以及“使权衡过程合理化和权衡内容具体化”[66]的目标。否则,在“知识产权在侵权产品销售中的贡献度不明但权重较大”的情形下适用象征性赔偿将出现忽视权利人合理利益的不公平现象。

（四）补偿性赔偿的社会成本过高：价值低微的知识产品

从资源管理的角度来看,知识产权制度具有筛选优质社会资产的功能。知识产权法律体系为其客体确立了保护门槛,由此形成的遴选机制意味着只有对科技进步、社会发展具有增值意义的智力成果才能获得保护,其余只能流入公有领域供所有人免费使用。然而,门槛本身并不具有区分知识产品价值高低的功能。即使是被授予权利的智力成果也可能仅具极为有限的创新价值,例如,随手涂画的美术作品、被用于店铺宣传的产品图片、审美价值不高的外观设计、可以被轻易攻克的技术方案等。低价值知识产品之所以存在,是因为政府奖励、机构补贴、评选评优等资格的获取多以知识产品数量为评价指标。在这种特殊评选机制的激励下,相关主体逐渐形成“重数量,轻质量”的观念。权利人创造价值甚微的知识产品往往只需要付出极小的成本甚至是零成本,遭遇侵权后以实际损害、侵权所得或合理许可费中的任意一项作为损害赔偿标准,均能获得远超创新成本的“溢价”。如是,权利人尽管不具有通过诉讼牟利的故意,但是既有赔偿制度在客观上确实使部分权利人从诉讼中收获意外之财。另外,补偿性赔偿容易诱发权利人的“寻租”意愿,激励权利人继续将有限资源投入大批量重复或模仿低价值知识产品。例如,为震慑竞争对手或为混淆竞争对手的技术监控而申请不具有创新性的低价值专利本身就是一种资源浪费。[67] 从制度运行的社会成本来看,耗费过多的诉讼成本追求价值不高专利损害赔偿计算的精确性,对于当事人与法院而言都是不经济的做法。[68] 从财产的社会价值变动来看,在诉讼成本高于知识产品自身的价值时,该财产的社会价值将因为强制成本与其价值不成比例,趋于更小甚至是负值。[69] 象征性赔偿制度有望以较低

---

65 Sharon Bassan, *A Proportionality-Based Framework for Government Regulation of Digital Tracing Apps in Times of Emergency*, 126 PennState Law Review 361(2022).

66 参见郑晓剑:《比例原则在民法上的适用及展开》,载《中国法学》2016 年第 2 期。

67 参见张雁宇:《初探国有企业低价值专利的放弃流程》,载《技术与市场》2023 年第 11 期。

68 胡晶晶:《德国法中的专利侵权损害赔偿计算——以德国〈专利法〉第 139 条与德国〈民事诉讼法〉第 287 条为中心》,载《法律科学》(西北政法大学学报)2018 年第 4 期。

69 威廉·M. 兰德斯、理查德·A. 波斯纳:《知识产权法的经济结构》(中译本第二版),金海军译,北京大学出版社 2016 年版,第 17 页。

的社会成本解决低价值产品对社会资源无效占用的问题。对于价值基数极小的知识产品而言,侵权行为仅产生轻微甚至是不可观的损害,判以象征性赔偿不仅能够在确认权利的基础上警示权利人不得浪费社会有限资源进行低效率投资,而且有助于发挥极小赔偿数额特有的信息传递功能——通过市场以外的途径淘汰低价值产品。

(五)补偿性赔偿的社会成本过高:事实上被放弃的知识产权

在如今的知识产权环境中,存在一种"弃权空间"(waiver space)——创造性成果受法律保护,但权利人出于实际原因而未予以强制执行。这些原因包括经济上的限制条件、一种利他主义精神(spirit of altruism)或基于培育市场种子(seed the market)的企图。[70] 是否执行以及如何执行私人权利属于主体的自治范畴,任何主体不得无故干预。然而,权利人是否愿意行使权利的主观意愿往往很难被外界捕获,既有的权利外观也没有为权利人加设弃权的明示义务,这就导致了权利"名存实亡"的特殊现象。以商业秘密为例,一般认为商业秘密止于其秘密性、保密性或价值性的丧失。[71] 但是,这种传统观点有待勘正。商业秘密的寿命虽然是由"商业使用"决定的,但其失效是基于"独立经济价值"的法定要求。即商业秘密可能因为无法产生足够的经济价值而被提前放弃。此种弃权行为具有隐蔽性,表现为:(1)销售含有商业秘密的产品,获益后退出市场;(2)将含有商业秘密的产品从市场上撤出,以新版本取代;(3)开发了一项秘密,但根本不进入市场。[72] 权利人以"非公开的方式"[73]放弃知识产权表明其并不打算再从知识产品的使用中获得经济价值或竞争优势。那么,只是坐在权利之上而没有对其进行商业化,没有从作为独家供应商的地位中获得利益,权利人的地位就不会与"没有遭遇侵权时"有任何不同——他们无法证明侵权行为造成了任何金钱上的损失。此时,侵权行为没有给未实施知识产权的权利人带

70 罗伯特·P. 莫杰思:《知识产权正当性解释》,金海军等译,商务印书馆2019年版,第171、289页。

71 《反不正当竞争法》(2019年修正)第9条第4款:"本法所称的商业秘密,是指不为公众所知悉、具有商业价值并经权利人采取相应保密措施的技术信息、经营信息等商业信息。""三性"即秘密性、价值性和保密性。

72 Camilla A. Hrdy, Mark A. Lemley, *Abandoning Trade Secrets*, 73 Stanford Law Review 1(2021).

73 若权利人明确其放弃权利的意图,根据知识产权的一般理论,知识产品将成为供所有人自由使用的公有内容,不存在侵权以及在此基础上的赔偿问题。

来可补偿的损害，名义上的损害赔偿是合理的。[74] 因此，若权利人弃权后又诉诸法院，被诉侵权人能够证明“权利只停留于纸面之上”，如权利人在合理期限内未实施知识产权、诉争知识产品已经退出市场或从未进入市场等事实，法院为维护诚信原则以及竞争者的合理期待应予以象征性赔偿。

将侵犯事实上被放弃的知识产权纳入象征性赔偿的管控范围，还能激励产权进行更有效率的重新分配。知识产权制度从建立之初就根植于知识商品化的基础之上，其财产利益与社会价值的实现并非表现为权利人对知识产品的支配，而是表现为个人创造——他人创造——社会利用的过程。[75] 只有置于运用场景中的知识产权才可谈及合作与竞争。换言之，强制执行事实上被放弃的知识产权是低效率且不符合比例原则的。若隐藏的或者休眠的财产权在法律上得到彻底实施，那么它所赋予的经济力量将远超其内在价值。[76] 权利人占有却不传播知识信息，导致社会为维持权利存在的成本无法转化为收益（公众福祉）。象征性赔偿具有与逆权占有类似的功能，有望纠正“弃权无须公示”导致的资源浪费现象。民法之所以认可“逆权占有”，是因为其在特殊情况下具有经济优势：逆权占有通过“生产能力高的使用者从生产能力低的使用者处获得所有权”的规则阻止了有价值的资源被长期闲散留置。这要求忽视管理自己财产边界的人承担丢失财产闲置部分给闲置财产使用者的风险。由此，该规则倾向于将财产从闲置使用转向生产性使用。[77] 象征性赔偿通过判赔极小数额赔偿金的方式向社会释放其支持财产转移到评价更高者一方的信号：对权利人而言，象征性赔偿是对其“放弃又反悔”投机行为的责难与警戒，督促其将占有产生的社会成本内部化；对侵权人而言，象征性赔偿不会使其承担过重的责任和负面影响，也不会偃息其在知识流动和竞争中继续创新的热情。

四、结　语

近年来，保护始终是知识产权领域的热词。然而，过度保护不仅在权利保

74　Oskar Liivak, *When Normal is Reasonable: Damages for the Unpracticed Patent*, 56 Boston College Law Review 1031 (2015).

75　吴汉东：《知识产权总论》（第四版），中国人民大学出版社 2020 年版，第 62 页。

76　罗伯特·P. 莫杰思：《知识产权正当性解释》，金海军等译，商务印书馆 2019 年版，第 318 页。

77　罗伯特·考特、托马斯·尤伦：《法和经济学》（第六版），史晋川、董雪兵等译，格致出版社、上海三联书店、上海人民出版社 2012 年版，第 142～143 页。

护与权利限制不匹配的情况下时有发生，在赔偿责任的具体承担方式上亦有所体现。法律保护的天平往往是相对平衡的：既不把受害人当作需要特殊照顾的对象，也不把侵权人当作需要特殊照顾的对象；受害人的损害将得到补偿，侵权人也不因为一个侵权行为而承担过重的责任。[78] 作为知识产权领域的重要制度构成，侵权损害赔偿显然需要在“充分保护和鼓励竞争”的恒久议题中找到精准定位。尽管发轫于域外，象征性损害赔偿的中国化适用不仅具有理论和司法两个层面的重要价值，而且有望缓解、弥补法定赔偿的制度压力与不足，进而为新质生产力在知识产权领域的迸发保驾护航。无论是以牟利为目的的恶意诉讼行为，还是存在非侵权的等同替代品、知识产权因素在侵权销售中权重不明，抑或价值甚微、事实上被放弃的知识产权，均面临“侵权成立，无实质性损害或仅有轻微损害”或“侵权成立，相当因果关系不够充分”时应当如何裁判的司法难题。象征性损害赔偿不仅为此提供了新方案，亦是以创新型知识产权基础制度推进中国法治现代化的新尝试：以“赔偿”之名确认原告的合法权利不可侵犯，由被告自行承担法律和社会对其行为的否定性评价；以“象征”之名警示原告在行为上的过错性或举证不足的风险，委婉劝诫其行使权利的合理性以及注意证据的充分性。

78 张新宝：《侵权责任法立法：功能定位、利益平衡与制度构建》，载《中国人民大学学报》2009年第3期。

纠纷实质化解目标下连带债务份额的程序方案

陈俊达 *

【内容提要】 连带债务案件中是否处理以及如何处理债务份额的问题,在实践中长期存在分歧。合理的程序方案应在处分原则与纠纷实质化解的目标之间取得平衡,即部分债务人对其他债务人追加提起债务份额确认之诉。份额确认判项应区别于外部求偿请求判项单独列出,在引起迟延时还可据情况驳回或借助先行判决实现分案,并允许单独上诉以及单独计算生效时间,以此保障债权人利益。债务确认判项仅发生积极既判力而不发生消极既判力及执行力,但可通过实为督促程序的简捷路径,获得作为执行名义的追偿裁定。

【关键词】 连带债务 债务份额 共同诉讼 交叉诉讼 追偿权

一、问题的提出

在连带债务关系中,存在债权人与各个债务人之间的外部关系与各个债务人相互之间的内部关系。在债权人基于外部关系诉请各连带债务人的诉讼中,是否应当或可以一并处理债务人之间份额确定的问题,长期未能得到程序法研究的足够重视。作为《民法典》关于连带债务份额之规定(第 117 条、第 519 条第 1 款)的前身,原《侵权责任法》第 14 条第 1 款[1]在立法过程中,曾将三审稿中原有的“承担连带责任后”表述删去。立法者认为,在被侵权人起诉求偿的诉

---

* 陈俊达——北京大学法学院与京都大学法学研究科联合培养博士研究生;主要研究领域:民事诉讼法、强制执行法、司法制度。本文为国家社会科学基金“诉之类型的体系化研究”(项目号:20BFX085)、国家留学基金管理委员会“国家建设高水平大学公派研究生项目”(202406010268)的研究成果。

1 《侵权责任法》(已失效)第 14 条第 1 款规定:“连带责任人根据各自责任大小确定相应的赔偿数额;难以确定责任大小的,平均承担赔偿责任。”

讼中,即使在外部关系上责任尚未实际承担,连带责任人此时请求法院明确责任份额的,人民法院应当一并判决。[2]

对此问题,实体法学界虽有过探讨,[3]但因缺乏程序视角而有失粗略。同时,程序法学又将更多的关注投入到债权人起诉各连带债务人时的共同诉讼类型问题上,而将连带债务份额视为一个"枝节"问题,通常仅在论述中附带性地涉及。其中更强调处分原则等诉讼法基本原理的观点,通常将连带债务案件界定为普通共同诉讼,由此"附带"地对一并审理债务份额提出批判,认为如此会损害原告权利的实现。[4] 另一部分更强调纠纷实质化解的观点,通常更重视连带债务内外关系的牵连性而主张适用必要共同诉讼,并"附带"地指出一并审理债务份额的做法是值得认真对待的"实务做法",应对之报以积极或至少是中性的态度。[5] 这些研究虽然观点各异,却共同彰显了连带债务份额程序问题研究的必要性:一方面,这些文献实际上都认可,连带债务诉讼中是否以及如何确认债务份额,的确构成一个诉讼法上的"真问题";另一方面,上述研究对于连带债务份额程序规则的讨论都是附带性的,未能给出足够详尽的理论阐释。因此,本文即以这一真实存在,却尚未得到详细阐释的连带债务份额的程序问题为主题展开研究。

二、连带债务份额的裁判分歧

(一)裁判方式的实践分歧

诉讼中应当如何处理连带债务纠纷中的份额划分的问题,在现行立法中没

---

2 全国人大常委会法制工作委员会民法室编:《〈中华人民共和国侵权责任法〉条文说明、立法理由及相关规定》,北京大学出版社2010年版,第51~52页。

3 参见杨立新:《侵权法论》(第三版),人民法院出版社2005年版,第618~619页;张新宝:《侵权责任法原理》,中国人民大学出版社2005年版,第84~85页;王竹:《侵权责任法疑难问题专题研究》(第三版),中国人民大学出版社2023年版,第253页。

4 此类观点坚持"连带责任纠纷的一次性解决应坚持以外部关系为限",参见任重:《民事纠纷一次性解决的限度》,载《政法论坛》2021年第3期;袁琳:《实体与程序双重视角下的连带债务涉他效力》,载《交大法学》2022年第3期。

5 参见王亚新:《"主体/客体"相互视角下的共同诉讼》,载《当代法学》2015年第1期;罗恬漩:《数人侵权的共同诉讼问题研究》,载《中外法学》2017年第5期;卢佩:《多数人侵权纠纷之共同诉讼类型研究:兼论诉讼标的之"案件事实"范围的确定》,载《中外法学》2017年第5期;彭熙海:《论连带责任案件的诉讼形式》,载《法学评论》2012年第3期。

有任何明确规定,而司法实践中不同法院的操作存在差异甚至对立。把握并正视此种“司法不统一”的具体现象,理论研究才可能接近“真问题”。

1. 一并判决连带债务份额的情形

梳理连带债务纠纷的实务案例,最显性的分类标准即在主文中是否一并判决连带债务人之间的债务份额。其中,判明份额的情形属于少数,而不判明份额的情形更为常见(这可能与一些论者对于实践的印象相反)。在判明债务份额的判决书中,又主要存在两种叙述方式。其中一种是先分别判决各被告终局份额所对应的支付数额,再载明各被告相互承担连带责任;[6]另一种是先判决各被告须连带支付总额,再载明各自应承担的终局份额。[7] 这种主文撰写方法的差异,既反映对连带债务关系实体性质的认识差异,也可能影响后续执行机关的具体执行顺序。

此外,法院在判决主文中判明连带债务份额,还可具体分为未经当事人请求直接予以划分的,和依据共同被告中一人或数人的请求才予以划分的。前述两个一并确认份额的案例中,在判决书中都未体现被告曾请求划分份额。而与此相对,也存在被告提出划分份额的请求后,法院才对内部份额予以认定的案例。在一则案例中,一审判决未对各连带债务人的份额作出划分[8],而其中部分被告上诉后,二审法院在判决书“本院认为”部分写到“(上诉人)提出各连带责任人应当划分比例的请求,符合法律规定,应予支持”,并在终审判决主文部分明确了被告各方的连带债务份额。[9] 从这一差异可以隐约感受到,对于连带债务纠纷中债务份额事项在诉讼法上的性质,不同法院存在不同的认识。因此,

6 例如,一份道路交通损害案件的终审判决主文如此撰写:“……三、安徽省池州杰达汽车运输股份有限公司于本判决发生法律效力之日起十日内支付李某亮、李某、臧某松、陆某英精神损害抚慰金42,500元;四、池瑛于本判决发生法律效力之日起十日内支付李某亮、李某、臧某松、陆某英精神损害抚慰金7500元;”“五、杰达公司与池瑛对上述判决主文第三、四项的赔偿义务互负连带责任”。参见江苏省高级人民法院民事判决书,(2012)苏民再提字第0116号。

7 例如,一份提供劳务者受害责任纠纷案件的终审判决主文表述为:“李某友的各项经济损失合计197,669元,由保某平、李某莲连带赔偿168,019元。其中,保某平的连带责任份额为139,456元”,“李某莲的连带责任份额为28,563元”。参见楚雄彝族自治州中级人民法院民事判决书,(2018)云23民终57号。

8 参见安福县人民法院民事判决书,(2018)赣0829民初608号。

9 参见江西省吉安市中级人民法院民事判决书,(2018)赣08民终2450号。份额确认请求如仅发生在一审中,极有可能被判决书内容所忽略。但由于此案份额划分问题成为上诉请求的一部分,被告的划分请求得以在裁判文书中“显性化”。然而,此时份额确认请求在二审中才予审理,是否有损审级利益,亦值得检讨。

理论上需要澄清债务份额确认是否属于独立的诉讼标的,从而是否适用处分原则的问题。

2. 未予判决连带债务份额的情形

目前,在连带债务诉讼的判决中不处理各债务人的责任份额,是司法实践的主流。其中有少部分法律文书陈述了法院对份额问题不予判决的理由,较有价值。在一件指导性案例中,二审法院基于被告并未申请法院对连带债务份额进行确认,进而认为基于处分原则,法院不予明确的做法是合法的,[10]这似乎可以反推出该法院认为若被告在诉讼提出了确认份额的申请,法院可以或应当进行确认。但是,在其他一些案例中,当事人以终审判决不予区分连带责任份额属于法律适用错误为由申请再审,而受申请法院认为终审判决适用法律并无不当而驳回了其再审申请,[11]即认为法院对连带债务份额不予确认的做法是合法的。

此外,还存在以下这种更为复杂的情形:法院实际上查明了多个连带债务人之间的份额,亦将关于份额的判断记载在判决理由部分,但并未在主文中明确载明。这种做法常见于连带保证的情形。[12] 例如,在一个民间借贷纠纷中,法院在判决主文中,先判令三名自然人作为主债务人的自然人向原告支付本息若干,再判令连带责任保证人某公司对上述判项“负连带责任”。[13] 在判决的理由中,法院已经明确某公司所承担的是“保证责任”,这意味着在连带债务关系中,三自然人(姑且先将三人看作一整体)与该公司之间的连带债务份额比例应该是“1∶0”,可以认为理由部分已对份额进行了明确。但是,在主文部分,该判决书仍采用前文已提及的“被告 A 向原告支付×××元;被告 B 对被告 A 的前项

---

10 参见最高人民法院指导案例 176 号[湖南省高级人民法院民事判决书,(2020)湘民终 1862 号]:湖南省益阳市人民检察院诉夏某安等 15 人生态破坏民事公益诉讼案。二审法院在审理其中一名连带被告的上诉请求时指出:“各连带责任人之间份额一审判决没有明确,而上诉人上诉亦没有主张明确,这是当事人对自己诉讼权利的处分,本院可不对此进行评判。”

11 参见河南省高级人民法院民事裁定书,(2020)豫民申 1788 号。

12 连带保证本质上也构成连带债务的一种情形,因此本文也将其纳入讨论。从债权人的角度看,当债务到期时,可以单独或一并请求主债务人与保证人(也是保证关系的债务人)履行债务(《民法典》第 688 条第 2 款),符合《民法典》对多数人债务作“按份”与“连带”二分的体系下“连带债务”的定义。只是,在主债务人与保证人之间的内部关系(也是一种连带债务人内部关系)上,仅由主债务人一人承担终局责任,但这在本质上也可以视作债务份额比例为“1∶0”的一种情况。

13 参见浙江省台州市黄岩区人民法院民事判决书,(2009)台黄商初字第 2668 号;该案二审维持了原判,参见浙江省台州市中级人民法院民事判决书,(2010)浙台商终字第 213 号。

债务承担连带支付责任”的判法。这种判决方式无法体现多个连带债务人之间究竟是都需要承担一定连带债务份额的情形,还是既有终局债务人又有非终局债务人(份额为1∶0)的情形。这等于并未在主文中对连带债务份额做出判断。这一情形即构成对连带债务份额“审而未判”的情形。

(二)实践分歧的成因检视

连带债务份额问题裁判方式的实务分歧如此之大,既存在诉讼法学知识转型与解释论争议方面的因素,更有实践中各方利益分歧的根源。首先,从理论根源上看,我国民事诉讼法学的诉讼标的理论从本土长期固有的描述性的“法律关系说”转变为借鉴比较法形成的功能性的“请求说”,这是导致实务观点游移的一大因素。我国的诉讼标的学说逐渐演变为一个精细的“功能性概念”,[14]从旧有的宽泛的“争议法律关系说”逐渐转向范围较窄的“请求说”(实体法说和诉讼法说都可归入“请求说”),总体的趋势是视角由客观向主观的转化(主观化)以及范围由大至小的变化(小型化)。[15] 既然诉讼标的由原告的请求决定,则多个连带债务人(共同被告)之间的内部关系即债务份额问题本就与原告无关,因此被“挤出”诉讼标的的涵盖范围。同时,诉讼标的“请求说”虽日益成为主流,[16]但是过去的“法律关系说”在司法实践[17]和法律资格考试[18]中依然具有顽强的生命力。如此一来,诉讼标的的新旧两套理论,“异质共存”于法律共同体的知识结构当中,造成实务中总能找到支持特定结论的理论依据。

其次,在连带债务诉讼中,就债务份额的划分问题是否一并审理以及判决,不同的诉讼主体基于各自的利益考量而通常持有不同态度。其一,作为原告的债权人希望尽快获得具有强制执行力的胜诉判决从而获得清偿,只要有了这份

14　参见赵秀举:《论请求权竞合理论与诉讼标的理论的冲突与协调》,载《交大法学》2018 年第 1 期。

15　参见袁中华:《法律关系范式之反思——以民事诉讼法为中心》,载《法学研究》2024 年第 1 期;苏伟康:《诉讼标的的法律关系说及其修正》,载《华东政法大学学报》2023 年第 4 期。

16　参见刘家兴、潘剑锋主编:《民事诉讼法学教程》(第五版),北京大学出版社 2018 年版,第 25 ~ 26 页;江伟主编,傅郁林副主编:《民事诉讼法学》(第三版),北京大学出版社 2015 年版,第 25 ~ 28 页;张卫平:《民事诉讼法》(第六版),法律出版社 2023 年版,第 215 ~ 218 页。

17　《民诉法解释》第 247 条即明证,“诉讼标的”与“诉讼请求”的并立,意味着实务界对“诉讼标的”的理解仍停留在法律关系的层面而未倾向于理解为主观化的“请求”,这才需要另设一个“诉讼请求”的标准保证重复起诉的范围不会过大。

18　参见国家统一法律职业资格考试辅导用书编辑委员会组编,潘剑锋主编:《2022 年国家统一法律职业资格考试辅导用书:民事诉讼法与仲裁制度》,法律出版社 2022 年版,第 14 页。

判决便可以请求法院对连带债务人中任何一人或部分人执行债务的全额。而债务份额问题仅仅是各债务人之间的事情,不但与原告自己无关,而且对份额争议的审理还有可能引起诉讼程序的迟延从而耽搁自己尽快获得胜诉判决。其二,作为共同被告的连带债务人则希望尽可能划分出债务份额,以此在各债务人都有清偿能力时,尽可能防止(虽无法完全避免)超额履行或被超额执行。其三,相较当事人双方,法院的态度则比较复杂:一方面,下级法院追求尽快结案,并且现行考核体制下是否一并审判份额划分问题并不影响法官工作量的计算,故法院在这一意义上不存在审查份额的积极动力。另一方面,对各连带债务人内部份额进行划分有助于安抚可能面临超额清偿的各被告的情绪,有利于促进被告的"息讼服判"。更重要的是,最高审判机关近年来提倡"一次性解决纠纷"的司法政策,[19]对查明债务份额从而一并明确连带债务的内外关系又持鼓励态度。

正是由于法院和各方当事人基于各自利益考量而存在不同的态度,而立法或司法解释等对于程序路径又缺乏规范指引,因此司法实践在是否审理和判决连带债务份额的问题上存在严重的不统一现象。鉴于此,程序法学应当构建一套贯通诉、审、判、执的程序路径,并在遵循处分原则等民事诉讼基本原理的前提下,也尽可能尊重纠纷一次性解决等司法政策导向。

三、连带债务份额的诉审结构

(一)处分原则下追加份额确认请求

处分原则是民事诉讼的核心原则之一,要求法院对当事人未提出的请求不得依职权审理及判决,是在请求层面上对法院与当事人程序权限的划分。在诉讼标的"请求说"的理论下,原告将诉讼标的确定为外部关系下的债权请求权,债务人之间的内部份额划分问题不可能被囊括在诉讼标的当中。但是,内部关系与外部关系毕竟是在同一个连带债务关系下,内外部关系的基础性事实以及证据都具有一些牵连性和共通性;并且,若彻底不允许债务人确认份额的要求,反而会导致份额不确定时只得通过后诉解决,诉讼经济问题仍不宜忽视。基于

19　参见黄海龙、潘玮璘:《"尽可能一次性解决纠纷"理念的基本内涵与实践要求》,载《中国应用法学》2022年第5期。

此,在采纳诉讼标的"请求说"且坚持处分原则的前提下,可以考虑同样尊重被告对于请求的处分权,追加提起一个对债务份额的确认之诉。即连带债务内外部关系的一并处理,以被告提出确认份额的新请求为前提,由此遵循处分原则要求。当然,对处分原则的遵守也不排斥法官向被告行使释明权,尤其是在份额认定并不复杂时,法院完全可以提示被告有权提出确认份额的请求,亦可在被告态度模糊时要求其明示是否有追加新请求的意愿,只是最终法院仍应受被告处分权的拘束。[20] 这种方案虽然仍注重在一次诉讼中实质化解纠纷,却将其严格区别于过去宽泛理解诉讼标的的"法律关系说",避免了对债务份额问题强制性一并审理从而违反处分原则的做法。[21]

(二)被告无法提起追偿给付请求

确认之诉具有补充性,[22]被告倘若可能就份额直接提起给付请求,对于纠纷解决而言当然更有效率。但是,在与外部求偿之诉进行合并的情形下,提出给付请求的基础并不存在。被告首先不可能提起现在给付之诉,因为连带债务人中的一人或部分人对其他连带债权人享有追偿权的前提是"实际承担债务超过自己份额"(《民法典》第519条第2款),但此时,外部求偿关系都尚在诉讼系属中,并没有任何债务人已经"实际承担"了债务,所以此时追偿权这一实体请求权并未现实地存在,也就没有提起现在给付之诉的请求权基础。[23]

被告提出追偿请求,还可能考虑提出将来给付请求。但是,在"超额承担"要件未能满足的情况下,提起将来给付之诉的条件亦无法满足。相较于现在给付之诉原则上都具有诉的利益,将来给付之诉在原则上并不具有诉的利益,而需具有特别的事由以证成将来给付判决的必要性。评价将来给付之诉是否具

---

20 提示被告提出份额确认的新请求,属于积极释明,虽期待法院作出,但并非法院的义务。关于释明,可进一步参见严仁群:《释明的理论逻辑》,载《法学研究》2012年第4期;熊跃敏:《民事诉讼中法院释明的实证分析——以释明范围为中心的考察》,载《中国法学》2010年第5期;任重:《我国民事诉讼释明边界问题研究》,载《中国法学》2018年第6期。

21 对后者这种观点的批判,参见任重:《民事纠纷一次性解决的限度》,载《政法论坛》2021年第3期。

22 参见刘哲玮:《确认之诉的限缩及其路径》,载《法学研究》2018年第1期。

23 相同观点,参见任重:《民事纠纷一次性解决的限度》,载《政法论坛》2021年第3期。但仅排除了追偿权给付请求的可能性,未探讨被告提出份额确认请求的可能性。

有诉的利益时,主要存在"高盖然性"与"强必要性"这两方面的考量因素。[24]

其一,"高盖然性"即请求权的具体给付内容需要具有确定性。给付请求权的现实化需要以将来发生的特定事由为前提,而这种前提事由的变化存在流动性,此时做出给付判决则需要面对事实预测的困难性。所以,适合于将来给付之诉发挥功能的领域,主要是附生效条件或期限的债权,且需要排除条件成就的盖然性显著较低的情形。然而,追偿请求权的前提"实际超额承担"的事实,是追偿请求权的构成要件而非生效条件,其在将来是否发生具有巨大的不确定性,无法满足高盖然性的要求。

其二,"强必要性"则是指在当下时点提前做出给付判决具有特别强烈的必要。这一因素通常又可以类型化为三种情形:[25]一是给付义务的性质决定了请求权现实化之时必须立即履行的情形。二是债务人当下对其义务的存在及其内容存在争议,以至于原告显然无法期待其届时按期履行的情形。三是债务人若对于现在的给付请求已经不履行,则基于这一不履行所派生的请求权是将来给付请求权时,债权人要求一并对两个请求权进行审判的情形。对于追偿请求权而言,当尚未满足"实际超额承担"时,亦不具有如以上情形一样的获得将来给付判决的必要性。可见,此时共通被告之间也无法以将来给付请求的形式直接提起追偿请求。

(三)债务份额确认请求的合法性

作为被告的连带债务人无法提起基于追偿权的给付请求,故仅能考虑就债务份额本身提出确认请求。但是,确认之诉的合法性问题亦须论证。相较于给付之诉与形成之诉必须以实体法上的请求权或形成诉权为诉讼标的,当事人可能要求确认法律关系、实体权利、事实构成要件甚至单纯生活事实等极为宽泛

24 将来给付之诉的利益要件具有抽象性,更依赖个案判断而难以"要件化",仅能在"类型化"的路径下分析出若干重要"因素"作为个案衡量时的指引。日本学者三木浩一对将来给付之诉的利益问题分析较为体系化,将其分为"盖然性"与"必要性"两大因素,本文作为主要参考。三木浩一 = 笠井正俊 = 垣内秀介 = 菱田雄郷『民事訴訟法(第 4 版)』(有斐閣,2018 年)364 ~ 365 頁参照;三木浩一「将来給付の訴えの利益」慶應法学 28 号(2014 年)参照。国内的探讨,参见周翠:《民事诉讼中诉的利益:判例与学说》,载《人民司法》2022 年第 16 期;隋璐明:《将来给付之诉的理据研究——胎儿生活费请求权之诉的另一种实现路径》,载《交大法学》2019 年第 1 期。

25 秋山幹男「将来給付の訴え」伊藤眞 = 山本和彦編『民事訴訟法の争点』106 頁参照。

的范围,确认对象从理论上讲是无限的。[26] 但是,司法资源的有限性决定了仅有通过确认判决来解决纠纷的有效性和必要性的那一部分才适合作为确认诉讼标的。因此,诉讼法上通过诉的利益这一诉讼要件来限缩确认之诉的合法性范围。

从积极方面来看,债务份额确认之诉之所以具有诉的利益,其核心基础在于债务份额的裁量性,这使以确认判决来解决份额是有效且必要的。具体而言,《民法典》第 517 条第 2 款都规定“份额难以确定的,视为份额相同”,这意味着份额问题并非纯粹的事实认定问题,而是允许在事实不明或未能清晰到可以“恰到好处”地划分出债务份额的具体值时,直接以司法裁量划分。法官不仅可以在完全无法确定份额划分的基础事实时径行平均分配份额,也可以在例如“二八分”与“四六分”的范围内都属合理时决断性地按“三七分”的方式确定份额。[27] 即当法院以确认判决来决定份额之前,连带债务人之间的终局份额本身具有模糊性,可见法官行使法定裁量权对债务份额作出的确认判决是具有“形成”性质的。这一带有“形成”性质的确认判决可以消除连带债务人之间权利的“不安状态”。以此带来的纠纷解决实效是:其一,各债务人愿意自动履行时,能够有确定的终局份额为依据。其二,若需强制执行,执行机关能够在决定具体如何执行各债务人财产时得到重要参照,在不损害债权人利益的前提下尽量避免滋生后续的追偿纠纷。例如,在各债务人财产都充足且便于执行时(如都有足够多的存款),虽然只划扣其中一个债务人的财产也能保证债权实现,但只要不至于造成迟延,也可以尽量按确定的债务份额分别执行各债务人财产。其三,即使无法避免后续的追偿问题,债务份额判项的存在也等于提前解决了追偿纠纷最核心的争点,并通过既判力等机制提高后续追偿纠纷的权利实现效率。

从消极方面看,为保证纠纷解决的适当性与实效性,债务份额确认之诉的具体范围也应在主客体两方面受到限缩。首先,请求确认份额的债务人应一并对其余全体债务人起诉,并且确认对象应该是各自终局份额所对应的绝对数额。如前所述,由于份额确认问题的裁量性,份额确认判决具有某种意义上的“形成”性质。由此,连带份额由模糊抽象变为具体清晰的“形成”过程,须在全

26　对实践中确认对象泛化现象的考察和批判,可参见刘哲玮:《确认之诉的限缩及其路径》,载《法学研究》2018 年第 1 期。

27　已有实体法学者正确地指出,这仍是“份额不确定时平均分担”规则的变形,参见王竹:《侵权责任法疑难问题专题研究》(第三版),中国人民大学出版社 2023 年版,第 259～260 页。

体连带债务人之间共同发生,对于纠纷解决才有足够的实效。否则,若仅在部分债务人之间确认各自份额,则因为部分债权人的份额未得到确认,先清偿的债权人必然通过再次提起追偿之诉的方式在后诉中重新完整地确定债权份额。其次,确认的对象应当尽可能是各债权人应承担终局份额的具体数额,而非抽象的"比例",这也是因为只有确认各自终局份额所对应的具体数额才能保障纠纷解决的实效。只有在全体债务人之间将各自份额对应的绝对数额具体地确定,这一确认判决的效力才能够在各债务人愿意自动履行时有明确的最终份额作为依据,在强制执行时成为执行机关的重要参考,在确需再启动行使追偿权的程序时无须再次审理份额这一核心争点。此种限缩是一种基于利益衡量的决断:虽然在部分债务人之间确定份额或者仅确定份额比例而不确定具体数额,也能够在一定程度上实现债务人之间权利的"安定化";但是,由于这种确定程度还悬停在过于"中间性"的状态,实现纠纷实质化解、避免衍生纠纷的效果较差,其收益不足以弥补在前诉中新增的复杂性,因而应当排除对这类"中间性"的确认请求。最后,在对确认对象进行以上两方面限制的前提下,不难得出的推论是,仅当债权人提起的本诉以全体债务人为共同被告时,共同被告中的一人或部分人才能够通过追加合并合法地提起份额确认请求。因为如果债权人仅对部分债务人提起求偿之诉,那么共同被告并未包含全体连带债务人,此时连带债务人一人若要对其余全部连带债务人提起确认请求,就会超越本诉当事人的范围。由此产生的复杂诉讼形态,会导致引入本诉之外的新的当事人,这超越了下文将要探讨的交叉诉讼容许性所能证成的限度。

(四)交叉诉讼合并形态的正当性

允许作为共同被告的连带债务人对其余连带债务人提起的份额确认之诉,与权利人依据外部关系的求偿之诉进行追加合并,将会构成一种"交叉诉讼"的合并形态,类似于美国法上的交叉请求(crossclaim)。[28] 但是,交叉诉讼在大陆法系民事诉讼法上通常并无明文规定,[29]故有必要就我国法上交叉诉讼容许性

28　See Kevin M. Clermont, *Principles of Civil Procedure*, St. Paul: West Academic Publishing, 2012, pp. 430－431. 国内的研究,参见陈杭平:《"纠纷事件":美国民事诉讼标的理论探析》,载《法学论坛》2017年第6期;刘学在:《美国民事诉讼中的反诉、交叉诉讼与引入诉讼介评》,载《华东政法学院学报》2003年第6期。

29　值得注意的是,德国在司法实践中发展出"第三人反诉",允许部分债权人向其他债权人提出新请求,参见卜元石:《中国法学对外交流与研究中的概念对接——以多数人之债实体与程序的中德比较研究为例》,载《法学研究》2024年第3期。

及正当性问题进行探讨。

一方面,交叉诉讼合并形态在现行法上具有正当性。首先,从规范上看,交叉诉讼的容许性在我国现行法下是受承认的,从以下几项具体规定即可看出。其一,《最高人民法院关于适用〈中华人民共和国民事诉讼法〉的解释》(以下简称《民诉法解释》)第317条规第2项规定"上诉仅对共同诉讼人之间权利义务分担有意见,不涉及对方当事人利益的,未上诉的同一方当事人为被上诉人,对方当事人依原审诉讼地位列明",这意味着在一审中"共同诉讼人之间权利义务分担"已经可以纳入审理范围。其二,《民诉法解释》第233条第1款"反诉的当事人应当限于本诉的当事人的范围"的文义,并未将反诉被告限制为本诉原告,故将交叉诉讼理解为广义上反诉的一种并无不可。其三,《民诉法解释》第221条规定的"基于同一事实发生的纠纷,当事人分别向同一人民法院起诉的,人民法院可以合并审理",也支持将交叉诉讼理解为一种诉的合并。

其次,从立法者原意来看,立法资料中也能找到支持就该问题提起交叉请求的根据。原《侵权责任法》(已失效)第14条第1款是现行《民法典》第178条第2款第1句关于责任份额规定的前身。根据全国人大法工委编写的法律解读,《侵权责任法》第14条第1款在三审稿中曾规定为"承担连带责任后,连带责任人根据各自责任大小确定相应的赔偿数额;难以确定的,平均承担赔偿责任。"但后来正式通过时删除了"承担连带责任后"的限制。理由是,"在被侵权人起诉后,连带责任人也请求人民法院明确各自份额,那么人民法院在判决连带责任人对被侵权人承担连带责任外,可以根据各连带责任人过错程度一并判决其承担责任的份额",从而达到"简化程序,减少诉讼成本,提高效率的目的","以便人民法院能够根据实际情况,灵活处理有关纠纷"。[30] 可见,立法者本就有意识地期待法院能够在外部求偿关系的诉讼中,对连带债务份额一并加以确认。因此,立法者至少在连带债务纠纷中,对于交叉诉讼合法性持支持立场。

最后,从司法政策上看,虽然过去一段时期内,各级法院在实践中对于一并审理债务份额并不积极,但最高人民法院在纠纷一次性解决的政策目标下,已

30　全国人大常委会法制工作委员会民法室编:《〈中华人民共和国侵权责任法〉条文说明、立法理由及相关规定》,北京大学出版社2010年版,第51~52页;王胜明主编:《中华人民共和国侵权责任法解读》,中国法制出版社2010年版,第63~64页。

经倾向于一并审查连带债务份额问题,《全国法院民商事审判工作会议纪要》第74条便是明证。该条虽是金融消费者权益保护纠纷这一“细分领域”中的一项规则,但可管窥最高人民法院对于交叉诉讼形态的积极态度。该条规定,金融消费者诉请金融产品的发行人、销售者共同承担连带赔偿责任时,发行人、销售者若请求人民法院明确各自的责任份额,则法院可以在判决发行人、销售者对金融消费者承担连带赔偿责任的同时,明确发行人、销售者在实际承担了赔偿责任后,有权向责任方追偿其应当承担的赔偿份额。

另一方面,交叉诉讼的合并形态在总体上具有正当性的前提下,也需要受到一定限制。与反诉的情形相比,交叉诉讼中由于本诉原告置身于本诉共同被告之间新追加的请求之外,并非交叉请求的当事方,所以,允许将本诉请求与交叉请求一并审理,可能会不利于原告的本请求尽快获得审理和判决,一些情况下可能严重拖慢程序进程,[31]这也是部分学者反对交叉合并的最核心的理由。[32]为消弭这一缺陷,交叉诉讼仍应在其合并要件中增加“不能造成对原告本请求审理的过分迟延”的限制。这一要件可以具体解读为,交叉请求与本请求之间在主要的构成要件要素、事实或者证据层面应有足够的共通性,这使在统一程序中审理本请求的同时,交叉请求的审理能够直接完成或基本完成,不会造成程序的迟延。

例如,债权人请求主债务人和连带责任保证人连带清偿时,在本诉中本就能够确认连带责任保证人的法律地位,此时一并确认主债务人与连带责任保证人之间的关系,即前者承担终局责任而后者仅承担中间责任,亦即终局份额比例1:0已经审理完成,不会为原告增加程序负担。又如,交通事故中,若原告方提交了交通事故责任认定书以证明原、被告之间的过错大小,从而确定外部求偿关系下多个被告应承担连带责任的具体范围,此时交通事故责任认定书的内容也同时可以用于证明被告间各自的责任大小。[33] 再如,在建设工程案件中,施工人请求无资质的违法承包人与发包人连带清偿施工款,本身能够确定发包人与承包人之间的违法承包关系,若此时承包合同中本身约定了双方承担连带责

31 See Kevin M. Clermont, *Principles of Civil Procedure*, St. Paul: West Academic Publishing, 2012, p.431.

32 参见任重:《民事纠纷一次性解决的限度》,载《政法论坛》2021年第3期。

33 参见卢佩:《多数人侵权纠纷之共同诉讼类型研究:兼论诉讼标的之“案件事实”范围的确定》,载《中外法学》2017年第5期。

任时责任分担的比例，那么仅以此便可快速确认发包人与承包人之间的连带责任份额。

相反，只在一些例外情况下，法官遇到的份额确认请求过于特殊疑难，故应基于诉讼指挥权将之判断为不符合前述合并要件，从而裁定不予合并审理，以保障原告的程序利益。当然，法官在受理追加请求后，在审理中才发现份额确认请求较为复杂的，也可分案处理。如此，在诸多类型化的连带债务案件中，完全可以合并审理被告间的份额确定请求。

四、连带债务份额的裁判方式

既然在权利人对各债务人基于外部关系的求偿之诉中，应允许作为共同被告的连带债务人对其余债务人追加份额确认请求，那么对于法院在此种特殊诉讼形态下的具体裁判方式，也应当形成一套灵活合理的方案，以回应前文所揭示的实践分歧。

（一）判决主文应单列份额确认判项

由于已经承认一并审理债务份额问题的程序实质是诉的合并，判决时通常无妨与外部关系判项使用同一份判决书，但对于本质上属于新追加的确认请求的审理结果，应当以独立的判项加以体现。前文已述，在当下的司法实务中，对连带债务份额进行了划分的文书通常采取两种判法：一是先分别判决各被告终局份额所对应的支付数额，再载明各被告相互承担连带支付的责任；[34]二是先判决各被告须连带支付的总额，再载明各自应承担的终局份额。[35] 前一种判决方式可能是受到了连带债务"相互保证说"理论的影响，[36]但是这种判法无法将连带债务的内外部关系区分开，作为原告的债权人关心的只是外部求偿关系，却需要结合对终局份额的判项和"相互保证"判项才能完整地明确原告的地位。对比之下，第二种判法非常明晰地体现出了外部关系与内部关系的区别，原告仅关心前者，而各共同被告才关心后者。同时，后一种判法本身也契合对诉的

34 参见江苏省高级人民法院民事判决书，(2012)苏民再提字第0116号。类似主文写法，参见江苏省海安县人民法院民事判决书，(2006)安民一初字第1462号；上海市第二中级人民法院民事判决书，(2016)沪02民终字第5000号；等等。

35 参见楚雄彝族自治州中级人民法院民事判决书，(2018)云23民终57号。

36 参见李中原：《连带债务人之间追偿权的法教义学构建》，载《法学家》2022年第2期。

交叉合并形态的认识——既然原告对一众被告求偿的诉讼请求与被告之间确认份额的诉讼请求只是被合并在一起的不同的请求,那么在最终的判决书主文部分,也应当分别独立地得到法院的回应。因此,合理的选择是采用后一种判决方法,在基于外部求偿关系的判项之外,单独列出对连带债务人之间债务份额确认的判项。考虑到交叉合并可以通过适用反诉的规定来证成,故份额确认判项可能采用的一种具体文字表述是:"确认B(本诉被告1,反诉原告)与C(本诉被告2,反诉被告)就前项连带支付义务各自的终局份额分别为×××元、×××元"。其中的"前项连带支付义务"是指B、C对A(本诉原告)连带债务的支付义务。

(二)引起迟延时可驳回或先行判决

在多数情况下,份额确认请求的审理本就基于与外部关系求偿请求具有共通性的事实或证据,一般情况下不会造成过分迟延。但是,若法官认为本请求与交叉请求的关联性较弱,诉讼资料以及证据资料的共通性不足,尤其是认为对交叉请求的审理会迟滞对本请求的审理时,就可以判断为不满足合并审理的条件,不同意合并审理。判断合并审理是否带来程序迟延,本身也是法官诉讼指挥权的一部分。[37] 法官可以不同意合并的机制的存在,也是对交叉诉讼这一形态可能对原告造成的不利益的一种保护。

这里尚存的问题是,当法院基于防止迟延而不同意合并审理时,对于共同被告间已经提起的份额确认之诉应当如何处理。从现行法关于反诉的规定来看,《民诉法解释》第233条第3款规定反诉"与本诉的诉讼标的及诉讼请求所依据的事实、理由无关联的",法院的处理方式应当是"裁定不予受理,告知另行起诉"。在份额确认请求的追加会引起程序迟延的情形下,处理方式也应当与此相同。然而,理论上对该司法解释规定的做法存在质疑,认为应当区分诉讼要件与合并要件,某一请求虽不满足合并审理的要件,但是本身满足诉讼要件的,依然可以合法地系属于法院,因此不宜直接驳回,而应当分案审理。[38] 而在当下我国"立审分立"的背景下,业务庭法官无权自行设立新案件而必须由立案庭实施,也缺乏实现分案审理的分案裁定程序,故现行法上分案审理的处理方式存在障碍。可资适用的机制是《民事诉讼法》第156条规定的先行判决制度,

---

37 参见段文波:《类型化视角下诉讼请求合并的程序展开》,载《中外法学》2022年第3期。

38 参见马家曦:《民事诉讼另案处理的标准澄清与程序完善》,载《中外法学》2021年第3期。

在受理并合并审理份额确认请求后，若发现对原告求偿请求（本诉）作出支持判决的时机已经成熟，[39]但确认份额的交叉请求仍存在较为复杂的争议没有审理清楚，若一并判决会过分迟延原告权利的确认与实现时，就基于外部关系的本诉请求先行作出部分判决，这一部分判决对于本诉请求而言已经是终局判决。其后，待被告间的份额确认问题查清后，再作出另一份针对交叉请求的终局判决。两份判决的案号问题可以通过司法解释所提供的方式，即"首份裁判文书直接使用案号，第二份开始可在案号后缀'之一''之二'……以示区别"来得到合理处理。[40] 此时，先行判决和嗣后判决都是终局判决，发生法律效力的时间亦分别独立计算，实质上起到了分案的功能。

综上所述，若法官在被告申请追加份额确认请求时，根据其主张以及提供的证据材料等可以即时判断出合并审理会引起迟延而损害原告利益，则可以采用现行司法解释仍然容忍的直接驳回并告知另诉的方式处理；而若是在已经受理并合并审理份额确认请求后，随着程序的展开才发现交叉请求过于复杂时，无妨以更符合程序原理的先行判决方式来实现实质上的分案效果。

（三）上诉时应分判项确定程序效果

法院在连带债务纠纷中，若对被告间的份额确认请求进行了审理并作出了判决，无论是以先后多份判决的形式还是同一份判决书上不同判项的形式，在有当事人不服而提起上诉时，都应当将内外部关系判项的程序效果分别把握。其中，尤其需要关注的情形是，当共同被告就它们与原告间的外部关系的判决结果没有异议，仅对份额确认的结果不服而提起上诉时的程序处理。第一，对于诉讼地位列明方式的问题，《民诉法解释》第 317 条第 2 项作出了正确处理：对份额不服的原审共同被告为上诉人，其余原审共同被告为被上诉人，原审原告仅列明原审地位。第二，司法解释未明确指明的是，一审判决对内外部关系所做判定的不同部分在移审、生效问题上应区别对待。具体而言，仅份额确认部分发生移审至二审法院以及阻却一审判决生效的效果，而一审判决中对外部

39　之所以是支持判决，是因为若应驳回原告诉讼请求的话，就不存在确认被告间债务份额的问题了，此时可直接认为交叉请求不再具有确认利益而直接裁定驳回。

40　《最高人民法院关于在同一案件多个裁判文书上规范使用案号有关事项的通知》（法〔2016〕27号）第 1 条："同一案件的案号具有唯一性，各级法院应规范案号在案件裁判文书上的使用。对同一案件出现的多个同类裁判文书，首份裁判文书直接使用案号，第二份开始可在案号后缀'之一''之二'……，以示区别。"

关系作出的判项在上诉期届满后就应当发生法律效力。此时,即使份额确认请求尚待二审审理,原告依然可以就已经生效的外部求偿关系部分的判项申请强制执行。这是将连带债务内外部关系一并审理的本质视为“诉的合并”的自然推论。由于合并后的请求仍然各自具有独立性,在上诉时依然应当分别判断各个独立请求的程序效果。如此,本文所追求的一次性解决纠纷的方案,才区别于过往借助“大诉讼标的概念”的做法,这种思路将内外关系整体视为一个法律关系,来谋求纠纷解决范围的扩大,却违背处分原则,并尤其损害原告程序利益。

五、连带债务份额的判决效力

(一)债务份额确认判项具有积极既判力

1. 对追偿后诉不产生消极既判力

当部分连带债务人清偿了超过自己终局份额的债务时,有权向其他连带债务人追偿。确认债务份额的在先确认判决,会对嗣后提起的追偿权之诉产生一定的效力。由于前诉判决所确认的连带债务份额仅仅是判断追偿请求权的构成要件之一而已,即“实际承担债务超过自己份额”,而并不覆盖追偿权之诉应当审理的其他请求原因事实及可能存在的抗辩事实,所以前诉判决的内容不可能遮断追偿权之诉,即不生消极既判力。

这一自然推论在连带保证的情形下更容易遭到误解或混淆。仍以前诉债权人起诉主债务人与连带保证人的情形为例,主文中就连带保证人对主债务人的“追偿权”的确认,不能理解为对基于追偿权本身的给付请求的审判,[41]而只是确认了在主债务人与保证人之间,前者应承担完全的终局债务而已(份额为1∶0)。基于追偿权的给付请求的成立,本身还需要对保证人是否已经实际承担债务、是否存在保证人对主债务人免除或其他债之消灭事由等可能的事实主张进行审理,这些都应当且只能在追偿之诉中解决。前诉判决绝不应当产生阻止追偿后诉的效力。

2. 对追偿后诉产生积极既判力

前诉中对于连带债务份额的确认,对于后诉而言应当发生积极既判力。也

41　参见陈杭平:《前诉与后诉视角下的连带保证人追偿之诉》,载《法学》2019年第3期。

即,若没有发生新的事实,则当事人不再能对债务份额再行争议,后诉法院在债务份额问题上受到前诉判决结果的拘束。关于本文将前诉对份额的裁判理解为确认判决的解释方案,并不能因仍有嗣后提起追偿之诉的可能性而否认前诉中确认债务份额对纠纷解决的效果。需要看到的是,当不存在前诉份额判决或判项时,追偿之诉中通常需要审理的最核心的争议,往往正是连带债务份额的划分。但由于前诉已经合并解决了债务份额这一核心争点,后诉就无须重新审理,而是必须遵循前诉结论。甚至在前诉本身就消除了连带债务人之间最大的利益模糊的情况下,连带债务人之间除非对其他追偿权构成要件存在争议,更可能在无须提起追偿权诉讼的情况下直接自动履行追偿之债。

(二)债务份额确认判项不发生执行力

1. 确认判项因没有给付内容而无法产生执行力

法院在判决中对追加的份额确认请求所作出的判项,在性质上也属于确认判决,因此本身不具有执行力。按照裁判效力的基本理论,确认判决、给付判决、形成判决这三大实体判决类型都具有既判力(确定力),但仅给付判决有执行力,仅形成判决有形成力。《民诉法解释》第461条也要求申请执行的文书应当满足"给付内容明确"的前提,不具有给付内容的自然就不具有执行力。但是,在前诉中连带债务人(共同被告)之间尚无法提出给付请求,只能提出针对份额的确认请求,因此份额确认判项不可能具有给付内容,无法获得执行力。

2. 担保情形下直接申请执行规则已被正确废除

在连带保证的情形下,过去由于《最高人民法院关于适用〈中华人民共和国担保法〉若干问题的解释》(以下简称《担保法解释》)(已失效)第42条第1款的存在,保证人是否可以基于债权人就外部关系提起的求偿之诉(前诉)判决主文中明确追偿权的内容,而直接对主债务人申请强制执行,一直存在争论。部分实务观点认为前诉已经合并审理了保证人对主债务人的追偿权之诉,从而认为追偿权对应的判项有给付内容从而具有执行力。[42] 但是,正如学者所指出的,这里一并审理的并非追偿权诉讼本身,[43]而仅仅是对主债权人承担终局债务、保证人承担非终局债务的确认而已。随着《担保法解释》于2021年失效,新颁布

42 参见曹士兵:《中国担保制度与担保方法》(第5版),中国法制出版社2022年版,第163~164页。

43 参见陈杭平:《前诉与后诉视角下的连带保证人追偿之诉》,载《法学》2019年第3期。

的《最高人民法院关于适用〈中华人民共和国民法典〉有关担保制度的解释》(以下简称《担保制度解释》)中并未保留该规则,即这一不合原理的规定已经被正确地废除,不宜再认为保证人享有径行申请执行的权利。回到更一般性的层面,既然保证领域的这一“异常”规范已被废除,那么更无理由在其他仅部分债务人承担终局责任的情形中(典型的如《民法典》第1203条规定的产品责任中经营者与生产者仅其中一方有过错的情形),将某些名为“明确追偿权”实则只是终局债务份额的确认判项,错误地理解为具有执行力。

(三)追偿权获得执行力的简易路径

1.获得追偿权执行名义的程序路径

由于判决中的份额确认判项本身并无执行力,故部分债务人在超额履行或被强制执行了对债权人的外部债务后,无法基于该判决申请追偿权的强制执行。超出份额承担债务的部分债务人仅能启动一个新的程序,另行获得一个基于追偿权的执行名义。此时可能的疑惑是,前诉通过诉的合并技术,已经判明了外部关系的“总额”和内部关系的“份额”,追偿权的内容似乎仅是一个简单的算术问题。在前诉已经合并审理并判决了债务份额的情况下,还要求超额承担者必须提起一个新的诉讼以获得追偿权的执行名义,或有程序重复之嫌。

对于这一质疑,主要可以从以下几个方面加以回应:第一,前诉合并处理了债务份额的确认问题,本就能够减少追偿权纠纷发生的可能性。前诉确认债务份额,解决了各个债务人之间最大的利益不确定之处,债务人据此可以准确地自动履行各自份额。即使需要强制执行,执行机关也可(在不损害债权人利益及执行效率前提下)直接按照判明的份额执行各债务人的财产。在这些情形下,“超额承担”并不存在,也就自始至终不发生追偿问题。第二,即使需要提起追偿权的后诉,前诉确认判项的积极既判力本身也大大简化了后诉的审理内容。追偿之诉最实质的争点就是债务份额问题,基于前诉的份额确认判项的积极既判力,后诉法院直接受此拘束而无须重复审理,剩下的主要任务是查明是否超额承担及其超额部分的数额、是否被追偿人已经履行或因其他事由而消灭等问题,审理任务已经大大减轻。第三,由于追偿权的内容数额此时较为明确,追偿权人除通过提起新诉外,还可能通过下文介绍的程序路径,活用《民事诉讼法》上的督促程序,使此种争议不大的债权(追偿权)能够简便快捷地获得执行依据。

2. 作为督促程序的裁定追偿规则

虽然保证领域的“追偿权直接执行规则”已被废除，但是最高人民法院尚有一个在1992年对吉林省高院发出的早期批复《最高人民法院经济审判庭关于生效判决的连带责任人代偿债务后应以何种诉讼程序向债务人追偿问题的复函》[44]（以下简称《92批复》）至今仍处于有效状态，且未得到理论研究的充分关注。根据《92批复》的规定，在连带责任纠纷中，承担超过自己份额的债务人有权直接基于前案判决中对份额的确认，向法院申请一份对其他债权人追偿的裁定，并基于此裁定直接对追偿权强制执行。此即《92批复》所确立的“申请裁定执行”规则。直至近期的司法实践中，此规则仍不时被当事人与各级法院所援引。[45]

但是，这一规则的性质和原理仍缺乏澄清。比较合理的解释方案是，坚持前诉判决中对份额进行确认的判项不具有执行力因而本身不构成执行依据，而将《92批复》中“裁定主债务人或其他连带责任人偿还”的“裁定”本身理解为一个由简易方式形成的执行依据。这一快速作成执行的依据，理论上宜解释为督促程序的一个具体适用情形，即超额清偿的债务人基于自己的追偿权，向法院申请要求对其他债务人强制执行的支付令。此时，前诉中对连带债务份额的确认，符合《民事诉讼法》第223条及《民诉法解释》第427条、第428条对于债权明确性的要求。同时，被申请人提出书面异议的内容是针对已经确认的债务份额问题本身，则在《民事诉讼法》第224条中的异议审查环节就不应认为异议成立。此路径利用了前诉的程序成果，由于存在一个内容明确的、具有积极既判力的确认判项，故在其后的督促程序中，并不会违背对异议应采形式审查的要求。追偿权纠纷最主要的争点——债务份额划分问题——在前案中通过确认

44 《最高人民法院经济审判庭关于生效判决的连带责任人代偿债务后应以何种诉讼程序向债务人追偿问题的复函》（1992年7月29日，法经〔1992〕121号）：“吉林省高级人民法院：你院经济审判庭吉高法经请字〔1992〕1号《关于在执行生效判决时，连带责任人代偿债务后，应依何种诉讼程序向债务人追偿问题的请示》收悉。经研究，答复如下：根据生效的法律文书，连带责任人代主债务人偿还了债务，或者连带责任人对外承担的责任超过了自己应承担的份额的，可以向原审人民法院请求行使追偿权。原审人民法院应当裁定主债务人或其他连带责任人偿还。此裁定不允许上诉，但可复议一次。如果生效法律文书中，对各连带责任人应承担的份额没有确定的，连带责任人对外偿还债务后向其它连带责任人行使追偿权的，应当向人民法院另行起诉。”

45 参见最高人民法院执行裁定书，（2018）最高法执监240号；河南省高级人民法院民事裁定书，（2020）豫民申1965号；辽宁省大连市中级人民法院执行裁定书，（2022）辽02执复326号。

判项得到解决后,根据《92批复》的规定,超额清偿的债务人即可通过督促程序这一简便的债权实现机制,快速获得追偿权执行依据,即一份作为支付令的追偿裁定。

六、结　语

综上所述,在既追求内外部关系一并解决以实现纠纷实质化解、防止“案结事未了”,又不违背处分原则等程序法基本原理的前提下,就连带债务纠纷中对债务份额确认的程序方案,笔者得出以下结论:

1. 在债权人对全体连带债务人提起的求偿之诉中,应当允许连带债务人一人或部分人对其余连带债务人提出对连带债务份额确认的申请,构成诉的追加合并。交叉诉讼应作为反诉的特殊情形,份额确认请求只要以其余全体债务人为被告且以各自份额具体数额为确认标的,则具有诉之合法性。

2. 若原告的求偿请求胜诉,则应单列判项确认共同被告之间各自的终局份额。但是,法官判断审理份额确认请求有迟延之虞时,可裁量驳回或通过先行判决实现分案。内外部关系各判项的程序效力在上诉时应分别独立判断,部分被告仅就份额上诉时,并不影响债权人基于外部求偿关系判项申请执行。

3. 份额确认判项不发生阻却追偿后诉的消极既判力,但发生积极既判力,可在后诉追偿中直接覆盖债务份额这一核心争点。份额确认判项不应具有执行力,最高人民法院《92批复》确立的“裁定追偿规则”应理解为督促程序的适用,构成获取追偿权执行依据的简便途径。

醉驾型危险驾驶罪刑事治理的实证研究

——以M市N区司法实践为研究样本

庞良程　肖雅菁*

【内容提要】 对醉驾型危险驾驶行为的规制，从行政处罚提升至刑事处罚，反映出微罪行为由行政违法转向刑事犯罪的治理模式，是积极刑法观的立法体现，也是应对风险社会的必然要求。2023年“两高两部”《关于办理醉酒危险驾驶刑事案件的意见》实施后，危险驾驶罪刑事案件受案数量明显回落，但司法效果仍呈现边际减弱的现状，其适用难题源于“从重情节”“逆向情节”“推定情节”的裁量争议、行刑衔接、配套治理机制缺位等因素，且微罪的司法适用对于传统以重罪与轻罪二元划分为基础发展而来的共犯、犯罪形态及犯罪记录制度提出挑战。亟待从执法源头、司法适用、两法衔接、刑罚附随效果四个方面，以微罪罪质特点为核心构建危险驾驶罪的综合治理体系。

【关键词】 危险驾驶罪　入罪　出罪　行刑衔接　犯罪记录制度

2011年5月，《刑法修正案(八)》增设危险驾驶罪，将醉酒驾驶机动车及追逐竞驶两种行为规定为犯罪，立法理由为醉驾及飙车行为造成恶劣的社会影响，并引发广泛关注，且醉酒后驾车和飙车行为本身具有高度危险性及较大危害性，在醉驾和飙车的社会危险不断加大，对危险控制的难度增加的情况下，立法思想从结果本位走向行为本位，将醉酒驾车、飙车增加规定为犯罪。[1] 自醉驾入刑以来，已经过14年。立法初衷在于以刑罚威慑力降低醉酒驾车行为的发生。然而，最高人民法院于2022年发布的办案数据显示，审结危险驾驶案件

* 庞良程——广东外语外贸大学法学院博士研究生，广州市白云区人民检察院检察长，二级高级检察官；肖雅菁——广州市白云区人民检察院检察官。

1　参见黄太云：《〈刑法修正案(八)〉》解读(二)，载《人民检察》2011年第7期。

34.8 万件,高居一审刑事案件首位。[2] 刑事制裁手段的边际效应已呈现下降趋势,醉驾型危险驾驶的司法适用现状及附随效果的扩大已然影响醉驾入刑最初想达到的效果。最高人民法院、最高人民检察院、公安部、司法部于 2023 年发布《关于办理醉酒危险驾驶刑事案件的意见》(以下简称《意见》),统一并优化出入罪标准,贯彻宽严相济刑事政策,推进醉驾治理现代化。

可以将醉驾入刑后的治理效果归纳为四个方面:一是刑事制裁效果并未达到立法预期,刑罚轻缓化与刑罚附随效果严厉性的矛盾凸显。二是司法适用效果不统一,入罪标准恒定,出罪情节有待激活。《意见》明确规定了法定及酌定不起诉应当考虑的情节,但情节的适用在司法实践中尚存争议。三是行刑衔接机制不畅,醉驾刑事处罚轻缓化后,未形成常态化移送机制,正向衔接的刑罚折抵已明确,但反向衔接渠道仍不畅通。四是破解醉驾的综合性措施缺位,醉驾治理并非单一刑事法律能解决,而需要集合立法、司法及其他社会治理手段的综合性方式。

M 市 N 区人民检察院(以下简称 N 区检)的醉驾犯罪案件数量居全市首位,区情的复杂性使醉驾案件类型丰富,为此,应当从司法实践中总结醉驾型危险驾驶罪的司法适用现状,找出并破解执法、司法、执行等方面的治理难点,积极探索醉驾案件源头治理的有效路径。

一、司法现状:醉驾型危险驾驶罪案件的特征

为深入考察《意见》实施前后醉驾案件司法实践办理情况,本文拟以自 2011 年醉驾入刑至 2024 年 11 月的已生效案例为统计样本。自醉驾入刑以来,N 区检共受理醉驾案件 12,002 件,12,155 人,案件受理情况如图 1 所示。实践办理中,"醉驾"犯罪案件呈现以下四个特征。

2 参见周强:《最高人民法院工作报告——2022 年 3 月 8 日在第十三届全国人大第五次会议上》,载《人民法院报》2023 年 9 月 20 日,http://rmfyb.chinacourt.org/paper/images/2023-03/18/01/2023031801_pdf.pdf。

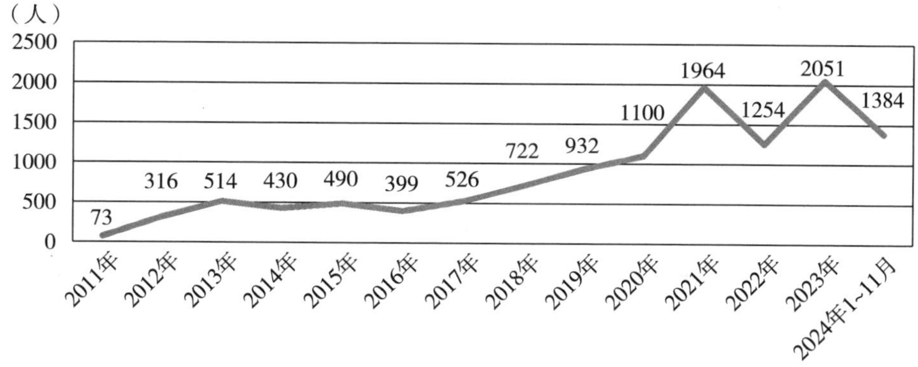

图1　M市N区检受理醉驾案件数量

（一）刑事案件受案数从高位回落

自醉驾入刑后，N区检受理危险驾驶案件件数和人数趋势可分为四个阶段，分别是高度增长、平稳发展、高速增长及回落阶段。

1. 高度增长阶段。2011年《刑法修正案（八）》将醉酒驾驶机动车规定为危险驾驶罪行为方式之一。2012年，N区检受理的危险驾驶案件较之2011年同比增长332.88%，2013年，N区检受理的危险驾驶案件持续升高，同比增长62.66%。在醉驾入刑后，案发数量连续两年高速增加。在该阶段，醉驾入刑刚刚开始，公众对于醉驾入罪刑罚的严厉性尚未有理性的认识，在该阶段查获的行为人大多为酒后驾车习惯所致。

2. 平稳发展阶段。自2014年始，N区检受理的危险驾驶案件较为平稳，在中位线460件左右徘徊。在该阶段，随着执法主体对醉驾的宣传，大众对于醉驾的危害性及刑事处罚严厉性的认识加深。

3. 高速增长阶段。自2018年以来，N区检受理的危险驾驶案件高速增长，并在2020年超过1000件，年均增长高达38%。案件数量的增加与我国机动车数量及申报驾照的人员的增加呈现正相关。但在醉酒驾车的社会治理中，司法机关均加大治理力度，对醉驾的危害性进行宣传，未起到良好的治理效果。而该阶段的醉驾数量的大幅增加也引发了民众对醉驾入刑有效性的质疑。

4. 回落阶段。2022年受理的危险驾驶案件数大多是2021年立案的案件，数量回落原因一方面因执法力量减弱，大量民警在抗疫一线，未频繁设卡查处；另一方面公众流动少，客观上减少了醉酒驾车出行概率。在《意见》实施后（截至2024年11月），N区检受理危险驾驶案件1360件，1384人，件数、人数分别同比减少29.17%、29.64%。受案数量显著下降与公安机关对血液酒精含量达到80毫克/100毫升以上的进行实质审查,对情节显著轻微、危害不大的,不予立案相关联,将80毫克/100毫升至150毫克/100毫升的醉驾行为隔离在刑事诉讼程序之外。

(二)从重处理情节集中,以设卡查获为主

1.涉摩托车、超标电动车醉驾情况突出。N区辖域较广、农村地区多,电动自行车、摩托车保有量较高,城乡接合部或农村周边区域存在部分摩托车运营车辆,无牌无证的不规范摩托车较多,涉摩托车、电动自行车醉驾情况在危险驾驶案件中亦占有一定比例。以N区检2022年办理的危险驾驶案件为例,涉摩托车、超标电动车醉驾人数约占33.36%。

2.对从重处理情节的理解存在分歧。以2024年为例,血液酒精含量在150毫克/100毫升以下的案件占比38.88%,大多具有在高速公路上行驶、具备同类前科劣迹、发生交通事故且负全部或主要责任、造成交通事故后逃逸、暴力抗拒依法检查等从重情节。但对于城市快速路是否属于高速、暴力抗拒的程度是否参照袭警罪予以严格限制等均有争议。

3.犯罪主体以男性为主,外来务工人员占多数。年龄集中在30~60岁的中青年阶段,受教育程度集中在高中以下。饮酒多以朋友聚会为主要事由,地点以餐馆饭店为主。约85.14%的案件未造成财产损失,剩余约14.86%的案件造成的损失在10万元以下。针对查获原因方面,约79%为警方设卡拦截查获,另有部分案件系因发生事故被查获。

4.强制措施以取保候审为主。N区检受理的危险驾驶案件,强制措施的适用相对统一,无采用“刑拘直诉”,均系侦查机关采取取保候审后移送检察机关审查起诉,部分“醉驾”行为人在被查获时,公安机关同步做出了吊销机动车驾驶证的行政处罚决定。部分“醉驾”行为人以为案件在行政处罚之后已经终结,对案件移送至刑事司法程序感到疑惑,并产生抵触情绪。

(三)出罪方式单一,以实体出罪为主

在处罚体系上,我国通过违法与犯罪的二元划分,以行政处罚与刑事处罚对行为进行规制,核心在于行为的社会危害性程度。《意见》为优化入罪标准,通过酒精含量加情节的方式,区分三个幅度,分别为80~150毫克/100毫升、150~180毫克/100毫升、180毫克/100毫升以上的。与此同时,《意见》对情节显著轻微、酌定不起诉及缓刑的适用划定边界。醉驾案件的实体出罪主要聚焦于构成要件及主观故意层面,程序出罪则是“微罪不举”,[3] 包含公安机关对犯罪情节轻微的不立案决定、检察机关的酌定不起诉等。

据统计,《意见》实施后,N 区检醉驾案件不起诉 156 人,在同期审结(包含起诉与不起诉)醉驾案件中占比 10.31%。其中对 110 人作出法定不起诉决定,占比 70.51%。法定不起诉主要类型如图 2 所示,包括不符合构成要件规定,如“机动车”“道路”等,亦包括无处罚必要性的“挪车”“提供车辆”型醉驾案件等。对 45 人作出酌定不起诉决定,占比 28.85%。在作出酌定不起诉的案件中,具备从重处理情节的案件仅 5 件。换言之,在案件具有从重处理情节时,司法工作人员较少通过酌定不起诉的方式予以程序出罪。

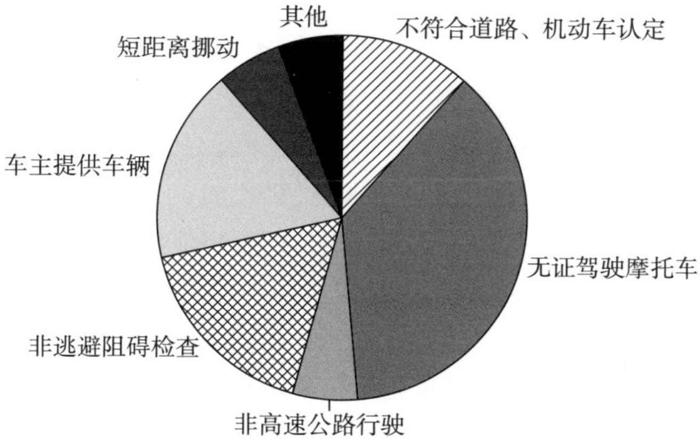

图 2　M 市 N 区检醉驾案件法定不起诉情况

(四)刑事司法效果呈现边际减弱特征

《意见》出台后,进入刑事诉讼程序的醉驾案件明显减少,最高人民检察院发布的数据显示,2024 年前三季度,全国检察机关受理公安机关移送危险驾驶案件 25 万人,同比下降 41.3%。[4] 但是,检察机关醉驾案件受理数量的下降不能完全等同于醉酒驾车的发案数降低。由于《意见》对于酒精含量在 80 毫克/100 毫升至 150 毫克/100 毫升,同时不具备加重情节的案件赋予公安机关不予立案的权利,相当于限缩了刑事处罚的范围,该类醉驾案件归入行政处罚的统

3　参见王志祥:《醉驾性危险驾驶罪专题研究》,法律出版社 2024 年版,第 341 ~ 342 页。

4　《全面深化检察改革! 最高检释放重磅信息!》,载中华人民共和国最高人民检察院官网 2024 年 12 月 5 日,https://www.spp.gov.cn/zdgz/202412/t20241205_675826.shtml。

计口径。因此,早期"一律入刑"的司法实践、微罪犯罪圈的扩大并未起到预期的效果,在后期的实践中则通过司法解释的方式实现犯罪圈的重新划定。

此外,在认罪认罚从宽制度的适用中,危险驾驶案件的认罪认罚率达99%,《意见》明确快速办理机制,侦查机关、检察机关、审判机关一般应当在立案侦查之日起30日内完成刑事诉讼全流程。无论是签署具结书还是庭审审理,均以效率优先。被告人在整个刑事诉讼过程中,难以获得程序带来的威慑力,与司法机关的配合大于对罪行的改过自新。这些因素均消解了醉驾的治理效果。

二、问题症结:"醉驾"犯罪治理困境剖析

案件数量并非评价醉驾入刑效果的唯一指标,但这也是不容忽视的数量变化现状。《意见》实施前,快速增长的案件数量被用于佐证醉驾刑事规制效果趋于无效。《意见》实施后,醉驾案件数量显著下降,但公安机关在执法环节仍存在对不立案裁量权的谨慎适用及执法区域、对象的扩张化冲动,检察机关在审查起诉环节对醉驾案件出罪方式较为单一,程序出罪渠道不畅,刑事处罚在快速办理的刑事程序中威慑力减弱,并缺少事前防范及事后警示的一体化处置模式,行刑反向衔接运行不畅,尚未形成相互衔接、梯次递进的醉驾治理体系。

(一)执法环节:高压执法与裁量型入罪标准

醉驾在民意高涨时入罪,其实施的过程也不乏民众的参与和监督。公安机关对于醉驾的执法力度始终保持高位态势,一方面是考核指标的压力,另一方面是民众对于醉驾执法的要求。

1.执法区域及对象的扩张化

据统计,我国机动车保有量与拥有驾照人员总量快速增长,2024年全国机动车保有量达4.53亿辆,其中汽车3.53亿辆;机动车驾驶人达5.42亿人,其中汽车驾驶人5.06亿人。2024年,全国新注册登记机动车3583万辆,新领证驾驶人数达2226万人。[5] 在机动车保有量及拥有驾照人员数量均呈较大幅增长的情况下,通过设置路障查处酒驾已成为执法人员的常态执法方式,执法区域除传统的高速出入口、城市主干道外,还扩展至乡村道路,如N区辖区镇街道路

5 《全国机动车保有量达4.53亿辆 驾驶人达5.42亿人》,载中华人民共和国公安部官网2025年1月18日,https://www.mps.gov.cn/n2254314/n6409334/n9194010/c9939035/content.html。

等。除驾驶机动车的驾驶者,还包括明知他人醉酒而提供机动车的车主。对于机动车的理解也呈现扩大化趋势,拓展至超标电动车。

2."从重处理"情节的形式认定

2011年《刑法修正案(八)》增设危险驾驶罪时,对于该罪的罪状描述经历了从情节犯到抽象危险犯的变迁。最初的条文表述为"在道路上醉酒驾驶机动车的,或者在道路上驾驶机动车追逐竞技、情节恶劣的,处拘役,并处罚金。"在后续的修正中,为了严惩醉驾,最终删除了罪量规定,直接规定醉酒驾驶则构成犯罪。立法将"醉驾"行为本身拟制为对公共安全有侵害的危险,将其定位于抽象危险犯。

根据最高人民法院、最高人民检察院、公安部于2013年发布的《关于办理醉酒驾驶机动车刑事案件适用法律若干问题的意见》第1条的规定,醉驾入刑的标准仅为酒精含量。执法人员对于醉驾的查处仅仅需要测试酒精浓度,并辅之以验血。为完善醉驾立案标准,《意见》要求公安机关对酒精含量处于80毫克/100毫升至150毫克/100毫升的案件进行实质审查,在符合情节显著轻微、危害不大,不认为是犯罪时,不予立案。换言之,赋予执法人员行政裁量权。但对处于该酒精含量区间的案件,一旦具备"发生交通事故""逃避、阻碍公安机关依法检查""无牌驾车"等从重处理情节时,缺少对情节的实质评价,将尚不具备严重法益侵害的行为予以入罪,并移送检察机关审查起诉。

(二)司法环节:法律适用争议

危险驾驶罪的司法适用呈现"一律从严"至"宽严相济"的动态过程,《意见》明确从重处理、从宽处理、情节显著轻微、不适用缓刑等情节,但在司法适用中仍存在适用争议。

1."逆向情节"处理中的权重失衡

《意见》第10条规定了15种从重处理情节,分别为造成现实危险且对行为人处理现实危险状态存在重大过错、严重道路交通安全违法行为、醉酒驾驶的同时存在其他严重情节、妨碍司法行为、惩戒后屡次不改的行为、其他从重情形等六类。[6] 与此同时,规定了五种情节显著轻微情形。对于仅具备从重或者从轻处理的单向情节案件,可直接根据情节的大小做出司法决定。

---

6 参见公安部交通管理局专项调研组:《公安机关办理醉酒危险驾驶刑事案件从重情形的理解与适用》,载《中国应用法学》2024年第3期。

但“逆向情节”并存时,即被告人同时具有《意见》规定的从宽处理情节及从重处理、一般不适用缓刑的情形,危险驾驶罪在刑事司法程序中的出罪程序则极其严格。目前主要存在三种出罪模式:一是法定不起诉。根据《刑法》第13条及《意见》的规定,酒精含量80毫克/100毫升型以上,未满150毫克/100毫升型醉酒驾驶机动车,若符合短距离挪车或紧急避险条件,可作出法定不起诉决定。据统计,自新规实施后,N区检法定不起诉类型尚未有紧急避险类型。紧急避险未被常态化适用,一方面因为紧急避险条件较为严苛,需要满足“不得已”条件。另一方面虽然《意见》将出于急救伤病人员等紧急情况驾驶机动车,但尚不构成紧急避险的行为,认定为情节显著轻微,可作出法定不起诉处理,但司法人员对于紧急避险的思维惯性,导致仍然存在不会用、不敢用的现状。二是酌定不起诉。对于犯罪情节轻微的,依据《刑事诉讼法》第177条第2款作出不起诉决定。在犯罪嫌疑人已具备在道路上醉酒驾驶机动车的基本情节的情况下,《意见》明确要结合犯罪嫌疑人醉酒程度、驾驶动机、驾驶目的、醉酒驾驶持续的时间、路线、速度以及认罪悔罪等要素进行综合考虑的要求,引导司法人员进行司法裁量。相较法定不起诉的情节规定,酌定不起诉的条文以“要素引导”的方式予以明确,[7]虽然赋予了司法人员自由裁量权,但裁量权的激活及善用又成为亟待解决的难题。如《意见》实施以来至2024年11月,N区检醉驾案件酌定不起诉率仅为2.97%,低于同期全部类型刑事案件酌定不起诉率13.33个百分点,相较《意见》实施前2023年同期醉驾案件酌定不起诉率,下降了23.38%。法定不起诉率7.27%,高于同期全部刑事案件法定不起诉率4.53个百分点,与《意见》实施前2023年同期“醉驾”案件法定不起诉率相比上升5.83%。由于《意见》以“酒精含量150毫克/100毫升以下+排除从重处理情节”作为不移送刑事诉讼程序的情形,在“逆向情节”并存时,司法人员也会倾向于优先考虑从重处理情节,再与从轻情节进行对比。基于危险驾驶罪抽象危险犯的定位,一旦发生实害危害结果,则从重处罚情节在裁量当中的权重会明显大于从轻处理情节。此外,《意见》规定的“逆向情节”,由于存在多种排列组合形式,难以通过司法解释的方式细化每一类情节在司法决定中的权重。[8] 主文

7 参见王志坚、胡铭:《醉酒不起诉的实践适用与体系完善——基于〈关于办理醉酒危险驾驶刑事案件的意见〉实施前后的实证比较》,载《山东大学学报》(哲学社会科学版)2024年第3期。

8 参见李睿懿、李晓光、曾琳:《〈关于办理醉酒危险驾驶刑事案件的意见〉的理解与适用》,载《人民司法》2024年第13期。

使酌定不起诉的规定并未被很好地适用。三是定罪免刑出罪。根据《刑法》第37条的规定,对于犯罪情节轻微不需要判处刑罚的,可以免予刑事处罚。

2."推定情节"的认定规则

根据《意见》第4条的规定,若经呼气酒精含量测试,浓度达到80毫克/100毫升以上,犯罪嫌疑人在抽取血样之前逃跑或者找人顶包的,可依据呼气测试数值认定其醉酒;若为逃避法律追究,犯罪嫌疑人在发生道路交通事故或被公安机关依法检查之后、在呼气酒精含量检验或抽取血样之前再次故意饮酒,可依据被查获后血液酒精含量数值认定其醉酒。该条款为特殊情形下不利于行为人的推定,因行为人企图逃避法律追究而再次饮酒导致难以客观还原其驾驶时血液酒精含量数值,应由行为人承担对其不利的鉴定后果。[9]

按照《意见》的规定,"推定情节"的认定规则建立在二次饮酒后的血液酒精含量仍然达到80毫克/100毫升以上,并辅之以"逃避法律追究"的主观故意,则可认定行为人构成危险驾驶罪。但实践中出现行为人为逃避处罚,在饮酒后发生道路交通事故并逃逸,查获时的血液酒精含量检测结果未达80毫克/100毫升,但查获时间具备紧密联系性的情形。按照《意见》的规定,该血液酒精含量未达到入罪标准,但司法鉴定机构根据国家市场监督管理总局、国家标准化管理委员会于2023年发布的《血液、尿液中乙醇、甲醇、正丙醇、丙酮、异丙醇和正丁醇检验》(GB/T 42430—2023)的附录资料,推定行为人在发生道路交通事故时的血液酒精含量超过80毫克/100毫升,可否对行为人入罪成为实践中的难点。由于该GB/T 42430—2023号文件并未在正文中明确血液酒精倒推的推定方式,而是在附录中以资料的方式规定"消除期内血液中乙醇消除速率为0.10 mg/(mL·h)~0.12mg/(mL·h),根据消除速率及BAC测定值可以推测消除期某一时刻(案发时)的可能BAC范围",附录资料仅具有参考性。在该类情形中,若采用推定方式,则是对行为人做出对其不利的认定。但若不采信鉴定,以其血液酒精含量未达80毫克/100毫升以上而不予入罪,无疑是鼓励行为人在发生交通事故后通过类似方式逃避处罚,形成不良社会引导。

(三)移送环节:衔接及配套机制缺位

醉驾型危险驾驶案件在检察机关作出不起诉决定或法院作出定罪免刑决

9 《不起诉≠不处罚 推进行刑反向衔接 共促严格执法公正司法》,载最高人民检察院微信公众号2023年9月13日,https://mp.weixin.qq.com/s/Xm3tUL-RyVTSy_BMOkwCHA。

定后,存在后续监督缺位的现状。虽在顶层设计中,始终强调“健全检察机关对决定不起诉的犯罪嫌疑人依法移送有关主管机关给予行政处罚、政务处分或者其他处分的制度”,[10]但在司法实践中,衔接及配套机制尚未建立,不起诉后的反向衔接不畅通。

1. 行刑反向衔接运行不畅

与 2011 年《刑法修正案(八)》相配套,《道路交通安全法》也于同年进行修正,区分饮酒驾驶与醉酒驾驶,并对醉酒驾驶仅作出吊销机动车驾驶证这一行政处罚措施,明确“依法追究刑事责任”。饮酒驾驶的行政处罚保留了修订前的罚款、行政拘留、吊销机动车驾驶证等。据此,按照立法修订原意,醉酒驾驶必然触犯刑事法律。这也是最高人民检察院、公安部在危险驾驶罪入罪初期,作出醉驾案件一律入罪的依据所在。[11] 虽然按照包容评价原则,醉酒驾驶与饮酒驾驶仅仅在酒精含量上有所区别,完全可以将醉酒驾驶包容评价为饮酒驾驶,并适用饮酒驾驶的行政处罚措施,但按照此前的司法体系,醉酒驾驶似乎没有出罪的可能性,自然也没有考虑到在检察机关对犯罪情节轻微,作出不起诉决定后的行刑衔接问题。此外,醉驾驾驶行为危害性重于饮酒驾驶,其行政处罚的力度也应当大于后者,即使根据举轻明重的原则,可准用饮酒驾驶的行政处罚,两者之间的行政处罚配置未体现社会危害性的不同。对此,《意见》以醉酒属于严重的饮酒后驾驶机动车行为,明确可适用饮酒后驾驶机动车的行政处罚规定。

然而,由于公安机关在查获酒驾后,一般会先行作出吊销机动车驾驶证的行政处罚决定,继而移送检察机关审查起诉,若检察机关审查后就该案作出不起诉决定,并进行反向行刑衔接,此时公安机关是否可再次对行为人作出罚款或者拘留的行政处罚,对同一事实作出两次行政处罚是否违背一事不再理的原则也成为实践难题。如 N 区检审结的危险驾驶案件中,酌定不起诉案件达 1931 件,占比 15.96%。但公安机关对检察机关作出不起诉决定后的反向衔接移送,以不能对行为人进行重复行政处罚为由,未再次做出行政处罚决定,不起诉案件衔接行政处罚案件数仅有 9 件。

---

10 同注 9。

11 参见王志祥:《醉驾犯罪司法争议问题新论——浙江最新醉驾司法文件六大变化述评》,载《河北法学》2020 年第 3 期。

2. 配置治理机制滞后

在N区检受理的危险驾驶案件中，公安机关在查获酒驾后，采取取保候审强制措施，危险驾驶案件在刑事诉讼（取保候审、移送起诉、开庭审理）过程中采用程序简化方式推进，办案人员办理醉驾案件呈现流水格式化倾向，更关注犯罪事实及酒精含量等核心证据。即便是在认罪认罚环节，也是以效率优先，以达成认罪认罚为协商目的，部分忽略释法说理及行为引导。在诉讼流程的快速推进中，涉案行为人缺乏对本人刑事案件被告人的身份认同，虽然实现案件快速办结，减轻刑事案件被告人的诉累，但在程序从简的程序推动中，缺乏相应的制度补给，刑事规制的威慑效果也有所折损。

在M市各区的司法实践中，有引入社会公共服务作为醉驾案件办理中的选择环节，但服务的内容、区域、时间及对案件处理的作用等，均在探索中，而且在附条件不起诉的主体仍未拓展至成年人之时，通过对行为人社会公共服务效果的考察，进而做出起诉或者不起诉的决定，在法律层面都缺乏正当性。同时，对于符合不起诉条件的行为人，依照程序作出不起诉后，不仅行刑衔接环节缺失，存在“一放了之”现象，导致醉驾者没有受到行政处罚，轻于酒驾者行政处罚的轻重倒挂现象。对行为人的后续行为也无制度约束，造成一旦起诉，附随效果远超于刑罚的严厉程度，而作出不起诉决定后，无任何惩治效果的“断崖”式刑事治理现状。

三、综合治理：醉驾治理路径

醉驾型危险驾驶治理，首先在于治理理念的转变，由单向治罪转变为治罪与治理并重，其次在于激活司法适用的自由裁量权，并辅之以司法过程中的实体及程序出罪，畅通危险驾驶罪的出罪渠道。同时，构建刑事司法与行政执法的衔接机制，弱化微罪犯罪记录的附随效应，践行罪责刑相一致的刑法原则。

（一）推动科学执法，实现刑事政策与犯罪治理的理性协同

刑事案件始于公安机关的立案环节，从源头推动科学执法，才能有效实现危险驾驶罪的合理入罪。公安机关与检察机关从“醉驾一律入罪”到“醉驾不必一律入刑”的办案思路受制醉驾刑事司法政策的变迁。在危险驾驶罪立法之初，为了彰显对醉驾的刑事打击力度，司法实践对醉驾的认定，仅限于酒精含量是否超过入罪标准，而对于是否存在避险事项、挪车、停车型醉驾均未做个案的

考量。但在醉驾型危险驾驶案件数量大幅增长的背景下,民众逐渐反思醉驾入刑的实际效果,刑事司法政策也随之回归理性,从构成要件该当性、违反性及有责性层面,探讨醉驾的司法认定。刑事政策具有阶段性及导向性的特征,社会治理的重点可通过刑事政策传导至司法实践,但政策本身的时效性也会影响法律适用的稳定性。因此,刑事政策与犯罪治理的互动应当理性协同,避免"运动式执法"的弊端。根据《刑事诉讼法》第112条的规定,公安机关具有微罪处分权,可对犯罪事实显著轻微,不需要追究刑事责任的,作出不予立案的决定。[12]《意见》要求公安机关对嫌疑人酒精含量达到80毫克/100毫升以上的情况,依照《刑事诉讼法》的规定决定是否立案,也是微罪处分权的实践方式。

同时,鉴于目前对醉驾执法在共同犯罪及犯罪形态上的扩张化,需要严格把握。共犯的可罚性源于正犯的危害行为,属于刑罚的扩张事由。根据我国刑法对于共同犯罪的规定,对于从犯,应当从轻、减轻或者免除处罚。在危险驾驶罪中,正犯的法定刑为拘役,共犯应当在拘役的基础上从轻、减轻或者免除。由于正犯对应的是微罪,因而共犯的可罚性更加小。可对醉驾共犯的认定进行限缩解释,若不具备教唆、强令情节,一般不认定为共犯。[13] 同时,刑法中对于未遂犯及中止犯,都相应规定比照既遂犯从轻、减轻或者免除处罚。在执法中,对于行为人具备未遂、中止等情节时,可结合案件证据,做出罪处理。[14]

(二)落实司法裁判标准,畅通实体和程序的出罪路径

现今醉驾型危险驾驶罪的立法并未规定结果要素,当行为违反法律规定时即满足构成要件该当性。[15] 但"行为无价值一元论"不考虑对法益侵害的实际可能性,通过对行为本身的处罚实现刑法的预防与报应并不妥当。刑事立法中虽然没有规定"情节严重"等入罪门槛,但《刑法》总则第13条但书的规定,可以指导分则的适用。对分则罪名仍然需要进行犯罪情节的实质考量。尽管但书

---

12 参见史立梅:《论醉驾案件的程序出罪》,载《中国法学》2022年第4期。

13 参见王敏远:《"醉驾"型危险驾驶罪的综合治理的实证研究——以浙江省司法实践为研究样本》,载《法学》2020年第3期。持相关观点的论文可参见梁根林:《刑事政策与刑法教义学交互审视下的危险驾驶罪》,载《中国法律评论》2022年第4期。文中认为需确立危险驾驶罪作为微罪无共犯的共犯教义学立场,除非达到支配、操纵他人醉酒驾驶的程度。

14 参见王飞跃:《论抽象危险犯个罪裁判规范的续造》,载《中国法学》2022年第2期。

15 参见尹彦品、王艳荣:《醉酒型危险驾驶罪回顾与完善刍议》,载《河北法学》2022年第4期。

是否可直接用于出罪存在争议，[16]但2017年5月1日最高人民法院《关于常见犯罪的量刑指导意见(二)(试行)》对于醉驾的但书适用予以肯定，《意见》中亦明确但书规定可直接作为出罪条款。

醉驾出罪可区分实体及程序两个维度，实体出罪主要从刑事违法性、社会危害性、应受惩罚性三方面进行判断，[17]对构成要件中“机动车”“道路”等要素进行限缩解释，是危险驾驶罪实体出罪的主要路径。同时，以《刑法》第13条的规定为参照，对抽象危险进行实质判断。在程序出罪环节，则是检察机关不起诉裁量权及法院定罪免刑的适用。与西方国家“漏斗式”的刑事司法体制相比，我国司法出罪机制种类较少，但我国刑事诉讼制度中的公安机关微罪处分权、检察机关不起诉权及法院定罪免刑制度仍然可为微罪的适用提供出罪的程序路径。一方面，注重对“逆向情节”的综合考量。最高人民法院于2010年发布《关于贯彻宽严相济刑事政策的若干意见》，明确在同时具备法定、酌定从严和法定、酌定从宽情况时，应当综合被告人主观恶性、人身危险性、社会治安状况等因素，结合案件事实、性质、情节和社会危害性，作出综合分析判断，决定总体从严或者总体从宽。据此，公安机关对血液酒精含量达到80毫克/100毫升以上的，如情节显著轻微，危害不大，可不予立案，实现侦查环节的程序出罪。检察机关在审查起诉时，应当通过文书说理的方式将“逆向情节”的裁量过程予以明确，避免“从重处罚”情节在司法裁量时权重“放大”，充分激活“逆向情节”下酌定不起诉的运用。若案件进入审判阶段，也可依照法律规定做出定罪免刑的司法裁判。另一方面，可通过案例指导方式明确以推定方式确认案发时酒精含量的鉴定意见采信规则，如可结合侦查实验或听取有专门知识的人的意见，辅助判断鉴定意见的效力等。

(三)完善行刑衔接机制，构建犯罪源头防控系统

2019年《人民检察院刑事诉讼规则》第373条第2款明确检察机关做出不起诉决定后，应当通过检察意见的方式进行反向行刑衔接。《行政处罚法》第29条规定：“对当事人的同一个违法行为，不得给予两次以上罚款的行政处罚。

---

16 同注11。文中认为醉驾案件不能适用但书出罪，可通过构成要件符合性、违法性和有责性的判断来实现实体出罪的效果。持相同观点论文可参见陈兴良：《但书规定的法理考察》，载《法学家》2014年第4期；殷磊：《论刑法第13条但书规定新解——兼论但书在犯罪构成理论中的展开》，载《法律科学》(西北政法大学学报)2011年第5期。

17 参见阮齐林：《刑事司法应坚持罪责实质评价》，载《中国法学》2017年第4期。

同一个违法行为违反多个法律规范应当给予罚款处罚的,按照罚款数额高的规定处罚。”罚款的行政处罚决定不得重复做出,但醉驾案件在立案时作出吊销机动车驾驶证的行政处罚决定,在不起诉后反向衔接作出行政拘留或罚款的行政处罚并非双重评价。

此外,通过刑事手段并不能一劳永逸地实现醉驾治理,醉驾入罪是在发生法律拟制的危险时,刑事法律的介入。醉驾治理需要构建事前防范、事中处罚、事后警示的一体化处置模式。事前防范除常规的宣传方式外,还可借助科技手段,如强制安装车载酒精检测装置,强制驾驶人员发动汽车前,接受车内酒精检测,若酒精含量达到一定程度,车辆不能启动。[18] 在事中处罚环节,浙江“瑞安模式”、广州市某区检察院在酒驾案件中引入社会公益服务考察项目等,均将行为人的社会公益服务作为是否作出不起诉处理的参考。但在酌定不起诉的制度框架下实行将社会公益服务活动作为参考于法无据,也易引发公众的质疑。[19] 对此,可通过附条件不起诉的立法构建,将社会公益服务作为附条件不起诉的考察内容,通过教育惩戒的方式,实现法律效果与社会效果的双赢。[20] 同时构建行刑衔接常态机制,避免醉驾案件的处理要么受到刑事处罚,要么“一放了之”不处罚。在事后警示环节,实现从单向无差别宣传到沉浸式体验的转变,如 N 区检依托在 N 区社区矫正中心成立的社区矫正检察官办公室,对醉驾案件社区矫正对象的接收、监管教育、到期解除进行全方位监督,全力做好末端监督,在不起诉案件中,开启醉驾不起诉案件“公开听证 + 训诫教育”模式等,均是通过双向互动方式,增强司法制裁仪式感,提升警醒教育效果。

(四)弱化犯罪附随效果,限制微罪犯罪前科

危险驾驶罪的法定刑为拘役,但醉驾刑的非刑罚溢出效应,远远超出刑罚本身的严厉性。有学者对我国犯罪的附随进行梳理,主要有职业禁止、如实报告、限制考试、限制户籍、限制荣誉、排斥社会保障等。[21] 对于犯罪前科的规定,我国《刑法》仅在第 100 条规定了犯罪记录封存制度,2011 年《刑法修正案(八)》增设了一款即未成年人的有限的前科消灭制度。在危险驾驶罪入罪之

---

18 参见周光权:《论刑事一体化视角的危险驾驶罪》,载《政治与法律》2022 年第 1 期。

19 《广州醉驾也能从宽免刑引热议　反对者:变相纵容酒驾》,载新浪广东 2019 年 6 月 30 日,https://gd.sina.cn/news/2019-06-30/detail-ihytcitk8615245.d.html?from=wap。

20 参见敦宁:《醉驾治理的司法困境及其破解之策》,载《法商研究》2021 年第 4 期。

21 参见王瑞君:《我国刑罚附随后果制度的完善》,载《政治与法律》2018 年第 8 期。

前,我国《刑法》结构为重罪与轻罪二元体系,犯罪记录制度正是在该背景下发展而来。自危险驾驶罪入罪后,《刑法修正案(九)》增设了使用虚假身份证件、盗用身份证件罪和代替考试罪等法定刑在一年以下有期徒刑的罪名,《刑法修正案(十一)》增设高空抛物罪和妨害安全驾驶罪。自此,我国刑法体系呈现微罪、轻罪、重罪的三元结构。而在二元结构发展起来的犯罪记录制度附随效果的严厉性,是以传统重刑化刑法为基准导向设置,远远超出微罪法定刑本身的严厉程度。如在党纪处置上,根据《中国共产党纪律处分条例》第32条第1款的规定,因故意犯罪被依法判处刑法规定的主刑(含宣告缓刑)的,应当给予开除党籍处分。在职业禁止方面,受到过刑事处罚的人不能担任医生、检察官、法官等职务,其子女在政治审查中,也会因直系亲属受过刑事处罚而处于不利状态。《刑法》第5条规定罪责刑相适应原则,也就是行为人所受到的刑事处罚应当与行为本身的法益侵害性具备相当性。对于相当性的理解,不能局限于刑罚本身,还包含刑罚带来的附随效果,即刑罚的社会规范评价。犯罪记录制度在微罪的适用中,由于附随效果的泛化,已偏离罪刑相适应的基本原则。

因此,在三元犯罪结构的设置中,应当对于犯罪记录制度予以改进,有观点提出可先行确立微罪记录注销制度,再建立前科消灭制度。[22] 也有论者从行政罚不应当超过基础性刑罚以及事理关联性两项标准,将微罪附随效果控制在合理的范围内。[23] 在犯罪记录尚未完善之时,笔者赞同可以从微罪附随效果入手,通过对微罪概念界定(法定刑为一年有期徒刑以下)、微罪刑罚执行后的时间间隔(如一年)、微罪附随效果的限制效果(参照未成年人犯罪记录封存,一般情况下无须记入犯罪记录,特定情形时可调取使用)等,先行对微罪的附随效果进行限制。在条件成熟时,应当构建三元犯罪结构中的犯罪记录制度,实现“轻轻重重”的刑罚附随效果。

---

22 参见梁云宝:《积极刑法观视野下微罪扩张的后果及应对》,载《政治与法律》2021年第7期。

23 参见解志勇、雷雨薇:《基于“醉驾刑”的“行政罚”之正当性反思与重构》,载《比较法研究》2020年第6期。

案例分析

“微信消息撤回”的意思表示效力分析
——景某与广州某投资公司、曾某、英国某投资公司服务合同纠纷案

蓝纯杰　欧阳福生*

【裁判要旨】　以微信消息作出的意思表示为非对话意思表示，应根据《民法典》第 137 条第 2 款之规定判定意思表示是否生效。微信消息“2 分钟内可撤回”不属于法律规定的意思表示“另有约定的生效时间”。行为人在发出微信消息后 2 分钟内撤回的，不构成法律规定的“意思表示撤回”，已发出的微信消息按照前述法律规定的“到达主义”或“知悉主义”判断意思表示生效时间。

【关键词】　微信消息　撤回　意思表示　生效时间　认定

【案件索引】

一审：广东自由贸易区南沙片区人民法院(2021)粤 0191 民初 3677 号
二审：广东省广州市中级人民法院(2023)粤 01 民终 12537 号

【基本案情】

景某诉称：景某与英国某投资公司签订《投资服务合作协议》，约定由英国某投资公司为景某办理英国独立代表签证，提供移民服务，广州某投资公司参与具体事务办理。协议签订后，景某支付了服务费 30 万元。实际履行过程中，考虑移民时间、实际支出等因素，景某提出停止移民申请。广州某投资公司、英国某投资公司作为专业的移民公司，应明知景某的移民申请不符合条件，仍作

---

* 蓝纯杰——上海政法学院讲师，主要研究领域：知识产权法、民商法；欧阳福生——广州市中级人民法院涉外庭四级高级法官。

出虚假承诺,主观上存在欺诈故意或严重过失。基于此,景某诉请解除《投资服务合作协议》,广州某投资公司向景某返还服务费12万元并支付利息,曾某、英国某投资公司承担连带还款责任。

广州某投资公司、曾某、英国某投资公司辩称:英国某投资公司按照约定履行了合同义务,景某停止移民申请是其单方意思表示,并非英国某投资公司违约造成,英国某投资公司有权不予退还服务费。考虑双方合同关系及疫情因素,英国某投资公司已向景某退还18万元,余下12万元,景某无权主张返还。广州某投资公司、曾某不是涉案合作协议的主体,不承担合同责任。

法院经审理查明:广州某投资公司是2007年12月10日登记成立的自然人独资公司,股东为曾某。2019年12月17日,景某与广州某投资公司、英国某投资公司签订《投资服务合作协议》,其中约定:由英国某投资公司为景某办理英国独立代表签证手续,签证手续的时间通常为正式递交申请资料并受理后的4~6个月;景某按照要求提供真实合法的相关独立代表签证申请所需的所有资料并全权配合办理过程中的一切事宜;总费用108万元,协议签署时支付第一期费用30万元,准备好所有递交申请资料后,在向移民局递交申请前,支付第二期费用30万元,获得英国独立代表签证批准时,支付第三期费用48万元;如由于不可控因素,无法办妥签证手续,前期所收取的费用中扣除前期已发生的英国律师费和会计师费以及文案翻译费12万元后,其余费用在7日内无息退还。如因景某无故要求终止办理及不配合而造成的拒签,所收取费用不予退还。该协议有两份附件,一份为《英国独立代表办理费用解析》,对前述108万元所含费用范围及不含费用范围进行了明确。另一份为《英国独立代表签证程序及要求》中记载承办机构为广州某投资公司、英国某投资公司,并对办理时间、总费用、申请程序、承办要求等事项进行了明确约定。

2019年12月22日,景某按照约定向英国某投资公司支付第一期费用30万元。

2020年1月至5月,景某与曾某就办理签证手续需要的申请资料、所需时间在微信群中进行了沟通。曾某表示,景某的工资记录、经营公司的财务数据不符合要求,难以在协议约定的时间内办妥英国签证手续,可以考虑移民其他国家。景某回复,如果不符合申请条件,就只能放弃移民。之后,景某提出终止移民申请,并要求退还已支付的30万元费用。曾某答复,公司已按照约定履行部分合同义务,为办理前期手续支付了不少费用,故只能退还18万元。

2020年6月1日，广州某投资公司工作人员微信名小松将《英国独立代表签证服务协议终止确认函》文档发送到微信群，要求景某确认服务协议终止函的内容，并在签名后将确认函扫描或拍照发到群里，以便公司退款。景某不同意扣款12万元，主张扣减3万元，退还27万元。2020年11月23日，景某将银行卡拍照发到微信群并@小松，请退款至该账户。小松要求景某完善银行卡信息并签署服务协议终止函。12月17日，景某签署了前述确认函并发送到微信群，随后又撤回。小松已保存该文件。

2020年12月23日，曾某向景某转账18万元，备注为"退款"。各方确认《投资服务合作协议》已解除。

【裁判结果】

广东自由贸易区南沙片区人民法院于2022年9月30日作出(2021)粤0191民初3677号民事判决：确认《投资服务合作协议》解除，广州某投资公司、英国某投资公司、曾某向景某返还8万元。宣判后，英国某投资公司提出上诉。广州市中级人民法院于2023年2月16日作出(2023)粤01民终12537号民事判决：确认《投资服务合作协议》解除，驳回景某的其他诉讼请求。

【裁判理由】

法院生效裁判认为：双方当事人签订的《投资服务合作协议》及该协议附件《英国独立代表办理费用解析》的约定，英国某投资公司接受景某委托代为办理英国独立代表签证，协助其移民英国，景某配合提供办理签证申请所需相关申请资料并支付服务对价，上述合同合法有效，双方当事人均应依约履行。结合景某与曾某及其他相关工作人员之间的微信聊天记录，案涉合同最终无法继续履行，既有景某提供的资料不符合英国独立代表签证的要求的因素，也有景某改变意愿决定不再移民国外的因素，其主要责任应在景某一方。现英国某投资公司同意解除案涉合同，但双方当事人对应退还的费用存在争议。对此，景某虽然签署了确认函表示同意双方按照退款18万元了结双方之间的合同关系，并将确认函发送到微信群中，但随后又立即撤回。该确认函发送的时间发生于2020年12月17日，故应适用原《合同法》的相关规定判断其生效与否。原《合同法》第16条第2款规定:“采用数据电文形式订立合同,收件人指定特定系统接收数据电文的,该数据电文进入该特定系统的时间,视为到达时间;未指定特定系统的,该数据电文进入收件人的任何系统的首次时间,视为到达时间。”第26条规定:“承诺通知到达要约人时生效。承诺不需要通知的,根据交易习惯或者要约的要求作出承诺的行为时生效。采用数据电文形式订立合同的,承诺到达的时间适用本法第十六条第二款的规定。”据此,虽然景某已使用微信对话的撤回功能反悔撤回该确认函,但因该确认函已到达广州某投资公司,该确认函依法应认定为有效。其次,即使该确认函未生效,根据《投资服务合作协议》的约定,由于不可控因素,广州某投资公司无法办妥签证手续,则扣除英国律师费和会计费以及文案翻译费12万元外,前期费用其余部分予以退还。如在申办过程中景某无故要求终止办理或不配合而造成拒签或超过本协议的服务有效期,则所收取的费用不予退还。而本案主要因景某自身原因导致双方解除合同,英国某投资公司、广州某投资公司扣除前期费用12万元后将剩余18万元退还给景某,所收取费用并未超过上述合同的约定。最后,从景某与英国某投资公司、广州某投资公司于2019年12月17日签订《投资服务合作协议》到2020年5月,英国某投资公司、广州某投资公司一直在履行合同义务,为景某申请签证准备申请资料及寻找替代方案。而一审过程中,英国某投资公司、广州某投资公司及曾某也提供在为景某办理签证申请过程中其工作人员及律师之间的微信聊天记录及部分中英文资料等证据予以证明。结合前述协议的约定、合同总价、《英国独立代表办理费用解析》中列明的合同包含的服务内容及英国某投资公司、广州某投资公司已实际履行的情况,英国某投资公司向景某收取12万元费用并未明显过高。

【案例注解】

随着数字时代到来,微信缔约已成为常见的合同订立方式。微信“2分钟内可撤回”的新功能区别于传统意思表示作出方式,该功能对微信缔约场合意思表示的成立与生效之认定产生影响,故有必要结合《民法典》有关意思表示构成要件的法律规范,剖析以微信消息形式作出的意思表示生效时点的认定标准。

一、微信消息属于非对话意思表示

根据《民法典》第472条、第479条的规定,要约与承诺均为有相对人的意思表示。有相对人的意思表示可区分为以对话方式作出的意思表示与以非对话方式作出的意思表示,该分类以意思表示能否直接沟通为标准。以对话方式作出的意思表示,是指以相对人可以同步受领的方式作出的意思表示,如当面对话、打电话等。以非对话方式作出的意思表示,是指行为人(表意人)与相对人之间借助交流媒介间接沟通或交流。行为人以信件、电报、电传、传真、电子数据交换、电子邮件等向相对人作出意思表示,均为以非对话方式作出的意思表示。

将意思表示区分为对话与非对话方式的意义在于认定意思表示的到达时点。微信缔约场合,以微信消息形式作出的意思表示为非对话的意思表示,理由如下:首先,在意思表示以数据电文为表现形式时,意思表示的发出和受领依赖于以互联网为基础的信息接收系统,该信息接收系统是表意人与相对人沟通交流的基本渠道。微信消息属于数据电文,而数据电文属于非对话意思表示的下位概念。因此,以微信消息形式作出的意思表示为非对话意思表示。其次,当事人不能以微信消息形式直接沟通,表意人无论发送文字还是语音消息,相对人并不必然实时知悉,即以微信消息形式作出的意思表示之发出与到达不具有同步性。在通过微信沟通的过程中,一方可随时离开或关闭系统,而不影响对方消息之发送,此与现场对话或电话也不相同。最后,行为人以微信消息形式作出要约,相对人不立即回应并非偶然情形,若当事人无特别约定,根据微信消息客观到达的时间点,不难认定以微信消息形式作出的意思表示并非于要约发出时到达。若当事人约定彼此均须立即回复,此类意思表示也不必然因当事人特别约定而于发出时到达相对人并生效,应根据意思表示解释规则,认定双方对承诺期限另有约定,未立即回复构成承诺迟到。

二、以微信消息作出意思表示生效时间的认定

《民法典》第137条规定第2款规定:"以非对话方式作出的意思表示,到达相对人时生效。以非对话方式作出的采用数据电文形式的意思表示,相对人指定特定系统接收数据电文的,该数据电文进入该特定系统时生效;未指定特定系统的,相对人知道或者应当知道该数据电文进入其系统时生效。当事人对采用数据电文形式的意思表示的生效时间另有约定的,按照其约定。"如前所述,微信消息属于采用数据电文形式作出的意思表示,生效时点判断应适用前述规定的三个方面标准:其一,"到达主义"标准。到达主义,是指以意思表示到达相对人的时间客观确定意思表示生效时间的理念或方法。所谓到达相对人,指意思表示已进入相对人的支配范围,处于相对人可以了解的状态,至于相对人是否实际了解意思表示的内容,在所不问。在各方约定使用微信订约的情况下,一方发送的信息到达对方微信或微信群,要约或承诺即生效。其二,"知悉主义"标准,意思表示自相对人知道或者应当知道承载意思表示的数据电文进入其系统时生效。在各方未约定使用微信订约的情况下,一方发送的信息到达对方微信或微信群,且对方知悉信息的,要约或承诺即生效。其三,"任意性"标准,意思表示的表意人和相对人可以事先约定以数据电文为表现形式的意思表示的生效时间。各方对于以微信消息作出的意思表示生效时点另有约定的,按照其约定。

微信具备"2 分钟内可撤回"这一特殊功能,以微信消息形式作出的意思表示生效时点之认定应该结合当事人是否同意微信订约、微信消息是否成功发送以及各方有无其他约定进行具体认定。首先,行为人按下微信对话框的"发送"按钮,就构成意思表示的发出。有观点认为,该 2 分钟内尚不属于行为人将意思表示终局置于得预期相对人受领的过程,不构成意思表示的发出。[1] 意思表示是指行为人把旨在达到某个私法上法律后果的意思表达于外部的行为[2],由表示与意思两部分组成[3]。为此,我们认为,行为人在微信对话框内输入语音或文字,将其内心意思外部化,就完成了意思表示,故其按下"发送"按钮,应视为意思表示已发出。"2 分钟内可撤回"功能仅为表意人在意思表示发出之后且到达相对人之前撤回该表示提供便捷途径,以微信消息形式作出的意思表示之发出时点仍为消息成功发送时。其次,相对人向行为人指定了接收数据电文的特定系统时,承载意思表示的数据电文进入该指定的特定系统时生效。"所谓一项数据电文进入一个信息系统,其时间是在该信息系统内可投入处理的时间"[4],它实质上意味着承载意思表示的数据电文已进入相对人的支配范围,置于相对人可以了解的状态,至于该数据电文是否实际上已为相对人所知道或了解,对于决定意思表示的生效时间无关紧要。当事人如果约定采用微信方式订

---

1 姜旭:《微信缔约的意思表示构成要件分析》,载《常州工学院学报》2023 年第 6 期。

2 朱庆育:《民法总论》,北京大学出版社 2016 年版,第 188 页。

3 米健:《意思表示分析》,载《法学研究》2004 年第 1 期。

4 《中华人民共和国民法典释义及指南》(上),中国民主法制出版社 2020 年版,第 121 页。

立合同,如共同建立微信群,或在微信对话中表示同意通过微信订立合同,表明相对人指定了接收微信消息的特定系统。行为人在微信聊天中作出要约或承诺的意思表示,意思表示的内容显示于微信聊天框内,就意味着承载意思表示的微信消息进入了相对人支配范围,应当认定意思表示到达相对人,意思表示发生法律效力,即要约或承诺已生效。《民法典》第141条规定:“行为人可以撤回意思表示。撤回意思表示的通知应当在意思表示到达相对人前或者与意思表示同时到达相对人。”意思表示在微信聊天框内显示就可认定已到达相对人,故行为人在微信消息发出后2分钟内撤回,不能认定为前述法律规定的“撤回意思表示”,即已作出的意思表示具有法律效力,对行为人和相对人均有约束力。再次,当事人未明确约定采用微信方式订立合同,即相对人未指定接收数据电文的特定系统,意思表示自相对人知道或者应当知道承载意思表示的微信消息进入其系统时生效。行为人通过微信发送要约或承诺信息,相对人接收信息后,并作出回复,可认定相对人知道或应当知道微信内容,意思表示已生效,对各方有约束力。在此情形下,行为人在信息发出后2分钟内撤回亦不产生法律意义上的“撤回意思表示”。最后,如果行为人与相对人对以微信消息作出的意思表示生效时间另有约定的,根据意思自治原则,应当以约定的标准判断生效时间。例如,双方共同约定,微信消息在各方阅看并回复“收到”后才视为送达,此情形下,行为人作出的意思表示应以相对人在微信聊天框中明确回复“收到”方发生法律效力。

三、“2分钟内可撤回”不属于“另有约定”的意思表示生效时点

有观点认为,因当事人明知微信之撤回功能,应视为当事人对采用数据电文形式的意思表示的生效时间另有约定,根据前述“当事人对采用数据电文形式的意思表示的生效时间另有约定的,按照其约定”的法律规定,应采用“任意性”标准认定意思表示生效时间,即意思表示到达2分钟后才发生法律效力。[5]我国《民法典》对意思表示生效时点的认定采用到达主义,微信缔约场合,当事人对意思表示之生效时点的另行约定使相对人承担比到达主义更大的风险,无论相对人是否已实际知悉表意内容,其均需承担表意人在消息发送成功的2分钟内可任意反悔的风险。[6] 我们不同意前述观点,主要理由是:其一,微信作为

5 姜旭:《微信缔约的意思表示构成要件分析》,载《常州工学院学报》2023年第6期。

6 纪海龙:《走下神坛的“意思”—论意思表示与风险归责》,载《中外法学》2016年第3期。

即时通信工具,其设置的撤回功能,是从保护用户角度考虑的。在当前移动互联网时代泛社交和弱社交的环境下,微信撤回功能像是一种保护,说出去的话不再像泼出去的水,有了收回来或者隐匿掉的机会。[7] 所以,微信消息“2 分钟内可撤回”并非法律意义上“意思表示的撤回”,不能以概念相同或当事人清楚微信具有撤回功能而当然认定此撤回产生“意思表示撤回”的法律效果。其二,意思表示关涉法律行为效力,有关意思表示生效时间的判断标准,立法对“到达主义”或“知悉主义”的适用标准和场景进行了明确界定,避免司法裁判模糊。基于相同道理,“任意性”标准的适用依据也应当清晰易判断,当事人是否另有意思表示来约定生效时间,应当以明确约定为准,不能依据现有情况模糊推定,否则,就会产生理解歧义,进而影响法律行为是否成立或生效的判断。其三,如果认定“2 分钟内可撤销”视为当事人对生效时间另有约定,那么该 2 分钟内意思表示属于何种状况属于不确定状态,相对人可否在 2 分钟内作出回应的意思表示以及该意思表示效力如何也属于模糊状态,这极易导致法律关系不稳定,判断标准不明,增加交易风险,产生争议或者纠纷。

微信的“2 分钟内可撤回”功能影响意思表示构成要件之认定,需从体系上适用《民法典》关于意思表示的法律规范,认定微信缔约场合的意思表示构成要件。以微信消息形式作出的意思表示为非对话意思表示,生效时点应当根据《民法典》第 137 条第 2 款的规定认定。如果双方明确约定以微信方式订立合同,采用“达到主义”认定生效时间,各方意思表示以到达微信聊天框为生效时间;若双方未约定微信方式订立合同,采用“知悉主义”认定生效时点,以相对人知晓或应当知晓意思表示内容为生效时间。“2 分钟内可撤回”不属于法律规定的“另有约定的生效时间”,行为人在发出微信消息后 2 分钟内撤回的,不构成法律规定的“意思表示撤回”,已发出的微信消息按照前述规定的“到达主义”或“知悉主义”判断是否生效。

本案中,双方当事人签订的《投资服务合作协议》,英国某投资公司接受景某委托代为办理英国独立代表签证,协助其移民英国,广州某投资公司负责具体委托事务。合同履行过程中,为便于沟通,双方共同建立微信聊天群,相关消息在微信群内发送和接收。为此,双方均指定以微信群作为接收意思表示的特

---

7 陈娅:《说出去的话等于泼出去的水?——试论微信中的消息撤回》,载《丝绸之路》2020 年第 1 期。

定系统,意思表示生效时间应当适用前述法律规定的“送达主义”予以确定。广州某投资公司同意解除案涉合同,在微信群中发送了《服务协议终止确认函》,要求景某确认服务协议终止函的内容,签署确认函后扫描发送至微信群,以便公司退款。景某签署了确认函,并将确认函扫描件发送至微信群。虽然景某已使用微信撤回功能撤回该确认函予以反悔,但因确认函已发送至微信群,到达相对人广州某投资公司,该确认函依法应认定为有效。

【相关法条】

《中华人民共和国民法典》第 137 条第 2 款

委托投资虚拟货币的合同效力认定及损失分担

——黄某某与钟某某民间委托理财合同纠纷案

刘　靖*

【裁判要旨】 当事人双方在合同中约定,委托人以自己的名义在虚拟货币交易平台上登记注册账户,委托受托人从事投资活动的,可认定双方成立委托理财合同,因该合同委托事项违法,人民法院应认定合同无效;委托人因委托投资虚拟货币所受的损失,可以将委托事项的发生原因作为确定过错程度主要考量因素,由当事人分担。

【关键词】 民事　民间委托理财　虚拟货币　合同无效　过错

【案件索引】

一审:广东省广州市花都区人民法院(2022)粤0114民初4218号

二审:广东省广州市中级人民法院(2023)粤01民终2471号

【基本案情】

2016年10月19日,黄某某与钟某某在工作中认识,钟某某邀请黄某某进行投资,双方达成由黄某某委托钟某某进行理财的协议。2021年1月11日,黄某某向钟某某在币安(Binance)数字货币交易所开设的账户转入人民币20万元。钟某某向黄某某作出理财资金保本承诺。

2021年1月13日,黄某某作为甲方,钟某某作为乙方,签订《数字货币账户

* 刘靖——广州市花都区人民法院民二庭庭长、四级高级法官。

托管协议书》,就黄某某委托钟某某进行数字货币账户委托管理服务事宜达成如下协议:一、甲方委托乙方对其在币安数字货币交易所开设的账户内的资产总计人民币20万元整进行资产管理;在乙方为甲方提供账户托管期间,乙方拥有完全独立的账户操作权,资金调拨权归甲方所有,即只有甲方可以进行资金的转入和转出……四、数字货币属于极高风险投资品,故乙方不对委托账户作出任何的收益保证;在核算日(2022年1月13日)核算收益后,账户产生的一切亏损,由甲方承担责任。

合同签订后,黄某某将其账户及密码提供给钟某某操作,钟某某每次登录账户操作时,都由黄某某向其提供登录验证码。2022年1月13日,双方约定的委托理财期限届满,经核算,黄某某投入账户的20万元亏损了57,556.1元。后原告黄某某按照《数字货币账户托管协议书》约定及钟某某的承诺,起诉要求被告偿还其理财账户亏损57,556.1元及相应的利息损失。被告钟某某则认为双方协议委托理财的标的物是USDT(泰达币),是未经批准的虚拟货币,涉案合同应认定为无效,故其无须承担责任。

【裁判结果】

广州市花都区人民法院于2022年9月20日作出(2022)粤0114民初4218号民事判决,判决:一、被告钟某某于本判决发生法律效力之日起十日内,向原告黄某某退还款项57,556.1元;二、被告钟某某于本判决发生法律效力之日起十日内,向原告黄某某支付利息损失(以57,556.1元为基数,按全国银行间同业拆借中心公布的一年期贷款市场报价利率,自2022年1月14日起计算至付清款之日止);三、驳回原告黄某某的其他诉讼请求。原告提起上诉,广州市中院于2023年2月27日作出(2023)粤01民终2471号民事判决:一、撤销广州市花都区人民法院(2022)粤0114民初4218号民事判决;二、上诉人钟某某自本判决生效之日起三日内向被上诉人黄某某退还款项28,778.05元;三、驳回被上诉人黄某某的其他诉讼请求。

【裁判理由】

法院生效裁判认为:本案争议的焦点问题为:1.案涉《数字货币账户托管协

议书》是否无效;2. 案涉《数字货币账户托管协议书》无效后的责任承担问题。法院对此分析认定如下:

关于第一个争议焦点问题。案涉《数字货币账户托管协议书》中委托理财的标的物是 USDT(泰达币),属于虚拟货币。双方签订该协议书之时,已有生效的金融监管规章明文禁止虚拟货币的买卖、兑换,黄某某委托钟某某对其账户予以托管并进行虚拟货币的投资交易,违反了禁止性规定且破坏了金融管理秩序,应认定案涉《数字货币账户托管协议书》无效。

关于第二个争议焦点问题。案涉《数字货币账户托管协议书》无效后的责任承担,法院认为,双方当事人在已有禁止性规定的情况下,仍然从事国家明文禁止的业务,属于明知故犯,双方均有过错,故黄某某委托钟某某托管的账户亏损应由二人共同承担,即钟某某负担黄某某诉请的亏损 57,556.1 元的 50% 即 28,778.05 元。至于该亏损的利息损失,鉴于黄某某本人过错,法院对其利息损失不予支持。

【案例注解】

本案争议焦点为案涉委托理财合同是否无效及如果无效后的责任承担问题。

一、虚拟货币交易的处理原则

虚拟货币,也被称为互联网币,不同于我们现实中使用的货币,它是在“互联网社会形态”里,人们根据自己的需求成立或者参与社区,同一社区成员基于同种需求形成共同的“新型信用货币形态”[1]。为了规范虚拟货币带来的消极影响,2013 年 12 月,央行等五部委发布了《关于防范比特币风险的通知》,明确比特币不具有法偿性与强制性等货币属性,而是一种特定的虚拟商品。2017 年 9 月,央行等七部委又发布了《关于防范代币发行融资风险的公告》,强调代币发行融资本质上是一种未经批准非法公开融资的行为,任何所谓的代币融资交易平台不得为代币或“虚拟货币”提供定价、信息中介等服务。2021 年 9 月,央

1　虚拟货币的发行基础是信用,但发行主体多为特定社区,其并不需要政府的特殊授权或监管机构发放的牌照和资质,因此,某种意义上,每一个特定社区都可以创建拥有没有商品为基础价值而仅以信用作为发行基础的虚拟货币。

行等十部委发布了《关于进一步防范和处置虚拟货币交易炒作风险的通知》，该通知明确指出，任何法人、非法人组织和自然人投资虚拟货币及相关衍生品，违背公序良俗的，相关民事法律行为无效，由此引发的损失由其自行承担。

由上述《通知》和《公告》可以看出，自 2013 年我国开始对虚拟货币的风险加强管控，通过发布部门规章的方式逐步完善。金融监管对于比特币金融活动的规范，从对其货币属性的否认，延伸到对机构的管控，进而逐步深入到虚拟货币融资和投资活动；对于虚拟货币相关业务活动的态度从“不应”到“不得”再到“严格禁止”，而对于投资虚拟货币的行为从“风险提示”转为“风险自担”，进而直接援引公序良俗原则对相关民事法律行为也即合同的效力进行明确否定，可见我国对于虚拟货币的金融监管有逐步加强的趋势，从规范的内容、主体和后果多方面加强监管。

虽然虚拟货币的“货币”属性被否定，但部分规范性文件和已有判决认可了虚拟货币的财产属性，即虚拟货币被认定为一种虚拟商品，具有财产属性和财产价值，其商品属性及相关民事财产权益受到我国法律法规的保护。

二、虚拟货币交易的效力认定

通过检索虚拟货币交易纠纷案例，司法实务界存在有三种的裁判观点：不属于民事诉讼范围，裁定驳回起诉；认定合同无效；认定合同有效或认定不当得利。

（一）裁定驳回起诉

孙某权诉马某保管合同纠纷案［（2021）苏 03 民终 10698 号］生效判决认为，案涉争议系虚拟货币的交易、流转等行为产生，根据《关于进一步防范和处置虚拟货币交易炒作风险的通知》的要求，虚拟货币不具有法偿性，不应且不能作为货币在市场上流通使用。任何法人、非法人组织和自然人投资虚拟货币及相关衍生品，违背公序良俗，相关民事法律行为无效，由此引发的损失由其自行承担。因此，相关争议不属于民事诉讼案件受案范围，对于原告的起诉予以驳回。

（二）认定合同有效或认定不当得利

史某诉黄某不当得利纠纷案［（2021）闽 0824 民初 2919 号］生效判决认为，虚拟货币作为网络虚拟财产，具有虚拟商品的属性，因此，原、被告在交易平台上买卖 USDT（泰达币）依法应受到法律的保护。不当得利指没有合法的根据取得利益而使他人受损。本案被告已收到应得的 USDT（泰达币）价款

123,960.62 元,因原告操作失误重复支付了 123,960.62 元,被告也认可多收了一笔价款,被告取得该款无合法的根据,应当返还。被告经原告催收未返还,原告要求被告自起诉日(2021 年 9 月 24 日)起至款还清日止按一年期贷款市场报价利率支付资金占用期间的利息,符合法律规定,依法予以支持。

(三)认定合同无效

霍某诉邱某不当得利纠纷案[(2022)闽 09 民终 537 号]生效判决认为,根据《关于进一步防范和处置虚拟货币交易炒作风险的通知》的规定,虚拟货币不具有与法定货币等同的法律地位,不具有法偿性,不应且不能作为货币在市场上流通使用,任何法人、非法人组织和自然人投资虚拟货币及相关衍生品,违背公序良俗的,相关民事法律行为无效,由此引发的损失由其自行承担。霍某购买虚拟货币属于非法金融活动,违背公序良俗,该民事法律行为无效,由此造成的后果应由霍某自行承担。

本案一、二审法院采纳了认定合同无效这一观点。首先,虚拟货币应当属于具有财产属性的虚拟商品,《民法典》第 127 条明确规定"法律对数据、网络虚拟财产的保护有规定的,依照其规定。"可以看出,《民法典》明确将数据与网络虚拟财产纳入保护范围。根据《民事诉讼法》第 3 条"人民法院受理公民之间、法人之间、其他组织之间以及他们相互之间因财产关系和人身关系提起的民事诉讼,适用本法的规定。"因此,如无特殊情况,虚拟货币交易纠纷应当属于民事诉讼范围。其次,比特币、以太币、泰达币等虚拟货币的交易炒作活动,严重扰乱经济金融秩序,严重危害人民群众的财产安全。为防控虚拟货币交易炒作风险,国务院相关部门陆续出台一系列政策措施,明确虚拟货币不具有法定货币地位,禁止开展和参与虚拟货币相关业务,清理取缔境内虚拟货币交易和代币发行融资平台。人民法院审理与虚拟货币有关的纠纷案件时,应当认真研究不同时期国家金融监管和产业调控等公共政策的调整情况,依据《民法典》第 153 条第 2 款的规定,准确认定当事人实施的与虚拟货币相关的法律行为效力。

三、虚拟货币交易合同无效后的处理

关于合同无效后的处理,存在不同的观点,一种是认定虚拟货币交易是非法债务,当事人损失自担;另一种是按照《民法典》第 157 条,认定卖方具有返还义务且按照各自的过错程度分担损失。生效判决支持了第二种观点,虽然《关于进一步防范和处置虚拟货币交易炒作风险的通知》中提到了"由此引发的损失由其自行承担",但对于何谓"由此引发的损失",到底是仅指"虚拟货币"作为货币进行流通而被否定导致的“交换价值的损失”还是包括虚拟货币的原始购置成本，抑或其他情形，该通知并未明确界定。但无论该损失如何界定，笔者认为该条款都不应成为虚拟货币交易受害者维权的障碍，法律应当允许受害者请求财产返还或补偿。有关虚拟货币交易合同无效后，法院应当按照《民法典》第157条规定合理认定返还义务，而非一概否定财产返还的必要性，否则会出现一方蒙受损失、另一方不当得利的局面。本案中，黄某某委托钟某某对其账户予以托管并进行虚拟货币的投资交易，违反了禁止性规定且破坏了金融管理秩序，应认定案涉《数字货币账户托管协议书》无效。案涉《数字货币账户托管协议书》无效后的责任承担，双方当事人在已有禁止性规定的情况下，仍然从事国家明文禁止的业务，双方均有过错，故黄某某委托钟某某托管的账户亏损应由二人共同承担，即钟某某负担黄某某诉请的亏损57,556.1元的50%即28,778.05元。对于该亏损的利息损失，鉴于黄某某本人过错，对其利息损失也不应支持。

【相关法条】

《中华人民共和国民法典》第153条、第592条

电商平台商品数据权益的司法认定及保护

——天某公司、淘某公司诉瑞某公司不正当竞争纠纷案

袁　玥　李　楚*

【裁判要旨】　平台企业请求对平台数据集予以保护，实为请求保护平台企业对数据的要素化利用以及由此带来的交易机会和竞争优势。涉企业数据不正当竞争案件的核心是对被诉侵权行为的正当性判断，而非数据是否为可受保护的权益。

未经授权无差别"搬运"电商平台数据供"无货源"商家在竞争平台从事经营活动，构成对被搬运电商平台经营者的不正当竞争。

【关键词】　不正当竞争　企业数据权益　民事责任

【案件索引】

一审：广州互联网法院(2021)粤0192民初1692号

二审：广州知识产权法院(2023)粤73民终995号

【基本案情】

原告天某公司、淘某公司诉称：其经营的天某、淘某电商平台相关商品、交易及物流数据由两原告付出创造性劳动收集整理，是核心竞争优势及资源，两原告对此享有合法权益。被告利用爬虫技术及铺货易、代销易软件，使"无货

---

* 袁玥——原广州互联网法院综合审判一庭二级法官；李楚——广州互联网法院综合审判一庭审判辅助人员。本文获"广州法院2024年中精品案例评选"一等奖、广州知识产权法院"2023年度十大典型案例"。

源”经营者通过被控侵权软件搬运天某、淘某平台店铺、商品数据至拼某电商平台店铺经营，严重扰乱市场竞争秩序，违反诚实信用原则与商业道德，侵害天某、淘某平台经营者、平台内商家、消费者等的合法权益，构成不正当竞争。请求判令：1. 停止网络侵权及不正当竞争行为；2. 删除所有从天某、淘某平台获取的数据信息及进一步加工、编辑或者整理形成的所有衍生数据；3. 停止发行、运营、宣传爬虫技术及铺货易、代销易软件，自各软件服务市场下架铺货易及代销易软件；4. 公开赔礼道歉、消除影响；5. 赔偿经济损失 1,937,316 元及合理支出 200,000 元（含律师费 150,000 元、公证费 25,000 元及交通费 25,000 元）等。

被告锐某公司辩称：原告对其请求保护的数据内容不享有稳定、专有或可排他的权益，不适用《反不正当竞争法》第 2 条。被告并非被控侵权行为的实施主体，在原告未起诉直接行为主体（软件用户）的前提下被告并非适格当事人。被控软件不可能对原告平台实现实质性替代。“无货源商家”不具有不正当性，原告竞争优势未减弱。被告于 2021 年 4 月 21 日对案涉插件进行了下架、退款处理，为运营案涉插件所订购的云服务器也于 2021 年 7 月初停止租用，不存在持续侵权行为。被告获利仅为 9332.84 元。请求驳回两原告全部诉讼请求。

第三人寻某公司述称，被控侵权的铺货易、代销易软件已在其服务市场下架。寻某公司充分履行了平台注意和提示义务。

法院经审理查明：原告天某公司、淘某公司分别系电子商务平台天某网、淘某网经营者。《淘某卖家服务协议》《天某商户服务协议》均约定，天某、淘某平台对平台内经营者使用平台服务过程中产生的数据负有保护义务，有权以推广商品、品牌为目的处理商品数据。天某、淘某平台公示的《法律声明》禁止不正当获取两平台商品数据的行为，两平台均设置了反爬虫协议。

被告锐某公司系被控铺货易、代销易软件（以下统称为搬家软件）开发运营者，在拼某服务市场内以 0～168 元的价格上架销售、宣传搬家软件。用户使用铺货软件可通过实时输入商品链接、店铺首页链接获取天某、淘某平台内销售商品的各类数据并上传至拼某商家后台，实现商品数据“搬家”和“整店搬家”；可在推荐的“精品货源”列表中，按照商品类目、标题、售价范围等查询勾选商品数据；可使用“编辑商品信息”“价格上限提醒”“外部平台图片、文字报错”等服务功能。

搬家软件用户无须被复制商品经营者的授权，未设置技术措施防止未经授权的数据搬家行为。

经营者使用搬家软件,可实现拼某平台订单在天某、淘某平台一键下单、批量下单,天某、淘某订单信息同步显示在拼某平台订单中,形成由天某、淘某平台经营者发货给实际消费者的“无货源店铺”模式。

【裁判结果】

广州互联网法院于2022年11月23日作出(2021)粤0192民初1692号民事判决:一、被告锐某公司自判决生效之日起十日内向原告天某公司、淘某公司赔偿损失50万元(含合理开支);二、驳回原告天某公司、淘某公司其他诉讼请求。宣判后锐某公司提出上诉。

广州知识产权法院于2023年12月19日作出(2023)粤73民终995号民事裁定:准许锐某公司撤回上诉。

【裁判理由】

生效裁判认为,第一,天某公司、淘某公司有权对天某、淘某平台内的商品数据请求保护。从数据产生的角度来看,两原告作为电商平台经营者,从平台内经营者处收集商品、服务数据并进行处理,本质上属于生产经营活动,符合法律规定,处理案涉数据具有合同依据。从数据运营投入来看。两原告对天某平台、淘某平台本身存在资金、技术、人力投入,对影响平台正常运行秩序、效率行为(如非法获取平台数据)有防范、监测、处置方面的支出。从竞争利益来看。两原告存在对平台内商品数据进行衍生利用和开发的行为,对数据要素化利用享有期待利益。对平台内商品数据的运营可使天某公司、淘某公司获得商业利益,取得竞争优势。

第二,锐某公司开发运营被控搬家软件构成对天某公司、淘某公司的不正当竞争。(1)扰乱网络零售市场竞争秩序。擅自利用他人商品数据从事经营活动,系不劳而获降低自身运营成本。被控搬家软件使天某、淘某平台及平台内经营者无法获知实际消费者真实评价,导致电子商务信用评价制度功能落空。(2)被控搬家软件不正当增加竞争平台访问量、交易量、用户活跃度等,损害天某、淘某平台经营者合法权益;使“无货源店铺”不经授权即可使用他人商品数据、经营他人商品,造成对淘某、天某平台内经营者的实质性替代;侵害消费者知情权、选择权,增加购物风险和维权成本。代销软件对订单内个人信息的处理和搬运同时侵害消费者个人信息权益。(3)违反诚实信用原则和商业道德。被控搬家软件无视天某、淘某平台有关限制第三方获取、使用平台数据的措施,不顾拼某服务市场禁止未经允许复制他人商品的要求,为"无货源店铺"经营者获取不正当竞争优势提供技术支持,违反诚实信用的基本准则。构成《反不正当竞争法》第2条规定的不正当竞争行为。

【案例注解】

本案系全国首例涉电商平台商品数据搬运不正当竞争纠纷案。本案审理需回应平台数据集的保护路径、数据利用行为正当性判断及数据权益主体多元利益平衡等难题。

一、企业数据的认定及保护

(一)企业数据的认定

1. 狭义的"企业数据"。2022年12月2日《中共中央国务院关于构建数据基础制度更好发挥数据要素作用的意见》(以下简称《数据二十条》)正式提出,探索数据产权结构性分置制度,建立公共数据、企业数据、个人数据的分类分级确权授权制度。这是首次在国家层面提出"企业数据"这一概念。但《数据二十条》第2条第5项对可确权授权的企业数据作了限制:一是市场主体;二是数据产生于生产经营活动中;三是不涉及个人信息和公共利益;四是仅享有持有、使用、获取收益的权益。这一制度安排排除了企业对其处理的与公共利益相关的数据主张权益,还体现了对信息主体在先个人信息权益的保护,即以明确企业数据不涉及个人信息的方式,反向督促企业对个人信息进行匿名化处理,匿名化后的数据仍可作为企业数据予以保护。由此,并非为企业处理的所有数据均属于《数据二十条》的企业数据范畴。个案审理时,仍须先对原告主张的数据是否属于企业数据进行分析界定。

2. 电商平台数据集与企业数据的区别。以本案为例,天某平台、淘某平台请求保护的数据包括但不限于链接地址、商品图片、商品名称与参数、品牌信息、商品价格、商品详情、商品销量、商品评分、用户评价、收发货信息、物流状态等,其中用户评价、收发货信息、物流状态等属于个人信息,如按照《数据二十条》的要求,天某、淘某公司显然不能对未经匿名化处理的个人信息主张企业数据权益,不能以平台名义通过"确权+授权"的方式排除他人处理该部分数据。此外,上述数据组成复杂,且在交互过程中不断变化,也增加数据确权难度。据此,"确认+授权"保护模式可能在一定程度上反而增加平台企业负担。

因此,不论是"数据主体享有所有权,数据企业享有用益权"[1],还是"数据主体拥有名义的所有权,数据控制人拥有实质所有权"[2],或赋予企业对其数据"有限排他"的财产权,均难以构建出一套系统解决企业数据各项需求的规范。

(二)企业数据的反法保护

1. 涉数据不正当竞争诉讼频发

数据作为新型生产要素的经济价值越发凸显,企业间围绕数据的竞争越发激烈。近年来,我国涉数据不正当竞争诉讼不断,主要原因在于企业对数据的控制、使用和交易很难达成商业共识,持有各类大数据的头部企业针对侵犯数据权益的维权模式日趋成熟。数据不正当竞争高发于社交、短视频、电子商务等类型的数据产品领域,还包括地图类、教育培训类网络产品。所涉数据类型集中在公司数据、用户生成数据的二次利用以及用户个人信息方面。从竞争行为方式来看,数据获取不当、数据污染行为和妨碍使用的案件数量较多,并涌现出一批数据获取不当与数据使用不当竞合的复杂竞争行为。

本案中,天某公司、淘某公司将其运营的电子商务平台数据作为一种财产诉诸保护,但《民法典》对数据尚未作民事权益属性上的明确定性,本案纠纷也非基于数据权属争议引发,而是源于锐某公司对天某、淘某平台数据的利用行为。据此,天某公司、淘某公司请求保护的实为对平台数据及其要素化利用及其带来的交易机会和竞争优势,本质是一种竞争利益。本案审理的对象应为锐某公司对天某、淘某平台数据的利用是否不正当损害了天某公司、淘某公司的竞争利益。竞争利益上的损害与被损害关系,是民事侵权产生的民事关系在反不正当竞争法中的具体化呈现。天某公司、淘某公司援引《反不正当竞争法》相关规定提起本案诉讼,《反不正当竞争法》作为规范竞争行为的特别法,也应优先适用。因此,本案所涉法律关系是竞争法律关系。

---

1 申卫星:《论数据用益权》,载《中国社会科学》2020年第11期。

2 冯果、薛亦飒:《从"权利规范模式"走向"行为控制模式"的数据信托》,载《法学评论》2020年第3期。

2. 企业数据的反法保护以"实质性投入+竞争性财产权益"为关键

数据上的利益相关者的权益并非从他人处派生或继受取得,而是基于各自的贡献原始取得。"实质性投入"是获得保护的门槛,"竞争性财产权益"是保护的对象。具体可从数据产生、数据运营、独立的竞争利益等方面予以审查。

(1)数据产生的合法性

数据产生的合法性包括平台提供的网络服务本身合法和平台收集数据的行为合法。本案中,天某公司、淘某公司系电子商务平台经营者,根据电子商务法,其经营活动主要是为交易双方或多方提供网络经营场所、交易撮合、信息发布等服务。平台内经营者基于开展电商活动需要向平台提供的有关商品或服务信息的数据,交易双方在平台进行交易产生的交易数据、评价数据,以及电子商务平台为各方提供交易场产生的商品链接、网络店铺链接等网络地址数据等,均是电子商务平台提供服务的基本要素,是电子商务平台数据必备组成部分。因此天某公司、淘某公司从平台内经营者处收集商品、服务数据并进行处理,本质上属于生产经营活动,符合法律规定。《用户服务协议》对个人信息处理亦作出明确约定,故天某公司、淘某公司基于用户(包括店铺、消费者)的授权处理其商品数据具有合法性。

(2)数据运营投入

企业为了获取和维护数据资源进行的投资和成本投入,是"实质性投入"的重要方面。天某、淘某公司作为平台运营者,搭建平台、创建系统、创建数据接口、制定数据上传标准、安排审核和监管人员、美化平台界面、宣传和推广平台活动等,均需投入大量人力、物力和财力。平台商户的数据是零散单一的,但于平台而言是海量的,平台企业需要对这些数据进行筛选、分类,并创建数据索引关联、编号,再根据销量排序,形成具有商业价值的数据集合。如此,被控侵权软件才得以仅凭单个商品链接或店铺主页链接极速获取所有商品数据。这些投入不仅包括初期的平台开发和基础设施建设,还包括持续的技术维护、升级和防范监测。

(3)竞争性财产权益

数据是平台企业获得竞争优势的关键资源,平台因数据集合享有的竞争利益具有独立性、不可替代性。平台企业通过对数据集合进行衍生利用和开发,如分析用户行为、市场趋势和消费者偏好,能够提供更加个性化的服务和产品,从而吸引和保留用户,增强市场地位;通过数据挖掘,可能发现新的商业机会,创造新的收入来源。此外,对平台内商品数据能否有效保护,防止他人不当利用,也直接关系商品数据的数量与质量,影响平台用户数量和活跃度,决定网络店铺的稳定与服务质量。更为关键的是,有且仅有数据集合的处理者才具有对数据集合要素化利用的期待利益。

二、未经授权利用企业数据行为的正当性判断

反不正当竞争法是市场行为规制法,其对认定不正当竞争行为的考量是基于维护市场竞争秩序的整体主义视角,而不是基于维护经营者个体利益的静态视角[3]。将企业数据保护置于市场竞争视角下,对不正当利用行为的判断纳入市场竞争秩序、社会公共利益、消费者(用户)利益、其他市场参与者的多重利益考量,能够更好地平衡数据保护与公众利用的关系。

(一)市场竞争秩序

在大数据时代的背景下,数据的价值超越以往任何时期,如果不加节制地允许市场主体任意使用或利用他人数据,不利于鼓励商业投入、产业创新和诚实经营,最终损害健康的市场竞争秩序。天某平台、淘某平台内商品和服务直接面向终端消费者,平台内经营者以零售为主。擅自利用他人商品数据从事经营活动,系以不劳而获的方式降低自身选品、库存、供应链管理、商品损耗、运营、售后等成本,并非诚信经营行为。如放任该行为发生,不利于鼓励经营者自主技术创新、优化产品服务等诚信经营行为,也不利于营造良性的网络零售竞争环境。此外,电子商务平台良好的信用评价生态是竞争优势的重要体现。消费者对平台内销售的商品如何评价,是平台经营者与平台内经营者提升自身服务水平的重要依据。铺货易、代销易软件使天某、淘某平台及平台内经营者无法获知实际消费者真实评价,导致电子商务信用评价制度功能落空,扰乱了公平有序的网络交易竞争秩序。

(二)电商平台、平台内及其他经营者权益

合法与非法利用数据的行为边界可通过"实质性替代标准"判断。利用其他平台企业数据应遵循"最少、必要"原则,控制在合理范围,不得对其他平台造成市场替代的后果,超过必要限度从而实质替代了原数据提供者的服务则构成不正当竞争。

1. 平台经营者的合法权益。铺货易、代销易使消费者无须登录天某、淘某

3　周樨平:《大数据时代企业数据权益保护论》,载《法学》2022年第5期。

平台即可购买平台内商品,令其他平台及平台内经营者获得了本该由天某、淘某平台获得的访问量、交易量,构成对天某、淘某平台服务的实质性替代;不正当增加了竞争平台的访问量、用户活跃度、商品交易额等,"提高"竞争平台的竞争优势,对天某、淘某平台的比较竞争优势造成损害。此外,被诉行为使天某、淘某公司面临现实的数据安全威胁,承担了因平台内商品数据被不当利用而产生的被诉风险。

2. 平台内经营者的合法权益。电子商务平台经营者对平台内商品数据所享有的竞争利益与平台内经营者不同,应分别予以保护。天某、淘某平台内商品数据,系平台内经营者劳动所得,承载着平台内经营者的大量投入与经营权、知识产权、商誉等权益。铺货易、代销易软件使用户在未经权利人授权的情况下,于其他平台使用他人商品数据、经营他人商品,造成对淘某、天某平台内经营者的实质性替代,切断了淘某、天某平台内经营者与实际消费者的联系,减少了双方的后续交易机会,减损了淘某、天某平台内经营者的竞争优势。此外,增加了天某、淘某平台店铺在其他平台被冒用的风险。天某公司、淘某公司对平台内经营者提供的商品数据负有保护义务,该合同义务的履行涉及平台内经营者合法权益的保障,但不能理解为代表平台内经营者主张权利。如被诉侵权软件的用户不正当使用天某、淘某平台内经营者商品数据并造成损害,平台内经营者仍可通过诉讼等方式获得救济。

3. 其他经营者的合法权益。"无货源店铺"模式下,被复制的商品可能系他人品牌产品,未经许可销售他人品牌产品,既影响品牌经营者对其产品销售的统一管理,也对合法取得授权的品牌经营者利益带来冲击。"无货源"店铺经营者如管理不善,易造成相关品牌声誉受损。

(三)消费者合法权益

竞争机制的维护根本上是保护经营者和消费者利益。消费者是市场经济的终端用户,对企业经营活动产生直接影响。因此,数据利用行为是否损害了消费者(用户)利益也是判断不正当竞争的关键因素,包括自主选择权、知情权、隐私权、个人信息权益等。

1. 消费者知情权、选择权。消费者享有知悉其购买、使用的商品或者接受的服务的真实情况的权利,有自主选择商品或服务的权利。铺货易、代销易软件为消费者在"无货源店铺"下单创造"机会",实际消费者并不知晓其购买的商品系由天某、淘某平台内经营者销售,侵害消费者知情权。消费者支付更高的价格在"无货源店铺"处下单,也非在知情权得以保障的情况下做出的自主选择。

2. 消费者购物风险。"无货源店铺"经营者不具备承担质量担保、瑕疵举证、退货、更换、修理等法定义务的能力,从而增加了消费者购物风险;"无货源店铺"经营者因低成本经营,易出现短期行为,加大消费者维权成本。

3. 消费者个人信息权益。代销易软件帮助"无货源店铺"经营者向天某、淘某平台经营者提供消费者姓名、联系方式、地址等个人信息,该个人信息处理活动未告知消费者并取得其同意,系违法处理个人信息行为,侵害消费者个人信息权益。

(四)社会公共利益

在竞争法视角下,利用他人劳动成果并非必然不正当,要考虑数据利用者、数据收集者以及公众利益的平衡,考虑行为是否违反诚实信用原则和商业道德、对市场秩序的影响。锐某公司无视天某、淘某平台有关限制第三方获取、使用平台数据的措施,不顾拼某服务市场"禁止未经允许复制他人商品,使用者请获取授权后再进行商品复制"的要求,明知铺货易、代销易用户使用其软件是为了使用天某、淘某平台商品数据并于拼某平台进行销售,未采取任何措施对用户是否取得授权进行审核,为"无货源店铺"经营者获取不正当竞争优势提供技术支持。该行为违反诚实信用基本准则,也违背网络竞争领域普遍认可和遵循的行为规范,扰乱了互联网市场秩序,不具有正当性。

三、反法保护的条文选择及区分标准

《反不正当竞争法》第2条是涉数据权益不正当竞争行为的核心援引条款,除此之外,第12条与第2条共同组成不正当竞争法框架下的数据权益保护条款。少数案例援引了专门法以及专门条款,如爱奇艺诉飞流网案[4]中,关于刷量行为属于哪一种不正当竞争行为,判决援引了《反不正当竞争法》第8条有关虚假宣传的条款。涉数据权益案件呈现出从原本的粗放式稳定选择一般条款救济模式转变为积极寻求其他如商业诋毁、混淆行为等具体条款救济的趋势。

针对未类型化的不正当竞争行为,首先应当从商业惯例层面判断是否存在受保护利益,在新兴行业尚未出现行业共识的情况,可以从比例原则的角度衡

4 (2019)苏民终778号,北京爱奇艺科技有限公司、随州市飞流网络科技有限公司诉上海七牛信息技术有限公司不正当竞争纠纷。

量涉诉行为所指向的利益是否应当受到《反不正当竞争法》保护。其次是竞争关系的认定,虽然目前在互联网领域竞争关系认定存在泛化趋势,且万物互联的时代背景下各行各业千丝万缕的关系导致完全无相关性的行业之间也会存在不同维度的数据争夺,并且事实上竞争关系也逐渐淡出释法说理的范围,但对竞争关系的认定有利于矫正"一方受损,另一方受益"的不正当竞争理念,避免直接基于利益转移而认定竞争关系。最后,对造成损害的判断应当强调涉诉行为与造成损害之间的强因果关系,且消费者利益损害不能成为原告主张的损失,损害应当相对具体、明确且有足够证据支撑。

数据不正当竞争具有"成本小、伤害大"的特点,被控搬家软件使经营者低成本甚至零成本不正当使用他人商品数据,导致他人合法权益遭受较大损害,维权困难,具有较大危害性。另外,商品数据跨平台转移需要电商平台提供技术支持,被控搬家软件在一定程度上能够为商家跨平台经营提供帮助,司法裁判亦应为相关技术的优化创新预留发展空间,真正实现规范数据处理活动、促进数据开发利用与个人数据保护等多元利益的平衡,激发数据要素活力。

【相关法条】

《中华人民共和国反不正当竞争法》第 2 条

《最高人民法院关于适用〈中华人民共和国反不正当竞争法〉若干问题的解释》第 1 条

《法治论坛》投稿须知

《法治论坛》是由广州市委政法委主管、广州市法学会主编、法律出版社出版的连续性出版物，每年出版四辑。自 2017 年 1 月起连续入选南京大学中文社会科学引文索引（CSSCI）集刊目录。自 2022 年起被中国社会科学评价研究院评定为“中国人文社会科学集刊 AMI 综合评价”入库集刊；2024 年被中国知网评为“高影响力学术辑刊”法学类第一名。本出版物坚持正确的政治导向，秉承实用为先、学术为导的基本理念，坚持学术为实践服务，侧重应用型、问题导向型研究，以法律实践中的热点难点问题为切入点进行理论探讨。

根据法治实践需求，从 2024 年第一辑起，《法治论坛》不定期开设“数字法治”“涉外法治”“大湾区法治”“双碳法治”“涉未成年人法治”专栏，欢迎广大作者惠赐稿件。投稿敬请遵循以下要求：

一、本出版物自 2025 年 8 月 1 日起正式启用中国知网期刊协同采编系统，作者投稿应通过《法治论坛》唯一指定平台（https://fzlt.cbpt.cnki.net/portal），实名注册成为投稿作者，在线提交稿件、跟踪审稿进度、查询稿件退回或录用信息。

二、文章要求观点鲜明、逻辑缜密、论据充分、格式规范。字数不超过 15,000 字。非必要不使用图表，如使用图表，应为可在 word 文档中编辑的格式。

三、投稿文章质量过硬的前提下优先选用独署文章。署名作者最多两位，不采用超过署名作者超过三位的文章。

四、投稿文章应当按照《法治论坛》注释体例要求，完善相关格式要求。在正文末尾附上作者简介（包括职称、研究领域）、联系电话、通讯地址、邮政编码、电子邮箱。

五、倡导学术诚信，谢绝一稿多投。投稿文章应当具有独创性，文章主要内容未经其他公开出版物、互联网等媒介使用、传播。本出版物已获中国知网授权使用“学术不端文献检测系统”,不采用重合率超过 20% 的稿件。不采用涉及使用大语言模型(如 ChatGPT)等生成式人工智能工具生成的文章。

六、为扩大文章的交流传播,除非来搞特别声明保留外,均视为作者同意本出版物拥有非专有方式向中国知网等数据库授予已刊作品电子出版权、信息网络传播权和数字化汇编复制权。

七、投稿文章要有内容提要和关键词。内容提要言简意赅,字数 300 字以内,无须附英文摘要、英文关键词。引文注释请遵循以下格式规范:

(一)注释体例及标注位置

文献引证方式采用注释体例。注释放置于页下,即脚注。注释序号用 1、2、3……标识,全文连续编排。正文中的注释序号统一置于包含引文的句子(有时候也可能是词或词组)之后或段落标点符号之前。

(二)注释的标注格式

1. 非连续出版物(著作)

标注顺序:责任者与责任方式:《文献题名》,出版者出版时间,页码。

责任方式为著时,“著”可省略,其他责任方式(如“编”“编著”“主编”“整理”等)不可省略。引用翻译著作时,将译者作为第二责任者置于文献题名之后,译者前用逗号,如有两个或以上译者,译者名字间用顿号隔开。

示例:

范愉:《纠纷解决的理论与实践》,清华大学出版社 2007 年版,第 565 页。

王传丽主编:《国际贸易法》,法律出版社 2022 年版,第 73 页。

[美]E. 博登海默:《法理学——法律哲学与法律方法》,邓正来译,中国政法大学出版社 2017 年版,第 135 页。

2. 连续出版物

(1)期刊

标注顺序:责任者:《文献题名》,载《期刊名》年期(或卷期,出版年月)。

示例:

姜大伟:《离婚冷静期:由经验到逻辑——〈民法典〉第 1077 条评析》,载《华侨大学学报》(哲学社会科学版)2020 年第 4 期。

(2)报纸

标注顺序:责任者:《篇名》,载《报纸名称》出版年、月、日,版次。

示例：

胡云腾：《聚焦〈刑法修正案（十一）〉草案》，载《法制日报》2020年7月22日，第9版。

3. 未刊文献（学位论文、会议论文等）

标注顺序：责任者：《文献标题》，地点或学校文献形成时间论文性质，页码。

示例：

李小明：《准政府组织的行政法定位及其权利规制》，吉林大学2016年博士学位论文，第10页。

赵新莹：《试析民法文化的传播路径》，广东省教师继续教育学会第六届教学研讨会论文集，第1063－1067页。

4. 电子文献

标注项目与顺序：

责任者：《电子文献题名》，文献登载平台文献发表时间，获取和访问路径。若访问路径中已有具体时间，则无需标注文献发表时间。微信公众号文章同理。

示例：

赵昌华：《在法治轨道上深化改革推进中国式现代化》，载法治新闻网2024年8月22日，http://www.cnfzxww.com/h－nd－8170.html。

新华社：《中国第38次南极科学考察圆满收官》，载中华人民共和国中央人民政府官网，http://www.gov.cn/xinwen/2022－04/26/content_5687388.htm#1。

刘松山：《失信惩戒立法的三大问题》，载微信公众号"中国法律评论"2019年11月19日，http://mp.weixin.qq.com/s/wA3Jj923WNctVATeSKIhCw。

5. 法条

使用阿拉伯数字表示条款。

示例：参见《中华人民共和国民法典》第1207条。

6. 外文文献

引证外文文献，原则上使用该语种通行的引证标注方式。

本规范仅列举英文文献的标注方式如下：

专著示例：Joseph T. Klapper, *The Effects of Mass Communication*, New York: Free Press, 1960, p. 8. M. Polo, The Travels of Marco Polo, trans. by William Marsde, Hertfordshire, Cumberland House, 1997, p. 56 – 57.（译者姓名放在文献名之前）

期刊示例：Charles A. Reich, The New Property, 73 Vale Law Journal 733 (1964).（文章名用斜体，期刊名用正体，不缩写，期刊卷数和文章首页页码分别标注在期刊名前后，出版年份括注于后）

7. 裁判文书

审判法院用全名，标明文书性质，法院数字代码开头的“0”不能省略。

示例：北京市海淀区人民法院民事判决书，(2018)京0108号民初142号。

特别提醒：本出版物不收版面费及其他任何费用。任何个人或机构向作者索要版面费或其他费用的行为均为诈骗。